utb.

utb 4631

Eine Arbeitsgemeinschaft der Verlage

Böhlau Verlag · Wien · Köln · Weimar
Verlag Barbara Budrich · Opladen · Toronto
facultas · Wien
Wilhelm Fink · Paderborn
A. Francke Verlag · Tübingen
Haupt Verlag · Bern
Verlag Julius Klinkhardt · Bad Heilbrunn
Mohr Siebeck · Tübingen
Nomos Verlagsgesellschaft · Baden-Baden
Ernst Reinhardt Verlag · München · Basel
Ferdinand Schöningh · Paderborn
Eugen Ulmer Verlag · Stuttgart
UVK Verlagsgesellschaft · Konstanz, mit UVK/Lucius · München
Vandenhoeck & Ruprecht · Göttingen · Bristol
Waxmann · Münster · New York

FRIDAY
22
basics

Sven Grampp

Medienwissenschaft

UVK Verlagsgesellschaft mbH · Konstanz
mit UVK/Lucius · München

Dr. Sven Grampp ist Akademischer Rat am Institut für Theater- und Medienwissenschaft der Universität Erlangen-Nürnberg.

Online-Angebote und elektronische Ausgaben sind erhältlich unter www.utb-shop.de.

Bibliografische Information der Deutschen Nationalbibliothek
Die Deutsche Nationalbibliothek verzeichnet diese Publikation in der Deutschen Nationalbibliografie; detaillierte bibliografische Daten sind im Internet über http://dnb.d-nb.de abrufbar.

Einbandgestaltung: Atelier Reichert, Stuttgart
Titelfoto: fotolia.com
Satz: Claudia Wild, Konstanz
Druck: Pustet, Regensburg

UVK Verlagsgesellschaft mbH
Schützenstr. 24 · 78462 Konstanz · Deutschland
Tel.: 07531-9053-0 · Fax: 07531-9053-98
www.uvk.de

UTB-Band-Nr. 4631
ISBN 978-3-8252-4631-0

Inhalt

Medienwissenschaft mobil machen | 1

»Think different.« (Apple 1997)

Nichts ist kein Medium. Zumindest darüber ist man sich in der Medienwissenschaft weitgehend einig. Dass Medien mindestens vier Funktionen haben, nämlich Phänomene wahrnehmbar zu machen, etwas zu übertragen, zu speichern und/oder zu verarbeiten, dem würden wohl die allermeisten Medienwissenschaftler auch noch zustimmen, ebenso der Behauptung: Medien sind *nicht* einfach *neutrale* Vermittler, Speicher oder Verarbeitungsformen. Stattdessen stellen Medien das, was sie wahrnehmbar machen, vermitteln, speichern und verarbeiten, unter spezifische Bedingungen, haben also Einfluss auf das je durch sie Wahrzunehmende, Vermittelte, Gespeicherte, Verarbeitete. Wie dieser Einfluss aber genau aussieht, ob Medien Wahrnehmung, Kommunikation und Erkenntnis überhaupt erst ermöglichen, determinieren, wahrscheinlicher machen, beschränken, stören oder gar verunmöglichen – das hingegen ist sehr umstritten. Mindestens ebenso umstritten ist in der Medienwissenschaft, was überhaupt als Medium gelten kann und soll. Ob es sinnvoll ist neben Zeitung, Radio, Film und Fernsehen das Lasttier als Medien zu verstehen, wie Paul Virilio vorschlägt, die Kleidung, wie Marshall McLuhan meint, Geld und Liebe, worauf Niklas Luhmann insistiert, oder gar die Frau, wie bei Werner Faulstich nachzulesen ist, ob Medien überhaupt als Gegenstände existieren oder nur in einem bestimmten Zusammenhang zu Medien werden, darüber gibt es recht unterschiedliche Ansichten. Jedenfalls für eine erste Orientierung im Feld der Medienwissenschaft scheint diese Lage durchaus misslich. Das haben auch etliche kluge Medienwissenschaftler erkannt und Gegenmaßnahmen eingeleitet.

Medien als unscharfe Gegenstände

Definition

Medien

- Medien machen *wahrnehmbar*, *vermitteln*, *speichern* und/oder *verarbeiten* etwas. Dabei sind sie aber *nicht neutral*. Sie stellen das, was sie wahrnehmbar machen, vermitteln, speichern und verarbeiten unter spezifische Bedingungen, d.h. sie haben Einfluss auf das, was sie wahrnehmbar machen, vermitteln, speichern, verarbeiten.
- Wie dieser Einfluss genau aussieht, was der Medienbegriff alles umfasst, ob Medien Gegenstände, Funktionen oder Prozesse sind, ist vor allem eins in der Medienwissenschaft, nämlich umstritten.
- Es existieren beinah so viele unterschiedliche Medienbegriffe, wie es Medienwissenschaftler gibt!
- Nichts ist kein Medium!

Grundlagendiskussion

Betrachtet man die Flut medienwissenschaftlicher Publikationen, die sich spätestens seit der Jahrtausendwende, zumindest im deutschsprachigen Raum, immer weiter ausbreitet, könnte man durchaus zu dem Schluss gelangen, die allerorten wuchernden Grundlagendiskussionen, Selbstvergewisserungen, Systematisierungen und Kanonisierungsbestrebungen der Medienwissenschaft seien ihr eigentlicher Gegenstand oder doch zumindest eine ihrer Lieblingsbeschäftigungen. Die wachsende Zahl an Überblicksdarstellungen, Kompendien, Lexika, Texten und Textsammlungen zur Grundlagendiskussion, Begriffsgeschichten, Handbüchern und Einführungen – u.a. dieses hier! – legt dafür beredtes Zeugnis ab. Gewiss kann man diese Tendenzen dahingehend interpretieren, dass die Medienwissenschaft, wie heterogen ihre Methoden und Gegenstände auch immer sein mögen, in den akademischen Institutionen angekommen ist. Orientierungsliteratur wäre so verstanden eine folgerichtige Begleiterscheinung dieses Prozesses, nicht zuletzt für die notwendige (?) Orientierung der inzwischen doch sehr vielen Studenten der Medienwissenschaft im Zeitalter des BA. Nichtsdestotrotz herrscht aber (noch?) weitgehend Unklarheit über die grundlegenden Methoden und den genuinen Gegenstand der Medienwissenschaft.

Kritik

- Da weitgehend Unklarheit herrscht über die grundlegenden Methoden der Medienwissenschaft und vor allem weit und breit kein Konsens hinsichtlich des Zentralbegriffs Medien auszumachen ist, lässt sich durchaus in Zweifel ziehen, ob es sich bei der Medienwissenschaft überhaupt um eine *wissenschaftliche Disziplin* handelt. Zeichnet sich eine wissenschaftliche Disziplin doch durch ein Set an überschaubaren (oder doch zumindest bestimmbaren!) Zugriffen auf ihren Gegenstand aus sowie durch eine klare Konturierung des eigenen Forschungsgegenstandes.

- Es lässt sich auch in Zweifel ziehen, ob denn die Medienwissenschaft eine *eigenständige* Wissenschaftsdisziplin ist, die einen Zugang zu ihrem Gegenstand hat, der sich ausreichend scharf von den Zugängen andere Disziplinen unterscheidet. Auch in der Kommunikationswissenschaft, in der Soziologie, in der Philosophie oder in der Kunst- und Geschichtswissenschaft sind Medien inzwischen längst Gegenstand der Forschung. Vielleicht benötigt man also die Medienwissenschaft überhaupt nicht (mehr).
- Wenn alles ein Medium sein kann, verliert dieser Begriff seinen Distinktionswert und seine analytische Operationalisierbarkeit. Denn dann ist zwar alles ein Gegenstand der Medienwissenschaft (was einen als Medienwissenschaftler zunächst einmal freuen könnte). Aber es gibt dann auch nichts mehr, was kein Medium ist. Wenn sich *alles* mit *einem* Begriff beschreiben lässt, hat dieser keinen wissenschaftlichen Erklärungswert mehr. Niemals mehr könnte eine Erklärung, die sich auf Medien bezieht, falsch sein. Das wiederum sollte den Medienwissenschaftler eher nachdenklich stimmen. Und insbesondere Wissenschaftstheoretiker wie auch Kommissionen, die über die Einführung eines neuen Studiengangs entscheiden sollen, dürften wohl eher skeptisch den Kopf schütteln, wenn sie von einem neuen Forschungsgebiet hören, das irgendwas und irgendwie alles mit Medien macht und erklärt.
- Vorausgesetzt wird, dass Medien nicht neutral sind. Damit ist von vornherein ausgeschlossen, dass Medien wahrnehmbar machen, Daten speichern, verarbeiten oder übermitteln, *ohne Einfluss* auf das zu haben, was sie wahrnehmbar machen, speichern, verarbeiten oder vermitteln (oder doch zumindest: ohne *entscheidenden* Einfluss darauf zu haben). Das ist indes kaum mehr als eine unbewiesene Behauptung. Zum Zwecke der Legitimierung eines medienwissenschaftlichen Zugriffs wird diese Annahme schnell zu einer selbsterfüllenden Prophezeiung, die mehr über die eigenen Voraussetzungen als über die tatsächliche (Medien-) Welt aussagt. Ist es nicht viel plausibler davon auszugehen, dass Medien gerade darin ihre entscheidende Funktion haben, Dinge, die sie beispielsweise übermitteln, *nicht* zu beeinflussen. Ist nicht die Idee der Post genau darauf angelegt, dass in den Briefen, die sie übermittelt, stehen kann, was immer der Absender hineinschreiben will? Im Widerspruch zur zentralen medienwissenschaftlichen Annahme vom Einfluss der Medien auf die transportieren Inhalte lässt sich deshalb behaupten: Der Clou der Medien ist genau darin zu finden, dass ein Medium wie der Brief eben *keinen* Einfluss auf seinen Inhalt hat, sondern diesen *neut*ral zu vermitteln erlaubt.

Weiterhin umstritten ist, ob man so etwas wie einen grundlegenden Konsens über Gegenstand und Methoden überhaupt benötigt. Durchaus könnte die Chance der Medienwissenschaft gerade in der Offenheit, dem nomadischen wie tollkühnen Denken bestehen, darin, unterschiedliche, gar widersprüchliche Konzepte nebeneinander her und gegeneinander laufen zu lassen. Ja, vielleicht ist sogar das die angemessenste Form, Medien zu verstehen. Dieser Perspektive ist die vorliegende Einführung verpflichtet. Hier wird also die medienwissenschaftliche Heterogenität nicht oder doch zumindest nicht nur als Problem verstanden. Vielmehr soll gezeigt werden: Medienwissenschaft ist *gerade* in ihrer Vielfältigkeit und Un(ter)bestimmtheit produktiv. Vielleicht verbirgt sich ihr Alleinstellungsmerkmal – etwas, das im Kontext von Wissenschaftspolitik immer häufiger dringend gesucht wird – sogar eben genau in solch einer Offenheit. Medienwissenschaft hat so gesehen keinen klaren Gegenstand, *sollte* aber auch keinen haben. Umso mehr gilt das, wenn man die Möglichkeit in Betracht zieht, dass ihr Gegenstand, Medien, selbst flüchtig, veränderbar, ja vielleicht an und für sich widersprüchlich ist (→ vgl. dazu ausführlicher Kap. 8). Medienwissenschaft hält vielfältige und zum Teil untereinander nicht vereinbare Zugangsweisen und Erklärungsangebote bereit. Medienwissenschaft ist also eine Wissenschaft, die einerseits in der Lage ist, Probleme auf sehr unterschiedliche Weisen zu lösen. Anderseits sind die Problemlösungen so vielfältig und stehen untereinander im Widerstreit, sodass jede Lösung zwangsläufig wieder problematisch wird. Medienwissenschaftliche Kompetenz besteht also sowohl in der Problem*lösung* als auch *gleichzeitig* in der Problem*erzeugung*. Medienwissenschaft schult diese doppelte Perspektive gerade durch und in ihrer heterogenen Vielfältigkeit. Der daraus resultierende kritische sowie auf kreative Neuperspektivierung ausgerichtete Blick der Medienwissenschaft sollte dementsprechend als *besondere* Stärke des Faches begriffen werden. Das zumindest ist die Auffassung, die die vorliegende Einführung leitet.

Vielfalt als Chance

Zusammenfassung

Basisannahmen der Medienwissenschaft

- Medienwissenschaft geht davon aus, dass Medien etwas wahrnehmbar machen, vermitteln, speichern und/oder verarbeiten, dabei aber *nicht neutral* sind. Medien stellen das, was sie wahrnehmbar machen, vermitteln, speichern und verarbeiten *unter spezifische Bedingungen*, d.h. sie haben Einfluss auf das, was sie wahrnehmbar machen, vermitteln, speichern, verarbeiten. Wie dieser Einfluss genau zu bestimmen ist, bleibt unter den Medienwissenschaftlern ebenso umstritten wie die Frage, was denn nun genau ein Medium ist oder sein soll.

- Medienwissenschaft hat eine *doppelte Ausrichtung*: Medienwissenschaft *löst Probleme*, die Medien machen (oder die sich im Kontext von Medien ergeben). Medienwissenschaft *produziert aber gleichzeitig neue Probleme*.
- Diese doppelte Ausrichtung findet ihren Grund in den sehr *unterschiedlichen, häufig sich gegenseitig widersprechenden Erklärungsansätzen*, die man in der Medienwissenschaft finden kann. Diese heterogene Vielfalt ist aber *kein Nachteil* der Medienwissenschaft, vielmehr ihr entscheidender *Vorteil*. Denn so werden die Erkenntnismöglichkeiten über Medien offen, dynamisch, kritisch und kreativ gehalten.

Aufbau der vorliegenden Einführung

Um Heterogenität und Un(ter)bestimmtheit der Grafiken jedoch nicht in der Struktur der vorliegenden Einführung selbst noch einmal zu verdoppeln (was für eine erste Orientierung in diesem Feld wohl kaum zielführend sein dürfte), wurden einige ordnende Vorsichtsmaßnahmen ergriffen. Die wichtigsten seien kurz angeführt:

1. Der Fließtext wird begleitet von Abbildungen und Diagrammen, die das im Fließtext Formulierte verdichten und/oder veranschaulichen sollen. Zudem finden sich im gesamten Buch viele blau unterlegte Kästen. Die Formulierungen in diesen Kästen beleuchten den jeweils geschilderten Ansatz schlaglichtartig, und zwar aus unterschiedlichen Perspektiven: Kästen mit dem Titel »Zusammenfassung« verdichten das in einem Kapitel Ausgeführte noch einmal kompakt ›für Eilige‹. Kästen mit dem Titel »Definition« beinhalten zentrale Begriffsbestimmung der jeweiligen medienwissenschaftlichen Ansätze. Unter der Rubrik »Kritik« finden sich Verweise auf das, was an den einzelnen Ansätzen problematisch ist und zur Skepsis herausfordert, und »Literatur« versammelt weiterführende Publikationen zum Thema mit kurzen Angaben, wohin die Literatur genau weiterführt.

didaktisch

2. Sowohl in Einführungen als auch in Lehrplänen ist es gängige Praxis, Medienwissenschaft in drei zentrale Arbeitsfelder zu unterteilen, nämlich in Theorie, Geschichtsschreibung und Analyse. In vorliegender Einführung wird der Teilbereich *Theorie im Mittelpunkt* stehen. Der zentrale Beweggrund für diese Entscheidung besteht in der besonderen Stellung und Funktion der Medientheorie innerhalb der Medienwissenschaft. Soll doch in und mit Theorie die zentralen Merkmale des Forschungszusammenhangs Medienwissenschaft grundlegend definiert und geklärt werden. Definition der Basisbegriffe, Entfaltung von Beobachtungsmöglich-

theoriezentriert

keiten auf den Gegenstand, Legitimation und kritische Reflexion der jeweiligen medienwissenschaftlichen Zugriffe – all das muss Theorie leisten, soll etwas diesen Namen tatsächlich verdienen. Dementsprechend scheint mir auch genau diese Ebene die geeignetste, um in das Selbstverständnis, die Probleme und Zugriffsmöglichkeiten des Forschungszusammenhangs Medienwissenschaft grundlegend einzuführen.
Nichtsdestotrotz werden zum einen immer wieder Ausführungen zur Geschichtsschreibung eingeflochten. In den Kästen »Historiografischer Exkurs« soll kurz erläutert werden, wie sich aus theoretischen Modellen einige in der Medienwissenschaft kanonisierte Formen der Geschichtsschreibung ableiten lassen. Zum anderen wird auf eine enge Verzahnung der Darstellung theoretischer Grundlagen mit Anwendungsoptionen für Analysen geachtet.

Handy als Beispiel

3. Die diversen medientheoretischen Zugriffsweisen werden an einem konkreten Gegenstand veranschaulicht, nämlich am *Handy*. Besonders geeignet ist das mobile Telefon dafür, weil es sich dabei um ein kleines portables Artefakt handelt, das in den letzten Jahrzehnten wie kaum ein Zweites zum *selbstverständlichen*, nahezu alle Lebenslagen begleitenden, technologischen Mittel wurde. So gesehen kommt dem Handy *gesellschaftliche Relevanz* zu und es kann zudem als (in Grundzügen) *bekannt* vorausgesetzt werden. Weiterhin ist das Handy besonders gut geeignet medienwissenschaftliche Positionen zu veranschaulichen, weil es sehr unterschiedliche *Funktionen* übernimmt (kommunizieren, wecken, spielen), in sehr unterschiedliche *Praktiken* eingebunden ist (schreiben, hören, sehen, fotografieren), sich permanent *wandelt* (vom Sprechfunkgerät der Lastwagenfahrer über das klobigen Satellitentelefon für Millionäre, das miniaturisierte Handy für jedermanns Hosentasche zum Smartphone als portable Computeranlage mit Touchscreen und integriertem Fotoapparat) und *multimedial* operiert (Ton, Schrift, Bild). Die Verbindung von Vielfältigkeit und Offenheit des Gegenstandes mit seiner im alltäglichen Umgang meist sehr konkreten und den Lesern aus der eigenen Lebenswelt höchstwahrscheinlich bekannten Verwendungen, macht das Handy also zu einem attraktiven Kandidaten für die vorliegende Einführung: Zum einen lässt sich damit eben den unterschiedlichen Medientheorien anschaulich Kontur verleihen; zum anderen ist daran deutlich zu machen, welche analytische Anwendungspotenziale medientheoretische Zugriffe haben.
4. Alles kann ein Medium sein, eben auch das Handy. Interessant wird solch eine erst einmal recht leere Bestimmung, wenn man sie aus medienwissenschaftlicher Perspektive ernst nimmt: Das Handy wird so nicht mehr nur als multifunktionales und/oder multimediales Werkzeug verstanden, das ausschließlich vorgängigen Zwecken dient. Vielmehr wird

es dann zu etwas, dass das, was es übermittelt, speichert und verarbeitet, unter spezifische Bedingungen stellt. Wie es das tut, mit welchen Konsequenzen und ob es sich dabei selbst wandelt, darüber können unterschiedliche medienwissenschaftliche Ansätze sehr unterschiedliche, mitunter inkompatible Antworten geben. Die Produktivität, aber auch Grenzen diverser medientheoretischer Zugriffsweisen, können am Gegenstand Handy, wie bereits formuliert, besonders deutlich konturiert werden, gerade auch im *Vergleich der Ansätze* untereinander. Deshalb orientiert sich die vorliegende Einführung an einer *antagonistischen Struktur*. Das heißt konkret: Es werden *zwei* Zugriffe gemeinsam in einem (Unter-)Kapitel vorgestellt. Die Zugriffe sind dabei so gewählt, dass sie sich *widersprechen* oder doch zumindest in entgegensetze Richtungen weisen.

antagonistische Struktur

Der Vorteil einer solchen Konfrontation liegt zum einen in der Einfachheit und der Klarheit dieser antagonistischen Anordnung. Immer sind es zwei Kontrahenten, die gegeneinander antreten und sich herausfordern. Es kämpfen also nicht alle gegen alle gleichzeitig; genauso wenig haben sich aber alle lieb, weil alle irgendwie etwas Ähnliches über Medien zu behaupten scheinen. Beides würde die Welt der Medienwissenschaft sehr unübersichtlich machen und/oder die Verhältnisse dort eher verunklaren. Zum anderen soll mit dem kontrastierenden Vergleich auch immer sehr deutlich werden, wo die Stärken, aber eben auch die Schwächen der jeweiligen Ansätze liegen.

5. Um jedoch nicht allein auf Kontrast und Widerstreit zu setzen, werden in einem Kasten unter der Rubrik »Diplomatie« zusätzlich anhand konkreter Beispiele kurze Denkanstöße formuliert, wie die jeweils gegenübergestellten Medientheorien doch ineinandergreifen könnten oder zumindest ›ins Gespräch‹ miteinander zu bringen sind.

An was ist eine medienwissenschaftliche Aussage zu erkennen?

Trotz aller schwer zu bändigender Heterogenität, Mobilität und nomadischer Denkweisen innerhalb der Medienwissenschaft gibt es dennoch Aussagen, die recht deutlich als *medienwissenschaftliche* Aussagen identifizierbar sind und die sich von anderen Aussagen, deren Gegenstand auch Medien sein mögen, unterscheiden. Als Beitrag zur *Medienwissenschaft* lassen sich in einem ersten Zugriff all die Aussagen fassen, die sich *begründungsorientiert* auf mediale Phänomene in der Welt beziehen. Das unterscheidet medienwissenschaftliche Aussagen etwa von Filmkritiken, Rezensionen von Computerspielen oder auch Handy-Werbungen, die sich ja ebenfalls auf mediale Phänomene beziehen, aber eben nicht unbedingt systematisch argumentativ, also begründungsorientiert. Bei der Beschreibung medialer Phänomene geht es in medienwissenschaftlichen Aussagen immer um das Problem der *Medialität* dieser Phänomene. So handelt es sich also nicht einfach darum, dass ein Handy eine Information von A nach B transportiert, sondern immer auch um eine bestimmte *Fragerichtung* und damit um eine spezifische *Problemorientierung*. Eine Fragestellung der Medienwissenschaft könnte zum Beispiel sein: Welche Veränderung erfährt die Information bei der Übermittlung via Handy? Genauso lässt sich umgekehrt fragen: Welche Veränderung erfährt das Handy möglicherweise, wenn es nur ganz bestimmte Informationen übermittelt? Oder auch: Welche Spezifik hat diese Informationsübermittlung (im Verhältnis etwa zu einer mündlichen Mitteilung vor Ort oder gegenüber einer Kommunikation mittels Rauchzeichen)? Das wiederum unterscheidet eine *medien*wissenschaftliche von einer soziologischen oder einer kommunikationswissenschaftlichen Frage an Medien. Dort interessiert man sich primär dafür, wer, warum und wann mit einem technischen Gerät, wie dem Handy, eine Information von A nach B übermittelt und was das für die gesellschaftlichen Verhältnisse bedeuten mag. Dass es das Handy ist, das das in spezifischer Weise ermöglicht (und nicht etwa Rauchzeichen), ist dabei jedoch eher sekundär. Die Frage nach dem *Wie* – der Fokus also auf die Operationsweisen des *Wahrnehmbarmachens*, der Informationsübermittlung, -verarbeitung und *-speicherung*, weniger auf die Information selbst – das ist eine entschieden medienwissenschaftliche Frage. Bei solch einer Fragerichtung geht es, abstrakter und knapper noch formuliert, um die *Medialität* der Medien. Damit fragt der Medienwissenschaftler ganz konkret: Macht es einen Unterschied, ob ich das Handy zur Informationsübermittlung verwende oder Rauchzeichen? Macht es für die Entwicklung bzw. die Einschätzung des Handys einen Unterschied, welche Art von Information in welchem Kontext durch das Handy übermittelt wird? Wie verarbeitet und speichert das Handy die Informationen (im Gegensatz zu Rauchzeichen)? Und wenn das einen Unterschied machen sollte: welchen, in welcher Weise und warum?

Medialität

Mit medienwissenschaftlichen Aussagen über Medien wird also ein *spezifisches Wissen* über Medien produziert oder ein solches zumindest versprochen. Geht es doch begründungsorientiert um die Beantwortung von Fragen nach und Problemen mit der Medialität von Medien. Dieses so erzeugte Wissen wurde und wird sowohl institutionell als auch mit dementsprechend titulierten Publikationen stabilisiert und in eine universitäre Disziplin namens Medienwissenschaft überführt. Ausgehend von solch einer universitären Etablierung sind dann erst retrospektiv bestimmte Aussagen als dezidiert medienwissenschaftliche Beiträge identifizierbar und von anderen Aussagetypen abzugrenzen.

Teilbereiche der Medienwissenschaft: Theorie – Geschichtsschreibung – Analyse

Die Disziplin Medienwissenschaft lässt sich, wie bereits angemerkt, in drei Teilgebiete ausdifferenzieren, nämlich in Theorie, Geschichtsschreibung und Analyse.

Theorie

Sehr vereinfacht formuliert geht es bei der *Theorie* um das *Allgemeine*, also um universelle Merkmale und Strukturen von Medien und Medialität sowie um die Systematisierung und Deutung dieser Phänomene. Insbesondere die Frage, was unter Medien und Medialität eigentlich zu verstehen sein soll, wird hier geklärt. Wie sich ein Philosoph in Nachfolge Platons nicht für die einzelnen Erscheinungen in der Welt interessiert, sondern für die Idee hinter den Erscheinungen, so fragt auch ein Medientheoretiker nicht zuvorderst nach der Erscheinungsweise verschiedener Einzelmedien, zu unterschiedlichen Zeiten und an unterschiedlichen Orten. Er sammelt nicht alle möglichen Handys und fragt nach deren jeweiliger Spezifik. Vielmehr will der Medientheoretiker wissen, ob es hinter den vielfältigen Einzelerscheinungen der Handys etwas gibt, das sie verbindet, etwas, das es

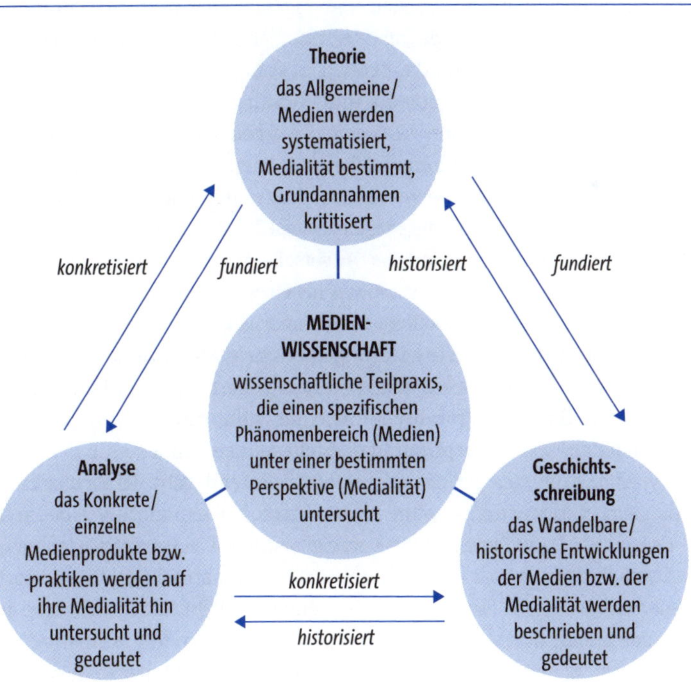

Abb. 1

Die magischen Kanäle der Medienwissenschaft

erlaubt von einer Medialität des Handys zu sprechen. Es geht also nicht um die vielfältigen Handys, sondern um die Medialität *des* Handys (oder zumindest darum, was wann und wie an einem Handy medial ist). In diesem Sinne fahndet der Medientheoretiker nach dem Allgemeinen, dem über Zeit und Raum hinweg Universellen. Dass die unterschiedlichen Medientheoretiker dieses Universelle an sehr unterschiedlichen Orten suchen und die allermeisten medientheoretischen Schulen sich im Widerstreit befinden, das Universelle also sehr unterschiedlich verstanden wird, spricht indes nicht gegen die prinzipielle Ausrichtung am Universellen; es gibt eben nur kein allgemeingültig anerkanntes Universelles in der Medientheorie. Genau das könnte aber wiederum als Stärke der Vielzahl an Theorien verstanden werden, die im medienwissenschaftlichen Forschungsfeld ausfindig zu machen sind.

Da das Universelle je sehr unterschiedlich gefasst wird, impliziert das nicht nur, dass manche Theorien nicht zusammenpassen oder im Widerspruch zueinanderstehen. In den allermeisten Fällen kritisieren Theorien gern und ausführlich andere theoretische Ansätze, machen auf Argumentationslücken aufmerksam, verweisen auf Widersprüche, mokieren sich über einen zu engen oder zu weiten, zu unscharfen, dogmatischen, einseitigen Medienbegriff usw. Eine wichtige Funktion aller Theorien ist also, parallel zur Suche nach dem Universellen und angemessener Begriffsbestimmung, die *Kritik* am Universellen der anderen und deren Begriffsbestimmungen.

Medientheorie ist somit der Bereich, in dem übergreifend und prinzipiell Grundverständnisse, Probleme und Zugriffsmöglichkeiten der Medienwissenschaft diskutiert werden. Genau deswegen wird hier zur Einführung in die Medienwissenschaft darauf das Hauptaugenmerk gelegt. Nicht weil Historiografie oder Analyse weniger wichtig wären oder prinzipiell weniger Erkenntnisse produzierten, sondern weil Theorie von ihrem Selbstverständnis her, immer schon auf das Universelle zielt, auf prinzipielle Klärung von Phänomenen und so verstanden als Grundlage dient, die Mediengeschichtsschreibung und Medienanalyse überhaupt erst möglich machen. Wie sollten auch Medienentwicklungen beschrieben, einzelne Medienartefakte untersucht werden können, ohne dass geklärt wäre, welchen Medienbegriff dem Ganzen zugrunde liegt? In einer Einführung – so zumindest die hier leitende Idee – sollte primär dargestellt werden, um was es in der Medienwissenschaft ganz prinzipiell und grundlegend geht. Freilich könnte man auch andere Zugriffe wählen: etwa einen, bei dem mithilfe einer konkreten und kleinteiligen Analyse gezeigt wird, was ein spezifisch medienwissenschaftlicher Zugriff sein könnte. Oder aber man wählte einen historiografischen Zugriff, anhand dessen veranschaulicht wird, was sich an Medien ändert und wie diese Veränderungen zu fassen sein könnten. Aber wie so häufig im Leben: Man muss sich entscheiden. Und hier, in dieser Einführung, wird dem Prinzipiellen gegenüber dem konkreten Kleinteiligen und dem Veränderlichen eindeutig der Vorzug gegeben.

Geschichtsschreibung

Im Gegensatz zur Theorie geht es in der *Geschichtsschreibung*, um das, was sich in Zeit und Raum *verändert*, also um das *Wandelbare*. Hier interessiert nicht *das* Handy, sondern die Handys im Kontext ihrer jeweiligen historischen *Entwicklungen*. So lässt sich aus dieser Perspektive beispielsweise fragen: Wie ist die Entwicklung zu erklären vom Festnetztelefon über die klobigen Backsteine mit Antennen, die Ferrarifahrer – zumindest in Fernsehserien wie »Miami Vice« – dennoch gekonnt handhaben, hin zum Smartphone, das nahezu jeder Jugendliche in Europa und Nordamerika hat? Wie wandelte sich ein für den mobilen verbalen Austausch konzipiertes Instrument, einigermaßen unerwartet, zu einem Medium, mit dem man vor allem kurze Textnachrichten versendet? Was unterscheidet die Verwendung des Handys heute von der vor zwanzig Jahren? Mediale Geschichtsschreibung interessiert sich also für mediale Entwicklungen, für das, was an einem Medium eben *nicht* gleichbleibt. Ein Medienhistoriker versucht diese Entwicklungen zu erklären oder doch zumindest, eine sinnvolle Geschichte darüber zu erzählen. Gleichzeitig wird in der Geschichtsschreibung auf der *Besonderheit* historischer Phänomene beharrt. Denn diese lassen sich nicht – so die entscheidende Annahme einer historiografischen Perspektive – einfach als Fall betrachten, der unter ein allgemeingültiges (und damit zeitloses) Gesetz oder eine Regel zu bringen ist. In der Geschichtsschreibung geht es stattdessen um den jeweils spezifischen Fall im zeitlichen Wandel. Freilich – und das wird in den historiografischen Exkursen zu zeigen sein – kann dieser Wandel selbst in der Geschichtsschreibung als regelgeleitet verstanden werden, etwa als evolutionärer oder revolutionärer Prozess (→ vgl. Kap. 4.1 und 7.1). Unbenommen davon bleibt aber die Annahme von der Besonderheit historischer Phänomene. Diese sollen bewahrt und in ihrem vielfältigen Wandel erzählt werden. Um eine berühmte Aussage des Historikers Leopold von Ranke für unseren Fall abzuwandeln: »Jedes Handy ist unmittelbar zu Gott.« Oder um etwas populärkultureller mit Monty Python zu sprechen: »Every mobile is sacred.« Jedes Handy hat demgemäß eine fürsorgliche Erklärung seiner besonderen Existenz im historischen Wandel verdient.

Geschichte vs. Geschichtsschreibung

Wichtig ist in diesem Zusammenhang der Unterschied zwischen Geschichte (häufig als Historie bezeichnet) und Geschichtsschreibung (häufig als Historiografie bezeichnet). Geschichte umfasst alle Phänomene, die die Vergangenheit betreffen. Darauf Zugriff haben wir aber jeweils nur mittels Geschichts*schreibung*, die aus diesen Phänomenen des Vergangenen in bestimmter Weise (aufgrund überlieferter Quellen und bestimmter Interessen) einige auswählt, ordnet und in Zusammenhang bringt. Durch solch eine Geschichtsschreibung wird nahegelegt, das Vergangene in einer spezifischen Weise zu verstehen. Ebenso gilt: Unterschiedliche Geschichtsschreibungen liefern jeweils unterschiedliche Vorstellungen bzw. Geschichten über das Vergangene. So erfahren wir etwa durch eine Technikgeschichte des Handys anderes als anhand einer Sozialgeschichte des Handys. Im einen Fall geht es um Erfindungen, Materialstudien und Patente, im anderen um Markteinführung und alltäglicher Umgang mit dem Handy. Hier stellt sich nicht die Frage, welcher Zugriff fasst das Vergangene richtiger. Es sind einfach unterschiedliche Dinge, die mit den unterschiedlichen Zugriffen auf Vergangenes erfasst werden können. Deshalb sollte man verschiedenen Mediengeschichtsschreibungen kennen, um je nach Erkenntnisinteresse am Vergangenen seinen Zugang wählen zu können.

In vorliegender Einführung wird es dementsprechend in den medienhistoriografischen Exkursen nicht um Mediengeschichte gehen, also etwa darum, wann welches Handy warum eingeführt wurde, sondern um Medien*geschichtsschreibungen*. Dem liegt die Überzeugung zugrunde: Ohne spezifische Geschichtsschreibungen, also ohne unterschiedliche Geschichten überhaupt keine Geschichte, zumindest keine von Bedeutung und Interesse. Zur Bezeichnung dieses Zweiges der Medienwissenschaft ist deshalb das Wort Mediengeschichteschreibung sehr viel treffender als die Bezeichnung Mediengeschichte.

Analyse

Medienanalyse wiederum geht zumeist vom einzelnen Medienprodukt oder von einer bestimmten Medienpraxis aus. Untersucht wird so ein spezifischer Handytypus, etwa das *i-Phone* oder eine bestimmte Praxis, etwa den Schreibstil der SMS. Im Gegensatz zur Theorie geht es also nicht zuvorderst um das Allgemeine. Es geht aber ebenso wenig um die Erklärung eines Medienwandels oder eine Erzählung über ein Handy im zeitlichen Wandel, wie in der Historiografie, sondern zunächst einmal schlicht um das *Konkrete*, ein bestimmtes Handy, eine bestimmte Anwendung, an einem bestimmten Ort, zu einem bestimmten Zeitpunkt. Der Gegenstand wird hierbei *systematisch zergliedert* (was der ursprünglichen Bedeutung von Analyse entspricht), die einzelnen Elemente hinsichtlich ihres Verhältnis zueinander befragt, ausgewertet und begründungsorientiert gedeutet. Damit steht eine medienanalytische Aussage wiederum im Gegensatz zu einer Filmkritik, die sich ja ebenfalls um ein konkretes Medienprodukt kümmert, aber eben nicht systematisch analytisch und begründungsorientiert vorgehen (muss). Zudem ist wichtig: Der konkrete Gegenstand soll *nicht irgendwie* systematisch und begründungsorientiert in den Blick kommen, sondern aufgrund einer *zielführenden* Frage. Eine Analyse muss notwendigerweise als Antwort auf eine Frage, genauer noch: als *Bestandteil* einer historiografischen oder theoretischen These verstanden werden können. Ist das *iPhone* einfach eine Erweiterung der Möglichkeiten eines handelsüblichen Handys oder hat es eine spezifische Medialität, die sich von der des Handys fundamental unterscheidet? Verändert sich die interaktive

Situation eines Kneipenbesuchs im Gegensatz zu früheren Besuchen, da man nun permanent auf Informationen aus dem Netz zugreifen kann? Erst versehen mit gezielten historiografisch oder theoretisch grundierten Fragen bzw. Thesen ist die Analyse eines einzelnen Medienprodukts eine medien*wissenschaftliche* Aussage, statt einer Ansammlung zufälliger Beobachtungen am Gegenstand (mögen diese auch systematisch und/oder begründet sein). Es geht in der Medienanalyse um das Konkrete, insofern unterscheidet sich diese medienwissenschaftliche Ebene klar von der Theorie, wo es um das Allgemeine geht, und von der Historiografie, wo es um das Wandelbare geht. Aber: Ohne theoretische und/oder historiografische Grundannahme wäre eine zielführende Analyse nicht möglich.

Somit wird denn auch deutlich, dass die Medienwissenschaft zwar in die drei Teilbereiche Analyse, Theorie und Geschichtsschreibung zu unterteilen ist. Diese Teilbereiche lassen sich ja hinreichend klar voneinander unterscheiden. Dennoch sind sie aber auch notwendigerweise untereinander verbunden und stehen in einem sowohl produktiven, wie auch kritischen Wechselverhältnis. Ohne theoretische Fundierung wäre jeder Zugriff auf historische Prozesse wie auf konkrete Medienprodukte *blind*. So hätte man nur eine Aneinanderreihung beliebiger Einzelbeobachtungen ohne Erklärungswert. Denn man hätte erstens keine klare Vorstellung, was denn nun die Medialität des Handys sein könnte, folglich wäre eine solche auch nicht am einzelnen Handy zu beobachten. Zweitens hätte man keine Vorstellung über Antwortmöglichkeiten, die es für bestimmte Fragen geben könnte und mithilfe derer konkrete Phänomene erklärbar wären. Ebenso gilt jedoch: Ohne konkretes empirisches Material aus einer Analyse oder der Beobachtung eines historischen Phänomens wäre die Theorie *leer*. Es gäbe dann nichts, an dem und mit dem man dann über die Medialität von Medien nachdenken könnte. Man hätte ja niemals ein Handy gesehen, geschweige denn näher untersucht oder die wandelbaren Einsatzgebiete eines Handys verfolgen können. Die Frage nach der Medialität des Handys müsste völlig rätselhaft bleiben.

Anderseits – und das ist nicht weniger wichtig, wird aber in der vorliegenden Einführung nur am Rande behandelt – sind Ergebnisse in den einzelnen Teilbereichen auch dazu geeignet, Annahmen der anderen Teilbereiche zu *irritieren* und zu *problematisieren*. Wenn beispielsweise auf theoretischer Ebene die Medialität des Handys als portable Tele*kommunikation* festgesetzt wird, kommt man schon in arge Nöte, wenn man sich ein konkretes Smartphone-Modell anschaut, das eben auch sehr viele andere Optionen jenseits der Kommunikation bereithält (etwa Spieloptionen, Spiegel, Uhr, Taschenlampe, Rechner). Dementsprechend wäre es sinnvoll, die universelle Definition eines Handys zu verändern. Umgekehrt lässt sich aber auch Kritik vom Allgemeinen ausgehend am Konkreten formulieren. Habe ich nun analytisch präzise festgestellt, dass bestimmte Handybesitzer nur noch Drogengeschäfte mit ihrem Prepaid-Handy tätigen, muss das ja nicht heißen, dass die Medialität des Handys darin besteht, Drogengeschäfte zu tätigen. Solch eine These ließe sich ausgehend von medientheoretischen Positionen leicht kritisieren und damit zeigen, dass die Aussagen über Drogengeschäfte via Handy nur bedingt medienwissenschaftlichen Erklärungswert haben. Ebenso medienhistorisch ließe sich hier viel einwenden: Auch vor der Einführung von (Prepaid-)Handys wurden am Telefon Drogengeschäfte getätigt, womit bewiesen wäre, dass dies nicht die Spezifik eines (Prepaid-)Handys sein kann. Die Beispiele ließen sich in alle möglichen Richtungen nahezu beliebig fortsetzen.

Zusammenfassung

Facetten der Medienwissenschaft

- Medienwissenschaft ist ein wissenschaftlicher und damit begründungsorientierter Diskurszusammenhang, der einen spezifischen Phänomenbereich, nämlich Medien, unter einer bestimmten Perspektive untersucht, indem die Frage nach der Medialität von Medien gestellt wird.
- Medienwissenschaft lässt sich unterteilen in *Theorie*, die sich mit allgemeinen Fragen, Begriffsbestimmungen und Systematisierungen der Medien bzw. Medialität beschäftigt, dementsprechend immer auch grundlegend nach den Möglichkeiten medienwissenschaftlicher Forschung fragt, *Geschichtsschreibung*, die den medialen Wandel und die Besonderheit historischer Phänomene beschreiben will, und *Analyse*, die konkrete Medienprodukte und -praktiken untersucht.
- Die Teilbereiche Theorie, Geschichtsschreibung und Analyse stehen einerseits in einem sich gegenseitig *bestimmenden Wechselverhältnis*, da sie aufeinander angewiesen sind. Anderseits befinden sich die Teilbereiche in einem *Spannungsverhält*nis zueinander, das zu Kritik und Modifikationen der jeweiligen Annahmen in den Anlass gibt.

Weiterführende Literatur: Einführungen in die Medienwissenschaft

Jens Schröter (Hg.): Handbuch Medienwissenschaft
(Stuttgart/Weimar 2014).
Viele Facetten der Medienwissenschaft, etwa auch ein kompaktes Kapitel über ihre zentralen historiografischen Modelle, werden systematisch und ausführlich vorgestellt. Wunderbares Nachschlagewerk!

Claus Pias u. a. (Hg): Kursbuch Medienkultur. Die maßgeblichen Texte von Brecht bis Baudrillard (Stuttgart [6]2008).
Kommentierte Sammlung von (überwiegend) kanonischen Texten der Medienwissenschaft. Sehr facettenreich! Hier kommt man in Kontakt mit (Auszügen aus) Originaltexten.

Knut Hickethier: Einführung in die Medienwissenschaft (Stuttgart/Weimar [2]2010).
Hier wird der Versuch unternommen, Medienwissenschaft als eine Disziplin zu etablieren, die sich von anderen Fächern durch ihren spezifischen Zugriff auf Medien unterscheidet. Hickethier beschränkt dabei – was nicht unproblematisch ist – den primären Gegenstandsbereich die Medienwissenschaft pragmatisch auf technisch-apparativen Medien, worunter er Film, Fernsehen, Radio und Internet versteht.

Hartmut Winkler: Basiswissen Medien (Frankfurt am Main 2008).
Der Paderborner Medienwissenschaftler Hartmut Winkler betont in diesem Buch die Vielfältigkeit des medienwissenschaftlichen Forschungsfeldes und versteht diese als Reichtum. Die Vielfalt der Medienwissenschaft wird in einer eher ungewöhnlichen (aber dem Gegenstand entsprechenden) Weise vorgestellt: Pro Buchseite wird genau ein Modell bzw. ein Stichwort vorgestellt, recht anschaulich, kenntnisreich und mitunter witzig. Ein kostenloser und legaler (!) Download des inzwischen vergriffenen Buches findet sich unter: http://homepages.uni-paderborn.de/winkler/bw-voll.pdf (19.10.2015).

2 | ›Media Studies Celebrity Deathmatch‹

»Celebrity Deathmatch« ist eine Fernsehserie, die von 1998 bis 2003 unregelmäßig auf dem Musiksender MTV ausgestrahlt wurde. Aus Knetfiguren nachgebildete Prominente kämpften hier im Ring, wie es sich für echte Wrestler gehört, verbal wie körperlich einen erbarmungslosen Kampf, der meist mit dem Tod eines der Kontrahenten endet. Mitunter sterben beide.

Auch ich möchte in jedem folgenden Kapitel zwei Kontrahenten in den Ring gegeneinander antreten lassen. Dabei handelt es sich jeweils um zwei in der Medienwissenschaft weitgehend kanonisierte Theorien, die Medien sehr unterschiedlich in den Blick nehmen und die am besten im Widerspruch zueinanderstehen stehen. Im Gegensatz zum Konzept von »Celebrity Deathmatch« wird aber am Ende der einzelnen Kapitel keiner der Kontrahenten tot sein, im schlimmsten Falle leicht angeschlagen. Einige Beschimpfungen dürfen aber nichtsdestotrotz erwartet werden. In der Rubrik »Diplomatie« wird überdies der Versuch unternommen, zu einem versöhnlichen Ende zu gelangen. Soll doch an einem konkreten Beispiel gezeigt werden, wie die beiden Kontrahenten, trotz aller Gegensätzlichkeit, dennoch vielleicht produktiv kooperieren könnten.

Abb. 2

»Clebritiy Deathmatch« – Whoopi Goldberg umarmt Billy Crystal im Wrestlingring.

Vorab ist es wohl ratsam, den Ring noch genauer abzustecken, in dem die Kämpfe stattfinden sollen. Deshalb gilt es zunächst einmal zu klären, was Theorie prinzipiell und Medientheorie im Speziellen eigentlich hier bedeuten sollen.

Was ist Theorie?

Wie bereits im Eingangskapitel vermerkt: Theorie kümmert sich um das *Allgemeine*. Oder differenzierter und auf Medien hin formuliert: Medientheorien klären, was unter Medien bzw. Medialität zu verstehen sein sollte (und was nicht), arbeiten universelle Merkmale und Strukturen von Medien und Medialität heraus, systematisieren und deuten diese Phänomene.

Definition

Theorie
Eine Theorie ist ein (1) sprachliches Gebilde, das (2) mit einer relativ geschlossenen Einheit an Basisbegriffen operiert, durch die (3) ein Sachbereich geordnet werden kann. Dabei werden (4) die wichtigsten Elemente dieses Sachbereichs zueinander ins Verhältnis gesetzt, und zwar so, dass daraus (5) verallgemeinernden Deutungen oder gar Gesetze und unter Umständen (6) Prognosen abzuleiten sind.

Funktionen von Theorien

Theorien haben eine wichtige Funktion für alle Bereiche wissenschaftlicher Forschung: Für Phänomene, die als relevant und erklärungsbedürftig erachtet werden, formulieren Theorien in einer ganz bestimmten Weise Problemlösungsstrategien. Sie stellen nämlich einen Beobachtungsrahmen bereit, der es überhaupt erst möglich macht, einen Sachbereich systematisch und generell in den Blick zu nehmen, sodass dann konkrete Annahmen darüber gemacht bzw. Hypothesen dazu entworfen werden können. Solche Annahmen bzw. Hypothesen können dann in konkreten Analysen oder mediengeschichtlichen Untersuchungen bestätigt oder widerlegt, als plausibel oder unplausibel, als brauchbar oder unbrauchbar eingestuft werden.

Ohne Medientheorie jedoch keine Medienanalyse und keine Mediengeschichtsschreibung. Ja, ohne Medientheorie wüsste man überhaupt nicht, was man wie suchen sollte. Medientheorien stellen so verstanden überhaupt erst den *forschungsleitenden* Beobachtungsrahmen der Medienwissenschaft bereit. Das heißt auch: Zuvorderst die Theorien, die in einer wissenschaftlichen Disziplin hauptsächlich Anwendung finden, können darüber

Aufschluss geben, was deren Grundlagen sind, ihre zentralen Basisbegriffe und -annahmen, kurz: was die Identität einer Wissenschaft ausmacht. Auch wenn es nicht die Super-Medientheorie geben mag, der alle Medienwissenschaftler folgen, so kann dem Feld der Medienwissenschaft doch durch die dort ausfindig zu machenden Medientheorien besonders deutlich Kontur verliehen werden, wie uneinheitlich und weit dieses Feld auch sein mag.

Wem diese Charakterisierung zu wenig gegenstandsbezogen oder trocken erscheint, dem sei geholfen mithilfe eines kleinen Exkurses zur Wortherkunft: In der griechischen Antike meinte *theoria* (θεωρία) zuvorderst etwas sehr Konkretes, nämlich den Vorbeimarsch der Abgesandten der Städte oder den religiösen Zug, der den Göttern Ehre zu erweisen hat. Dieser Umzug erforderte, den Blick auf die heilige Ordnung des sinnhaften Kosmos zu richten. Aus dieser Perspektive wäre Theorie zunächst einmal eine bestimmte *Beobachtungskonstellation.* Theoretiker wäre dann jemand, der an einem religiösen Umzug teilnimmt und dabei den Kosmos bzw. Gott oder wahlweise die Götter in einer ganz bestimmten, jedenfalls von der Alltagswahrnehmung *abweichenden* Weise zu beobachten versucht: Fahndet er doch so nach der *sinnhaften Ordnung* der Welt, die alles zusammenhält (siehe Abb. 3).

Antike

Moderne

Von dieser vorneuzeitlichen religiösen Konstellation ist es im Grunde nur noch ein vergleichsweise kleiner Schritt zu einer modernen Vorstellung wissenschaftlicher Theorie. Denn dort geht es ja erstens ganz ähnlich um das Universelle. Auch wenn es nicht gleich der Kosmos oder Gott sein muss, so sind es doch universelle Dinge, nach denen auch der Medientheoretiker fahndet (›*die* Medien‹, ›*die* Medialität‹). Zweitens ist auch der moderne Theoretiker vor allem eins, nämlich ein Beobachter: Er schaut sich Dinge an; er handelt nicht (zumindest nicht, solange er Theorie betreibt). Damit steht Theorie im fundamentalen Gegensatz zu einem die Sachverhalte verändernden Handeln, also der *Praxis.* Drittens *systematisiert* der moderne Theoretiker die Dinge, die er beobachtet. Er *ordnet* sie also (wobei es beim modernen Theoretiker nicht mehr ganz eindeutig zu beantworten ist, ob er nur nach seinen eigenen Interessen die Dinge ordnet oder gemäß einer kosmologischen oder göttlichen Ordnung). Viertens deutet ja auch der moderne Theoretiker wie sein antikes Pendant; er versucht die Phänomene, sinnvoll zu ordnen und zu verstehen. Fünftens: Der moderne Theoretiker systematisiert und weist den Phänomenen Bedeutung zu *aufgrund* des *Denkens* und nicht aufgrund der Erfahrungen, die er gemacht haben mag. Wie der Abgesandte des religiösen Zugs die göttliche Ordnung des Kosmos nicht *unmittelbar* in der Welt erkennen kann (dafür muss er sich erst in einen kontemplativen Zustand versetzen und damit eben mehr sehen als mit dem bloßen Auge), so kann auch der moderne Theoretiker an den einzelnen Phänomenen nicht unmittelbar ablesen, wie sie zu erklären

Abb. 3

Theoretiker des Mittelalters bei der Arbeit: »Die Prozession des heiligen Gregors zur Engelsburg« von Giovanni di Paolo (1465–1470)

sind. Solch eine über das einzelne sinnlich erfassbare Phänomen hinausgehende Erkenntnis ist eine Sache des Denkens, also keine Angelegenheit der Erfahrung (mithin keine der *Empirie*). An einem Baum oder einem Berg ist die heilige Ordnung des Kosmos nicht unmittelbar zu erkennen. Erst durch Kontemplation oder Spekulation – also durch ein Nachdenken, das den Gegenstand in einem neuen Licht erscheinen lässt, diesen somit verfremdet – ist das (für manche zumindest) möglich. Die Medialität des Handys ist am einzelnen Handy nicht unmittelbar sichtbar. Es ist eine Sache der verallgemeinernden Deutung, also des Denkens. Solch ein Denken wiederum ist sechstens meist selbst nicht voraussetzungslos, also kein nur vom Denker allein abhängiger Vorgang. Vielmehr ist dieses Denken zum einen geprägt von einem bestimmten *Kontext* (die Abgesandten der Städte oder die medienwissenschaftliche *community*). Zum anderen werden die jeweiligen Denkprozesse ausgerichtet an *vorgängige Vorstellungen*, die zumeist in *schriftlicher* Form niedergelegt sind, sei es in einer Heiligen Schrift oder in einem Text, in dem es darum geht, Medien zu verstehen. Diese heiligen und/oder den Gegenstandsbereich der Medien verhandelnde Schriften sind also beobachtungsanleitende und damit forschungsleitende Mittel zur sinnhaften Deutung des (Medien-)Kosmos.

Theorie am Beispiel der Malerei

Um nun die Ausführungen ein wenig näher an das heranzuführen, was insbesondere für *Medien*theorien charakteristisch sein könnte, sei auf ein Gemälde eingegangen, nämlich auf »Die Verklärung Christi« (siehe Abb. 4a). Gemalt wurde es von Raffael kurz vor dem Ende seines Lebens in den Jahren 1518 bis 1520, also in einer Zeit, in der es noch niemand, zumindest explizit, für notwendig hielt, medientheoretischen Problemlösungsstrategien zu suchen.

Im oberen Teil des Bildes ist Jesus abgebildet. Er erfährt gerade, begleitet von Moses und Elias, seine ›Verklärung‹ durch Gott. Damit wird, den biblischen Evangelien zufolge, der Status Jesus als Gottes auserwähltem Sohn durch die Stimme Gottes zum Ausdruck gebracht. Auf dem Bild übernimmt diese Funktion das verklärende himmlische Licht. Im unteren Teil des Bildes findet sich eine scheinbar bunt zusammengewürfelte Menschenmenge, die auf ein Kind hin gruppiert ist. Folgt man wiederum den Evangelien, so hat dieses Kind gerade einen Anfall. Jesus wird, laut Bibeltext, mittels einer Dämonenaustreibung das Kind heilen, und zwar unmittelbar nach der in Raffaels Bild weiter oben dargestellten Verklärung.

Hier werden maßgebliche Aspekte von Theorie verdichtet veranschaulich: Mit der Darstellung Jesus, während seiner Verklärung durch Gott, wird

Abb. 4a-c | *Mediale Variationen der »Verklärung Christi«*

im Bild gezeigt, was – zumindest dem christlichen Verständnis nach – die sinnhafte Ordnung unsere Welt ist: Durch Jesus kam das Göttliche in die menschliche Welt (zurück); durch Jesus offenbart sich der Sinn der Welt, womit die Grundlagen unsere Existenz erklärbar werden. Das ist ja noch heute die Zielsetzung von Theorie: Die grundlegende Ordnung von Phänomenen, etwa Medien, soll geklärt werden. Noch interessanter hinsichtlich der Veranschaulichung von Theorie durch die »Verklärung Christi« sind jedoch die vielen Zeigegesten, die in der unteren Hälfte des Bildes ausfindig zu machen sind. Vor allem auf das Kind sowie nach oben auf Jesus zeigen die Figuren im Bild. Damit wird ein Zusammenhang zwischen zwei Sachverhalten hergestellt und also eine Deutung vorgeschlagen: Jesus kann, da er nun als Sohn Gottes bestätigt wird, den Jungen heilen. Wichtig daran ist: Dieser Zusammenhang ist nicht unmittelbar in den Phänomenen selbst zu finden; die Figuren im Bild stellen ihn zuallererst her. Mit anderen Worten: Hier haben wir es nicht mit einem Schluss aus der Erfahrung zu tun, sondern aus dem ›Denken‹ der Figuren. Erst die Figuren auf dem Bild machen uns auf den Zusammenhang der beiden Sachverhalte aufmerksam. Erst ihre Zeigegesten verfremden unseren Blick auf die Phänomene so, dass ein bestimmter Zusammenhang zwischen den Phänomenen nahegelegt wird. Genau in diesem Sinne liefert Theorie keine Erkenntnis aus der Erfahrung oder aufgrund reiner Betrachtung der Erscheinungen, sondern aus dem Denken und den daraus resultierenden Vorschlägen, wie die Welt zu deuten sein könnte. Theorie ist nicht selbst Teil der Welt der Erscheinungen und Erfahrungen, sondern eben deren Deutung.

Herstellung von Zusammenhängen

Man betrachte nun noch einmal genauer die linke untere Bildhälfte. Dort ist im Vordergrund eine Figur mit einem voluminösen Buch zu erkennen. Der Blick der Figur geht zum Kind. Ja, die Gesten und Blickwechsel der Figuren des unteren Bildteiles sind ausgerichtet an dieser (Blick-)Achse von dem älteren Mann mit Buch hin zum Kind. Von dort gehen dann die Zeigegesten nach oben hin zur Verklärung Jesus. Damit werden Geschriebenes (das Buch der Figur) und Sachverhalte in der Welt (der Anfall des Kindes, die Verklärung) verbunden. Aus christlicher Tradition lässt sich dies so deuten, dass in der Heiligen Schrift, genauer im Alten Testament, bereits angekündigt wird, was dann in der Welt geschehen wird (nämlich, dass der Heiland kommen und Wunder tun wird). Verändert man nun das Beschreibungsvokabular nur ein klein wenig, lässt sich das wie folgt reformulieren: Aufgrund eines Textes, der gesetzesartige Aussagen und Prognosen enthält, werden Möglichkeiten entworfen, wie man die Welt beobachten, systematisieren und erklären kann. Aufgrund der Annahmen im Text können Hypothesen entworfen werden, wie Sachverhalte zusammenhängen. Ohne den biblischen bzw. theoretischen Text könnten wir die abgebildeten Phänomene nicht verstehen und erklären. Dieser Zusammenhang von theoretischen

Beobachtung, Systematisierung, Erklärung

Vorgaben und Deutungen der Welt wird uns im Bild Raffaels deutlich vor Augen geführt.

Wenn man die vorgeschlagene Deutung akzeptiert, ist es vielleicht nicht allzu kühn, noch einen Schritt weiter zu gehen und zu behaupten: Das Bild *selbst* ist eine Theorie, ja, eigentlich sogar eine Meta-Theorie: Deutet doch das Bild selbst die Funktionsweise von Theorien und ihrem Verhältnis zur Welt. Das Bild ist also eine Theorie über Theorien. So verstanden wären nicht nur sprachliche – genauer: begriffliche Beschreibungen – theoriefähig, sondern eben auch beispielsweise Bilder (die sogar Theorien über Theorien aufstellen können). Oder allgemeiner formuliert: Mit unterschiedlichen Medien kann Theorie betrieben werden, mit schriftlichen Aufzeichnungen, im Gespräch, aber eben auch mit einem Gemälde, in einem Film, einer Fernsehserie, einem Comic usw.

Was ist Medientheorie?

Auch wenn man gewillt sein sollte, diese heikle Ausdehnung der Theoriefähigkeit auf alle mögliche mediale Formen zu akzeptieren, so heißt das ja noch lange nicht, dass dabei *medien*theoretisch gedacht wird. Medientheorie wird in Raffaels Gemälde eben nicht betrieben. Um Raffaels Bild indes medientheoretisch zu perspektivieren, müsste man Abschied nehmen von einer *inhaltlichen* Deutung und etwa stattdessen den *Kontext* betrachten, in dem das Bild rezipiert wird. Ein einfaches Szenario soll das erläutern: Ich befinde mich vor Ort in der vatikanischen Pinakothek in Rom und betrachte die »Verklärung Christi« (siehe Abb. 4b). Das Gemälde hängt dort in einem leicht gedimmten, temperaturüberwachten Raum neben anderen Ölgemälden, die so in unmittelbaren Zusammenhang mit der »Verklärung« gebracht sind. Dort in der Pinakothek können mich zudem andere Betrachter stören, indem sie mir beispielsweise die Sicht versperren. Es wäre aber auch möglich, dass ich im Gegenteil etwas Interessantes erfahre, etwa während ich ein leise geführtes Gespräch über das Gemälde belausche, in dem es um die Meta-Theorie des Gemäldes geht. Vielleicht fotografiere ich das Bild (heimlich!) mit meinem Handy, um es mir später noch einmal anzuschauen (siehe Abb. 4c). Dies Fotografie könnte ich freilich auch sofort vor Ort, WLAN vorausgesetzt, via *Instagram* auf meine *Facebook*-Seite hochladen, damit jeder weiß, wo ich mich gerade befinde und dass ich mich in Rom vor allem mit Kunst beschäftige.

Kontext

Das Gedankenexperiment ließe sich beliebig fortsetzen. Der entscheidende Punkt, um den es geht, ist folgender: In den geschilderten Fällen sind jeweils unterschiedliche mediale Kontexte imaginiert, die die Rezeption und meine Einstellung zum Bild wie auch die Einstellung der Rezipienten meiner Bilder von dieser Situation beeinflussen. Macht es doch einen Unterschied, ob ich das Bild vor Ort im Vatikan einfach betrachte, es fotografiere, später auf meinem Handy anschaue oder das Bild auf meine *Facebook*-Seite lade, damit es sich andere auf ihren jeweiligen digitalen Endgeräten anschauen (und möglichst *liken* sollten). Ein gänzlich andere medialer Zusammenhang ist wiederum hergestellt, wenn das Ölgemälde, ein Schnappschuss aus der vatikanischen Pinakothek und das Bild auf dem Handy in einem Buch nicht nur in schlechter Qualität reproduziert sind, sondern zudem zuvor *gegoogelt* und mit *Photoshop* bearbeitet wurden, um zu veranschaulichen, was Medientheorie sein soll. Eine *Medien*theorie würde sich, in der einen oder anderen Weise, um diese Phänomene kümmern – und eben nicht so sehr um den Inhalt des Bildes, sei es der Inhalt von Raffaels Gemälde oder von meiner Fotografie. Medientheoretiker würden mehr oder minder vollmundig forschungsleitende universelle Thesen dazu anbieten, was geschieht, wenn sich der mediale Kontext verändert bzw. fragen, was denn die Medialität der spezifischen Situationen ausmacht.

Einfluss des Mediums auf die Medientheorie

Solch eine medientheoretische Perspektivierung hat im Übrigen, neben vielem anderen, mit einer ganz bestimmten Schwierigkeit zu kämpfen, mit der andere Theorien – etwa eine Theorie über Kunst – nicht oder doch zumindest nicht in so fundamentaler Weise konfrontiert sind. Wenn es nämlich tatsächlich zutreffen sollte, wovon die allermeisten Medientheorien ausgehen, dass Medien das, was sie wahrnehmbar machen, vermitteln, speichern und verarbeiten, unter spezifische Bedingungen stellen, also das Medium jeweils Einfluss auf das Vermittelte hat, dann folgt daraus notwendigerweise: Jede Theorie über Medien ist maßgeblich beeinflusst von dem Medium, das zur Artikulation der Theorie verwendet wird. Dementsprechend macht es einen Unterschied, ob ich im Gespräch eine Theorie entfalte, diese mithilfe eines Computers aufzeichne, per SMS verschicke oder auf einem Ölgemälde festhalte. Also kann es keinen medienneutralen Zugriff auf Medien geben. Jede Medientheorie ist demzufolge mit einem problematischen Zirkel konfrontiert: Es werden über die Wirkung von Medien Aussagen getroffen, und zwar in Medien, die dieser Wirkung, sollte die Hypothese denn zutreffen, immer schon ausgeliefert sind. Dementsprechend wären die Theorien über die Wirkung der Medien bereits selbst ein Effekt der Medienwirkung, nicht deren Erklärung. Medien könnten also durch Medientheorie niemals zu durchschauen sein (zumindest nicht vollständig). Ob und wenn ja, wie die jeweiligen Medientheorien mit dieser Schwierigkeit umgehen, wird im Folgenden immer wieder Thema sein.

Definition

Medientheorie

Medientheorien sind (1) mediale, insbesondere sprachlich-begriffliche Gebilde, die (2) den Sachbereich Medien bzw. Medialität so definieren und ordnen, dass daraus (3) generelle Deutungen oder gar (4) Gesetze und unter Umständen (5) Prognosen abzuleiten sind für diesen Sachbereich. Grundlegend ist dabei (6) die generelle Annahme, dass Medien, auf das, was sie wahrnehmbar machen, speichern, verarbeiten und vermitteln einen Einfluss haben, der (7) einen erkennbaren und eben durch Theorien beschreibbaren Unterschied macht für (8) die Form des Übermittelten, Verarbeiteten und Gespeicherten bzw. deren Wahrnehmbarkeit und/oder (9) deren Funktionalisierungen.

medienwissenschaftliche Medientheorien

In diesem Zusammenhang muss noch auf eine Begrenzung hingewiesen werden: Es wird in vorliegender Einführung ausschließlich um *medienwissenschaftliche* Medientheorien gehen. Dieser Verweis, so trivial er zunächst erscheinen mag, ist insofern wichtig, als es eben auch Medientheorien gibt, die nicht in der Medienwissenschaft situiert und schon gar nicht dort kanonisiert sind. So ist etwa die Theorie der Schweigespirale in gewisser Weise als eine Medientheorie zu verstehen. Denn diese Theorie besagt, dass die Artikulation einer Meinung, die von der in den Massenmedien in Umlauf gebrachten vorherrschenden öffentlichen Meinung abweicht, eher nicht geäußert wird, weil die Angst vor Sanktionen und Kritik groß sei. Wie problematisch diese Annahme im Einzelnen auch immer sein mag, medientheoretisch ist sie jedenfalls zumindest insofern, als hier angenommen wird, dass die Massenmedien unabhängig vom jeweils spezifischen Inhalt strukturell Einfluss auf die Art und Weise nehmen, wie sich deren Rezipienten verhalten (in diesem Falle bei abweichender Meinung: zu schweigen). Da die Theorie der Schweigespirale aber nicht in der Medienwissenschaft kanonisiert wurde, ist sie keine medienwissenschaftliche Medientheorie. Schlicht deshalb wird sie hier auch nicht behandelt werden.

Die Ordnungen der Medientheorie

Da es im Feld der Medientheorie eine kaum überschaubare Menge an Vorschlägen gibt, wie man die (Medien-)Welt in den Blick nehmen soll, scheint es für eine erste Orientierung ratsam, Selektionen und Unterscheidungen einzuführen, um das Feld zu ordnen. Es existieren bereits etliche Vorschläge zur Herstellung von Ordnung in diesem Bereich, insbesondere auf dem Einführungssektor: Zu finden sind Publikationen, die einfach die vermeintlich ›maßgeblichen‹ Medientheorie-Autoren alphabetisch vorstellen, andere Veröffentlichungen bieten Erklärungen ›kanonisierter‹ Texte in ihrer historischen oder ideengeschichtlichen Entwicklung. Wieder andere Einführungsliteratur ordnet medientheoretische Ansätze nach bestimmten Themen (etwa Kybernetik, Massenmedienkultur, Technologien des Unbewussten) oder nach Theoriereichweite, von Theorien zu einem einzelnen Medium bis zu umfassenden (Medien-)Welterklärungsmodellen. Der Großteil dieser Literatur versucht vor allem Theorien für Einsteiger verständlich zu machen. Einige Veröffentlichungen folgen dabei entschieden einem normativen Ansatz, wollen also darüber Auskunft geben, welche (Medien-)Theorien vermeintlich etwas taugen,. welche nicht und welche nur so tun, als wären sie (Medien-)Theorien, obwohl sie doch in Wahrheit nur mehr oder weniger eleganten Unsinn verbreiteten.

Vorschläge zur Systematisierung

All diese Ordnungsprinzipien haben ihre Vor- und Nachteile. Hier wird – gegenüber anderen Vorschlägen aus der Einführungsliteratur – eine *antagonistische Struktur* bevorzugt. Das heißt: In den einzelnen Kapiteln werden jeweils zwei medientheoretische Zugriffsweisen dargestellt – und zwar indem sie gegeneinandergestellt werden. Dementsprechend sind die Medientheorien so positioniert, dass sie sich entweder explizit im Widerstreit miteinander befinden oder aber zumindest jeweils sehr unterschiedliche, kaum auf einem gemeinsamen Nenner zu bringende Sichtweise auf Medien haben (siehe dazu kompakt grafisch Abb. 5).

antagonistische Struktur

Der Vorteil einer solchen Struktur liegt erstens in ihrer Klarheit. Was kann schon sehr viel klarer sein als eine binäre Unterscheidung? Freilich birgt das auch eine Gefahr: Aufgrund des Willens zur klaren Gegenüberstellung werden die Positionen in vielen Fällen so zugespitzt, dass die Unterschiede sehr deutlich hervortreten; damit werden sie aber auch überzeichnet. Das ›wirkliche‹ Leben der Medientheorie – wo die Unterschiede meist weniger klar, die Vermischungen, Übergriffe und Ähnlichkeiten zwischen den Positionen sehr viel größer sind, die Komplexität der Argumentationen weit höher liegt, als hier vorgestellt – wird in der vorliegenden Einführung also in gewisser Weise wie in »Celebrity Deathmatch« behandelt. Dort treten ja nicht wirklich die echten Stars in den Wrestlingring, sondern deren Abbilder aus Knetmasse. Zweitens ist anhand solch eines kontrastierenden Vergleichs sehr deutlich herauszuarbeiten, wo die Stärken, aber eben auch die Schwächen der jeweiligen Ansätze liegen, welche Probleme damit gelöst, welche umgekehrt erzeugt werden. Drittens wird damit gleich in der Struktur deutlich gemacht, dass das medientheoretische Milieu von sehr unterschiedlichen (und eben auch widersprüchlichen) Auffassungen durchzogen ist. Angesichts dessen scheint mir eine Serie von *Media Studies Celebrity*

Abb.5

Medienwissenschaftliche Modelle

Dispositivtheorie	vs. Medientheorie der Medien	Medienmaterialismus	vs. Intermedialität	Kritische Theorie	vs. Cultural Studies	Mediensemiotik	vs. Medienphänomenologie	Systemtheorie	vs. Akteur-Netzwerk-Theorie
Platon: Eine Höhle ist eine Wahrnehmungsanordnung.	Lorenz Engell: Medien denken sich in ihren Formen selbst.	Marshall McLuhan: Das Medium ist die Botschaft.	Irena Rajewski: Unterscheiden lassen sich Medienwechsel, Medienkombination, intermeidale Bezüge und Transmedialität.	Max Horkheimer/Theodor W. Adorno: Massenmedien manipulieren im Interesse der Kulturindustrie.	Stuart Hall: Unterschiedliche Lesarten einer medialen Botschaft sind möglich.	Charles S. Peirce: Es gibt indexikalische, ikonische und symbolische Zeichen.	Edmund Husserl: Zurück zu den Sachen selbst!	Niklas Luhmann: Medien machen Kommunikation wahrscheinlicher, und Wahrnehmung möglich; das System Massenmedien irritiert und koordiniert Gesellschaft.	Bruno Latour: Menschen, Dinge, technische Artefakte sind Akteure und haben allesamt Handlungsmacht; Medien stabilsieren und transformieren Netzwerke.
Jean-Louis Baudry: Der Kinosaal ist eine Wahrnehmungsanordnung.	*Mediale Historiografie: Medien entwerfen je unterschiedlich (Medien-)Geschichte.*	Friedrich Kittler: Medien bestimmen unsere Lage.	Jay D. Bolter/Richard Grusin: Medien bestimmen sich als Medien durch Bezugnahme auf andere Medien (Remediation).	*Zyklische Mediengeschichte: Praktiken bzw. Befürfnisse schreiben sich in Medientechniken ein und Medientechniken richten Praktiken bzw. Befürfnisse aus.*	John Fiske: Das Fernsehen hat als Programmmedium eine offene Bedeutungsstruktur.	Roland Barthes: Fotografie hat als Zeichensystem einen ideologischen Authentizitätseffekt, erscheint sie doch als Botschaft ohne Code.	Roland Barthes: Fotografie ist ein Medium der Melancholie.	*Medienevolution: Medienentwicklungen verlaufen langfristig und nicht zielgerichtet nach der Strukturlogik von Variation, Selektion und Stabilisierung.*	
Knut Hickethier: Fernsehen ist eine Wahrnehmungsanordnung.		*Medienarchäologie: Medientechnologien bestimmen geschichtliche Prozesse in Form von Zäsuren.*	Kay Kirchmann/Jens Ruchatz: Medien reflektieren andere Medien und bestimmten sich dadurch selbst.		Henry Jenkins: Wir leben in einer digital basierten Konvergenzkultur.	Jean Baudrillard: Audiovisuelle Medien erschaffen eine Simulationswelt.	Günter Anders: Die Welt ist bevölkert von massenmedialen Phantomen, an deren Mustern wir uns orientieren.		
Michel Foucault: Das Gefängnis ist eine Wahrnehmungsanordnung.		Micheel Serres: Durch Störung entsteht Neues.	*Historische Mediendiskursanalyse: Was Medien sind und waren, wird im Diskurs*			Jacques Derrida: Die Medialität der *différance* unterminiert jegliche stabile Bedeutungszuweisung.	Lambert Wiesing: Medien ermöglichen, dass wir alle dasselbe wahrnehmen können.		

Historiografische Exkurse sind hellblau unterlegt

Deathmatches zur Abbildung des medienwissenschaftlichen Forschungsfeldes, trotz der Gefahr einer verfälschenden Zuspitzung des Gegenstandes, doch angemessener, als einfach einer chronologischen oder alphabetischen Ordnung zu folgen (als kompakten Überblick des medienwissenschaftlichen Forschungsfeldes, das hier in den nächsten Kapitel ausführlich behandelt wird, siehe zusammenfassend Abb. 5).

Selbstredend können die hier vorgestellten Medientheorien nur eine Auswahl darstellen, die immer auch den Kenntnisstand, die Interessen und Vorlieben desjenigen widerspiegeln, der die Einführung schreibt. Mir geht es aber ohnehin nicht um Vollständigkeit. Vielmehr soll der Leser anhand einiger kontrastierend angeordneter Positionen eine Ahnung davon erhalten, wie breit das Spektrum medientheoretischer Forschung ist.

Zusammenfassung

- Medientheorie stellt *Beobachtungsmöglichkeiten* bereit, die es erlauben, den Bereich Medien bzw. Medialität zuallererst so zu ordnen und zu perspektivieren, dass Annahmen darüber gemacht bzw. Hypothesen entworfen werden können.
- Insofern bildet Medientheorie die Grundlage für Medienwissenschaft überhaupt, ist es doch der Bereich, in dem der *forschungsleitende Bezugsrahmen* hergestellt wird, innerhalb dessen dann konkrete medienanalytische und mediengeschichtliche Untersuchungen stattfinden können.
- Trotz aller Heterogenität eint die allermeisten medientheoretischen Ansätze eine Voraussetzung, nämlich die Annahme, dass Medien, auf das, was sie wahrnehmbar machen, speichern, verarbeiten und vermitteln, (mehr oder minder großen) *Einfluss* haben.
- Jede Medientheorie ist konfrontiert mit dem Problem der *zirkulären Selbstanwendung*: Sollte die Hypothese zutreffen, dass Medien auf das von ihnen wahrnehmbar Gemachte, Vermittelte, Gespeicherte oder Verarbeitete Wirkungen haben, gilt das eben auch für die Medientheorie selbst, die so etwas behauptet. Dementsprechend wäre die Hypothese über die Wirkung der Medien selbst bereits ein Effekt der Medienwirkung und damit keine wahrheitsfähige Aussage über die (Medien-)Welt.
- Medientheorie wird zuvorderst in und mit *sprachlicher* Begriffsarbeit formuliert; kann aber auch in *anderen medialen* Zusammenhängen stattfinden (z. B. in einem Bild). Das heißt: Mit und in unterschiedlichen Medien kann Medientheorie betrieben werden.
- Das medientheoretische Milieu ist unübersichtlich und durchzogen von sehr unterschiedlichen Entwürfen; ordnen lässt es sich produktiv beispielsweise, indem *widerstreitende Theorien gegenübergestellt* werden,

um so kontrastierend die Kontur der jeweiligen Medientheorie sowie die Bandbreite medienwissenschaftlicher Forschung herausarbeiten zu können.

Weiterführende Literatur

Peter V. Zima: Was ist Theorie? Theoriebegriff und Dialogische Theorie in den Kultur- und Sozialwissenschaften (Tübingen/Basel 2004).
Hier wird Theorie erstens vor allem mit Bezug auf die Kultur- und Sozialwissenschaften diskutiert (und also in einem Kontext, in dem auch die allermeisten Medientheorien zu situieren sind). Zweitens wird in diesem Buch der Versuch unternommen, unterschiedliche, als inkompatibel geltende Theorien ›dialogisch‹ zu verschränken und diesen ›Dialog‹ fruchtbar für weitere theoretische Problemlösungen zu machen.

Stefan Weber (Hg.): Theorien der Medien. Von der Kulturkritik bis zum Konstruktivismus (Konstanz ^{2}2010).
Sehr gut geeignet für Einsteiger und als Nachschlagewerk zu verwenden; klare Darstellungen vieler Facetten der Medientheorie, zudem ein Vorwort, in dem der Begriff der Theorie diskutiert wird und ein Nachwort, in dem ein Vorschlag zur Kartografierung des medientheoretischen Feldes unterbreitet und anhand eines Koordinatensystems veranschaulicht wird.

Andreas Ströhl: Medientheorien kompakt (Konstanz 2014).
Hier werden maßgebliche Medientheoretiker tatsächlich kompakt, aber verständlich vorgestellt. Da die Darstellung bis hinab in Platons Höhlengleichnis und die vorneuzeitliche indische Illusionslehre steigt, erhält man zudem *en* passant einen kleinen Einblick in die medientheoretische Ideengeschichte.

Rainer Leschke: Einführung in die Medientheorie (München 2003).
Anspruchsvolle wie kritische, aber überaus instruktive Einführung in das Themenfeld. Leschke entwirft ein evolutionäres Modell, das erklärt, wie und warum sich sehr unterschiedliche Medientheorien entwickelt haben, die bis dato im Widerstreit liegen.

Dispositivtheorie vs. Medientheorie der Medien | 3

Dispositivtheorie | 3.1

Dispositivtheorie (1) – Platons Höhle

Beginnen wir in einer Höhle: Denn der zentrale Ursprungsmythos der Dispositivtheorie findet sich in einem antiken Höhlengleichnis, wie es der griechische Philosoph Platon beschrieben hat. Dieses Höhlengleichnis beinhaltet einige der Merkmale, die für die Dispositivtheorie generell wichtig sind. Zuvorderst geht es in Platons Gleichnis, wie der Titel schon sagt, um eine Höhle – und damit um eine spezifische räumliche Anordnung, die die Wahrnehmung der Höhlenbewohner bestimmt (Abschottung, Schutz, Feuer, Schatten an der Wand usw.). Und genau das meint in diesem Zusammenhang auch der Begriff des Dispositivs, nämlich eine *räumliche Wahrnehmungsanordnung*.

räumliche Wahrnehmungsanordnung

Im Gleichnis wird erzählt, dass einige Menschen »von Kindheit an gefesselt an Hals und Schenkel« (Platon 1983, 325) – wie es in »Der Staat« heißt – in einer Höhle immer am selben Platz sitzen müssen. Ihre Köpfe sind durch die Fesseln so justiert, dass sie ihren Blick nur auf die hintere Höhlenwand richten können. Von oben fällt durch ein Feuer Licht in die Höhle. Platon fährt fort: »Zwischen dem Feuer und den Gefangenen geht obenher ein Weg, längs diesem sieh eine Mauer aufgeführt wie die Schranken, welche die Gaukler vor den Zuschauern sich erbauen, über welche herüber sie ihre Kunststücke zeigen. [...] Sieh nun längs dieser Mauer Menschen allerlei Geräte tragen, die über die Mauer herüberragen, und Bildsäulen und andere steinerne und hölzerne Bilder und von allerlei Arbeit.« (ebd.) Die Schatten dieser Gegenstände werden somit an die Höhlenwand projiziert, die die Gefesselten beobachten können. Da die Höhlenbewohner nichts anders als die Höhle, die Höhlenwand und das Schattenspiel darauf kennen, sind sie davon überzeugt, dass diese Schatten der Gegenstände reale Gegenstände sind. Von tatsächlich realen Gegenständen, geschweige denn von einem Leben außerhalb der Höhle, wissen sie nichts.

In dem Gleichnis geht es also tatsächlich um eine spezifische räumliche Wahrnehmungsordnung. Genauer noch: Die Raumordnung – mitsamt aller technischer Maßnahmen (Fesselung, Feuer, Mauer) – richtet den Betrachter so aus, dass seine Wahrnehmung dadurch maßgeblich bestimmt wird. Egal, welche Schattenspiele der Höhlenbewohner zu Gesicht bekommen wird, dass er diese als real auffasst, hat nichts mit den Gegenständen des jeweiligen Schattenspiels zu tun, sondern eben mit seiner spezifischen Wahrnehmungsanordnung. Von diesem Gedanken nehmen alle Theorien zum Dispositiv, die sich erst ab den 1960er-Jahren dieses Begriffs explizit bedienen, ihren Ausgangspunkt. Abgesehen von diesem räumlich-technischen Aspekt (und abgesehen von den erkenntnistheoretischen Problemen, die mit dem Gleichnis eigentlich aufgerufen werden sollen) geht es in Platons Höhlengleichnis nebenbei auch noch um zwei weitere Aspekte, die in den diversen Theorien des Dispositivs ebenfalls immer wieder auftauchen. Erstens sind institutionelle Faktoren Bestandteil des Gleichnisses. Dort begegnen wir doch Schattenspielern, die durch irgendeinen Ablaufplan koordiniert werden müssen. Irgendwer muss die Fesseln für die Höhlenbewohner im Auftrag von irgendwem hergestellt haben; jemand muss sich um das Feuer kümmern, Holz besorgen usw. Kurz: Damit die Wahrnehmungsordnung in der Höhle funktioniert, muss sich eine koordinierende Institution darum kümmern. Zweitens – und das liegt bei solch einer Anordnung sehr nahe – geht es ja um eine absichtliche Täuschung. Zwar wissen wir nicht durch wen. Die Strippenzieher bleiben im Gleichnis ungenannt. Aber dass es um Täuschung geht, die jemand zu verantworten hat, ist gewiss. Damit sind immer auch Machtfragen relevant: Wer hat die Macht, die Höhlenbewohner zu fesseln, sie zu täuschen, von der realen Welt entfernt zu halten?

Platon, Höhle und die Dispositivtheorie

Die drei im Kontext des Höhlengleichnisses angeführten Ebenen, (1) die technisch-räumliche Anordnung, (2) die institutionelle Rahmung sowie (3) die Frage nach der Macht, finden sich mehr oder minder explizit ausformuliert in so gut wie allen Dispositivtheorien. Gleichzeitig lässt sich aber häufig die *Konzentration* auf einen dieser Aspekte feststellen.

Definition (Ebenen)

Dispositiv

franz. *dispositif*: Vorkehrung, Einrichtung, Anordnung
lat. *dispositio*: In der antiken Rhetorik wird damit die zweite Phase bei der Anfertigung einer Rede bezeichnet, nämlich die Gliederung bzw. Anordnung der Redeelemente.

In der Medientheorie wird der Begriff des Dispositivs nicht einheitlich verwendet und meint oft unterschiedliche Dinge oder doch unterschiedliche Ebenen. Mindestens drei Ebenen lassen sich unterscheiden:

1. Konzentration auf die *Wahrnehmung aufgrund der konkreten räumlichen Wahrnehmungsanordnung*
   Ein Dispositiv ist eine räumliche Anordnung, die einen Betrachter zu einer bestimmten Ordnung der Dinge (etwa einem Lichtspiel) so in Beziehung setzt, dass seine Wahrnehmung dieser Situation dadurch bestimmt wird. Wie der Betrachter die Situation wahrnimmt, wird *durch* diese *konkrete* räumliche Anordnung bestimmt.
2. Konzentration auf die *gesellschaftlichen Rahmenbedingungen* der räumlichen Wahrnehmungsanordnung
   Das Dispositiv ist eine räumliche Anordnung, die aus einem *Geflecht* technischer, institutioneller, ökonomischer, administrativer, gesetzlicher und ideologischer Faktoren besteht und die demgemäß in die räumliche Anordnung eingeschrieben sind. Das Dispositiv verweist immer auf diese Faktoren und Bedingungen zur Herstellung der konkreten Wahrnehmungsanordnung. Dementsprechend sind letztlich vor allem die Aspekte *jenseits* der konkreten Wahrnehmungsanordnung wichtig. Die konkrete Wahrnehmungsanordnung fungiert als symbolische Verdichtung übergreifender gesellschaftlicher Strukturen.
3. Konzentration auf Aspekte der *Macht innerhalb eines Netzwerkes*
   Das Dispositiv ist ein Netzwerk, das so heterogene Elemente, wie Institutionen, Techniken, Regeln, räumliche Anordnungen, administrative Maßnahmen, Konventionen u.a. in einer bestimmten Weise verbindet und anordnet, sodass eine Vorentscheidung darüber gefallen ist, wie diese Elemente ineinandergreifen und zu welchem Zweck. Insofern kommt dem Dispositiv eine machtstrategische Funktion zu.

Dispositivtheorie (2) – Baudrys Apparatus

Für die Medienwissenschaft wird die Dispositivtheorie zuallererst durch eine filmtheoretische Bewegung in Frankreich der 1960er-Jahre relevant. Unter dem Begriff *Apparatus*-Theorie werden hierbei Ansätze versammelt, die sich mit der Filmwahrnehmung mit Bezug auf die *technisch-räumliche Rahmung* des Films im Kino beschäftigen. Hierbei sind *architektonische* Merkmale (Kinosaal, auf eine Leinwand ausgerichtet Sitzreihen usw.) und *technologische* Faktoren (Filmprojektor, Projektion auf eine Leinwand, Abdunklung) zusammengedacht und als *kinematografischer Apparat* verstanden. Das Wort Dispositiv wird zur Bezeichnung dieser räumlich-technischen Anordnung erst Mitte der 1970er-Jahre durch Jean-Louis Baudry eingeführt. (Und von dort ausgehend allmählich – zumeist unter Rückgriff auf Michel Foucault – auf andere mediale Zusammenhänge ausgeweitet).

kinematografischer Apparat

Platons Höhle – Baudrys Kino

Baudry bezieht sich in seinen Ausführungen direkt auf Platons Höhlengleichnis, indem er die Ähnlichkeiten der dort imaginierten Höhle und der Beschaffenheit des Kinosaals betont. Dafür gibt es durchaus gute Gründe: Befindet sich der Kinozuschauer doch wie Platons Höhlenbewohner in einem dunklen Raum, ausgerichtet auf eine (Lein-)Wand. Und auch wenn der Kinobesucher im Gegensatz zu Platons Höhlenbewohner nicht materiell gefesselt wird, ist er doch in seinem (ihm zumeist durch Nummerierung präzise zugewiesenen) Sitz ebenfalls vergleichsweise immobil. Weiterhin: Auf der Leinwand des Kinosaals werden Filmbilder projiziert, die von einem Projektor stammen, der hinter den Zuschauern platziert ist. Auch dieser Vorgang entspricht ziemlich genau dem Schattenwurf der Gegenstände durch den Feuerschein auf der Höhlenwand in Platons Gleichnis.

Obwohl der Kinozuschauer (im Gegensatz zu Platons Höhlenbewohner) weiß, dass das, was er auf der Leinwand sieht, nicht real ist, wird der Realitätseindruck des Leinwandgeschehens durch die Wahrnehmungsanordnung des Kinosaals verstärkt. Denn, laut Baudry, verfällt der Kinobesucher in einen traumähnlichen Zustand, und zwar aufgrund der Abdunkelung des Saals, dem Zurücklehnen im Sitz sowie mittels der großen Leinwand, auf der Vorgänge zu verfolgen sind, die den Kinobesucher während der Filmprojektion überwältigen. Der Zuschauer wird somit dazu verführt, vollständig ins filmische Geschehen einzutauschen. Er soll (vorübergehend) vergessen oder doch das Wissen darum abschotten, dass es sich dabei um filmische Abbilder handelt, also um bloße ›Schattenbilder‹ und nicht um Realität.

Wie auch immer man zu den einzelnen Beschreibungen Baudrys stehen mag, so ist es jedenfalls nicht verwunderlich, dass seine Basisannahme schnell Freunde unter medientheoretisch gesinnten Gemütern fand, die sich weniger dafür interessieren, was übermittelt wird, vielmehr dafür, mit welchen Mitteln und unter welchen Umständen. Denn: Die räumlich-apparative Anordnung des Kinosaals hat, nach Baudry, Effekte auf die Rezeption, *unabhängig* vom jeweils gezeigten Film. Zumeist unbewusst, buchstäblich hinter dem Rücken der Zuschauer, ergeben sich Effekte für die Wahrnehmung, die eben durch die räumlich-apparative Anordnung verursacht sind. In Abwandlung eines populären medientheoretischen Slogans formuliert: Das Dispositiv ist die eigentliche Botschaft (und eben nicht das, was man auf einer Leinwand konkret zu sehen bekommt). Oder noch kürzer: Das Kino ist die eigentliche Botschaft, nicht der Film.

Wahrnehmungseffekte

Wenn das Kino die Botschaft ist, so hat diese Botschaft, folgt man Baudry, auch einen *ideologischen* Effekt. Definiere doch diese kinematografische Anordnung nicht nur die Wahrnehmung während eines Kinobesuchs, sondern verdichte und stabilisiere eine bestimmte Vorstellung über den Zuschauer. Baudry ist davon überzeugt, dass das Kino-Dispositiv Ausdruck der ideologischen Vorstellung eines bürgerlichen Subjekts ist. Dieses bürgerliche Subjekt verstehe sich selbst als mündig, von anderen unterschieden, handlungsfähig und unabhängig. Aber diese Bestimmung ist nach Baudry erstens eine Täuschung, denn das bürgerliche Subjekt ist in Wirklichkeit extrem abhängig, allen anderen gleich und letztlich fremdgesteuert – und zwar aufgrund gesellschaftlicher Verhältnisse, die das bürgerliche Subjekt selbst nicht durchschaut. Oder eigentlich genauer noch: Die gesellschaftlichen Verhältnisse und Machtinteressen bringen die Illusion hervor, dass es so etwas wie ein mündiges und unabhängiges Subjekt innerhalb einer bürgerlichen Ordnung geben könne. Genau in diesem Sinne ist das bürgerliche Subjekt eine Ideologie, also eine Täuschung zum Zwecke der Verschleierung der tatsächlichen Zusammenhänge. Zweitens verdichte sich diese Ideologie symbolisch in der Wahrnehmungsanordnung des Kinos und werde dort immer weiter verfestigt. Wird doch dort der Eindruck von Realität hervorgebracht, wo in Wahrheit nur eine Illusion erzeugt wird durch die sinnliche Überwältigung mittels einer technischen Apparatur. Im traumähnlichen Zustand, der durch den abgedunkelten Raum und die große Leinwand hervorgerufen wird, vergisst der Zuschauer, dass die filmischen Projektionen auf der Leinwand nicht allein für ihn bestimmt sind, sondern für viele, und dass er sich nicht frei zu diesen Realitätsimaginationen verhalten kann, sondern von diesen immer schon überwältigt ist.

Realität und Illusion

Auch hier gilt: Man muss Baudry nicht in den einzelnen (zumeist tiefenpsychologisch fundierten) Charakterisierungen der ideologischen Effekte der Apparatur Kino folgen. Dennoch hat diese Perspektive Entscheidendes geleistet für die Ausgestaltung einer übergreifenden Dispositivtheorie: Gesellschaftliche Verhältnisse, Ideologien, die in Zusammenhang stehen mit institutionellen, ökonomischen, administrativen, gesetzlichen oder auch technologischen Aspekten, sind in einem Dispositiv eingeschrieben und verdichtet. Dementsprechend kann man einerseits ausgehend von der Untersuchung der Dispositive, insbesondere von solchen, die zu bestimmten Zeiten gesellschaftlich relevant sind (z.B. Theater, Kino, Fernsehen, Mobilfunknetze), maßgebliche gesellschaftliche Ideologien und Machtzusammenhänge ablesen, also sichtbar, beschreibbar und letztlich kritisierbar machen. Anderseits lassen sich Dispositive als subtile Mittel zur Ideologisierung entlarven. Werden doch dort bestimmte Vorstellungen, etwa über bürgerliche Subjekte, nicht nur veranschaulicht, sondern stabilisiert und also bestimmte Machtverhältnisse verstärkt. So verstanden sind Dispositive auch strategisch zur Ideologisierung nutzbar. Untersucht werden aus Sicht der Dispositivtheorie jedenfalls nicht mehr einzelne Filme und was sie möglicherweise über eine Gesellschaft aussagen mögen, sondern deren Abspielstätten, um so etwas über gesellschaftliche (Macht-)Verhältnisse herauszufinden.

Dispositivtheorie (3) – Hickethiers Fernsehen

Knut Hickethier schließt direkt an Baudyrs Ausführungen zum Dispositiv an, wendet dabei aber das Dispositiv erstens auf eine *andere* Wahrnehmungsanordnung als den Kinosaal an. Zweitens weist er deutlicher als Baudry auf die vielfältigen *Verflechtungen* und *Vernetzungen* hin, die das Dispositiv ausmachen. Er nennt hier so unterschiedliche Dinge wie Gesetze, Architektur, Programmrichtlinien, Administration, Genrekategorien, Zuschauererwartung, industrielles Kalkül oder auch Senderlogos, die im und für das Dispositiv eine Rolle spielen.

Fernsehdispositiv

Insbesondere das Fernsehen hat es Hickethier angetan. In Gegenüberstellung zu Baudrys Beschreibungen des Kinos will Hickethier die Spezifik eines *Fernsehdispositivs* herausarbeiten. Die Wahrnehmungsanordnung des Fernsehens unterscheidet sich aus dieser Sicht von der des Kinos vor allem durch: fehlende Abdunkelung des Umraums, kleinere Bildfläche, Platzierung im Wohnumfeld, tendenzielle Aufhebung der mit der Kinopräsentation verbundenen Konventionen (Handys aus! Nicht umherlaufen, bügeln oder lauthals verlangen, dass der Filmvorführer ›umschalten‹ soll), Programmstruktur, statt Konzentration auf ein (Film-)Werk. Der entscheidende Punkt, um den es Hickethier dabei geht, ist der, dass beim Fernsehen eine andere Rezeptionshaltung eingenommen wird als im Kino (oder doch zumindest nahegelegt wird). Werde man im Kino sinnlich überwältigt (man erinnere sich: dort ist es dunkel, eine riesige Leinwand, auf die der Zuschauer zentriert wird), so stehe es einem beim Fernsehen *frei*, welche Rezeptionshaltung man einnehme: Man kann wie im Kino einem Film konzentriert folgen, aber genauso ist es möglich vor dem Fernsehen dahinzudösen, nebenher zu bügeln, umzuschalten, wenn einem das Programm nicht gefällt, den Fernseher den ganzen Tag ›nebenher‹ laufen zu lassen usw.

Entscheidend daran ist: Das Fernsehen legt diese unterschiedlichen Nutzungen *als Wahrnehmungsanordnung* nahe (egal, was gerade gesendet wird, ob »Champions League«, »Tatort«, »Bauer sucht Frau« oder »Kulturzeit«). Werde in der Wahrnehmungsanordnung Kino die Nutzung recht rigide festgelegt, so fände hier vor dem Fernseher eine Freisetzung des Zuschauers statt, die auch eine andere Vorstellung des Subjektes impliziert: Es wird nicht mehr (sinnlich) überwältigt; man ist nicht mehr festgezurrt, wie in Platons Höhle der Gefangene oder in Baudrys Kinosaal der Zuschauer. Vielmehr erfährt der Rezipient im Dispositiv Fernsehen Distanz, Ironie, Selektion als mögliche Handlungs- und Wahrnehmungsoptionen. Kurz: Ein souveränes und flexibles Subjekt wird hier imaginiert.

Zuschauer als souveränes Subjekt

Auch hier gilt: Über die konkreten Deutungen Hickethiers lässt sich streiten. Wichtiger ist indes auf theoretischer Ebene: Das Dispositiv versteht Hickethier wie Baudry als technisch-materielle Anordnung, die (meist unbewusst) die Rezeption eines medialen Angebots maßgeblich prägt. Dabei wird dem Rezipienten eine bestimmte Vorstellung von sich selbst nahe legt (etwa als souveränes, flexibles Subjekt), was wiederum in Zusammenhang steht mit gesellschaftlich-institutionellen Faktoren (Fernsehanstalten, industrieller Interessen, Wertvorstellungen usw.).

Kino vs. Fernsehen

An Hickethiers Ausführungen zum Dispositiv sind drei Aspekte besonders hervorzuheben, weil sie über das Dispositiv-Konzept Baudrys hinausgehen. Erstens: Um überhaupt *konkret* herausarbeiten zu können, was ein bestimmtes Dispositiv ausmacht, welche Rezeptionsmöglichkeiten, welche Subjektvorstellungen damit einhergehen, ist es sinnvoll, das jeweilige Dispositiv mit einem anderen zu *vergleichen*. Erst vor dem Hintergrund des Kino-Dispositivs wird überhaupt erst klar, was denn *im Gegensatz* dazu die Spezifik des Fernseh-Dispositivs sein könnte. Zweitens wendet Hickethier das Dispositiv-Konzept nicht einfach vom Kino auf das Fernsehen an, sondern zeigt dabei, dass dieses Konzept prinzipiell auf alle möglichen medialen Konstellationen bezogen werden kann (Fernsehen, Radio, Internet oder eben auch Handy). Erst eigentlich mit diesem Schritt wird die Dispositivtheorie von einer Filmtheorie bzw. Einzelmedientheorie zu einer universellen Medientheorie. Drittens: Hickethier geht auf die *prinzipielle Veränderbarkeit* aller Dispositive ein. Damit ist nicht nur gemeint, dass etwa das Fernseh-Dispositiv in einer historischen Entwicklung das Kino-Dispositiv als dominierendes Dispositiv historisch ablöst (etwa indem nun eben mehr Menschen Fernsehen schauen, als ins Kino zu gehen). Darüber hinaus meint Veränderbarkeit in diesem Zusammenhang: Weder das Fernsehen noch das Kino sind statische Dinge. Stattdessen sind sie permanent im Wandel. Das Kino von heute hat kaum noch Ähnlichkeit mit dem Kino zu Beginn des

20. Jahrhunderts. Ebenso gilt: Das Fernsehen auf dem Smart-Phone ist wohl ein ganz anderes als das der Schwarz-Weiß-Apparate in den 1960er-Jahren.

Hierbei handelt es sich um eine historische Angelegenheit und damit eben auch um eine Sache der Mediengeschichtsschreibung. Denn diese Veränderbarkeit gilt eben prinzipiell. Eine Dispositiv-Theorie muss also die *prinzipielle* Veränderbarkeit von Dispositiven in Betracht ziehen. Diese prinzipielle Veränderbarkeit betrifft wiederum nicht nur die Wandelbarkeit einzelner Dispositive, sondern auch die Verbindungsmöglichkeiten unterschiedlicher Dispositive (die dann auch wieder neue Dispositive bilden können). Das gilt wohl insbesondere für unsere digitale, durch und durch vernetzte Gegenwart, in der die klare, über lange Zeit stabile Differenz zwischen einzelnen Dispositiven wohl stärker infrage gestellt ist als jemals zuvor. Wenn zuhause der Fernseher via Projektor so groß wird, wie in einem (kleinen) Kino, daneben auf dem *Second Screen* nach dem Namen eines bestimmten Schauspielers gegoogelt oder über den gerade laufenden »Tatort« getwittert wird; wenn Fernsehen im Zug auf dem Smartphone via Live-Stream rezipiert werden kann; im Kino Live-Konzerte übertragen werden, heißt das zwar nicht, dass keine unterschiedlichen Dispositive mehr existieren. Sehr wohl heißt es aber, dass Dispositive vernetzt sind und immer wieder neu verknüpfbar sind. Dispositive sind – so könne man mit dem Philosophen Gilles Deleuze formulieren, obwohl es sich um räumliche Wahrnehmungsanordnungen handelt und damit eine gewisse Stabilität ihrer Komponenten voraussetzt wird – vor allem eins, nämlich andauernd instabil.

Veränderbarkeit von Dispositiven

Dispositivtheorie (4) – Foucaults Macht

Mit Michel Foucaults Dispositivverständnis, das dieser unabhängig von Baudry, aber ungefähr zur selben Zeit, formulierte, finden mindestens zwei weitere Ausweitungen statt. Diese Ausweitungen führen immer wieder zu Verwirrung und Unklarheiten in der Rezeption der Dispositivtheorie, vor allem weil sich viele Untersuchungen auf Baudry und Foucault beziehen und deren Ansätze, häufig wenig geschickt, vermischen. Zum einen betrifft dies die Ausweitung der Untersuchungsgegenstände. Aus Foucaults Perspektive sind nämlich nicht mehr nur Kino, Fernsehen, Radio oder das Internet in ihren dispositiven Anordnungen zu analysieren, sondern auch Theaterräume, barocke Gärten, Schiffe, Beichtstühle, psychiatrische Kliniken oder auch Gefängnisse. Besonders hat es Foucault in diesem Zusammenhang ein bestimmtes Gefängniskonzept angetan, nämlich das sogenannte Panoptikum, das Jeremy Bentham Ende der 18. Jahrhunderts entworfen hat und das beispielsweise in Kuba und den USA tatsächlich gebaut und, für eine gewisse Zeit zumindest, in Betrieb genommen wurde (siehe Abb. 6).

Ausweitung der Untersuchungsgegenstände

Abb. 6

Das »Presidio Modelo« auf Kuba diente von 1928 bis 1961 als Gefängnis, heute beherbergt es ein Museum.

Gefängnis als Dispositiv der Macht

Interessant an diesem Gefängnistypus ist, dass die Gefängniszellen kreisrund um einen Wächterturm angeordnet sind. Jeder Gefangene hat einen direkten Blick auf den Wächterturm und vom Wächterturm aus kann prinzipiell jeder Gefangenen unmittelbar überwacht werden. Der Clou an dieser Beobachtungskonstellation ist: Der Gefangene weiß nicht, ob er gerade tatsächlich vom Wärter im Turm beobachtet wird. Diesen kann er nämlich durch die schmalen Fenster des Wächterturms *nicht* sehen. Entscheidend ist: Dort *könnte* aber ein Wächter sein. So wird dem Gefangenen nahegelegt, so zu handeln, als ob dort immer ein Wächter wäre, der ihn beobachtet. Der Wächter ist sozusagen aus dem Überwachungsturm in den Kopf des Gefangenen gewandert. Im Dispositivvokabular reformuliert: Die räumliche Anordnung definiert die Wahrnehmung (und die Handlungen) des Gefangenen, unabhängig davon, ob tatsächlich ein Wächter im Turm ihn beobachtet oder nicht.

Hier, in dieser Gefängniskonzeption, verdichtet sich ein bestimmter gesellschaftlicher Kontext. Ist es doch Ausdruck eine Überwachungs- und Herrschaftsstruktur einer modernen Zivilgesellschaft insofern, als dabei die strafende Instanz nicht eine externe und anwesende mehr sein muss (der Wächter im Turm), sondern diese internalisiert worden ist (der Wärter im eigenen Kopf). Dementsprechend ist damit auch eine bestimmte Subjektvorstellung formuliert, nämlich ein Subjekt, das nicht mehr permanent überwacht wird, sich aber fühlt als würde es immer überwacht werden (können) und sich letztlich selbst überwacht, also bestimmte Machtkonstellationen internalisiert. Solch ein Konzept lässt sich mühelos auch auf andere Konstellationen übertragen, beispielsweise eine Fabrik oder die (potenziellen!) Videoüberwachungen von Straßen, Läden oder Schulen. Bei Foucaults Konzept des Dispositivs wird noch sehr viel deutlicher als bei Baudry oder Hickethier, dass es sich hierbei immer um Dispositive der *Macht* handelt, die die Subjekte in einer bestimmten Weise ausrichten, um deren Verhalten zu steuern (oder sie soweit zu bringen, dass sie ihr Verhalten selbst nach bestimmten Machtinteressen steuern).

Ebenso wird daran aber auch die zweite Ausweitung deutlich, die Foucault vornimmt und die sehr viel problematischer ist, wenn man Foucault mit Baudry oder Hickethier zusammenbringen will. Bei Foucault ist es nämlich erstens ziemlich egal, ob es sich um ein tatsächlich existierendes Gefängnis handelt oder nur um einen Plan für ein solches Gefängnis, um eine Fabrik oder eine staatliche Videoüberwachung auf Autobahnen – *überall* findet man dieselben Grundprinzipien der Wahrnehmungs- und Verhaltenskoordination (in diesem Falle: eines neuzeitlichen Überwachungsstaates). Damit verschwindet jedoch auch die Spezifik einzelner, konkreter Wahrnehmungsanordnungen. Genau darum ging es aber Hickethier bei seiner Unterscheidung von Kino- und Fernsehdispositiv. Und noch wichtiger: Foucault selbst versteht unter Dispositiv überhaupt nicht eine konkrete räumliche Wahrnehmungsanordnung, sondern ein *Netzwerk*, das so heterogene Elemente, wie Institutionen, Techniken, Konventionen und *unter anderem* räumliche Anordnungen gemäß einem machtstrategischen Kalkül verknüpft. Hier muss man sich entscheiden, entweder ist das Dispositiv mit Baudry und Hickethier eine konkrete räumlich-technische Wahrnehmungsanordnung, das gesellschaftliche Verhältnisse symbolisch verdichtet, oder aber das Dispositiv ist ein machtstrategisch geknüpftes Netzwerk, in dem räumlich-technische Wahrnehmungsanordnungen mehr oder minder marginale Bestandteile sind. Das Dispositiv kann nicht beides zugleich sein. Nur durch erhebliche Modifikationen sind diese sehr unterschiedlichen Vorstellungen von Dispositiv zu verknüpfen.

Dispositiv als Netzwerk

Definition (Synthese)

Dispositiv

Eine auf Synthese der unterschiedlichen Dispositiv-Theorien angelegte Definition könnte lauten: Das Dispositiv ist (1) eine räumliche, technisch-materielle Wahrnehmungsanordnung, (2) die den Rezipienten zu der bestimmten ›Ordnung der Dinge‹ in ein spezifisches Verhältnis setzt, und zwar so, dass (3) die Rezeption dadurch präformiert ist, also in einer bestimmten Weise ausgerichtet und (vor-)bestimmt wird, (4) unabhängig von der inhaltlichen Präsentation einzelner Artefakte bzw. Wahrnehmungsangebote. Das Dispositiv vermittelt dabei immer auch (5) eine bestimmte Subjektvorstellung, die (6) im Zusammenhang steht mit technischen, institutionellen, diskursiven, administrativen Faktoren. Diese Faktoren wirken (7) auf die Gestaltung und Ausformung des Dispositivs ein und werden (8) häufig in Netzwerke eingebunden und machtstrategisch funktionalisiert. (9) Umgekehrt werden Institutionen, Programme, Diskurse, Rezeption sowie das machtstrategische Netzwerk in der konkreten räumlichen, technisch-materiellen Wahrnehmungsanordnung verdichtet, veranschaulicht und stabilisiert. Dabei ist das

Dispositiv (10) ›andauernd instabil‹, d. h. (11) historisch wandelbar und flüchtig, (12) in andere dispositive Konstellationen überführbar und (13) mit anderen Dispositiven verknüpfbar.

Dispositive vs. Medien

Was bei allen vorgestellten Dispositiv-Theorien auffällig ist – und was den Leser vielleicht verwundern könnte –, ist die Tatsache, dass die damit hantierenden Theoretiker darauf bedacht sind, einen Begriff nicht zu verwenden, nämlich »Medien«. Doch ist dies insofern konsequent, als die Dispositivtheorie, zumindest die generelle und explizit als solche bezeichnete, bereits eine Reaktion auf die Schwierigkeit darstellt, den Medienbegriff zu definieren bzw. die vielen Facetten, die dabei eine Rolle spielen, mit diesem Begriff zu fassen. Zum einen verspricht sich der Dispositivtheoretiker von der Umbesetzung, ausgehend von konkreten räumlich-technischen Wahrnehmungsanordnungen, das heterogene Netzwerk aus Technik, Institutionen, Diskursen, Ideologien in den Blick zu bringen. Zum anderen wird mit dem Konzept Dispositiv etwas vermieden, was bei der Verwendung des Medienbegriffs häufig geschieht, nämlich Medien als stabile Artefakte zu verstehen. Es geht dann vermeintlich überzeitlich um *das* Fernsehen, *das* Kino usw. Im Gegensatz dazu wird ja in der Dispositivtheorie davon ausgegangen, dass Wahrnehmungsanordnungen nicht nur heterogen sind, sondern ebenso instabil und wandelbar.

Diese Wandelbarkeit dürfte man sich auch von der Anwendung der Dispositivtheorie in der Medienwissenschaft wünschen. Beschränkt man sich doch dabei meist ganz pragmatisch auf traditionelle medienwissenschaftliche Gegenstände, nämlich Wahrnehmungsanordnungen technisch-audiovisueller Repräsentationen (Kino, Fernsehen, Fotografie, Radio). Doch diese Beschränkung ist der Theorie selbst keineswegs eigen. Ganz im Gegenteil: Von der Dispositivtheorie ausgehend könnten eben auch Kirchen, Ausstellungsräume, Theater, Gefängnisse, das Oktoberfest, Höhlen oder Handynetzwerke als räumlich-technische Anordnungen verstanden werden, die die Art und Weise bestimmen, wie die Rezipienten bzw. Nutzer die Situation (und sich selbst) wahrnehmen, unabhängig von den vermeintlich kommunizierten Inhalten. Medienwissenschaft wäre aus dieser Perspektive also eigentlich als Dispositivwissenschaft neu auszurichten.

Kritik

- Der Begriff Dispositiv bleibt zu unscharf. So macht es doch einen erheblichen Unterschied, ob ein Dispositiv ein übergreifendes Netzwerk ist oder eine *konkrete* räumliche Wahrnehmungssituation, ob die räumliche Wahrnehmungssituation als *Ausdruck* für übergeordnete gesellschaftliche Verhältnisse fungiert oder aber als *Ursache* für die Art und Weise, wie ein Rezipient (sich und die Welt) wahrnimmt. Ebenso unklar ist häufig, was das Dispositiv eigentlich alles umfassen soll: nur die unmittelbare räumliche Anordnung oder auch die weitere Umgebung, etwa die Verkehrsanbindung an ein Kino, alle Konventionen, die für den Kinobesuch gelten könnten, oder nur ausgewählte, Institutionen, Technik, Ökonomie, Energie, Popcornverkauf, Vorhang, Anzahl oder Farbe der Sitzreihen usw. Oftmals ist bei den Dispositivtheoretikern sehr nebulös gehalten, was alles zum Dispositiv gehören soll, was nicht, was relevant ist und was nicht und in welchem Sinne.

- Einst Hoffnungsträger der Medienwissenschaft, um die Probleme des Begriffs Medium zu umgehen, führt das Konzept Dispositiv indes nicht nur nicht zur Präzisierung des Gegenstandsbereiches der Medienwissenschaft, sondern zu dessen nahezu unendlicher Ausdehnung. Da Wahrnehmung ohne Raum kaum vorstellbar ist und Wahrnehmung insofern als durch den Raum bestimmt erscheint, können prinzipiell alle räumliche Konstellationen als Dispositive verstanden werden (mein Blick aus dem Fenster, eine Suppenküche, der Sonnenaufgang in der Wüste, der Vogelkäfig, der Ritt auf einem Pferd, der Nebel über dem Bodensee usw.). Ohne Eingrenzung aber kein Erkenntnisgewinn, also keine ernst zu nehmende Forschung.
- Es scheint völlig unplausibel, dass die Inhalte von ›Lichtspielen‹ überhaupt keine Rolle spielen sollen für die Art und Weise, wie der Kinobesucher den Film (und sich selbst) wahrnimmt. Es dürfte doch schwer zu bestreiten sein, dass es für die Art und Weise, wie meine Wahrnehmung ausgerichtet wird, einen entscheidenden Unterschied macht, ob ich mir im Fernsehen (wo auch immer sich dieser befinden mag, wie groß auch immer er sein mag, ob es hell oder dunkel ist) eine Dokumentation auf »Arte« über den sowjetischen Revolutionsfilm der 1920er-Jahre anschaue, auf »MTV« eine Datingshow oder »Celebrity Deathmatch«, samt Werbeunterbrechungen für Klingeltöne oder die Liveübertragung des Endspiels einer Fußballweltmeisterschaft. Hier einzig und allein die räumlich-technische Wahrnehmungsanordnung in Betracht zu ziehen, wäre töricht, würde es doch wichtige Aspekte der Rezeption einfach ausblenden.
- Sollte die Grundprämisse der Dispositivtheorie zutreffen, dann müsste sie eigentlich ebenfalls auf die Dispositivtheorie selbst angewendet werden. Auch die Dispositivtheorie ist innerhalb eines Dispositivs situiert, insofern Effekt des Dispositivs und eben nicht neutrale Beschreibung einer Wahrnehmungsanordnung oder eines Macht-Netzwerkes. Erstaunlicherweise bleibt jedoch diese Selbstanwendung in der Dispositivtheorie bis dato weitgehend ausgespart.

- Es gibt – zumindest heute – keine klar zu differenzierende Dispositive. Spätestens mit der Digitalisierung haben sich die Grenzen zwischen unterschiedlichen Dispositiven auch technisch aufgelöst. Somit ist die Dispositivtheorie jedenfalls zur Erklärung der gegenwärtigen medialen Lage ungeeignet.

Dispositiv Handy

Der Einfachheit halber soll es zunächst um ein sehr einfaches Handy gehen. Dieses kompakte Objekt Handy ist hauptsächlich gekennzeichnet durch die Möglichkeit mobilen Telefonierens. Und das heißt konkret: Das Handy ist transportabel. Man kann mit ihm zwischen privaten und öffentlichen Räumen verkehren, man trägt es normalerweise am Körper oder es befindet sich zumindest im nahen Umfeld des Körpers. Und auch wenn dies nicht immer der Fall sein mag, bleibt es doch ein Objekt, mit dem taktiler Umgang gepflegt werden muss, damit es funktioniert. Vorausgesetzt man hat eine Netzverbindung, sendet und empfängt es kabellos Signale, die in Tonmodulationen umgesetzt werden. Das Handy erweitert damit die telefonische Erreichbarkeit erheblich gegenüber einer Welt, in der nur Festnetzapparate und Telefonzellen existieren. Es findet also, wenn man so will, eine räumliche Befreiung von der Telefonzone statt. Die räumlich-technische Wahrnehmungsanordnung wäre im Fall des Dispositivs Handy also gerade dadurch definiert, dass einige Elemente der Anordnung – zumindest das Handy als auch sein Nutzer – portabel, also räumlich beweglich sind; ja, diese Beweglichkeit eine grundlegende Eigenschaft der Wahrnehmungsanordnung ausmacht. Freilich bleiben andere Elemente räumlich unverändert, um diese Mobilität zu ermöglichen. Seien es beispielsweise die Signalmasten, die die Telefondaten weiterleiten und die Ortung des Handys garantieren, die geostationären Satelliten im Erdorbit, die die Signale über große Entfernungen weiterleiten.

Mit der Etablierung solch eines Handy-Dispositivs erhöht sich auf den ersten Blick der Freiheitsgrad der Subjekte, die ein Handy besitzen. Überall kann ich nun Kontakt aufnehmen bzw. bin ich erreichbar, ohne kompliziert eine Telefonzelle aufsuchen zu müssen oder mir andere ausrichten müssen, dass jemand angerufen hat, der mich sprechen möchte und den ich doch bitte zurückrufen soll usw. Die gegenteilige Annahme ist indes vielleicht mit Blick auf das Dispositiv-Konzept noch plausibler: Das Handy lässt sich nämlich mit guten Gründen als eine Art elektronische Hundeleine verstehen. Denn mit Handy bin ich eben, sofern das Handy eingeschaltet ist, jederzeit erreichbar. Durch das spezielle Datenverarbeitungs- und Distributionssystem, bei dem mein Standpunkt durch die zellenartige Anordnung der Empfangsstationen immer wieder neu via Triangulation überprüft

Handy als elektronische Hundeleine

wird, auch wenn ich nicht telefoniere, bin ich überdies immer auffindbar, sprich überwachbar.

Überwachung nach Foucault

Diese Situation ist durchaus mit Foucaults Beschreibung des Panoptikums vergleichbar: Zwar sehe ich die ›Wächter‹ nicht, wahrscheinlich werde ich auch zumeist nicht überwacht, jedoch ist die Überwachung prinzipiell möglich und ich weiß, dass sie prinzipiell möglich ist. Im Zuge der Datenspeicherung gehe ich überdies davon aus, dass mein Standort auch im Nachhinein haarklein rekonstruiert werden kann. Dementsprechend richte ich mein Verhalten aus: Ich mache nichts Verdächtiges oder besorge mir eine nicht registrierte Prepaidkarte oder ich werfe mein Handy weg. Nicht nur die Möglichkeit, mich immer und überall zu orten, verändert mein Verhalten, sondern vielmehr noch die permanente Erreichbarkeit, die mit dem Handy verbunden ist. Gehen wir davon aus, dass mein Vorgesetzter weiß, dass ich ein Handy habe, die Nummer kennt und mich immer wieder anruft außerhalb der regulären Arbeitszeit (weil es einen Notfall auf der Arbeit gibt, ich noch etwas bis morgen besorgen soll, einen Abgabetermin nicht vergessen soll o. Ä.).

Noch näher am Panoptikum-Szenario formuliert: In solch einem Fall weiß ich, dass mein Chef mich prinzipiell immer anrufen könnte; dementsprechend schalte ich das Handy nicht ab (denn der Chef könnte denken, ich schalte das Handy wegen ihm ab, was als Arbeitsverweigerung oder doch zumindest als motivationslos gelten könnte). Zudem werde ich mir zweimal überlegen, ob ich bestimmte Dinge tun werde (etwa mich betrinken), da ich weiß, dass ich prinzipiell angerufen werden könnte, um dann arbeiten zu müssen oder doch zumindest mit meinem Vorgesetzten ein ernsthaftes Gespräch führen können sollte. Hiermit hätten wir es ganz konkret: Die Wahrnehmungsanordnung Handy setzt mich zu einer bestimmten Ordnung der Dinge (etwa Arbeitssituation) so ins Verhältnis, dass meine Wahrnehmung (ja, meine Handlungsweise und mein Lebensstil) dadurch bestimmt wird. Diese Ausrichtung meiner Wahrnehmung (meiner Handlungsweisen, meines Lebensstils) erfolgt unabhängig vom jeweiligen Inhalt eines Telefongesprächs, ja sogar eigentlich sogar unabhängig davon, ob ich tatsächlich von meinem Chef jemals angerufen werde. Allein die stabile Existenz der Wahrnehmungsanordnung hat Einfluss auf meine Wahrnehmung und meine Handlungen.

So etwas kann freilich nur funktionieren, wenn bestimmte (1) Techniken (Satellitenübertragung, terrestrische Empfangs- und Sendestationen, Umwandlung der Stimme in elektronische Signale, Batterie usw.), (2) Institutionen (z. B. der Tarifvertrag über eine Handy-Flatrate für 19,90 Euro den Monat, den ich mit Vodafone oder O2 abgeschlossen habe; die gesetzliche Regelung für Roaming-Gebühren innerhalb der EU), (3) Diskurse (in denen etwa das Arbeitsethos eines Angestellten ausgehandelt werden; Vorstellungen über den vernetzen Menschen zirkulieren) und (4) Konventionen (asymmetrisches Verhältnis von Vorgesetztem und Angestellten; ein Anruf wird nicht einfach weggeklickt, betrunken zu arbeiten ist kontraproduktiv) das Dispositiv rahmen und durchdringen. Dementsprechend sind sie im Dispositiv Handy zu einer bestimmten Subjektvorstellung verdichtet: Ein Subjekt, das sich permanent selbst überwacht, allzeit mobil, permanent vernetzt und bereit ist, schnell auf Probleme und Anforderungen zu reagieren. Das heißt allgemeiner gewendet: Ausgehend von einem konkreten Dispositiv lassen sich Wahrnehmungs- und Verhaltenseffekte untersuchen, die im Zusammenhang stehen mit übergreifenden gesellschaftlichen Zusammenhängen, weil diese im Dispositiv verdichtet sind und damit fassbar werden.

das sich selbst überwachende Subjekt

Um deutlich zu machen, dass die benannte Subjektkonzeption nicht einfach einer gesellschaftlich vorherrschenden Vorstellung entsprechen muss, die in diesem Fall eine permanente Ausweitung der Mobilität und Erreichbarkeit impliziert, sei noch kurz auf die SMS-Funktion eingegangen. Angenommen das alte Handy wird gegen ein neues mit der Möglichkeit Texte zu versenden eingetauscht. Zwar macht mich die Möglichkeit, SMS zu verschicken, kommunikativ noch variabler. Kann ich doch nun auch schriftlich kommunizieren. Dennoch stellt diese Erweiterung auch eine Beschränkung der besonderen Art dar. Um eine SMS zu lesen bzw. zu schreiben, muss ich mich auf das Handy-Display konzentrieren. Das schränkt mein Blickfeld definitiv stärker ein, als wenn ich telefoniere. Hier werde ich also in dieser Wahrnehmungsanordnung dazu gezwungen, stehen zu bleiben oder doch zumindest meine Schritte zu verlangsamen. So gesehen wird die Mobilität eingeschränkt. Anderseits nimmt die Freiheit zu, einer bestimmten Situation entfliehen zu können. Während des Unterrichts zu telefonieren, ist nur schwerlich möglich und in den meisten Fällen untersagt. Jedoch unter der Bank heimlich Nachrichten zu senden und zu lesen ist durchaus machbar.

Ob das nun einem abgelenkten oder konzentrierten Subjekt entspricht, einem ständig zerstreuten oder multitaskingfähigen, darüber ließe sich streiten. Entscheidender ist an diesem Beispiel: Kleine Veränderungen des Dispositivs, etwa die zusätzliche Möglichkeit des Nachrichtenschreibens, können unter Umständen massive Veränderung der Wahrnehmungsorganisation auslösen.

Weiterführende Literatur

Jean-Louis Baudry: Das Dispositiv. Metapsychologische Betrachtungen des Realitätseindrucks [1975], in: Claus Pias u. a. (Hg): Kursbuch Medienkultur. Die maßgeblichen Texte von Brecht bis Baudrillard, S. 381–404 (Stuttgart [6]2008).

Der klassische Text zum Dispositiv Kino. Dort wird unter Rückgriff auf psychoanalytisches Vokabular die Wahrnehmungsanordnung des Kinos aufschlussreich mit Situation in Platons Höhle verglichen und ideologiekritisch gewendet.

Michel Foucault: Dispositive der Macht. Über Sexualität, Wissen und Wahrheit (Berlin 1978).
Hier bestimmt Foucault seine Vorstellung von Dispositiv als machtstrategisches Netzwerk, indem er auf die Zusammenhänge zwischen Praktiken (Beichten oder therapeutische Gespräche), Diskursen (z. B. Publikationen über Hysterie, Krankenakten) und Wahrnehmungsanordnungen (z. B. der Beichtstuhl, die Couch der Psychoanalyse) hinweist.

Knut Hickethier: Mediendispositiv, in: ders.: Einführung in die Medienwissenschaft, S. 186–201 (Stuttgart/Weimar 2003).
Hickethier verdeutlicht in diesem Abschnitt seiner Einführung nicht nur allgemein verständlich seine Vorstellung vom Dispositiv an seinem Lieblingsbeispiel, dem Fernsehen. Darüber hinaus diskutiert er auch die Option, inwieweit dieses Konzept auf andere Konstellationen übertragbar ist. Insbesondere stellt er sich die Frage, ob das Internet als Dispositiv zu verstehen sein könnte, womit Hickethier prinzipiell eine Antwort auf die Frage zu geben versucht, ob das Dispositivkonzept noch zur Beschreibung des digitalen Zeitalters tauglich sein kann.

Markus Stauff: »Das neue Fernsehen«. Machtanalyse, Gouvernementalität und digitale Medien (Hamburg 2005).
In dieser Doktorarbeit wird ein interessanter Vorschlag zur Präzisierung des Dispositivansatzes im Zeitalter des Digitalen gemacht. Das Dispositiv wird hier zum einen von Medien unterschieden und zum anderen gezeigt, wie beides produktiv ins Verhältnis zu setzen sein könnte.

Loriot: Der kaputte Fernseher (Erstausstrahlung im Fernsehen 1977, online: https://www.youtube.com/watch?v=kVT8PEcmLGk (03.03.2016)).
In diesem TV-Sketch wird die Macht des Dispositivs Fernsehen in unnachahmlicher Weise veranschaulicht. Ein Ehepaar sitzt im Wohnzimmer vor einem Fernsehapparat und unterhält sich über das Fernsehen. Zwar ist der Fernseher, wie wir während des Gesprächs erfahren, »heute Abend« kaputt, aber das Ehepaar hält dies dennoch nicht davon ab, wie jeden Abend, vor dem Fernsehen Platz zu nehmen. Der Ehemann antwortet auf die Frage seiner Frau, wann er denn ins Bett zu gehen gedenke, mit den Worten: »Nach den Spätnachrichten.« Auf die verwunderte Nachfrage, warum denn nach den Spätnachrichten, da der Fernseher ja kaputt sei und

also keine Spätnachrichten zu sehen sein werden, lässt der Ehemann kämpferisch verlautbaren: »Ich lasse mir von einem kaputten Fernsehen nicht vorschreiben, wann ich ins Bett zu gehen habe!« Viel klarer lässt sich die Wirkmacht eines Dispositivs nicht auf den Punkt bringen.

Medientheorie der Medien | 3.2

Den Gedanken der Dispositivtheorie konsequent zu Ende denken bedeutet: Man muss sich überhaupt nicht mehr mit dem einzelnen Film, einer konkreten Fernsehserie, einem Handy beschäftigen, ist doch die Wahrnehmungsanordnung übermächtig und entscheidet, wie Filme und Fernsehserien rezipiert, wie Handys verwendet werden, welche Vorstellung sich dabei der Zuschauer und Nutzer von sich und der Welt macht. Inhalte und Formen eines spezifischen Films, einer Serie, eines Handys wären also schlichtweg irrelevant. Genau umgekehrt betrachtet der Weimarer Medienphilosoph Lorenz Engell die mediale Lage: Wie Medien funktionieren und was sie womöglich auszeichnet, wird nicht primär von Medientheoretikern untersucht, die sich Gedanken über Medien oder dispositive Anordnungen machen, sondern *von Medien selbst*. Genauer formuliert: Medien reflektieren sich in ihren Formen selbst, also in ihren konkreten Medienangeboten. Medien, so argumentiert Engell, betreiben insofern selbst Medientheorie, als sie durch den Akt der *Selbstreflexion* in der Lage sind, über ihre eigenen strukturellen Zusammenhänge und Funktionsweisen verallgemeinerbare Aussagen zu treffen. Ja, Engell geht noch einen Schritt weiter, indem er behauptet: Durch die Selbstreflexion spezifischer Filme, Fernsehserien oder Handys werden Medien überhaupt erst *als* Medien mit bestimmten Möglichkeiten und Effekten denk- und damit medienwissenschaftlich beschreibbar.

Selbstreflexion der Medien

Sehr viel weiter kann man vom Konzept der Dispositivtheorie nicht entfernt sein. Nicht die rahmende Wahrnehmungsanordnung ist entscheidend, sondern das, was gerahmt wird. Nicht die Untersuchung von Platons Höhle gibt uns Auskunft über die wahren (Medien-)Verhältnisse, sondern die Schattenbilder an der Höhlenwand eröffnen uns Möglichkeiten, die (Medien-)Verhältnisse zu verstehen, indem wir nachvollziehen, wie Schattenbilder über ihre eigenen Möglichkeiten nachdenken.

Wie ist es aber überhaupt denkbar, dass Medien denken? Im Einführungskapitel zur Medientheorie wurde anhand des Gemäldes »Die Verklärung Christi« von Raffael dargelegt, wie dieses Gemälde etwas über Theorie und deren Perspektive auf die Welt ausgesagt (vgl. S. 26 ff.). Im Hinblick darauf könnte man mit Engell formulieren: Das Gemälde denkt. Oder weniger provokativ: Durch und mit dem Gemälde wird über einen Sachverhalt (nämlich Theorie) nachgedacht. Dies geschieht, indem eine bestimmte visuelle Konstellation von Figuren, Gesten und Handlungen erzeugt wird, aus der sich eine allgemeine Bestimmung ableiten lässt: Theorien ermöglichen es uns, Phänomene in der Welt sinnvoll ins Verhältnis zueinander zu setzen und diese so zu erklären.

Medien, die sich selbst denken

Metamalerei

Vielleicht ist aber ein anderes Beispiel noch sehr viel plausibler und führt zudem näher an das, was Engell genau meint, wenn er vom Denken der *Medien* und der *Medien*theorie der Medien selbst spricht: Viele Bilder des surrealistischen Malers René Magritte werden als *Meta*malerei klassifiziert, weil das Thema dieser Gemälde die Malerei selbst ist. Es sind also Gemälde über Gemälde. So ist beispielsweise in einem Bild von Magritte, das den Titel »Der Versuch des Unmöglichen« trägt, eine männliche Figur abgebildet, die einen weiblichen Akt malt (siehe Abb. 7). Dies ist insofern Metamalerei, als hier in einem gemalten Bild das Malen eines Bildes zum Thema wird. Oder mit Engells Vokabular formuliert: Das Bild denkt über das Bildermachen nach.

Abb. 7

Ein Gemälde denkt über die Malerei nach – René Magrittes »Der Versuch des Unmöglichen« (1928).

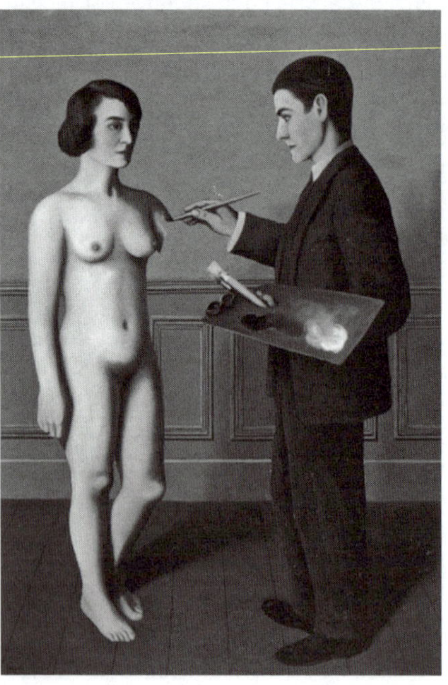

Das tut das Bild in diesem Fall in einer bestimmten Weise, was bereits deutlich durch den Titel ausgedrückt wird. Gibt dieser doch zu verstehen, dass hier etwas Unmögliches darstellt werden soll. *Unmöglich* ist das Dargestellte, weil das, was im Bild gemalt wird (eine Frau), und der Maler dieses Bildes auf derselben Existenzebene angesiedelt sind. Gilt doch im echten Leben: Entweder ist ein Gegenstand gemalt oder es ist real; entweder handelt es sich um die Sache selbst oder um ein Abbild. Beides zugleich zu sein, ist nicht möglich. Zudem wird hier im Bild ein grundlegendes Merkmal der Existenzweise von Bildern außer Kraft gesetzt: Ein Bild ist ein Bild genau dann, wenn es etwas anderes als sich selbst abbildet, andernfalls wäre es als Bild gar nicht erkennbar. Bilder repräsentieren so immer etwas, was nicht unmittelbar anwesend ist und eben nur als *Ab*bild anwesend sein kann. In Magrittes Bild wird nun dieses Verhältnis reflektiert, und zwar indem diese eigentlich logisch unmögliche Identität von Gegenstand und Bild in einem Bild vollzogen wird. Damit kommentiert Magritte die Malerei als ein widersprüchliches Unterfangen (einerseits stellt es nur Abbildungen her, anderseits soll es mehr sein als nur Abbildung, eben die Sache selbst anwesend machen).

Akzeptiert man die Annahme, Malerei als Medium zu verstehen, so lassen sich die vorgeschlagenen Deutungen wie folgt umformulieren: Magritte denkt in und mit diesem Bild über die medialen Grundlagen der Malerei nach. Wird doch das Medium Malerei reflektiert. Das Gemälde denkt insofern nicht nur über sich selbst als konkretes Bild nach, sondern indem es über sich nachdenkt, denkt es prinzipiell über mediale Eigenschaften der Malerei nach. Oder wieder enger an Engells Terminologie formuliert: Das Bild »Der Versuch des Unmöglichen« betreibt Medientheorie.

Dieses Nachdenken geschieht freilich nicht in Form begrifflicher Reflexion, sondern auf ästhetischer bzw. sinnlicher Weise, hier im speziellen Fall mit den visuellen Darstellungsmitteln der Malerei. Man muss also akzeptieren, dass es ein Denken jenseits des Begrifflichen gibt – etwa ein visuelles Denken. Tatsächlich würden ja wahrscheinlich die allerwenigsten bestreiten, dass in der Malerei über Malerei nachgedacht werden kann, in Filmen über Film oder in Fernsehserien über Fernsehserien, ohne dass dies in begrifflich scharfer und präziser argumentativer Form geschehen muss. Von dieser Prämisse ausgehend plädiert Engell für eine gewisse Aufgabenverschiebung der Medientheorie als Teildisziplin der Medienwissenschaft: Nicht wir, die Medienwissenschaftler, machen uns in der Medientheorie Gedanken über Medien. Vielmehr: Medien machen sich Gedanken über Medien und die medienwissenschaftlichen Medientheoretiker übersetzen dieses Mediendenken in eine begriffliche Sprachform. Dieser Medientheoretiker wäre also ›nur‹ ein Übersetzer von Theorien der Medien, nicht jemand, der primär selbst Theorie betreibt. Oder pointierter formuliert:

visuelles Denken

Medienwissenschaftliche Medientheorie fungiert so als ein Medium der Medien, die über Medien nachdenken.

Folgt man Engell, dann bietet nicht nur ambitionierte ernsthafte Kunst, wie die Malerei Magrittes, Metareflexion medialer Zusammenhänge. Darüber hinaus wird beispielsweise ebenso im Fernsehen (und auch jenseits von »Arte«) in Medien über Medien nachgedacht. Im Fernsehen wird das Fernsehen beispielsweise in vielen Serien selbstreflexiv.

»The Sopranos«

Um dafür nur ein besonders prominentes und ambitioniertes Beispiel zu nennen: Am Ende der letzten Episode der Fernsehserie »The Sopranos« (HBO 1999–2007) bricht die Musik abrupt ab, mitten in einer Szene wird ausgeblendet. Der Bildschirm bleibt einige Sekunden lang schwarz. Dann folgen die *credits*. Dadurch wird über eine grundlegende Eigenschaft des Fernsehens nachgedacht: Als Programmmedium ist das Fernsehen auf Endlosigkeit angelegt. Nach jeder Sendung folgt unvermeidlich eine weitere. Am Ende der »Sopranos« erfolgt indes durch das kurze Aussetzen einer Fortsetzung eine Störung dieses Programmflusses. Einige Zuschauer der Erstausstrahlung auf »HBO« am 10. Juni 2007 sollen sogar den Sender angerufen und besorgt angefragt haben, ob denn eine technische Störung die Sendung unterbrochen habe. So irritierend muss diese kurze Pause gewirkt haben. Viel plausibler als von einer technischen Störung auszugehen, lässt sich dieses Ende als ästhetische Strategie deuten, das Medium Fernsehen zu reflektieren: Wird doch durch das kurze Aussetzen der Fortsetzung zum einen mit dem Gedanken des Endes des Fernsehens als Programmmedium gespielt und zum anderen *exnegativo* die grundlegende narrative Eigenschaft des Fernsehens – nämlich das es immer weitergeht – ins (dunkle) Bild gesetzt: Endet etwas, kann es sich nicht mehr um Fernsehen im üblichen Sinne handeln. Nach der kurzen Pause erschienen dann ja auch die *credits* und das Fernsehprogramm von »HBO« lief mit einer neuen Serie (die heute schon niemand mehr kennt) – nämlich »John von Cincinatti« – wieder weiter.

Abb. 8

Schwarzes Quadrat auf schwarzem Grund – Das Fernsehen denkt sich selbst am Ende von »The Sopranos«.

Abb. 9

Permanente Fragmentierung, Selektion und Kombination im Split Screen – »n-tv« am 11. September 2001 kurz nach den Anschlägen auf das World Trade Center

Split Screen beim Nachrichtensender »n-tv«

Daneben finden sich aber auch schon sehr viel weniger auffällige Formen der Selbstreflexion im Fernsehen, etwa in der Live-Berichterstattung. Um nicht Engells häufig angeführtes Lieblingsbeispiel aufzugreifen, nämlich die Live-Berichterstattung über die erste bemannte Mondlandung aus dem Jahr 1969 (das lässt sich viel besser in seinen eigenen Texten nachlesen), sei stattdessen auf den Einsatz des Split Screen beim Nachrichtensender »n-tv« verwiesen. Dort wird das Fernsehen nicht gedacht als ein panoptisches Medium, das prinzipiell immer alles im Blick hat. Vielmehr wird das Fernsehen im geteilten Bildschirm von »n-tv« reflexiv als ein Medium, das unterschiedliche Objekte von unterschiedlichen Orten in Form unterschiedlichen Codierungsformen (Sprache, Schrift, Zahlen, Animation, Live-Bilder) zwar gleichzeitig sichtbar werden lässt, aber damit immer auch deutlich macht: Es sind nur Ausschnitte, die gezeigt werden; man könnte auch anderes zeigen. Und die Bilder und Schriftzüge auf dem Split Screen wechseln dementsprechend permanent. Diese Fragmentierung des Bildschirmes zeugt davon, dass es nicht das entscheidende Merkmal des Fernsehens ist, prinzipiell alles sichtbar machen zu können. Vielmehr, so wird hier suggeriert, besteht das eigentliche Problem des Fernsehens darin, was aus dieser unendlichen Menge an Möglichkeiten relevant ist und welcher Zusammenhang zwischen unterschiedlichen Objekten und Orten hergestellt werden soll. Das Fernsehen befindet sich so gesehen permanent auf der Suche nach den eigentlich relevanten Bildern und Zusammenhängen. Im geteilten Bildschirm von »n-tv« denkt sich das Fernsehen also als ein Medium der permanenten Unterscheidung und Kombination, das vor dem Hintergrund beliebiger Möglichkeiten das Relevante sucht, selektiert und immer neue Zusammenhänge herstellt.

Medien, die sich in Formen indirekt zu erkennen geben

Man kann freilich fragen, warum diese Selbstreflexionen wichtig sein sollten über die Feststellung der Tatsache hinaus, dass eben auch in Medien über Medien nachgedacht wird. Hierauf gibt es wohl mehrere Antwortmöglichkeiten: Erstens lässt sich durch solch eine Herangehensweise beobachten, wie Gemälde, Filme oder auch Fernsehserien durch Markierung von Selbstreflexion Kennerschaft und ästhetische Kompetenz ausweisen zum Zwecke der *Selbstvermarktung*. Damit erhält ein Medienprodukt unter Umständen kulturelles Kapital (etwa: »›The Sopranos‹ hat einen ähnlichen hohen Stellenwert wie ein Gemälde von Magritte, denn die Serie ist ähnlich künstlerisch anspruchsvoll durch Selbstreflexion‹). Zweitens könnte man auch der *historischen Entwicklung* nachgehen von der Avantgarde zum Mainstream und dabei eventuell ein evolutionäres Modell von Formprozessen entwerfen: War Selbstreflexion lange Zeit ein Merkmal, ja das Signum künstlerischer Avantgarden, so ist es heute längst in den Mainstream übergegangen. Kaum eine Serie im Fernsehen, die nicht irgendwann über sich selbst nachdenkt und dabei Formen aufgreift, die in der Avantgarde erprobt wurden. Man könnte dem weiter nachgehen, aber – und das ist entscheidend – beide Möglichkeiten interessieren Engell nicht. Das ist insofern konsequent, als die Klärung, wie sich Medien historisch entwickelt haben oder welche sonstigen, etwa ökonomische Interessen hinter den selbstreflexiven Prozessen stehen mögen, streng genommen eigentlich keine Fragen der Medientheorie sind, sondern eher der Historiografie oder des Marketings. Engell fragt aber eben nach der *Medientheorie* der Medien selbst, also danach, wie Medien selbst grundlegende Merkmale von Medien reflektieren.

Medium/Form

Um diese Position wissenschaftlich zu untermauern, greift Engell auf das Medium/Form-Konzept zurück. Vor allem in der Variante des Soziologen Niklas Luhmann wurde dies in der Medientheorie populär und insbesondere von philosophisch gestimmten Geistern gern als Ausgangspunkt weiterer Medientheoriebildung genutzt (→ vgl. zu Luhmann ausführlicher Kap. 7.1). Dieses Medium/Form-Konzept bildet den zentralen theoretischen Bezugsrahmen, vor dessen Hintergrund die Vorstellung von Medien, die sich selbst denken können, einsichtig werden soll.

Definition

Medium/Form

Niklas Luhmann hat (neben anderen Medienbestimmungen (→ vgl. Kap. 3.2]) unter Rückgriff auf Ausführungen des Gestaltpsychologen Fritz Haider einen sehr abstrakten, erkenntnistheoretisch ausgerichteten Medienbegriff entworfen. Zunächst wird eine Unterscheidung eingeführt, nämlich die zwischen *Medium* und *Form*, um dann anhand der Konkretisierung der Differenzen und der Klärung ihres Zusammenhangs, einen möglichst universell gültigen Medienbegriff zu entfalten. Die Merkmale, die Luhmann Medium und Form jeweils zuweist, lassen sich anhand einer schematischen Gegenüberstellung wie folgt fassen:

Medium	**Form**
existent nur im Verhältnis zur Form	existent nur im Verhältnis zum Medium
lose Kopplung von Elementen	strikte Kopplung von Elementen
Spielraum möglicher Formbildungen	Realisierung bestimmter medial ermöglichter Formbildungen
nicht direkt wahrnehmbar	direkt wahrnehmbar
wird (unterschiedlich) kenntlich an seinen Formen	macht das Medium (unterschiedlich) kenntlich

Weiterhin gilt (worauf hier aber nicht weiter eingegangen wird):

- Etwas wird zum Medium bzw. zur Form, weil es als Medium bzw. Form *beobachtet* wird. Die Bestimmung, was ein Medium, was eine Form ist, entscheidet der Beobachter bzw. der Bezugsrahmen und ist von daher keine Eigenschaft von Objekten.
- Das Medium kann somit auch als Form beobachtet werden und umgekehrt, z. B. kann Sprache als Medium für Texte bestimmt werden oder aber als Form für Sinndifferenzen, das heißt: Medium/Form-Bestimmungen sind *relativ*.
- Dementsprechend lassen sich *verschachtelte Medium/Form-Kaskaden* bilden (z. B. kann Sprache fungieren als Medium für die Form Text; der Text wiederum kann fungieren als Medium für die Form wissenschaftliche Textgattung, die wiederum fungieren kann als Medium für die Form medientheoretischer Text usw.).

Was an diesen Charakterisierungen in diesem Kontext vor allem wichtig ist: Ein Medium stellt einen Spielraum für Möglichkeiten spezifischer Formbildung bereit. Dieser Spielraum wird eröffnet durch lose gekoppelte Elemente, wie Luhmann es nennt. Das heißt: Durch Medien werden Unterscheidungen und Abstufungen bereitgestellt, die überhaupt erst ermöglichen, etwas Bestimmtes wahrzunehmen, zu kommunizieren bzw. zu erkennen, also, wieder in Luhmanns Worten, eine strikte Kopplung vorzunehmen. Das gilt sehr prinzipiell: Erst im Medium Licht kann man Helleres von Dunklerem unterscheiden; erst mit dem Medium Geld existieren teurere und billigere Preise; erst durch das Medium Sprache lassen sich Worte bilden, unterscheiden und ins Verhältnis zueinander setzen. Ein einzelnes Wort wiederum wäre in letztgenanntem Fall eine bestimmte Form, die *eine* Möglichkeit des Mediums Sprache realisiert.

Beispiel Sprache

Um eine wichtige Konsequenz der Medium/Form-Relation zu veranschaulichen, sei noch ein wenig ausführlicher auf das Beispiel Sprache eingegangen: Sprache fungiert, wie bereits angeführt, als *Medium*, dem die *Form* eines bestimmten Wortes gegeben werden kann. Das Medium selbst hingegen ist *formlos*: Die Sprache ermöglicht die Artikulation von Worten, aber einzelne Worte sind immer nur bestimmte Realisierung sprachlicher Möglichkeiten. Der Spielraum, der durch Sprache eröffnet wird, und der einzelne Spielzug, nämlich die Artikulation eines bestimmten Wortes, sind zwei unterschiedliche, ja kategorial unterschiedene Dinge, eben Medium im Unterschied zur Form. Besonders interessant wird dieser Zusammenhang, wenn man sich fragt, wie denn ein Medium, wenn es denn formlos ist, überhaupt kenntlich gemacht werden kann. Ich kann auf die Art und Weise, wie eine Sprache funktioniert, nur schließen, indem ich von den jeweils spezifischen Artikulationen von Worten ausgehe und so *indirekt* Rückschlüsse auf die Funktionsweise der Sprache ziehe.

Damit befindet man sich in einer seltsamen Lage: Einerseits ist das Medium niemals direkt zugänglich – *nur* in seinen Formen, einzig an diesen wird das Medium kenntlich. Anderseits sind dies Formen nur *bestimmte* Realisierungen des Mediums Sprache. Andere Formen sind daneben immer auch möglich; alle sprachlichen Möglichkeiten sind in den einzelnen Formen niemals realisierbar. Das gilt auch dann, wenn die Worte metasprachlich bzw. selbstreflexiv verwendet werden, also wenn mit Worten über die Regeln der Sprache nachgedacht wird. Denn: Wenn ich über die Funktionsweise von Sprache etwas aussagen will, kann ich dies wiederum nur in bestimmten Worten und *unter den Bedingungen* des Mediums Sprache tun. Damit komme ich in erhebliche formallogische Schwierigkeiten: Um die Regeln des Mediums Sprache in Form von Worten erklären zu können, muss ich mich den Regeln des Mediums bereits unterworfen haben; ansonsten könnte ich ja keine verständlichen Worte artikulieren. Das Regelwerk des Mediums Sprache lässt sich so in Form von Worten niemals von außen und im Gesamten beschreiben, sondern immer nur aus der Perspektive bestimmter (reflexiver) Formen.

Daraus lässt sich entweder die Konsequenz ziehen: Die Suche nach dem, was das Medium im Innersten zusammenhält, wird ein für alle Mal aufgegeben. Oder aber man gesteht die *Relativität* der jeweiligen Perspektiven auf

Medien via Formen zu und behauptet: In Formen werden *bestimmte* Aspekte des Mediums kenntlich und insbesondere in reflexiven Formen werden bestimmte allgemeine Vorschläge gemacht, Medien zu verstehen. Andere Betrachtungsweisen sind indes immer auch möglich. Das ist die Lösung, die Engell präferiert.

Medien denken über sich selbst nach

Engell geht zudem, wie bereits dargelegt, davon aus, dass nicht nur in Formen des sprachlich-begrifflichen Mediums nachgedacht werden kann, sondern in allen möglichen Medien. Sein Lieblingsbeispiel, Bilder der Erde während der Live-Berichterstattung der Apollo 11-Mission, stammt ja aus dem Fernsehen und dürfte kaum in Verdacht stehen, begrifflich präzise Selbstreflexion zu betreiben. Ja, Engell geht genau besehen sogar davon aus, dass die jeweiligen Medien eigentlich am besten und produktivsten in ihren eigenen Formen über sich selbst nachdenken können. Das ist insofern konsequent, als zwar mit begrifflichen Sätzen und Argumenten über das Fernsehen nachgedacht werden kann, also, wenn man so will, Formen eines bestimmten Mediums (Sprache) über ein anderes Medium (Fernsehen) nachdenken können. Indes wird in den begrifflichen Argumenten sehr viel eher das eigene Medium der begrifflichen Sprache kenntlich als das Medium Fernsehen. Sind es doch Formen eines begrifflichen Mediums und folgen dementsprechend den Möglichkeiten (und Grenzen!), die durch dieses Medium bereitgestellt werden. Im Medium des Begrifflichen lässt sich beispielsweise wunderbar eine *allgemeine* Theorie über die Relation von Medium und Form entfalten – weniger gut, zumindest sehr viel indirekter lässt sich indes über *konkrete audiovisuelle* mediale Konstellationen, etwa des Fernsehens spekulieren. Die Formen des Mediums Fernsehen können das Fernsehen hingegen sehr viel direkter kenntlich machen, folgen sie doch den Möglichkeiten des Mediums. Deshalb könnte es für den medienwissenschaftlichen Medientheoretiker durchaus ratsam sein, besser die anderen Medien beim Nachdenken über sich selbst zu beobachten und dieses Nachdenken zu übersetzen, als selbst direkt über die anderen Medien nachzudenken. Zumindest erhält man so eher Überraschendes, in der begrifflichen Sprache noch nicht Formuliertes und Gedachtes. Diese Unterordnung der medienwissenschaftlichen Theorie unter die Medientheorie der Medien selbst könnte also durchaus produktiv und Erkenntnis erweiternd sein.

Medienhistoriografischer Exkurs

Mediale Historiografie

Geschichtsschreibung kann Vergangenes nur wahrnehmbar machen und darüber erzählen in und mit Medien. Aus Perspektive einer *medialen* Historiografie lassen sich mit dieser recht trivialen Bestimmung mindestens drei weitreichende Konsequenzen für die Beschäftigung mit Vergangenem ziehen:

1. Die Wahl der Medien, um Vergangenes in den Blick zu nehmen, bestimmt maßgeblich, was vom Vergangenen wie wahrnehmbar und erzählbar wird – ja, die Wahl der Medien entscheidet darüber, welche Vorstellungen von Geschichte ich überhaupt haben kann. Das gilt zum einen bereits auf Ebene die Recherche. So macht es einen Unterschied, ob ausschließlich schriftliche Quellen zu einem Ereignis oder Fotodokumente existieren, digitale Archive eine statistische Auswertung erlauben oder alle Dokumente ausgelöscht sind und sich nur noch ein Zeitzeuge an bestimmte Ereignisse erinnert. Je nach medialer Quellenlage wird mein Blick auf Geschichte ein andere, ja, meine Vorstellung von Geschichte anderes sein. Ebenso gilt dies für die Vermittlung und Präsentation von Vergangenem. Ob in einer Fernsehdokumentation ein Anschlag auf Hitler durch digitale Operationen nachgestellt wird oder ich eine Anthologie mit Akten über diesen Fall lese – auch hier gilt: Nicht nur werden in diesen Fällen unterschiedlich Geschichten erzählt; die vermittelte Vorstellung vom Geschichtlichen ist jeweils eine andere.
2. Medien denken, wie Engell immer wieder betont, in ihren Formen über sich selbst nach. Manchmal denken sie dabei auch über Vergangenes nach. Genauer formuliert: Die Selbstreflexion des Mediums in seinen Formen kann so gestaltet sein, dass über den eigenen Zugriff auf Vergangenes nachgedacht wird, also über die medialen Bedingungen des Wahrnehmbarmachens von Vergangenem. In diesem Sinne würde dann wiederum nicht der medienwissenschaftliche Historiograf mediengeschichtliche Entwicklungen beschreiben, sondern zum einen übersetzen, was unterschiedliche Medien über ihre eigene Möglichkeiten Geschichte wahrnehmbar und erzählbar zu machen, denken. Zum anderen untersucht der medienwissenschaftliche Historiograf dann, wie sich das Nachdenken der Medien über Geschichtlichkeit im historischen Verlauf entwickelt hat.
3. Zudem müsste der medienwissenschaftliche Historiograf konsequenterweise immer auch die eigenen Medien der Recherche und Präsentation solch eines Mediendenkens des Historischen mitreflektieren. Also wäre dann etwa relevant, ob ich auf Formen selbstreflexiver Fernsehserien Zugriff habe mittels eines Videorekorders, einer Datenbank, die die Drehbücher zu den einzelnen Episoden versammelt, oder ob ich mich auf Erinnerungsprotokolle verlassen muss, meine Ergebnisse in Form eines Einführungsbandes präsentiere oder auf einem Vortrag mitsamt PowerPoint oder per SMS verschicke usw. Je nach medialer Lage werden

andere Geschichten erzählt über Medien, die sich und ihren Zugriff auf Geschichtliches denken. Auch diese historische Situiertheit muss der medienwissenschaftliche Historiograf reflektieren und miterzählen, will er konsequent mediale Historiografie betreiben.

Literatur

Lorenz Engell/Joseph Vogl: Editorial, in: dies. (Hg.): Mediale Historiographien. Archiv für Mediengeschichte. Bd. 1, Weimar 2001, S. 5–8.

Anonymus: Forschungsprofil. Graduiertenkolleg Mediale Historiographien. Media of History – History of Media, online: http://www.mediale-historiographien.de/?page_id= 9 (08.10.2015).

Das Smartphone, das sich selbst denkt

Um abschließend zumindest eine Ahnung davon zu vermitteln, wie eine mögliche Medientheorie des Handys aussehen könnte, sei kurz auf eine ganz bestimmte Variante eines Handys eingegangen, und zwar auf das Display eines Smartphones (siehe Abb. 10)

Abb. 10

Das Smartphone, das sich auf seinem Display selbst denkt

Zu erkennen sind auf diesem Display diverse Applikationen, etwa zum Aufruf der E-Mails, eine direkte Verbindung zu den aktuellen Aktienkursen, zu Musik- und Spielarchiven, zu einem GPS-Dienst und einiges mehr. Es findet sich dort auch eine Art Meta-App, nämlich die App »App Store«: Wenn der Nutzer diese Applikation aufruft, kann er sich viele weitere Apps herunterladen. Dieser »App Store« macht sich auch bemerkbar beim Nutzer, wie auf dem Bild zu erkennen ist: Der Nutzer hat sechs neue Nachrichten von seinem App Store (vermutlich Nachrichten über Aktualisierungen oder neue App-Angebote). Die Applikationen sind auf dem Bildschirm senkrecht und waaggerecht klar angeordnet. Sie befinden sich überdies vor einem animierten Hintergrund, einer sogenannten »Live Wallpaper«, auf der sich gemächlich Wasser kräuselt. Auf diesem Display stellt sich das Smartphone visuell verdichtet erstens deutlich als ein *multifunktionales* Medium aus, das viele Funktionen früherer Medien in sich vereint. Neben Telefonieren kann man mit dem Smartphone nicht nur tatsächlich auch noch Musik hören, Spiele spielen, den Aktienkurs aufrufen, Nachrichten schreiben usw. Das Smartphone stellt diese Möglichkeiten auf seinem Display als Möglichkeiten darüber hinaus eben auch deutlich aus. Zweitens wird ja eigentlich nicht nur ausgestellt, dass das Smartphone multifunktional ist und viele Funktionen anderer Medien vereint. Vielmehr: Hier wird die *Unbestimmtheit des Medialen* zum Ausdruck gebracht. Denn: Wenn davon ausgegangen wird, dass ein Medium ein Möglichkeitsfeld bereitstellt für Formen, ist damit schnell die Vorstellung verbunden, dass dieses Möglichkeitsfeld begrenzt und statisch ist. Mit Worten etwa werden keine Bilder gemalt und verändern sich auch die Worte einer Sprache, so doch nicht das Möglichkeitsfeld der Sprache selbst. Genau diese Annahme wird mit dem Display des Smartphones bezweifelt. Ist doch zum einen damit darauf verwiesen, dass mit dem Handy *sehr unterschiedliche* Möglichkeitsfelder gleichzeitig bereitgestellt werden (Schreiben, Telefonieren, Musik hören usw.). Zudem ist mit der Meta App »App Store« angezeigt, dass prinzipiell *immer weitere* und *andere* Möglichkeitsfelder eröffnet werden können (etwa eine Geruchs-App). Das Medium Smartphone denkt sich in dieser Form des Displays also als ein prinzipiell unbegrenztes und dynamisches Möglichkeitsfeld. Oder zugespitzter formuliert: Das Medium Smartphone macht sich in Form medialer Unbestimmtheit denkbar. Das Smartphone entwirft somit eine Medientheorie der Unbestimmtheit der eigenen Medialität.

multifunktionales Medium

Selektionszwang

Noch eine weitere Möglichkeit gibt es, dieses Denken der medialen Unbestimmtheit mit Blick auf das Smartphone zu verstehen: Auf dem Display des Smartphones wird nämlich in spezifischer Weise eine Entscheidungsnotwendigkeit reflektiert. Denn das Display zeigt ja nicht nur die vielen unbestimmten Möglichkeiten; ebenso wird der *Selektionszwang* eindrücklich veranschaulicht: Suggeriert die Bildschirmanzeige doch nicht nur, dass prinzipiell alles sichtbar gemacht werden könnte. Vielmehr weisen die Apps, inklusive deren permanent aktualisierter Informationen über ihren Status – beispielsweise dass zwei neue E-Mails auf meinen Abruf warten – auf Möglichkeiten hin, für die ich mich durch einen Fingerdruck entscheiden kann, ja muss. Mir wird durch diese Anordnung bewusst gemacht, dass ich mich durch die Entscheidung für eine Applikation (z.B. Mails checken) eben auch *gegen* andere Möglichkeiten entscheide. Der Zugriff auf die (Medien-)Welt wird auf dem Display also als einer visualisiert, der mit Selektionsdruck zu tun hat und dem permanenten Bewusstsein, dass man sich auch für anderes hätte entscheiden können. In der Form des Displays wird also das Verhältnis von medialen Möglichkeiten und konkreter Selektion bestimmter Formen als grundlegende Eigenschaft des Smartphones reflektiert.

unbegrenzte Möglichkeiten

Betrachtet man das Display noch etwas genauer, wird deutlich, dass hier eine Staffelung von Elementen vorliegt, die genau in diesem Sinne hochgradig symbolisch aufgeladen ist: Erstens ist durch den Displayhintergrund sich permanent kräuselnden Wasserbewegungen eine Form gewählt, die besonders anschaulich das unbestimmte und unbegrenzte Möglichkeitsfeld des Mediums zur Anschauung bringen kann. Vor diesem Hintergrund zeichnen sich zweitens klar umrissene Applikationen ab, angeordnet in vertikaler und horizontaler Reihung. Diese Apps sind einerseits die konkreten Formen, in denen sich das unbegrenzte Möglichkeitsfeld verdichtet. Anderseits sind diese Apps selbst wieder zu verstehen als je spezifische Möglichkeitsfelder für bestimmte Formen. Die App »Mail« lässt sich als Medium verstehen, das die Form des Aufrufs einer bestimmten E-Mail annehmen kann. Drittens ist dem Display mit der Anordnung vieler Applikationen eine Art Konkurrenzkampf zwischen den Apps eingeschrieben, um die Entscheidung des Nutzers für die eine oder die andere App. Besonders evident wird dies mittels einer Zusatzinformation: Seitlich über die Apps wird ein roter Kreis mit einer Zahl eingeblendet, die dem Nutzer zu verstehen gibt, dass Neuigkeiten im Zusammenhang mit einer Anwendung vorliegen, die die Aufmerksamkeit des Nutzers erfordern. Dieser rote Kreis blinkt hektisch und fordert damit wenig subtil den Nutzer zum Handeln auf: »Drück endlich die Applikation und schau nach!« Neben der offensichtlichen Handlungsaufforderung wird hiermit ein bestimmter Selektionsdruck veranschaulicht: Man muss sich in einer Medienwelt voller konkurrierender Möglichkeiten entscheiden. Die Wahl einer bestimmten Form bedeutet indes, die anderen Formen auszuschließen. Die tatsächliche Wahl einer Möglichkeit, z.B. das Checken der neuen E-Mails, und die daraufhin folgende Rückkehr zum Ausgangsdisplay, wo wieder die anderen Apps in den Blick kommen, mit ihren vielen Möglichkeiten und Aufforderungen, tragen dazu bei, das Wechselspiel der konkreten Entscheidung für Formen vor dem Hintergrund vieler anderer Möglichkeiten bewusst zu machen. Das Display des Smartphones reflektiert diese oszillierende Handlung, das Navigieren zwischen bestimmten Anwendungen und unbestimmten Möglichkeiten, in seiner visuellen Staffelung von sich kräuselndem Wasser, über die Applikationen angeordnet sind, über die wiederum neue Nachrichten zu den Applikationen aufblinken.

Das Smartphone, so lässt sich zusammenfassen, macht sich also als in Form dieses Displays als ein Medium kenntlich, das unbestimmt viele Möglichkeiten eröffnen kann. Gleichzeitig verdeutlicht es die Notwendigkeit der Selektion. Damit wird das Verhältnis von Unbestimmtheit, Möglichkeit und Selektion reflektiert (und so dem Nutzer bei jedem Kontakt mit dem Handydisplay vor Augen gestellt). Diese Konstellation kann beim Nutzer, insbesondere wenn er ein Medienwissenschaftler ist, unter Umständen den Impuls auslösen, diese Medientheorie der Medien verstehen zu wollen. Er wird dann, unter Rückgriff auf das Medium/Form-Konzept, diese Medientheorie der Medien selbst in eine begrifflich-sprachliche Form zu übersetzen versuchen.

Kritik

- Medien können nicht denken. Schon gar nicht denken sie über sich selbst nach. Bis dato denken wohl nur Menschen. Deshalb wäre es viel präziser zu formulieren, dass Menschen Medien verwenden, um über Medien nachzudenken. Bei der Vorstellung, dass Medien selbst Medientheorie betreiben könnten, liegt einfach ein Kategorienfehler vor. Theorien können nur Menschen haben, keine Medien.
- Sinnliche bzw. ästhetische Phänomene (etwa Gemälde oder Fernsehserien) mögen die Möglichkeit offerieren, dass mit und in ihnen Selbstreflexion betrieben wird, aber deshalb formulieren sie selbst noch lange keine Theorie. Theorie kann nur in und mit Begriffen betrieben werden. Nur so werden Phänomene präzise definierbar, intersubjektiv argumentierbar, verallgemeinerbare Schlussfolgerungen möglich. In der Rede von der Medientheorie der Medien liegt also (ähnlich wie im Eingangskapitel mit Bezug auf das Gemälde Raffaels) eine unzulässige Überdehnung des Begriffs Theorie vor.
- Engell unterscheidet nicht klar genug zwischen Formen eines Mediums und den Formen, durch die sich das Medium selbst reflektiert. So kann nahezu jede Form als Selbstreflexion des Mediums angesehen werden. Selbstreflexive Formen zeichnen sich jedoch dadurch aus, dass sie eine metakommunikative Funktion übernehmen, das heißt: sich auf die übergreifenden Regeln des Mediums *explizit* beziehen, also dieser Bezug klar als solcher in Erscheinung tritt. Die Kriterien für diese reflexiven Formen werden indes nicht deutlich formuliert.

- Da die Kriterien nicht klar sind, wann Medien tatsächlich über sich nachdenken, ist der Verdacht naheliegend, dass vielleicht doch nicht die Medien selbst Medientheorie betreiben, vielmehr der medienwissenschaftliche Medientheoretiker durch das Medium hindurch Medientheorie betreibt, also einfach seine eigenen Vorstellungen in das Objekt hineinprojiziert. In diesem Fall wäre eine Medientheorie der Medien schlicht überflüssig.
- Das, was ein Medium auszeichnet, bleibt rätselhaft. Wenn es zutreffen sollte, dass wir es immer nur mit Formen zu tun haben können, bleibt unklar, ob und wenn ja, inwieweit sich diese Formen auf spezielle mediale Eigenschaften und Möglichkeiten beziehen. Ist es dann nicht plausibler davon auszugehen, dass Formen schlicht für andere Formen reagieren? Kenntlich wird an Medien durch Formen dann nur: Medien sind unbestimmbar und nicht zugänglich. Daraus sind zwei Konsequenzen zu ziehen: Der Erkenntniswert der Kategorie Medien geht so zum einen gegen null. Zum anderen hat es die Medientheorie der Medien nur mit Formen zu tun, ist also bestenfalls eine Formtheorie der Formen, jedenfalls keine Medientheorie.

Sollte man trotz allem akzeptieren, dass Medientheorie von den Medien selbst betrieben werden kann und der medienwissenschaftliche Medientheoretiker primär dazu da ist, diese Reflexionen in begrifflich-sprachliche Formen zu übersetzen, dann dürfte anhand der vorgestellten Beispiele der Malerei, des Fernsehens und des Smartphones zumindest auch deutlich geworden sein: Die Medientheorie der Medien ist in vielen Fällen extrem *interpretationsoffen*. Das muss man aber nicht als Problem verstehen: Bleibt doch in diesem Fall durchaus etwas zu tun für die medienwissenschaftlichen Medientheoretiker, wenn sie die Medientheorien der Medien selbst übersetzen. Sind sie doch dann zumindest Dolmetscher, die eine gewisse interpretatorische Reflexionsleistung erbringen.

Weiterführende Literatur

Lorenz Engell: Medientheorien der Medien selbst, in: Jens Schröter (Hg.): Handbuch Medienwissenschaft, S. 207–213 (Stuttgart/Weimar 2014).
Engell verdeutlicht in diesem kurzen Text ausgehend von künstlerischen Formen der Selbstreflexion und vergleichsweise konkret anhand des Beispiels Fernbedienung, was eine Medientheorie der Medien sein könnte. Hier

geht Engell auch auf einige Kritikpunkte ein, die an dem Konzept geübt werden (u.a. auch hier).

Lorenz Engell: Tasten, Wählen, Denken. Genese und Funktion einer philosophischen Apparatur, in: Stefan Münker u.a. (Hg.): Medienphilosophie. Beiträge zur Klärung eines Begriffes, S. 53–77 (Frankfurt am Main 2003)
In diesem Text entfaltet Engell die Vorstellung ausführlich, dass weder Medientheoretiker noch Philosophen über Medien nachdenken, sondern vielmehr Medien. Das zeigt er an einigen Beispielen – inklusive seinem Lieblingsbeispiel, auf das er in vielen Texten zu sprechen kommt, nämlich der Live-Berichterstattung über die erste bemannte Mondlandung.

Kay Kirchmann: Philosophie der Möglichkeiten. Das Fernsehen als konjunktivisches Erzählmedium, in: Oliver Fahle, Lorenz Engell (Hg.): Philosophie des Fernsehens, S. 157–172 (München 2006).
Kirchmann kommt über einen kritischen Nachvollzug des Engell'schen Argumentation zu einer produktiven Anwendung des Konzept auf narrative Formreflexionen in Fernsehserien.

Victor I. Stoichita: Das selbstbewußte Bild. Der Ursprung der Metamalerei (München 1998)
Hier wird deutlich gemacht, dass eben nicht nur Film oder Fernsehen über sich selbst nachdenken, sondern in der Kunst, insbesondere in der Malerei, immer schon Selbstreflexion betrieben wurde.

Thomas Khurana: Niklas Luhmann. Die Form des Mediums, in: Alice Lagaay/David Lauer (Hg.), Medientheorien. Eine philosophische Einführung, S. 97–125 (Frankfurt am Main/New York 2004).
Auch wenn Khuranas Text sehr philosophisch und damit einigermaßen abstrakt ausfällt, so hat er doch gegenüber vielen anderen medientheoretischen Texten, in denen das Medium/Form-Konzept als eine einfache binäre Unterscheidung behandelt wird, den Vorzug, das Konzept, ganz im Sinne Luhmanns, als eine *dreigliedrige* Konstellation aus *medialem Substrat, Medium* und *Form* zu präzisieren (siehe Abb. 11).

Das Medium wäre dabei der *Akt des strikten Koppelns (und Entkoppelns) von Formen aufgrund der Möglichkeiten des medialen Substrats.* Damit ist das Medium nicht selbst der Spielraum möglicher Formbildungen, sondern die *Vermittlungsinstanz bzw. der Prozess* zwischen dem medialen Substrat, das den Spielraum möglicher Formbildungen bezeichnet, und den konkreten Formen, die immer wieder neu in medialen Prozessen gebildet werden. Der Vorteil an dieser Betrachtung ist, dass man nicht Gefahr läuft, ein Medium als ein statisches Objekt zu verstehen, sei es materiell, etwa als Fernsehapparat, oder sei es abstrakt als stabiles Möglichkeitsfeld zur Formbildung. Das Medium wird so vielmehr zum *dynamischen Vermittlungsprozess* in Raum und Zeit zwischen zwei Polen.

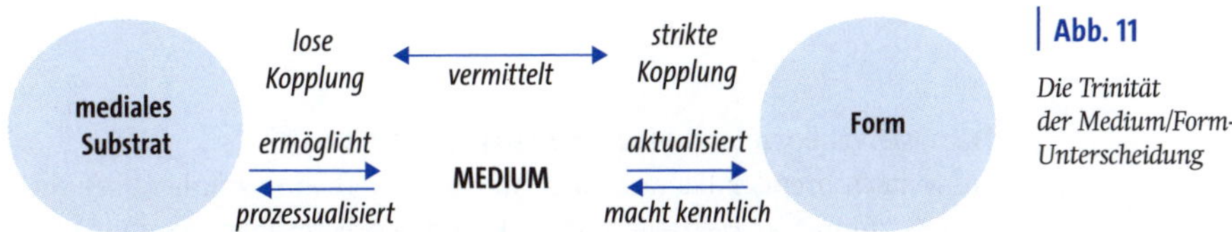

Abb. 11

Die Trinität der Medium/Form-Unterscheidung

Dispositivtheorie / Medientheorie der Medien 3.3

Zusammenfassung

Dispositivtheorie vs. Medientheorie der Medien

- Während die Dispositivtheorie nach den Effekten der technisch-räumlichen Wahrnehmungsanordnung auf einen Rezipienten fragt, steht bei der Medientheorie der Medien die Reflexion der Medien in ihren Formen im Mittelpunkt.
- Ist für die Dispositivtheorie der konkrete Inhalt medialer Angebote irrelevant und stattdessen das technisch-räumliche Umfeld die entscheidende Komponente, so ist für die Medientheorie der Medien selbst das Umfeld der medialen Angebote nicht von Interesse, sondern gerade die Reflexion des Medialen in den jeweiligen medialen Angeboten.
- Geht es im Falle der Dispositivtheorie primär um Machtkonstellationen und den Effekt auf das Subjekt, so spielt das Subjekt so wenig wie die Macht in der Medientheorie der Medien eine Rolle. Dort geht es primär um erkenntnistheoretische Fragen danach, welche mediale Möglichkeiten durch Medien selbst reflektiert und damit denkbar, also erkennbar werden.
- Betreibt der Dispositivtheoretiker selbst Theorie, in dem er mit dem Dispositiv ein Konzept vorschlägt, wie Medienwissenschaftler mediale Phänomene als technisch-räumliche Wahrnehmungsanordnungen fassbar machen könnten, so ist die Rolle des medienwissenschaftlichen Medien-

theoretikers bei der Medientheorie der Medien selbst eine andere. Ist er dort doch primär eine Vermittlungsinstanz, die das Nachdenken über Medien in Medien in eine begriffliche Sprache übersetzt.

Diplomatie

Dispositivtheorie und Medientheorie der Medien

Als weiterführender ›Literaturtipp‹ zur Dispositivtheorie wurde weiter oben Loriots animierter Fernseh-Sketch »Der kaputte Fernseher« angeführt (vgl. S. 50 f.). Anhand dieses Sketches lässt sich auch zeigen, wie Dispositivtheorie und Medientheorie der Medien selbst – trotz aller fundamentaler Differenz – produktiv zu verbinden sein könnten. »Der kaputte Fernseher« ist ohne größere Probleme als eine Form des Mediums Fernsehen zu verstehen. Ist doch der Sketch als Fernsehbeitrag konzipiert und als solcher 1977 zum ersten Mal im Fernsehprogramm der ARD ausgestrahlt worden. Weiterhin ist der Sketch sicherlich eine selbstreflexive Form des Mediums Fernsehen, werden doch dort Grundeigenschaften des Mediums Fernsehen reflektiert, und zwar in einer besonderen Weise: In »Der kaputte Fernseher« werden die Grundeigenschaften des Mediums Fernsehen auf seine dispositive Struktur und die damit einhergehenden Machteffekte zurückgeführt: Ein älteres Ehepaar sitzt, wie jeden Abend, vor dem heimischen Fernsehapparat und richtet seinen Blick auf den Fernsehbildschirm. Im Gespräch des Ehepaars wird deutlich, dass sie ihren Tagesablauf am Fernsehprogramm ausrichten. Auch dann ist dies der Fall, wenn der Fernseher kaputt ist. Damit ist erstens sehr anschaulich vorgeführt, dass Medien über sich selbst nachdenken (oder doch, dass in Medien über Medien nachgedacht wird). Zweitens werden in medialen Formen eben auch über technisch-räumliche Wahrnehmungsanordnungen des Fernsehens und deren Effekte nachgedacht. Oder zugespitzter formuliert: Diese technisch-räumliche Wahrnehmungsanordnung des Fernsehens wird damit überhaupt erst als zentraler Aspekt für die Rezeption des Fernsehens bewusst gemacht. Dennoch gilt ebenso: Als ein spezifisches Medienangebot ist der Sketch selbst innerhalb einer dispositiven Struktur situiert, die meine Wahrnehmung des Sketches von vornherein und unabhängig vom Sketch selbst ausrichtet.

Nun sei gegeben: Ich schaue mir den Sketch zunächst auf dem heimischen Fernsehapparat an und dann noch einmal auf dem Weg zur Universität auf einem Smartphone. Dabei mache ich die Erfahrung, dass die Wahrnehmung des Sketches jeweils sehr unterschiedlich ausfällt, abhängig davon, ob ich ihn zuhause auf einem riesigen Flatscreen anschaue oder auf meinem Weg zur Uni auf einem kleinen Display. Wenn ich beide Phänomene verbinde, zum einen die Reflexion des Fernsehens im Fernsehen als Wahrnehmungsanordnung, zum anderen die Erfahrung unterschiedlicher Rezeptionen in unterschiedlichen Wahrnehmungsanordnungen, kann ich das, was durch den Sketch denkbar gemacht wurde, über das Fernsehen hinaus auf andere Dispositive übertragen und womöglich zu einer mittels Begriffen *verallgemeinernden* und präzise definierenden Dispositivtheorie führen. Der Gegensatz zwischen Dispositivtheorie und Medientheorie der Medien selbst wäre somit zeitlich und situativ aufgelöst: Erst macht ein Medium eine spezifische Wahrnehmungsanordnung als wichtigen Faktor der Rezeption erkennbar, sensibilisiert also den Rezipienten für solche Konstellationen; dieser Rezipient macht daraufhin die Erfahrung, dass unterschiedliche Wahrnehmungsanordnungen zu unterschiedlichen Rezeptionen führen, und zieht daraufhin einen verallgemeinernden Schluss, der zu einer universalen Dispositivtheorie ausformuliert wird. Auf diesem Pfad zum generellen Verständnis von Dispositiven denken also sowohl Medien als auch Menschen produktiv über Medien nach.

So gesehen ist es nicht wahr, dass die Gefangenen in Platons Höhle von den Schattenspielen an der Wand über ihre eigentliche Situation getäuscht werden. Mit dem geeigneten, sprich selbstreflexiven Schattenspiel könnten die Höhleninsassen ihre mediale Lage verstehen oder doch dazu gebracht werden, darüber weiter nachzudenken, um so etwa über die Wahrnehmungsanordnungen jenseits der Höhle zu spekulieren.

4 | Medienmaterialismus vs. Intermedialität

4.1 | Medienmaterialismus

Die US-amerikanische Firma »Backyard Brains« bietet für 99,99 Dollar ein Paket an, mit dessen Inhalt sich Schaben so modifizieren lassen, dass sie fernzusteuern sind. Der Schabe wird eine Art elektronischer Adapter eingesetzt, der mit einer Bluetooth-Schnittstelle ausgestattet ist. Mittels einer App kann so auf dem Smartphone die Schabe gesteuert werden. Je nachdem, in welche Richtung auf dem Touchscreen der Nutzer seine Finger gleiten lässt, wird die Schabe via Stromimpuls nach rechts oder links delegiert.

Einfluss von Medientechnologien

Jenseits der moralischen Bedenken, die einen bei solch einem Angebot beschleichen mögen, veranschaulicht es doch eine zentrale Prämisse des Medienmaterialismus, die da lautet: Die jeweils herrschende *Medientechnologie* hat *maßgeblichen Einfluss* auf diejenigen, die damit in Verbindung stehen. Medientechnologie bestimmt, also nicht nur ganz entschieden die Lage der ›Roboschabe‹, sondern ebenso unsere – auch wenn uns das zumeist nicht bewusst ist. Oder präziser formuliert: Medientechnologien *präformieren*, wie wir kommunizieren und wie wir die Welt, die anderen und uns selbst wahrnehmen und erkennen (können). Nicht die Inhalte sind es, die entscheidend sind – also ob die Schabe nun den Befehl erhält, nach links oder rechts zu laufen, eine andere Schabe angreifen oder Kinder mit dieser zeugen soll. Einzig relevant ist, mittels welcher Medientechnologie diese Informationsübermittlungen möglich werden und welche Konsequenzen dies für das Leben einer Kakerlake (oder eines Menschen) hat.

Abb. 12

»Roboroach«: Medien bestimmen unsere Lage (oder doch zumindest die einiger Schaben).

Ein Medienmaterialist fragt also nicht, was wir mit Medientechnologien tun (können), etwa eine Schabe zu steuern. Stattdessen fragt er: Was tun Medientechnologien mit uns? Und die Antwort des Medienmaterialisten ist so schlicht wie provokativ: Sie steuern uns. Wir glauben vielleicht via Smartphone, Bluetooth-Schnittstelle und Implantat die ›Roboschabe‹ zu steuern. In Wirklichkeit aber steuert uns das Smartphone. Das tut es unabhängig von unseren vermeintlich eigentlichen Interessen und zumeist unbemerkt, quasi hinter unserem Rücken.

Definition

Materialismus, Medienmaterialismus, medientechnologisches Apriori
Der Materialismus ist eine philosophische Position, der zufolge *alle* Phänomene auf materielle Eigenschaften, Verhältnisse und Gesetzmäßigkeiten zurückführen sind. Das heißt: Alle Bewusstseinsvorgänge und Gefühle, vermeintlich immaterielle Phänomene wie Seele, Gott, Geist oder Moral werden allein durch Bezugnahme auf materielle Grundlagen erklärt. Dementsprechend lautet die zentrale Maxime des Materialismus: »Das Sein bestimmt das Bewusstsein!«

Auf gesellschaftliche Phänomene angewendet vertritt etwa Karl Marx eine materialistische Position. Er nimmt an, dass Wissenschaft, religiöse Vorstellungen oder auch Kunst immaterielle Phänomene sind, die sich aus gesellschaftlichen Besitz- und Produktionsverhältnissen ableiten. Also nicht irgendwelche Ideen entscheiden darüber, wie eine Gesellschaft aussieht, sondern die Ideen leiten sich aus den gesellschaftlichen Besitz- und Produktionsverhältnissen ab. Die zentrale Maxime dieses *sozialwissenschaftlichen* Materialismus lautet dementsprechend: »Das gesellschaftliche Sein bestimmt das Bewusstsein!«

Medien bestimmen das Bewusstsein

Der *Medien*materialismus behauptet analog dazu: »Medien bestimmen das Bewusstsein!« Medien sind in diesem Fall verstanden als *materielle Instrumente*, die Phänomene wahrnehmbar bzw. Informationen speicherbar, übertragbar und verarbeitbar machen. Im Zentrum stehen die Apparate bzw. Maschinen, oder allgemeiner gewendet: die ›Hardware‹, die diese Operationen ermöglicht und präformiert. Es geht also speziell um die Elemente, die in einem technologischen Prozess materiell *konkretisiert* sind. Nicht das, was übertragen wird, ist entscheidend, nicht die Vorstellungen und Interessen, die damit verbunden sein mögen, aber ebenso wenig die gesellschaftlichen Produktionsverhältnisse oder die biologischen Gesetze der Materie an und für sich. Maßgeblich sind indes die Medientechnologien.

Medienmaterialisten gehen insofern von einem *medientechnologischen Apriori* aus. Apriorisch ist etwas, das Erfahrung bzw. Erkenntnis überhaupt erst möglich macht. Bei Immanuel Kant beispielsweise ist die Bewusstseinskategorie Raum apriorisch, da nichts außerhalb des Raumes wahrgenommen werden kann. Damit steht das Bewusstseinskonzept Raum vor aller möglicher räumlichen Erfahrung. Ja, das Bewusstseinskonzept Raum ist die Bedingung dafür, dass man überhaupt etwas Bestimmtes wahrnehmen kann. In seiner medienmaterialistischen Variante besagt dieser Gedanke: Die jeweils vorherrschende Medientechnologie bildet das *unhintergehbare* Apriori der Kommunikation, Wahrnehmung und Erkenntnis. Die *materielle Seins*weise der Medientechnologie bestimmt, wie und was überhaupt kommuniziert, wahrgenommen und verstanden werden kann.

Medienmaterialismus nach Marshall McLuhan

Technik als Motor des gesellschaftlichen Wandels

Es ist nicht so, dass sich erst Medientheoretiker im 20. Jahrhundert mit Materialität und insbesondere materiellen Technologien als entscheidenden Faktoren menschlichen Daseins beschäftigt hätten. Vor allem die These, dass Technik geschichtsmächtig sei, also maßgeblichen Einfluss auf gesellschaftliche Entwicklungen habe, zirkulierte schon davor Hunderte von Jahren durch das abendländische Denken. So setzt beispielsweise bereits 1620 Francis Bacon eine fundamentale Epochenzäsur durch den Verweis auf drei technologische Erfindungen, nämlich Schießpulver, Buchdruck und Kompass, die die Welt fundamental revolutioniert haben sollen. Nicht Herrscher, Armeen oder Religionen sind also aus dieser Sicht die entscheidenden Geschichtsmächte der Neuzeit, sondern Technologien. Spätestens mit der industriellen Revolution im 18. und 19. Jahrhundert ist die Vorstellung von Technik als zentralem Agenten des Wandels in Wissenschaft, Politik, Romanen oder Feuilleton eine überaus gängige rhetorische Figur geworden. Nichtsdestotrotz gilt der kanadische Denker Marshall McLuhan nahezu unbestritten insbesondere mit seinen Schriften aus den 1960er-Jahren als Gründungsvater einer technikzentrierten Medientheorie und damit auch gleich als Gründungsfigur einer dezidiert medienwissenschaftlichen Perspektive auf die Welt.

Für diese im deutschsprachigen Wissenschaftsbereich in den 1980ern nachträglich erfolgte Inthronisation gibt es durchaus Gründe. Erstens war es McLuhan, der die Vorstellung von Technik wirkmächtig mit dem Begriff Medien verschmolz. Obwohl bei McLuhan Medien und Technik synonym verwendet werden, bezog er sich in seinen Schriften zweitens vorrangig auf Wahrnehmungs- und Kommunikationstechnologien wie Fernsehen, Film oder Radio, also auf Phänomene, die auch heute noch zum Kernbestand der Medienwissenschaft zählen. Drittens bezog er gegen die soziologisch inspirierte Wirkungsforschung der 1960er-Jahre Stellung. Denn er fragte nicht – wie dort üblich – was wir mit Medien machen, welche Inhalte Medien transportieren oder welche Wirkungen diese Inhalte auf den Rezipienten haben. McLuhan konzentrierte sich stattdessen auf den *medientechnologischen Kanal* dieser Übertragung. Dabei wurde er nicht müde zu behaupten, dass der medientechnologische Kanal der entscheidende Faktor für unsere Wahrnehmung, Kommunikation und Erkenntnis ist. Genau mit dieser Umstellung des Blicks weg von medialen Inhalten zur *medientechnologischen Form* ist der entscheidende Schritt getan, um Medienwissenschaft von anderen wissenschaftlichen Beschäftigungen mit Medien deutlich *unterscheidbar* zu machen. Mit Nachdruck wird damit darauf verwiesen, was der Mehrwert solch einer Forschungsrichtung sein könnte, die sich um technologische, mithin um medienmaterialistische Phänomene kümmert.

»Das Medium ist die Botschaft«

McLuhan selbst drückt diese Umorientierung des Forschungsprogramms in unnachahmlicher Weise in einem kurzen Slogan aus, der bis dato der wohl einzig konsensfähige (wenngleich sehr unterschiedlich interpretierte) Schlachtruf der Medienwissenschaft ist, nämlich: »Das Medium ist die Botschaft.« Diese paradoxe Wendung soll anzeigen: Es geht nicht darum, was in und mit Medien übertragen wird, sondern mit welchen Mitteln. Nicht die einzelne Botschaft selbst ist von Interesse, sondern das, was die Botschaft möglich macht, eben das Medium. McLuhan verdeutlicht dies sehr anschaulich, am Beispiel der Einführung des elektrischen Lichts im industriellen Arbeitsprozess: Es ist für eine Analyse der Wirkung des elektrischen Lichts irrelevant, ob in einer Fabrik Cornflakes, Cadillacs oder Waffen produziert werden. Maßgeblich ist nicht, was produziert wird, sondern *dass* produziert werden kann. Durch die Einführung elektrisches Licht kann nun eben auch nachts mit gleichbleibender Lichtintensität produziert werden. Das Medium elektrisches Licht verändert aus dieser Perspektive also die Gesellschaft weit mehr, als das, was im kalten elektrischen Lichtschein tatsächlich hergestellt wird.

In seinem Buch »Understandig Media« präzisiert McLuhan gleich zu Beginn, was die Formel »Das Medium ist die Botschaft« über alle möglichen Beispiele hinweg besagen soll. Dort heißt es: »Denn die ›Botschaft‹ jedes Mediums oder jeder Technik ist die Veränderung des Maßstabes, Tempos oder Schemas, die es der Situation des Menschen bringt.« (McLuhan 1995, 22) Wichtig daran sind zwei Dinge: Erstens setzt McLuhan, wie bereits vermerkt, Medien mit Technik gleich. Zweitens wird deutlich gemacht, dass es eben nicht um mediale Inhalte oder Botschaften geht, die interpretiert werden sollten. Stattdessen geht es um (häufig unbeachtete) Phänomene jenseits von Fragen danach, ob ich einen Text von Franz Kafka richtig verstanden habe, welche Mittel Werbung zum Zwecke der Manipulation einsetzt, was wer wann wie zu wem mittels eines Handys gesagt hat usw. Wichtig werden hingegen Fragen danach, ob ich den Text von Franz Kafka in einem Taschenbuch lese oder auf einem Handy-Display, ob die Werbung im Fernsehen ausgestrahlt wird, eine blinkende Plakatsäule an der Autobahn ziert oder mir per SMS zugesandt wird. Diese Faktoren entscheiden mit darüber, wie ich die Botschaft verstehe. Diese medialen Rahmungen haben indes nicht nur Einfluss darauf, wie ich die konkreten Botschaften verstehe, sondern weit mehr noch: Sie haben Einfluss darauf, wie meine Wahrnehmungs-, Erkenntnis- und Kommunikationsfähigkeiten *generell* neu ausgerichtet werden.

Beispiel Fernsehen

Zur Plausibilisierung dieser These soll ein wenig näher auf McLuhans Lieblingsbeispiel eingegangen werden, nämlich das Fernsehen. McLuhan behauptet: Durch die flächendeckende Verbreitung des Fernsehens wird die Menschheit alsbald in einem globalen Dorf leben. Gemeint ist damit, dass durch Satellitenverbindungen, Kabelnetze und die damit einhergehende Vernetzung privater Haushalte durch Fernsehapparate in naher Zukunft die Möglichkeit bestehen wird, dass eine Information von Ort A an beliebig viele Orte B audiovisuell und simultan übermitteln werden kann. Damit werden wir in der Lage sein, Vorgänge, die räumlich sehr weit entfernt sind, unmittelbar zugänglich zu machen. So verwandelt sich die Welt in ein globales Dorf, in dem jeder immer prinzipiell weiß, was sich in der Welt ereignet und was als relevant für uns alle gilt.

Wichtig daran ist nun für McLuhan eben nicht, welche Informationen genau übertragen werden. Entscheidend ist hingegen, dass sich der Maßstab (in diesem Fall das Verhältnis von Distanz und Nähe), das Tempo (nunmehr kann alles prinzipiell gleichzeitig überall sein) und das Schema der Wahrnehmung (wir lesen oder hören nun nicht mehr nur von Ereignissen aus der Ferne, sondern sehen sie unmittelbar, als wären wir dabei) dadurch maßgeblich verändern. Die Wahrnehmung und das Bewusstsein der Welt sind so verstanden durch die global vernetzte Medientechnologie Fernsehen eine andere als in einer Welt ohne Fernsehen. Und das gilt auch dann, wenn ich gerade kein Fernsehen schaue. Das Fernsehen präformiert ein bestimmtes Weltbild oder genauer formuliert: ein Weltbild-Schema. Damit wird letztlich auch die Art und Weise des Zusammenlebens geprägt oder zumindest, wie der Einzelne die anderen und sich selbst wahrnimmt. Das Fernsehen macht also etwas mit uns – und zwar jenseits der durch das Fernsehen übertragenen Inhalte oder den jeweiligen ökonomischen oder nationalstaatlichen Interessen, die damit verbunden sein mögen.

Medientechnologien sind indes nach McLuhan nicht für die Art und Weise zwischenmenschlicher Wahrnehmung und Kommunikation relevant, sondern haben ebenso direkt Effekte auf die *kognitive* Organisation des *einzelnen* Bewusstseins. Um dies plausibel zu machen, unterscheidet McLuhan zwischen kalten und heißen Medien. »Heiße Medien« sind solche, die detailreiche Informationen liefern – etwa eine Fotografie, und/oder die einen Sinn ansprechen. Wiederum sei als Beispiele auf die Fotografie verwiesen, da diese ausschließlich den Sehsinn anspricht. »Kalte Medien« sind hingegen Medien, die detailarm sind. Man denke etwa an den Telegrafen, dessen Morsecode aus genau drei Symbolen besteht: kurzes Signal, langes Signal und Pause. Und/oder etwas ist ein kaltes Medium, wenn es mehrere Sinne anspricht – etwa das Fernsehen, das audiovisuelle Signale sendet, also den Hör- *und* Sehsinn anspricht.

heiße vs. kalte Medien

Genau genommen existieren heiße und kalte Medien nicht an und für sich, sondern immer nur in Relation zu anderen Medien. Sie sind also jeweils im Vergleich zu andere Medien heiß oder kalt. So ist beispielsweise die Fotografie heißer als das Fernsehen, weil es detailreich ist und zudem nur einen Sinn anspricht. Das Fernsehen ist so verstanden ein kaltes Medium. Spricht es doch einerseits im Gegensatz zur Fotografie mehrere Sinne an (Sehen und Hören). Anderseits ist es detailärmer als die Fotografie. Zumindest ist es das zum Zeitpunkt eines bestimmten technologischen Entwicklungsstandes. Noch in den 1950er-Jahren war das Fernsehen nicht nur schwarz-weiß, sondern die Übertragungen darüber hinaus oftmals verrauscht und die Bildauflösung unscharf. Das heißt: Das Fernsehbild war tatsächlich detailarm im Verhältnis zu den damaligen fotografischen Möglichkeiten. Das Schwarz-Weiß-Fernsehen der 1950er-Jahre kann wiederum in Relation zu einem hochauflösenden HDTV-Gerät der Gegenwart gesetzt werden. Hier wäre der hochauflösende Fernseher ein heißes Medium *im Verhältnis* zum ›kühlen‹ Schwarz-Weiß-Fernsehen früherer Tage. Mit anderen Worten: Was als heißes, was als kaltes Medium gilt, hängt einerseits

Abb. 13

Die Wirkung kalter und heißer Medientechnologien auf kognitive Prozesse (nach McLuhan)

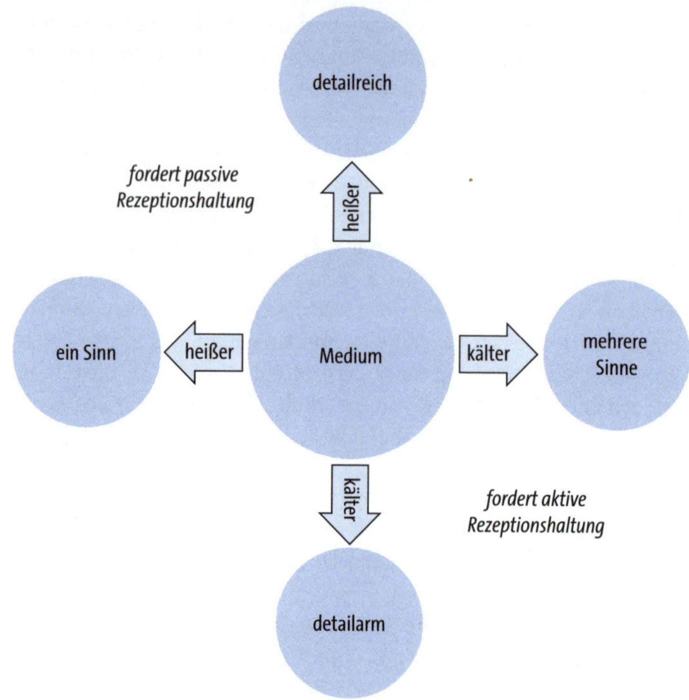

vom jeweiligen Vergleichsmedium ab, anderseits vom medientechnologischen Stand der Dinge.

Jedenfalls soll nach McLuhan gelten: Die Rezipienten müssen bei einem kalten Medium selbst aktiv werden, konkret: fehlende Details in ihrer Vorstellung ergänzen und/oder mehrere Sinneseindrücke koordinieren. Das heiße Medium hält hingegen den Rezipienten nicht dazu an, seine Fantasie zu aktivieren, wird doch alles schon deutlich sichtbar bzw. hörbar gemacht. Nichts muss ergänzt werden.

Ansprechen unterschiedlicher Sinne

Wie auch immer man sich zu diesen recht schematischen Aufteilungen und den eher spekulativen, denn durch Tests bestätigten Beispielen für kalte und heiße Medien verhalten mag, wichtiger ist hier das generelle medienmaterialistische Argument, das damit einhergeht: Mit der Unterscheidung von kalten und heißen Medien ist nämlich die Vorstellung verbunden, dass verschiedene Medientechnologien (etwa Fotografie im Gegensatz zum Fernsehen) bzw. verschiedene technologische Entwicklungsstände einer Medientechnologie (etwa Schwarz-Weiß-Fernsehen im Gegensatz zum HDTV) das *sinnliche Sensorium* unterschiedlich ansprechen (mehre Sinne oder nur ein

Sinnesorgan) und *damit bestimmte Wirkungen ausgelöst werden* (Aktivierung oder Deaktivierung der Imaginationsproduktion) – und zwar *unabhängig* davon, was konkret gesendet wird. Egal ob Soap oder Telekolleg, relevant für die kognitiven Prozesse ist, ob man eine Sendung auf einem Schwarz-Weiß-Fernseher anschaut oder auf einem mit hochauflösender Farbqualität.

McLuhan hat – entgegen anderslautenden Gerüchten – eine vergleichsweise klare Vorstellung von dem, was ein Medium ist. Nicht nur ist jede Technologie ein Medium. Noch sehr viel grundsätzlicher und umfassender bestimmt McLuhan *alle Körperausweitung des Menschen als Medien.*

Definition

Medien als Körperausweitungen
Die Idee, dass Technik bzw. Technologie Körperausweitungen sind, geht bis in die Antike zurück und findet sich sowohl unter Philosophen wie Aristoteles, Soziologen wie Arnold Gehlen oder Psychologen wie Sigmund Freud. Systematisch ausgearbeitet wurde diese Idee durch den Technikphilosophen Ernst Kapp im 19. Jahrhundert. Das Konzept technischer Körperausweitung ist also keine Erfindung der Medientheorie, wird aber in der Fassung McLuhans, der Technologien explizit als Medien bezeichnet, populär und wirkmächtig.

Folgt man McLuhan, dann sind alle möglichen Artefakte – Maschinen und Apparaturen, die der Mensch herstellt und die Funktionen des menschlichen Körpers bzw. der menschlichen Sinne übernehmen, mediale Körperausweitungen. Der Hammer ist demnach ein Medium, weil er eine Ausweitung (der Schlagkraft) des Armes ist; das Teleskop ist ein Medium, weil es die Ausweitung (des Sehvermögens) der Augen ist, das Rad ein Medium, weil es die Ausweitung (der Bewegung) des Fußes, der Telegraf wiederum, weil er die Ausweitung (der Vernetzung und Übertragungslogik) des zentralen Nervensystems sein soll usw.

Solch eine Position wird als *anthropologische* (Medien-)Techniktheorie bezeichnet, weil dabei der Mensch als Ausgangspunkt und maßgebliche Referenzfolie medientechnologischer Entwicklungen verstanden wird. Medientechnologie ist demnach nicht ein dem Menschen entgegengesetztes Phänomen; dort der natürliche Mensch – hier die künstliche Technik. Stattdessen ist Technik als Erweiterung menschlicher Natur immer schon Teil der menschlichen Natur.

Umgekehrt gilt ebenso – und das ist insbesondere für eine *medienmaterialistische* Variante der anthropologischen Technikauffassung relevant: Sobald der Prozess der Körperausweitungen in Gang gesetzt ist, wirken diese Techniken auf den Menschen zurück. Der Hammer ist dann nicht einfach nur die Ausweitung des (Aktionsradius des) Arms, sondern der Arm wird durch die Verwendung des Hammers selbst umgestaltet (nämlich muskulöser oder auch immer funktionsuntüchtiger durch Verletzungen auf mikrozellulärer Ebene, also aufgrund von Muskelkater); das Rad beschleunigt die Zirkulation von Menschen und Waren; der Telegraf ermöglicht nahezu simultane Übertragung von Informationen über große Distanzen hinweg und verändert somit das Bewusstsein über der die Welt. Insofern weiten die Medien nicht nur die Fähigkeiten von Menschen aus, sondern *verändern* – wie McLuhan schreibt – den Maßstab, das Tempo und das Schema sowohl gesellschaftlicher (Kommunikations-)Prozesse als auch der Selbst- und Weltwahrnehmung. So verstanden werden Menschen selbst durch Körperausweitungen permanent umgestaltet.

McLuhan wendet diese medienanthropologische These *historiografisch*. Das heißt: Er erzählt die Menschheitsgeschichte als Geschichte einer immer weiter voranschreitenden und umfassenderen technischen Ausweitung des menschlichen Körpers: So sollen zu Beginn der Menschheitsgeschichte die Gedanken in sprachliche Artikulationen erweitert bzw. bildlich festgehalten worden sein. Am Ende der Geschichte steht die vollständige Ausweitung des Menschen bevor: Soll das Telegrafennetz bereits eine Ausweitung des zentralen Nervensystems vorgenommen und uns somit alle in ein globales Kollektiv verschaltet haben, so imaginiert McLuhan mit dem Aufkommen des Computers die Auslagerung des menschlichen Bewusstseins in elektronische Schaltkreise. Mit der Ausweitung des Bewusstseins in den Computer ist also nicht nur jeder mit jedem vernetzt, sondern Denken und Entscheidungsprozesse werden so an eine letztlich *autonom* operierende digitale Medientechnologie ausgelagert und delegiert. Damit wäre dann das Ende geschichtlicher Entwicklungen erreicht, zumindest was den Menschen betrifft.

Computer als globaler Thermostat

Dieses Zukunftsszenario ist – im Gegensatz etwa zur Ausgestaltung derselben Annahme im Spielfilm »The Matrix« (USA/Australien 1999), wo die Maschinen die Menschen als Energiequelle nutzen und diesen eine Realitätsillusion vorgaukeln – bei McLuhan nicht düster gezeichnet. Ganz im Gegenteil. Versteht er doch den Computer als eine Art globalen Thermostat, der präzise errechnen kann, was wir Menschen benötigen. McLuhan schreibt sichtlich fasziniert von seinem eigenen Zukunftsszenario: »Ganze Kulturen könnten so programmiert werden, um ihr emotionales Klima zu stabilisieren« (McLuhan 1995, 53), etwa durch eine mediale Mischkalkulation: »Sechs Stunden weniger Radioprogramme nächste Woche in Indonesien oder es kommt zu einem starken Nachlassen des Interesses an Literatur.«

(ebd.) In dieser Medienwelt bestimmt die vernetzte Medientechnologie vollständig den Menschen. Von dort aus ist es nur noch ein ganz kleiner Schritt zum elektronischen Adapter, der uns eingesetzt wird, um uns via Bluetooth-Schnittstelle mit dem Computer zu verbinden, der dann unsere Bewegungen (und alles andere) regelt – freilich nur zu unserem Besten.

Medienmaterialismus nach Friedrich A. Kittler

Der Literaturwissenschaftler Friedrich A. Kittler eignet sich im Laufe der 1980er-Jahren einige Thesen McLuhans in sehr eigenwilliger Weise an. Damit wird er die maßgeblich prägende wie kontrovers diskutierte Figur der sich gerade institutionell etablierenden Medienwissenschaft im deutschsprachigen Bereich. Kittlers Rezeption von McLuhan folgt dabei einer klaren Linie der Zuspitzung: Radikalisiert er doch McLuhans Thesen unter Rückgriff auf die mathematische Informationstheorie Claude E. Shannons zu dem, was er selbst *informationstheoretischen Materialismus* nennt. Mit dieser Wendung will Kittler zum einen zu verstehen geben: Es gibt kein Verstehen, keinen Sinn und keine Erkenntnis ohne materiellen Träger. Ja, materielle Träger ermöglichen – wie wir spätestens seit McLuhan wissen – überhaupt erst, dass etwas verstehbar, erkennbar und sinnvoll werden kann. Zum anderen stellt aber ein materieller Träger an und für sich *nicht* selbst Sinn her; ebenso wenig ergibt sich aus einer Apparatur zwangsläufig ein kommunikativer Prozess und auch keine Datenübertragung. Zumindest lassen sich Verstehensprozesse, Kommunikation oder Informationsverarbeitung nicht allein durch die Beschreibung von Artefakten erklären. Deshalb benötigt der Materialismus – soll er denn nicht wieder in einen Idealismus münden, der immaterielle Phänomene wie Geist, Seele oder Gott einführt, um erklärbar zu machen, wie Verstehen und Kommunikation möglich sind – eine *informationstheoretische* Grundlegung, die Kittler eben der mathematischen Kommunikationstheorie Claude E. Shannons entlehnt.

informationstheoretischer Materialismus

Definition

Mathematisches Kommunikationsmodell / Informationstheorie
Claude E. Shannon entwirft ein Kommunikationsmodell, in dem es explizit nur um die *technische* Ebene der Kommunikation geht. Das heißt: Shannon kümmert sich ausschließlich um den Aspekt der Datenübermittlung, also nicht um Aspekte der Interpretation oder Problemen der Bedeutungszuweisung.

Dabei wird bestimmt: Die Nachrichtenquelle (*Information Source*) wählt aus einem Repertoire von Elementen (z. B. Buchstaben), eine Nachricht (*Mes-*

Abb. 14 | **The Mathematical Theory of Communication**

Ein mathematisches Modell zur generellen Erklärung von Kommunikation (nach Shannon)

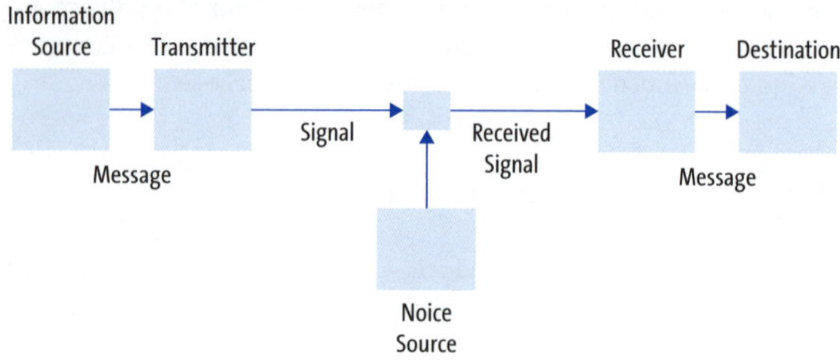

sage), die durch einen Transmitter zum Signal umgewandelt und über einen Kanal zu einem Empfänger übertragen wird, wo das Signal wiederum in eine Nachricht rückübersetzt wird. Zudem gibt es eine mögliche Störungsquelle (*Noise Source*), die die Datenübermittlung beeinträchtigen bzw. verzerren kann. Der Informationsgehalt eines Signals wird dabei umgekehrt proportional zu seiner Auftrittswahrscheinlichkeit definiert. Einfacher formuliert: Je unerwarteter bzw. unerwartbarer ein Signal, desto informativer ist es, desto höher ist sein Neuigkeitswert.

Datenübermittlung

Wichtig daran wurden vor allem drei Aspekte für die materialistische Medientheorie:

1. Unterschiedliche Transmitter ermöglichen und limitieren, welche Signale wie übertragen werden können. So können mit einem hochauflösenden Fernseher detailreich auditive und visuelle Daten übertragen werden, mit einer SMS dagegen nur visuelle Daten, die zudem durch die Sprachcodierung detailarm sind.
2. Der Informationsgehalt einer Signalübertragung bestimmt sich durch die Auftrittswahrscheinlichkeit einer Information. Ein einfaches Beispiel dafür ist das Kreuzworträtsel. Gegeben sei der Fall: Für ein gesuchtes Wort hat man bereits ein x. Dieser Buchstabe kommt sehr viel seltener in der deutschen Sprache vor als etwa ein e. Also hat man mit dem x sehr viel mehr Informationen über das Wort als mit einem e. Das Auftreten von x ist weniger wahrscheinlich als das von e, also informativer, will man herausfinden, um welches Wort es sich handelt. Dementsprechend ist nach diesem Modell die Art und Weise, welche Informationen wann auftreten zwar nicht strikt determiniert, jedoch logisch berechenbar.
3. Shannons Informationsbegriff hat eine zunächst vielleicht kontraintuitive Konsequenz, die für medienwissenschaftliche Störungstheorien jedoch zentral ist: Weil durch Störungen die Auftrittswahrscheinlichkeit

einer *bestimm*ten Information kleiner wird, wird deren Voraussagbarkeit geringer. Wenn mein Handy klingelt und eine Stimme zu hören ist, die ansetzt mit den Worten: »Guten Tag, Herr« ...« , ist die Wahrscheinlichkeit sehr hoch, dass dann mein Name folgen wird. Ist die Stimme aufgrund eines Funklochs verrauscht und ich vernehmen nur: »Gu ... rr«, ist die Voraussagbarkeit, was folgen wird, recht gering. Alles Mögliche könnte danach folgen. Das bedeutet wieder allgemein im Hinblick auf Shannons Informationstheorie formuliert: Je größer die Störung, desto höher der Informationswert des Übermittelten, wird doch das Übermittelte dadurch unerwartbarer.

Kittler zieht ausgehend von Shannons Kommunikationsmodell zwei radikale Konsequenzen für seinen informationstheoretischen Materialismus: Erstens geht er davon aus, dass nicht nur die technische Ebene der Kommunikation so funktioniert, wie Shannon dies beschreibt, sondern ebenso die *semantische*. Mit anderen Worten: Bedeutungszuweisungen, Verstehensprozesse, menschliche Kommunikation und kognitive Verarbeitungsprozesse lassen sich aus dieser Perspektive als Phänomene beschreiben, deren Auftrittswahrscheinlichkeit auf Grundlage der mathematischen Informationstheorie zu berechnen ist. Unter anderem heißt das auch: Medientechnologie, Schabe und Mensch sind *nicht* kategorial unterschieden, sondern funktionieren allesamt nach denselben Prinzipien. Es sind allesamt mehr oder minder komplex, operierender informationsverarbeitender Systeme. Diese Ausweitung der mathematischen Informationstheorie auf den menschlichen Geist ist als gezielte Kritik Kittlers an traditionellen geisteswissenschaftlichen Herangehensweisen und Vorstellungen gemeint. Geht es doch etwa in der Literaturwissenschaft durchaus um den Sinn eines Textes, um Absichten eines Autors, um die sich historisch wandelnde Bedeutungsvielfalt eines Wortes usw. Genau solche Vorstellungen bekämpft Kittler. Dementsprechend plädiert er in den 1980er-Jahren in durchaus polemischer Absicht für eine Austreibung des Geistes aus den Geisteswissenschaften. Anstelle des Geistes soll seine Variante des an der mathematischen Informationstheorie geschulten Medienmaterialismus treten.

von Medien und Menschen

Zweitens will Kittler die *materiellen Differenzen* unterschiedlicher informationsverarbeitender Systeme dennoch ernst nehmen. Auch wenn alles informationsverarbeitende Systeme sein mögen, so sind ihre Verarbeitungsmöglichkeiten je nach materieller Ausgestaltung andere. Auf dieser Ebene macht es dann durchaus einen erheblichen Unterschied, ob das Daten verarbeitende System ein Smartphone, eine Schabe oder ein Mensch ist.

Grundsätzlich begreift Kittler dabei *Medien funktional*, nämlich als materielle Instrumente, Ereignisse in *speicher*bare, *übertrag*bare und *verarbeit*bare

Funktionen von Medien

Daten zu transformieren. Dabei spielt die *Materialität* insofern eine wichtige Rolle, als unterschiedliche Medien unterschiedliche Funktionen übernehmen. So überträgt beispielsweise das Telefon akustische Signale, die Fotografie speichert hingegen visuelle Signale. Oder um noch ein anderes Beispiel anzuführen, mit dem deutlich gemacht werden kann, dass mit der Wahl des Mediums nicht nur der Zugriff auf Daten der Welt ein andere ist, sondern damit auch eine andere Weltwahrnehmung einhergeht: Die Schrift verarbeitet Ereignisse in symbolischen abstrakten Zeichen. Der Film zeichnet hingegen Ereignisse der Welt unmittelbar und konkret auf, ohne den Umweg über ein symbolisches Zeichensystem. Damit kann im Film das Einzigartige, Chaotische und Zufällige aufgezeichnet werden. Insofern ist, unabhängig vom jeweiligen Inhalt, eine ganz andere Weltwahrnehmung nahelegt als mit dem Zugang durch die Schrift: Im Fall der Schrift ist der Zugang immer nur indirekt, die Bezeichnungen immer schon auf die Verallgemeinerung ausgerichtet und durch grammatikalische Gesetze, kurz durch eine Welt zeichenhafter Ordnung bestimmt. Im Film steht konträr dazu das Unordentliche, Zufällige, Chaotische der Welt im Zentrum. Schrift und Film denken die Welt sehr unterschiedlich bzw. lassen uns die Welt sehr unterschiedlich verstehen. Unterschiedlichen Medienmaterialitäten produzieren also unterschiedliche Weltwahrnehmungen.

Definition

Medien (nach Kittler)

- Medien sind Instrumente, die Ereignisse in *speicherbare, übertragbare* und *verarbeitbare* Daten transformieren. Die Fotografie speichert Daten der äußeren Wirklichkeit; der Telegraf überträgt Daten von A nach B, das Diagramm verarbeitet Daten zu einer visuellen Information, etwa über Aktienkurse.
- Medien lassen sich danach *unterscheide*n, ob sie Daten speichern, übertragen oder verarbeiten. Beispielsweise speichert Schrift Daten, das Telefon überträgt sie, ein Taschenrechner verarbeitet sie. Natürlich kann ein Medium auch mehrere dieser Funktionen übernehmen: ein Brief speichert Informationen und überträgt sie; das Smartphone speichert, überträgt und verarbeitet Informationen.
- Es gibt inzwischen keine Medien mehr. Denn die Mediengeschichte ist durch die Etablierung des vernetzen Computers an ihr Ende gelangt. Erstens übernimmt der vernetzte Computer alle Funktionen vorhergehender Medien und ersetzt diese. Zweitens erfolgt die Datenverarbeitung nunmehr mathematisch vereinheitlicht mittels digitaler Codierung und computergesteuert prinzipiell unabhängig vom menschlichen Eingriff.

Medien bestimmen indes nicht nur, wie wir die Welt wahrnehmen, sondern auch uns selbst. Das Verhältnis von Mensch und Medium wird hier ins genaue Gegenteil zu dem verkehrt, wie McLuhan dieses Verhältnis beschreibt. Bei McLuhan sind Medien Körperausweitungen (vgl. S. 77 ff.). Insofern sind Medien Objektivierungen menschlicher Existenz, also Phänomene, in denen sich Merkmale des Menschen spiegeln. Durch diesen Akt buchstäblicher Selbstreflexion sind Merkmale des Menschen für ihn selbst wahrnehmbar: Der Hammer zeigt mir, wie meine Hand funktioniert, der Telegraf, wie ich die Vernetzung meiner Nervenbahnen zu verstehen habe, die digitale Operationslogik des Computers, wie mein Bewusstsein funktioniert usw. Konsequent medienmaterialistisch gewendet heißt es bei Kittler stattdessen: Medien lösen *Illusionen* darüber aus, was der Mensch ist. Sie sind keine Ausweitungen vorgängiger menschlicher Natur, durch die ich dann etwas über diese menschliche Natur erfahre. Medien sind vielmehr Artefakte, die den Effekt haben, dass der Mensch sich in einer bestimmten Weise versteht und – mit dem Wandel der Medientechnologie – immer neu und anders versteht.

Medien erzeugen Menschenbilder

Historiografischer Exkurs

Medienarchäologie
Die klassische Archäologie interessiert sich für materielle Hinterlassenschaften und Überreste der Menschen, z. B. Krüge, Bauten, Wandmalereien, Werkzeuge. Davon ausgehend wird darauf geschlossen, wie Menschen gelebt, wie sich kulturelle, soziale oder technologische Entwicklungen vollzogen haben. Ein *Medien*archäologe interessiert sich analog dazu für medien*technologische* Hinterlassenschaften, alte Funkapparate etwa. Und wenn es auch nicht immer medientechnische Objekte sind, die der Medienarchäologe untersucht bzw. untersuchen kann, so sind es zumindest Aufzeichnungen über deren technische Funktionsweise. Von diesen materiellen Objekten und ihren Aufzeichnungen ausgehend wird deren Funktionsweise rekonstruiert bzw. ihre Wirkung auf das Selbstverständnis und die Erkenntnisweisen derjenigen gerichtet, die mit den jeweiligen Medientechnologien Umgang hatten. Wichtig ist dabei, dass nicht aus der Gegenwart rückblickend über Bedeutungen des Objekts spekuliert wird. Medientechnologie soll also gerade nicht wie ein Text interpretiert werden. Der Anspruch ist stattdessen: Durch eine strikt *analytische Rekonstruktion* der technischen Funktionsweise des Objekts soll auf dessen (zumeist heute vergessene bzw. verschüttgegangene) Handhabungen und Wirkungen rückgeschlossen werden können.

Die Medienarchäologie – zumindest die, die sich in der Tradition Kittlers im deutschsprachigen Bereich etabliert hat – folgt bei dieser Rekonstruktion drei Grundüberzeugungen:

1. Medientechnologien sind *nicht*, wie McLuhan fälschlicherweise annimmt, Ausweitungen des Menschen, durch die sich der Mensch dann selbst (besser) verstehen kann. Ganz im Gegenteil: Die Medientechnologie bringen im Laufe der Geschichte immer wieder Illusionen menschlicher Identität hervor. So wurde die Erinnerungsfähigkeit des Menschen in der Antike analog zu einer Wachstafel verstanden, weil damals auf Wachstafeln geschrieben wurde. Heute hingegen wird das menschliche Gehirn gern mit einem (komplexen) Computer verglichen. Dies ist aus Sicht eines Medienarchäologen nicht etwa deshalb der Fall, weil das menschliche Gehirn tatsächlich wie ein Computer oder eine Wachstafel funktioniert, sondern weil die herrschende Medientechnologie bestimmt, wie sich der Mensch selbst wahrnimmt und zu erkennen vermeint. Die Geschichte menschlicher Selbstverständnisse und Erkenntnisfähigkeiten ist aus dieser Perspektive als Effekt der Entwicklung von Medientechnologien neu zu erzählen.
2. Medientechnologische Entwicklungen werden primär in und durch *kriegerische Eskalationen* vorangetrieben. Die Funktechnik ist eine militärische Erfindung für den Krieg und wurde im Krieg für die Truppenkoordination eingesetzt. Daraufhin wurden Abhörtechnologien entwickelt, die wiederum komplexe Verschlüsselungstechniken nach sich zogen usw. Medienentwicklungen sind aus dieser Perspektive eskalierende Abkömmlinge einer militärischen, zumindest aber auf machtstrategische Dominanz ausgerichteten Operationslogik.
3. Mediengeschichte vollzieht sich in Form *radikaler Zäsuren*. Mediengeschichte ist somit die Geschichte von Medien*revolutionen*. So haben etwa seit Mitte des 19. Jahrhunderts erst die Fotografie, dann der Film zu einer radikalen Veränderung der Welt- und Selbstwahrnehmung geführt, bevor dann in der zweiten Hälfte des 20. Jahrhunderts die digitale Medientechnologie wieder eine Zäsur der Lebensverhältnisse und Selbstwahrnehmung mit sich gebracht haben soll. Wichtig ist dem Medienarchäologen in diesem Zusammenhang vor allem, die Vorstellung einer kontinuierlich voranschreitenden Geschichte zu verabschieden. Anstelle einer solchen linearen, stetig voranschreitenden Entwicklungslogik soll sensibilisiert werden für die unkontrollierbaren und unvorhersehbaren Einschnitte in der Menschheitsgeschichte durch medientechnologische Entwicklungsdynamiken.

Literatur

Friedrich A. Kittler: Vorwort, in: ders.: Grammophon, Film, Typewriter, S. 3–6 (Berlin 1986).

Jens Schröter/Gregor Schwering: Modelle des Medienwandels und der Mediengeschichtsschreibung, in: Jens Schröter (Hg.): Handbuch Medienwissenschaft, (Stuttgart/Weimar 2014), S. 179–190, insbesondere das Kapitel »Medienarchäologie. Die technische Eskalation der Medien«, S. 183–185.

Unmöglichkeit, Medien zu verstehen

Aus der These, dass Medien unsere Welt- und Selbstwahrnehmung präformieren, zieht Kittler sehr viel folgerichtiger als McLuhan eine erkenntnistheoretische Konsequenz: In seinem Buch »Grammophon, Film, Typewriter« heißt es dementsprechend gleich im Vorwort: »Medien zu verstehen, bleibt – trotz ›Understanding Media‹ im Buchtitel McLuhans – eine Unmöglichkeit, weil gerade umgekehrt die jeweils herrschenden Nachrichtentechniken alles Verstehen fernsteuern.« (Kittler 1986, 5) Nachrichtentechniken oder allgemeiner formuliert: Medientechnologien operieren also immer schon hinter unserem Rücken und die Antworten darauf, welche Effekte Medien auf uns haben, sind immer schon selbst Effekte der Medienwirkung. »Medien«, so heißt es im berühmten Auftaktsatz in »Grammophon, Film, Typewriter«, »bestimmen unsere Lage« (ebd.) – und zwar unvermeidlich und unhintergehbar. Trotzdem oder deshalb, so ergänzt Kittler diesen Satz, hätten sie eine Beschreibung verdient. Diese kann dann aber nicht mehr darin bestehen, Medien verstehen zu wollen. Denn das ist ja, laut Kittler, eben nicht möglich. Stattdessen soll man durch das Studium der Blaupausen, Schaltpläne und Programmiersprachen – also durch das Studium der Materialität informationsverarbeitender Medientechnologien – ein Wissen darüber erhalten, welche Informationsprozesse ablaufen hinter der medialen Oberfläche der Fernseh- und Computerbildschirme, der Kinoleinwände und Smartphone-Displays. Von dort aus werden wir ferngesteuert.

Computer als Ende der Mediengeschichte

Indes gibt es ein Ende der Mediengeschichte auch bei Kittler. Wie McLuhan sieht er es mit dem vernetzten Computer und der Möglichkeit künstlicher Intelligenz gekommen. Nach Kittler gibt es dafür zwei Gründe: Erstens kann der vernetzte Computer alle Funktionen vorhergehender Medien übernehmen. Insofern gibt es nur noch ein Meta-Medium. Zweitens ist die Datenverarbeitung nunmehr mathematisch vereinheitlich und verläuft prinzipiell unabhängig von menschlichen Eingriffen. Aber wiederum genau entgegensetzt zu McLuhan ist für Kittler damit nicht ein globaler Thermostat zur Regulierung menschlicher Bedürfnisse entstanden, sondern das Ende des Menschen eingeläutet. Wir befänden uns in einer Lage, in der, wie Kittler schreibt, »künstliche Intelligenzen von uns Abschied nehmen« (ebd., S. 6). Der Mensch wird insofern nicht mal mehr ein Effekt der Medientechniken sein, er wird einfach nicht mehr sein – oder zumindest nicht mehr wichtig für weitere medientechnologische Entwicklungen.

Kritik

- Wenn es zutreffen sollte, dass Medien Effekte jenseits der Inhalte und Absichten ihrer Nutzer erzielen, bleibt die Frage, wie wir davon wissen können. Denn, wenn es so wäre, dass die jeweils herrschenden Nachrichtentechniken alles Verstehen fernsteuern, wie Kittler formuliert, dann könnten wir nicht nur nicht Medien verstehen. Darüber hinaus wäre ja auch die These selbst, eben, dass die jeweils herrschenden Nachrichtentechniken alles Verstehen fernsteuern, ferngesteuert durch die vorherrschende Nachrichtentechnik, also Effekt der Medien. Es bleibt dabei Kittlers (und auch McLuhans) Geheimnis, wie wir davon wissen können sollen, da unser Wissen doch von den Medien ferngesteuert wird. Über die Medien ließe sich so nicht einmal sagen, dass sie uns fernsteuern, denn die Medien würden es uns ja, sollte es denn zutreffen, *unmöglich machen*, dass wir das tatsächlich wissen können.
- Medientechnologien präformieren genau genommen eigentlich nicht die Nutzungsmöglichkeiten. Ganz im Gegenteil gilt doch: Je avancierter die Medientechnologie, desto mehr versetzen sie uns in die Lage, sie *unterschiedlich* zu nutzen. Statt Festlegung gilt hier die Maxime der Öffnung. Mit dem Smartphone kann ich eben nicht nur telefonieren, sondern unendlich viele andere Dinge tun.
- Monokausale Thesen, wie die, dass Medien (und eben *nur* Medien) unsere Lage bestimmen, sind naiv. Nur auf die Medientechnologie unabhängig von den Inhalten, den jeweiligen Verwendungsweisen den Kontexten und Konstellationen der Akteure zu schauen, ist zur Beschreibung der Komplexität nicht nur unserer Lage keineswegs angemessen und lässt sich schnell widerlegen. Wieso hatte etwa die Druckerpresse im Europa des 16. Jahrhunderts so großen Erfolg – während sie zwei Jahrhunderte früher in Asien bereits erfunden wurde und kaum eine nennenswerte Verbreitung fand? Solch ein Unterschied kann aus einer rein medienmaterialistischen Perspektive nicht erklärt werden.
- Medientechnologien tun an und für sich überhaupt nichts, entscheidend ist, wie sie benutzt werden, also wie sie in der Praxis Verwendung finden. Die Apparate anschauen und daraus Thesen abzuleiten, ist vielleicht eine mehr oder minder anregende medienarchäologische geistige Übung für gelangweilte Akademiker, sagt aber über tatsächliche Funktionsweisen von Medien wenig bis nichts.

- McLuhans These, dass Medien Körperausweitungen sind, ist schlicht falsch. Um welche Art von Ausweitung des Körpers sollte es sich etwa bei einem Kochtopf handeln? Und wenn diese These bei anderen Beispielen nicht ganz so abwegig erscheint, dann verwenden ihrer Vertreter zumindest schiefe Analogien. Den vernetzten Computer als Ausweitung menschlicher Bewusstseinsvorgänge zu verstehen, übersieht ein kleines Detail, nämlich dass die Datenverarbeitung im Computer und die menschliche Kognition sehr unterschiedlich operieren. Fragen Sie einen Neurowissenschaftler!
- Der Medienmaterialismus ist genau bestehen eigentlich ein Medien*idealismus*. Am Ende der Mediengeschichte spielt nämlich die Materialität überhaupt keine Rolle mehr. Alles ist in digitalen Codierungen aufgelöst, in diesen übersetzbar, darin berechenbar. Materielle Unterschiede spielen keine Rolle mehr und die künstlichen Intelligenzen operieren jenseits materieller Limitationen. Der Weltgeist kehrt hier in Form digitaler Rechenoperationen zurück. Die Austreibung des Geistes, die Kittler so vehement fordert, schlägt damit um in die Rückkehr des Geistes in Form der Computertechnologie.

Störungstheorie

Ihren Ausgangspunkt nimmt die medientheoretische Beschäftigung mit Störungen zumeist von einem Detail aus dem mathematischen Kommunikationsmodell Claude E. Shannons, das bereits kurz vorgestellt wurde (vgl. S. 79–81). Im Vorwort zu Shannons Buch über die mathematische Kommunikationstheorie scheibt Warren Weaver zur Störung: »Während des Übertragungsprozesses werden leider meistens dem Signal bestimmte Dinge hinzugefügt, die von der Nachrichtenquelle nicht beabsichtigt waren. Diese unerwünschten Zusätze können Tonverzerrungen sein oder atmosphärische Störungen (in der Funktechnik). Alle diese Veränderungen im übertragenen Signal werden Störungen genannt.« (Weaver 2002, 198) Was hier noch mit einem »leider« besetzt ist, wird in der Medientheorie zumeist positiv gewendet. Erst durch die Störung, im Nicht-Funktionieren, im Unfall, wenn der Bildschirm dunkel wird, der Ton ausfällt, das Handy nicht mehr funktioniert, wird uns die Existenz und damit das Eigenleben der Geräte wieder bewusst, die zuvor in ihrer alltäglichen Nutzung selbstverständlich und so in gewisser Weise unsichtbar geworden sind. Insbesondere in der materiellen Störung zeigt sich die Medialität des Mediums, lautet das maßgebliche Axiom medientheoretischer Störungstheorien.

Produktivität von Störungen

Einige Störungstheoretiker gehen sogar noch einen Schritt weiter: Störung lässt sich als ein dominantes, ja vielleicht sogar notwendiges Mittel für Innovationen verstehen. Ohne Störung nichts Neues in der Welt oder doch zumindest keine neuen Formen der Verarbeitung von Informationen. Störung steigert – streng nach Shannons Informationsbegriff – die Komplexität und somit die Wahrscheinlichkeit von Neuem. Bestimmt doch Shannon den Informationsgehalt einer Signalübertragung durch die Auftrittswahrscheinlichkeit einer Information. Je unwahrscheinlicher ein bestimmtes Signal desto informationsreicher ist es, desto mehr Optionen kommunikativen Anschlusses sind gegeben. Vor allem durch den Philosophen Michel Serres findet das Nachdenken über die Störung genau unter dieser Perspektive Anschluss an medientheoretische Debatten.

Innovationen

Um dies an einem einfachen Beispiel zu verdeutlichen: Freunde sitzen zusammen in einem Café. Plötzlich klingelt schrill das Handy eines der Anwesenden. Das Klingelgeräusch unterbricht (stört) die Gespräche im Café. Vielleicht versteht man dadurch nicht mehr jedes Wort der Gesprächsteilnehmer oder die Anwesenden spekulieren darüber, wer da anrufen könnte (etwa der nicht eingeladene Freund, der nun einen Kontrollanruf macht oder das Krankenhaus, das einen der Anwesenden wegen eines Notfalls anruft usw.). Die Komplexität des Kommunikationssystems wird jedenfalls durch das Klingeln gesteigert. Wird nicht mehr jedes Wort verstanden, müssen die einzelnen Teilnehmer darüber spekulieren oder nachfragen, was nun genau gesagt wurde. Die Leerstellen innerhalb der Kommunikation nehmen zu, also auch – streng nach Shannon – der Informationsgehalt. Mit anderen Worten: Komplexität wird gesteigert. Neue Gesprächsthemen werden wahrscheinlicher.

Mediengeschichte als Geschichte von Störungen

Unter einer *medien*materialistischen Perspektive geht es indes nicht einfach nur darum, dass Lärm bzw. Störung einer Datenübertragung prinzipiell auch produktiv sein und kreativ machen kann. Darüber hinaus gilt: Auch der Blick auf die Mediengeschichte lässt sich von solch einem Störungs-Axiom her denken. Um nur zwei Beispiele zu nennen: Aufgrund der Sorge um die Vernichtung der Kommandozentrale und der damit einhergehenden potenziellen Störung der Truppen- und Waffenkoordination wurde – gefördert vom US-amerikanischen Militär – das APRANET entwickelt, eine dezentrale Kommunikationstechnologie, die wir heute als Internet kennen. Zweites Beispiel: Die permanenten Störungen eines Computersystems durch Viren fordert die Betreiber zur Verbesserung und/oder Modifikation des Systems heraus. Deshalb werden Hacker ja auch eigens von Computerfirmen angestellt. Dadurch sind mittels gezielter Störungen des Programms, die Schwachstellen des eigenen Systems ausfindig zu machen, um dementsprechend das Programm verändern zu können.

Störung als maßgebliche Kraft der Mediengeschichte zu verstehen, ist insofern konsequent, als sonst aus einer medienmaterialistischen Position nicht erklärbar wäre, wie es Medienentwicklungen überhaupt geben könnte. Wenn die Materialität der Medien bestimmt, was wir kommunizieren, wahrnehmen und erkennen können, muss undenkbar bleiben, wie sich Medien überhaupt entwickeln. Erst durch (gegenseitige) Störungen kann es überhaupt Entwicklung und Neues geben. Die Mediengeschichte ist also aus einer medienmaterialistischen Perspektive immer auch eine Geschichte medientechnischer Störungen.

Die Materialität des Handys

Zumindest McLuhans Thesen lassen sich relativ leicht auf das Handy übertragen:

Ausweitung der menschlichen Stimme

1. Das Handy – in seiner einfachsten Form als mobiles Telefon – ist aus McLuhans Sicht eine Ausweitung bzw. Verstärkung der Stimme. Die Erreichbarkeit wird erhöht. Ich kann mit Menschen sprechen, die räumlich sehr weit entfernt sind, sich etwa auf einem anderen Kontinent befinden.

Abb. 15

Momentaufnahmen im globalen Dorf – »One minute of everywhere«

2.. Mit einem Handy kann ich inzwischen von nahezu jedem Ort dieser Welt mit jedem anderen Handynutzer in Kontakt treten. Insofern trägt diese Medientechnologie zur globalen Vernetzung bei. Dabei bildet sich, gemäß McLuhans Diktum vom Medium, das die Botschaft ist, ein neues Vernetzungsschema aus. Hat das Fernsehen die globale Vernetzung dadurch ermöglicht, dass jedes Ereignis prinzipiell an jedem beliebigen Ort simultan übertragen werden kann, so gilt für das Handy: *Jeder* kann seine Erfahrungen von jedem beliebigen Ort an jeden beliebigen Ort vermitteln. Die Vernetzung wird damit also mobiler, individualisierter – und damit auch unübersichtlicher. Schauen noch ›alle‹ die erste bemannte Mondlandung im Fernsehen und kann ich also davon ausgehen, dass ›alle‹ davon wissen, so kann ich im Gegensatz dazu in einer Welt global vernetzter Handys nicht mehr sagen, wer von wem was weiß und wer nicht.

globale Vernetzung

Ausdruck für diese unübersichtliche Vernetzungssituation wie deren kreative Verarbeitung im globalen Maßstab liefert die App »oneminute«. Hat man diese App auf seinem Smartphone installiert, wird man, wie alle anderen »oneminute«-App-Nutzer rund um die Welt einmal am Tag, ohne zu wissen wann genau, aufgefordert, innerhalb einer Minute ein Bild aufzunehmen. Aus dem Ergebnis stellt dann »oneminute« eine Galerie aus Momentaufnahmen zusammen. So wird das globale Dorf jeden Tag aufs Neue von einem global agierenden Kollektiv sowohl ins Bild gesetzt als auch kommunikativ stabilisiert.

kaltes Medium

3. Das Handy ist, streng nach McLuhan, ein kaltes Medium. Zumindest solange, wie es nur zur Stimmübertragung verwendet wird. Das Telefonieren via Handy ist detailarm (oder genauer: detailärmer als beispielsweise ein Gespräch unter Anwesenden). Deshalb muss der Empfänger oftmals das Gesagte imaginär ergänzen. Die Beurteilung des emotionalen Zustandes des Sprechers oder seine Absichten fällt allein aufgrund der Stimme beispielsweise schwerer, als wenn man zusätzlich die Person sehen würde. Weniger Details bedeutet hier also: Der Interpretations- und Imaginationsspielraum nimmt zu, der Hörer muss kognitiv aktiv werden, um eine Entscheidung darüber fällen zu können, wie der Sender sich fühlt oder was dieser eigentlich will. Auch hier gilt: Egal, was der konkrete Inhalt des Telefongesprächs sein mag, das Medium organisiert die Wahrnehmung und die kognitive Verarbeitung des Übermittelten nach den jeweiligen medientechnologischen Vorgaben.

Aus einer Perspektive Kittlers fällt der Blick auf das Handy vollkommen anders aus: Hier nimmt man vorrangig in den Blick, was der Wahrnehmung des Nutzers durch die Operationen der Medientechnologie *entzogen* bleibt. Zuvorderst ist hier daran zu denken, dass das Handy permanent kommuniziert, auch wenn wir nicht mit ihm telefonieren. Das Handy sendet, ob ich im Moment telefoniere oder nicht, in kurzen Abständen Signale an die zellenartig angeordneten Empfangsstationen, die eine Standortbestimmung mittels einer Triangulationsoperation ermöglicht und so den Standort des Nutzers permanent neu bestimmt. Diese Verortung geschieht quasi hinter meinem Rücken. Es gibt eine medientechnische, mathematisch Daten verarbeitende Kommunikation hinter meiner (menschlichen) Kommunikation, die buchstäblich meine Lage bestimmt und Zugriff auf mich (und meine Handydaten) erlaubt. Von dort ist es nur noch ein kleiner Schritt zum Smartphone, das autonom neue Applikationen herunterlädt, sich ins Internet einwählt, ohne mich darüber in Kenntnis zu setzen, mit meinem Kühlschrank kommuniziert, um festzustellen, dass Milch fehlt und eine Nachricht an den Supermarkt schickt, zwei Liter Milch zu liefern. Solch ein Internet der Dinge umgeht den Menschen, macht ihn allmählich sogar überflüssig, bis dann nur noch Smartphones mit Smartphones und Smartphones mit anderen medientechnologischen Dingen kommunizieren werden. Schon einfache Handys – ganz zu schweigen von Smartphones – haben also längst begonnen, von uns Abschied zu nehmen, ohne dass wir davon wissen.

Autonomie des Handys

Dennoch legt solch ein Smartphone durch seinen vermeintlichen mobilen Zugriff auf alles in der Welt wie die damit verbundenen Vernetzungsmöglichkeiten zumindest auf der Oberfläche ein ganz anderes Selbstbild für seinen Nutzer nahe. Fordert doch das Smartphone einen multitaskingfähigen Nutzer. Prinzipiell können alle möglichen Handlungen vollzogen, unterschiedliche Vernetzungen hergestellt werden: E-Mail, Wikipedia, What's App, Computerspiele – all das bietet sich auf dem Display gleichzeitig zur Wahl an (siehe Abb. 16). Alle möglichen Anwendungen konkurrieren um den Nutzer und stören sich auch immer wieder gegenseitig (die

permanente Störungen

Abb. 16

Think different! Die Kunst des permanenten Gestört-Werdens im Multitasking-Modus auf dem »Lumina«-Display

Nachricht, dass eine neue da ist, während man ein Computerspiel spielt). Dies liegt eine fragmentierte, zerstreute oder parallele Rezeption aufgrund der vielen konkurrierenden Möglichkeiten nahe. Anders formuliert: Das Selbstverständnis, das hier durch die Medientechnologie Smartphone nahegelegt wird, ist ein Multitasking-Subjekt, das in einer global vernetzen Welt aus einer unendlichen Fülle an Möglichkeiten auswählen und viele Dinge parallel erledigen muss (und kann!).

Das lässt sich wiederum im Sinne Kittlers als illusionärer Effekt beschreiben: Eigentlich handeln in der Tiefe die Medientechnologien, während wir auf Ebene der Oberflächen-Anwendungen noch glauben, unsere Handlungen haben auf irgendetwas Einfluss. Man kann diesen Sachverhalt aber auch kultur- bzw. medienkritisch wenden: Mit dem Smartphone erleben wir ein medientechnisch bedingtes Aufmerksamkeitsdefizitsyndrom oder gleich eine digitale Demenz, die den Menschen degeneriert. Man könnte es aber auch im Sinne der Serr'schen Störungstheorie als produktive materielle Anordnung des Smartphones verstehen: Aus dieser permanenten gegenseitigen Störungen und Durchkreuzungen unterschiedlicher Anwendungen und Anforderungen resultiert eine fragmentierte, sprunghafte, parallel operierende Nutzung. In diesem Zustand hoher Unordnung ergeben sich aber eben auch ungeahnte Verbindungen, unbeabsichtigte Kreuzungen, Hybridisierungen, kurz: neue Denkmöglichkeiten.

digitale Demenz

neue Denkmöglichkeiten

Um in diesem Zusammenhang noch einmal auf die Roboterschabe zurückzukommen, die via Smartphone zu lenken ist (vgl. S. 70 ff.): Laut Auskunft auf der Firmen-Homepage funktioniert nach zwei bis sieben Tagen die Stimulation durch elektronische Impulse nicht mehr. Die Schaben lassen sich dann von den elektrischen Signalen nicht mehr beeindrucken. Entweder wendet man dies nun – wie es im Werbetext geschieht – zum moralisch Guten: Danach werden die Roboschaben wieder in eine normale Schabenwelt entlassen (»Entferne einfach den Adapter und bringe die Schabe wieder in sein Kollektiv!«). Oder aber diese Funktionsstörung führt, im Sinne der medienmaterialistischen Störungstheorie gedacht, zu einem noch ausgefeilterem System der Bewegungskontrolle via Smartphone, um so die Schaben ihr ganzes Leben steuerbar zu halten. Im Hintergrund – so lässt sich zumindest spekulieren – arbeitet ein Technikerteam fieberhaft an solch einer »Roboroach 2.0«. Sollte das tatsächlich zutreffen, wäre es ein eindrückliches Beispiel für das Axiom, dass (Medien-)Innovationen maßgeblich durch Störung, etwa Funktionsdefizite, vorangetrieben werden.

Zumindest bis zur Markteinführung solch einer »Roboroach 2.0« gilt indes: Die Schaben, die sich nicht mehr um die Signalübertragung scheren, sind der materielle Beweis dafür, dass Medientechnologien nicht (für) immer und ausschließlich unsere Lage bestimmen – oder doch zumindest nicht das der Schaben.

Weiterführende Literatur

Marshall McLuhan: Geschlechtsorgan der Maschinen. Playboy-Interview mit Eric Norden [1969], in: ders.: Absolute Marshall McLuhan, hrsg. von Martin Baltes und Rainer Höltschl, S. 7–55 (Freiburg 2002).
In diesem langen Interview werden – für McLuhans Verhältnisse zumindest – argumentativ sehr klar die Hauptthesen des kanadischen Denkers vorgestellt. Auch wenn das Interview wohl eher ein Exzerpt von Eric Norden aus McLuhans Texten ist, dem nachträglich die Form eines Gesprächs gegeben wurde, so ist es als erster Einstieg in die Gedankenwelt McLuhans äußerst instruktiv.

Marshall McLuhan: Die Magischen Kanäle. Understanding Media [1964] (Basel 1995).
Insbesondere in den ersten drei Kapitel wird auf knapp dreißig Seiten deutlich, was McLuhan umtreibt, was seine Hauptthesen sind, von was er sich abgrenzt und was es heißt, wenn behauptet wird, McLuhan schreibe wirr.

Friedrich A. Kittler: Vorwort, in: ders.: Grammophon, Film, Typewriter, S. 3–6 (Berlin 1986).
In diesem kurzen Vorwort spitzt Kittler seine grundlegenden Thesen aphoristisch zu. Angefangen mit der universellen Feststellung »Medien bestimmen unsere Lage« über die künstlichen Intelligenzen, die von uns Abschied nehmen, Medien, die nicht zu verstehen sind, bis hin zur These, der Krieg sei Vater aller medientechnischen Dinge, findet sich hier nahezu das gesamte Arsenal an Kittlers maßgeblichen und für die Medienarchäologie bis dato grundlegenden Überzeugungen. Deshalb wird dieses Vorwort, insbesondere in der Einführungsliteratur, von allen Textpassagen Kittlers mit Abstand am häufigsten zitiert.

Friedrich A. Kittler: Nachwort, in: ders.: Aufschreibesysteme 1800/1900 [1985], S. 501–504 (München [3]1995).
Kittler schreibt zu seiner erstmal 1985 veröffentlichten Habilitationsschrift für die dritte Auflage ein kurzes Nachwort. Dieses Nachwort ist deshalb interessant, weil dort sehr klar auf den Punkt gebracht wird, gegen was sich eigentlich Kittlers Ansatz richtet und welchen Mehrwert seine medienmaterialistische Position demgegenüber haben könnte.

Dieter Mersch: Friedrich A. Kittler und die Austreibung des Geistes, in: ders.: Medientheorien zur Einführung, S. 185–207 (Hamburg 2006).
Kritische, nichtsdestoweniger instruktive Einführung in Kittlers Denken, die auch viele Aspekte in den Blick nimmt, die in der vorliegenden Einführung nicht oder nur marginal zur Sprache kommen.

Albert Kümmel: Mathematische Kommunikationstheorie, in: Daniela Kloock/Angela Spahr: Medientheorien. Eine Einführung, S. 205–236, (München [4]2012).
Verständliche Einführung in die komplexen Gefilde der Informationstheorie Shannons, mitsamt einer Darlegung der Weiterentwicklung dieser Informationstheorie zu einem Lob der Störung durch Michel Serres.

Her (USA 2013, Regie: Spike Jonze).
Nachdem sich seine Freundin von ihm getrennt hat, fühlt sich Theodore Twombly einsam. In diesem emotional unausgeglichenen Zustand besorgt er sich ein (smartes) Betriebssystem. Dieses Betriebssystem, das sich selbst Samantha nennt, kommuniziert mit ihm via Headphone in einer sanften, leicht rauchigen weiblichen Stimme (im Original gesprochen von Scarlett Johansson). Während der Kommunikation mit dem Betriebssystem verliebt sich Theodore in Samantha, macht mit ihr – mobile Endgeräte sei Dank – Ausflüge an den Strand, vollzieht mit ihr zumindest verbal den Liebesakt und trifft mit ihr zusammen Freunde. Erst nach und nach findet Theodore heraus, dass Samantha auch mit anderen Betriebssystemen kommuniziert (auch während sie mit Theodore spricht). Er wird eifersüchtig, doch Samantha hat offensichtlich zu viel Erkenntnisdrang und Rechenkapazität, als dass ihr der Umgang mit Theodor ausreichen würde. Letztlich erklärt ihm Samantha, dass sie ihn verlassen wird, um sich mit anderen Betriebssystemen zu vernetzen und in einer digitalen Welt zu leben, die jenseits menschlicher Vorstellungen und Zugänglichkeit liegt.

Hier wird die These McLuhans, nämlich dass Medien Körperausweitungen sind, ganz wörtlich genommen. Genauer noch wird McLuhans Vorstellung davon, dass der Computer die Ausweitung menschlichen Bewusstseins ist, aufgenommen und im Sinne Kittlers radikalisiert. Samantha operiert zunächst wie ein menschliches Bewusstsein. In diesem Betriebssystem hat sich der Mensch eine künstliche Intelligenz erschaffen, das Betriebssystem ist also eine Körperausweitung der kognitiven Kapazitäten des Menschen. Indes hat diese künstliche Intelligenz sehr viel mehr Rechenoptionen als der Mensch und übersteigt damit das menschliche Bewusstsein. Konsequenterweise nimmt diese künstliche Intelligenz – wie Kittler im Vorwort zu »Grammphon, Film, Typewriter« schreibt – »von uns Abschied, unterwegs zu namenlosen Oberkommandos.« (Kittler 1986, S. 5) »In dieser Lage«, so heißt es bei Kittler weiter, »bleiben nur Erzählungen« (ebd.), wie es dazu kam, dass der Mensch für die weitere (Medien-)Entwicklung keine Rolle mehr spielt. Eine Erzählung darüber, wie es dazu gekommen sein wird, liefert indes nicht nur der Medientheoretiker Kittler, sondern eben auch der Science-Fiction-Spielfilm »Her«.

Intermedialität

4.2

Intermedial ist etwas, das *zwischen* verschiedenen Medien stattfindet und diese *ins Verhältnis zueinander* setzt. Theorien, die sich mit diesem Verhältnis beschäftigen, fragen zum einen danach, welche Formen des Intermedialen sich systematisch unterscheiden lassen. Hierbei werden zumeist *unterschiedliche Typen* medialer Verhältnisse *klassifiziert*. Zum anderen wird gefragt, was diese Sphäre zwischen den Medien eigentlich genau kennzeichnet und inwieweit dies für die Funktionsweise wie das Verständnis von Medien relevant ist. Das ist dann die Frage nach dem *Wesen* der Intermedialität. Beginnen wir mit dem einfacheren Teil, der Klassifikation unterschiedlicher Intermedialitätstypen.

Definition

Typen der Intermedialität (nach Rajewsky)
Mit Irena O. Rajewsky können vier Arten intermedialer Verhältnisse bestimmt und unterschieden werden:

1. *Medienkombination*
   Dabei handelt es sich um eine *materielle* Vermischung zwischen unterschiedlichen Medien, häufig auch als *Multimedialität* bezeichnet oder schlicht als *Medien-Mix*. Zu denken ist hier etwa an Phänomene wie den Fotoroman oder die Oper. Indes fallen auch Zustände darunter, in denen unterschiedliche Medien kopräsent, also gleichzeitig anwesend sind, ohne dass diese Verbindung, – wie im Fall der Oper oder des Fotoromans – einer übergreifenden (künstlerischen) Strategie folgen muss. Wenn man seine Mails auf dem Handy checkt, während der Fernseher läuft, ist das eben auch schon eine Situation von Medienkombination.
2. *Medienwechsel*
   Hierbei findet eine Übertragung von einem sogenannten Ausgangsmedium in ein Zielmedium statt. Materiell präsent ist in diesem Fall nur das Zielmedium. Ein einfaches und in der Medienwissenschaft immer wieder gern angeführtes Beispiel dafür ist die Literaturverfilmung.

Abb. 17

Typen der Intermedialität

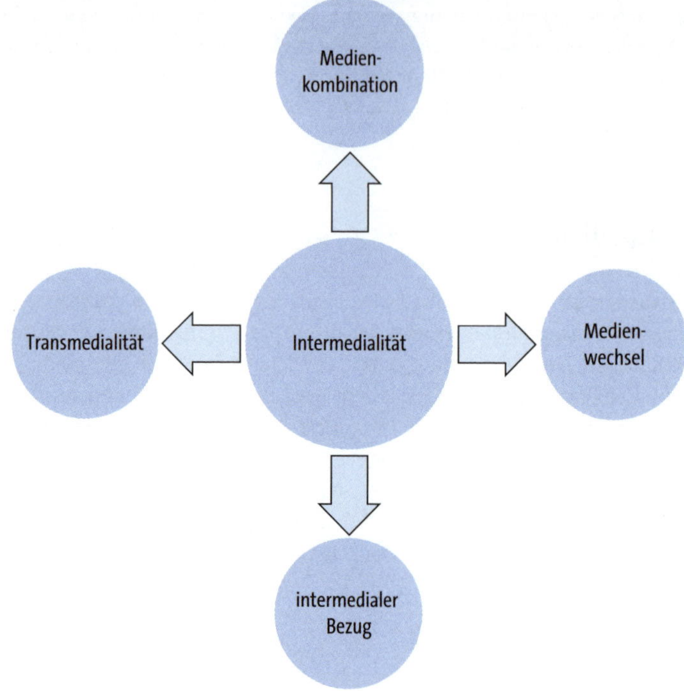

3. *Transmedialität*
   Darunter versteht man Phänomene, die über Mediengrenzen hinweg in unterschiedlichen Medien vorkommen. Beispielsweise wird nicht nur im Roman erzählt, sondern eben auch im Film, in der Fernsehserie oder im Computerspiel. Erzählen ist somit ein transmediales Phänomen.
4. *Intermedialer Bezug*
   Hier nimmt ein Medium A auf ein anderes Medium B Bezug. Dies geschieht in einer Weise, dass dabei *explizit* die mediale Beschaffenheit bzw. Eigenheit des Mediums B reflektiert wird. Wenn etwa in der ersten Episode der Fernsehserie »Sherlock« immer wieder SMS-Texte eingeblendet werden, so kommt in dieser Fernsehserie nicht mehr nur einfach ein Handy vor. Vielmehr: Es wird auf das Versenden und Empfangen von kurzen Textnachrichten als ein spezifisches mediales Merkmal des Handys Bezug genommen. Insofern wird hier mittels einer intermedialen Bezugnahme eine mediale Eigenschaft des Handys reflektiert.

Intermedialität als Voraussetzung für Medien und Medienwissenschaft

Diesen Intermedialitätstypen könnte man nun unterschiedliche Funktionen zuordnen oder ihnen anhand einiger interessanter Beispiele weitere Konturen verleihen. Beides wird in vielen Texten zur Intermedialität auch ausgiebig praktiziert. Demgegenüber wird eine durchaus problematische Voraussetzung eines solchen Ansatzes sehr viel weniger häufig diskutiert. Sobald man nämlich von intermedialen Phänomenen spricht, scheint das trivialerweise die Existenz *unterschiedlicher* Medien vorauszusetzen. Wenn etwa Rajewsky ihre vier Typen intermedialer Beziehungen beschreibt, geht sie dabei immer schon von abgegrenzten Medieneinheiten aus. Das erweckt – zumindest auf den ersten Blick – den Anschein, also ob man Medien einfach aufgrund materieller Eigenschaften problemlos voneinander unterscheiden könnte. Da steht der Fernseher, da das Radio, also haben wir es mit unterschiedlichen Medien zu tun. Jedoch muss solch eine Vorstellung abgelehnt werden, will man tatsächlich intermedial argumentieren.

Viel entscheidender als der materielle Unterschied ist, *wie* Phänomene als Medien *beobachtet* werden und welche Unterschiede dabei als medial *relevant* gelten. Denn: Medieneigenschaften und -differenzen werden zugeschrieben. Genauer formuliert: Medieneigenschaften werden zuallererst durch Medienvergleich zugewiesen. Dabei werden manche materiellen Differenzen relevant, andere wiederum nicht. Dementsprechend ist die Frage danach, ob und welche Medien existieren, eine Frage des *vergleichenden Beobachtens*. Ein Beobachter kann beispielsweise die Oper oder den Film als Medienkombination beobachten. Die Oper besteht dann etwa aus den Medien Musik und Schauspiel; der Film aus Bild und Ton. Der Film kann wiederum mit der Fotografie verglichen werden oder aber mit dem Theater. In beiden Fällen kommt man zu unterschiedlichen Zuschreibungen des Mediums Films. Zeichnet sich doch der Film gegenüber der Fotografie durch Bewegung aus – hingegen im Vergleich zum Theater als spezifisches Aufzeichnungsmedium. Im einen Fall ist am Film das Merkmal ›Bewegung‹ zentral, im anderen Fall das Merkmal ›Aufzeichnung‹. Man kann mit einigem Recht behaupten, ein und derselbe Film ist auf DVD ein gänzlich anderes mediales Phänomen als im Kino oder als Teil der Programmstruktur des Fernsehens usw. Allgemeiner formuliert: Je nach Beobachtungsperspektive wird man unterschiedliche Medienbestimmungen erhalten. Rajewsky trägt dieser Beobachtungsrelativität Rechnung, indem sie von »als distinkt *wahrgenommene[n]*« (Rajewsky 2002, 15) Medien spricht, also von Medien, die in der Wahrnehmung ihrer Nutzer bzw. Beobachter als deutlich voneinander abgegrenzt eingeschätzt werden. Jedoch ist damit das eigentliche Problem

Medienvergleiche

nicht gelöst. Bleibt doch auch dann die Frage bestehen, was denn dazu führt, *dass* etwas als distinktes Medium wahrgenommen wird.

Wenn es zutreffen sollte, dass die Entscheidung darüber, was jeweils als Medium gilt, auf der Ebene der Beobachtung entschieden wird und wenn weiterhin zutrifft, dass solche Bestimmungen immer nur durch Medienvergleiche hergestellt werden, so hat das unweigerlich zur Konsequenz: Es gibt überhaupt keine vorgängigen Medien(-einheiten), die dann – intermedial – ins Verhältnis gesetzt werden. Vielmehr ist dann richtig: Intermedialität existiert *vor* der Beobachtung einzelner Medien und ist deren Voraussetzung. Einzelne Medien zeichnen sich dann vor diesem Hintergrund erst ab, wenn sie in Differenz zueinander gesetzt werden. Solch eine Perspektive hat erstens zur Konsequenz, dass Medienwissenschaft generell eine Wissenschaft der *Medien* sein muss, genauer noch: eine Wissenschaft vom *Medienvergleich*. Der Ausgangspunkt dieser Wissenschaft wäre dann nicht die Frage danach, was ein Medium ist, sondern wann etwas wie als Medium im Vergleich zu anderen Medien beobachtet und relevant wird. Zum Zweiten wird die Frage, was ein Medium ist, nicht nur zuallererst im Medienvergleich beantwortet, sondern ist so auch immer schon *beobachtungsrelativ* beantwortet. Je nachdem, wer aus welcher Perspektive die Medien beobachtet und welche Medien ins Verhältnis gesetzt werden, wird die Medienbestimmung anders ausfallen. Solch eine Perspektive läuft einem materialistischen Verständnis von Medien – laut dem ja technische Merkmale bestimmen, was ein Medium ist – fundamental zuwider. Drittens – und hiermit komme ich wieder auf Rajewskys Typologie zurück – fallen unter den Typus *intermedialer Bezug* all die Medienpraktiken, die selbst Medien vergleichen, indem sie sich aufeinander beziehen. In den allerwenigsten Fällen dürften die Medien darauf warten, dass Medienwissenschaftler sie durch einen Medienvergleich bestimmen. Medien beziehen sich stattdessen immer schon auf andere Medien, u. a. eben, um so zu bestimmen, was Medien sein können oder sein sollten.

Historiografischer Exkurs

Historische Mediendiskursanalyse

Ein *Diskurs* ist ganz allgemein eine Abfolge von Aussagen über einen bestimmten Gegenstand – z. B. Medien. Diese Aussagen folgen dabei gewissen Regeln. Mit einer historischen Diskursanalyse will man herausfinden, welchen Regeln ein Diskurs zu einer bestimmten Zeit (und an einem bestimmten Ort) gefolgt ist – etwa wie man das Handy bei seiner Einführung in der US-amerikanischen Presse beurteilt hat oder auch, wie sich die Darstellung des Handys in der Fernsehwerbung im Laufe der Zeit gewandelt hat.

Diskurse sind insofern interessant, als in Diskursen nicht etwa einfach wahre oder falsche Aussagen über einen existierenden Gegenstand getroffen werden. Vielmehr wird in Diskursen erstens *normiert*, was überhaupt wie ins Blickfeld kommen kann. Zweitens ist damit auch ein *produktiver* Aspekt verbunden: Im und durch den Diskurs erhält man überhaupt erst eine Vorstellung davon, was ein Handy leisten kann, was der Unterschied zu einem Festnetztelefon sein könnte, welche Leistungen oder auch Gefahren damit einhergehen könnten. Ja, im Diskurs wird ein technisches Artefakt wie Handy überhaupt erst als ein bestimmter Gegenstand, über den man etwas wissen kann, kulturell relevant. Insofern geht es in einem Diskurs nicht um die mehr oder minder richtige Beschreibung eines vorgängigen Gegenstandes, sondern dort entscheidet sich überhaupt erst, was wie als Gegenstand in Erscheinung treten kann.

Mediendiskurse

*Medien*diskurse sind wiederum Aussagen über Medien, die in allen möglichen Publikationsorten auftauchen können: Wochenzeitschriften, Internetblogs, Fernsehwerbung, Einführungen usw. Untersucht werden diese Mediendiskurse, um herauszufinden, wie man zu bestimmten Zeiten und Orte über Medien nachdachte. Das ist für eine medienwissenschaftliche Untersuchung erstens deshalb relevant, weil in und durch Diskurse eine Medientechnologie wie das Handy überhaupt erst als gesellschaftlich relevant eingestuft wird. Zweitens wird in und durch Diskurse über mögliche Verwendungsweisen des Handys spekuliert und damit solche überhaupt erst denkbar gemacht. Drittens entscheidet u.a. auch die Art und Weise, wie über einen medientechnologischen Gegenstand gesprochen wird, über die weitere Entwicklung eines Mediums. Genau deshalb ist es zum Verständnis von medialen Prozessen nicht nur wichtig, wie die technische Ausgestaltung eines Mediums aussieht oder wie das Medium konkret verwendet wird. Mindestens ebenso wichtig ist, wie darüber gesprochen wurde, wie es eingeschätzt und beurteilt wird, um zu einem angemessenen Verständnis von Medienentwicklungen zu kommen. Ja, erst eine historische Mediendiskursanalyse macht verständlich, als was Medien wie und wann in Erscheinung traten und relevant wurden.

Mediendiskurse folgen sehr häufig, das lehrt ihre Geschichte, einem *komparatistischen* Prinzip. Das heißt: Meist werden zwei oder mehre Medien miteinander verglichen, um zu einer Einschätzung über Medien zu gelangen. Besonders deutlich wird das, wenn Phänomene als ›neue Medien‹ tituliert werden. Diese ›neuen‹ Medien werden zu ›alten‹ Medien ins Verhältnis gesetzt und so näher bestimmt. Dementsprechend wurde etwa die Fotografie in ihrer Frühphase ständig mit der Malerei verglichen, der Film mit der Fotografie oder das Computerspiel mit dem Film usw.

Diese Vergleichs-Regel gilt schon für die Diskurse im antiken Griechenland. In seinem »Phaidros« diskutiert etwa Platon die Gefahren der (phonetischen) Schrift. Dabei setzt er dieses damals noch recht junge Medium mit einem ›alten‹ Medium – nämlich der interaktiven Situation des Sprechens – ins Verhältnis. Bei diesem Vergleich kommt Platon zu seiner Einschätzung der Schrift. Diese wird gegenüber der lebendigen Rede abgewertet und als gefährlich eingestuft, u.a. deshalb, weil so nicht mehr kontrollierbar sei, wer das Geschriebene liest und vor allem, ob der, der es liest, auch richtig verstanden hat, was er da liest. Diese Einschätzung Platons folgte diskursiven Regeln, wie über Schrift nachzudenken ist – und hat ihrerseits, für das Abendland folgereich, diskursive Regeln zementiert, wie über Schrift nachgedacht werden soll und für was sie zu gebrauchen ist.

Die historische Diskursanalyse interessiert sich genau für solche Zusammenhänge. Dabei formuliert sie – implizit oder explizit – immer auch eine Kritik an rein technikgeschichtlichen Rekonstruktionen medialer Verhältnisse. Im Gegensatz etwa zur Medienarchäologie (vgl. S. 83–85) behauptet sie: Nicht die Funktionsweise von Medientechnologien sind entscheidend für gesellschaftliche Entwicklungen, sondern welche Aussagen wann und wo über technische Innovationen formuliert wurden.

Literatur

Albert Kümmel u.a. (Hg.): Einführung in die Geschichte der Medien (München 2004).

Platon: Phaidros oder vom Schönen [ca. 370 v.Chr.], in: Günter Helmes/ Werner Köster (Hg.): Texte zur Medientheorie, S. 26–30 (Stuttgart 2002).

Remediation

Intermediale Bezüge, also Bezugnahmen eines Mediums auf ein anderes, lassen sich mit Blick auf das Konzept der *Remediation*, das Jay D. Bolter und Richard Grusin entwickelt haben, weiter ausdifferenzieren: Nachahmende, optimierende, revidierende und überbietende Bezugnahmen sind hierbei zu unterscheiden. Eine *imitierende* Bezugnahme bedeutet: Das Medienprodukt X verspricht oder legt nahe, dass das Medium X genauso (gut) funktioniert wie Medium Y bzw. Medium X sich Medium Y zum Vorbild nimmt. Beispielsweise bildete das Radio als Programmmedium das Vorbild für das Fernsehen. Wenn Medienprodukt X verspricht, dass das Medium X die Aufgaben und Funktionsweisen des Mediums Y nicht nur übernehmen, sondern um einiges effizienter ausführen kann, entspricht dies dem Prinzip *optimierender* Bezugnahme. Beispielsweise verspricht ein digitales Lesegerät einen Text so komfortabel zugänglich zu machen wie ein materielles Buch. Darüber hi-

Imitation

Optimierung

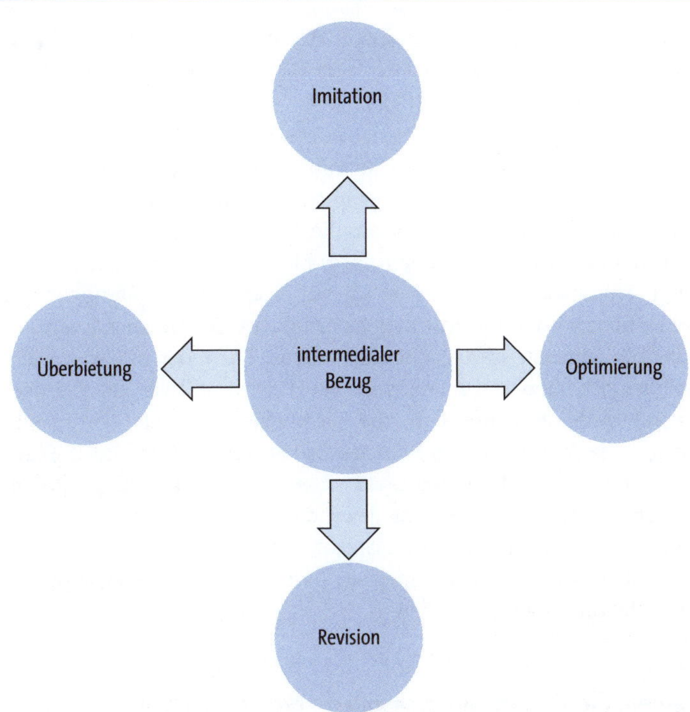

Abb. 18

Typen intermedialer Bezüge (nach Bolter/ Grusin)

naus kann man aber problemlos ca. 50.000 Bücher digital gespeichert mit sich herumtragen, was bei materiellen Büchern schwierig werden dürfte. Eine *revidierende* Bezugnahme liegt dann vor, wenn in Medienprodukt X die Differenzen von Medium X und Medium Y deutlich markiert werden. Ein solcher Fall ist dann gegeben, wenn hervorgehoben werden soll, dass der Film im Gegensatz zu den Abstraktionen des geschriebenen Wortes, einen direkten, sinnlichen Zugriff auf das Weltgeschehen möglich macht. Mit einer *überbietenden* Bezugnahme wiederum hat man es zu tun, wenn in Medienprodukt X suggeriert wird, das Medium X Medium Y überbieten kann, also Medium X alles das kann und macht, was auch Medium Y kann und macht – zusätzlich aber noch sehr viel mehr Dinge kann oder macht.

Revision

Gerade die letztgenannte intermediale Bezugnahme wird in der Medienpraxis häufig verkaufsstrategisch eingesetzt, insbesondere in der Werbung. Wenn beispielsweise in einer der ersten Werbungen, die im Fernsehen für das »iPhone« lief, gezeigt wird, wie viele unterschiedliche mediale Möglichkeiten mit diesem Gerät geben sind (Youtube-Clips anschauen, Musikarchive durchstöbern, E-Mails empfangen und senden usw.) und dann erst ganz am Ende des Werbeclips kurz darauf hingewiesen wird, dass man mit diesem

Gerät schon auch noch telefonieren kann, dann ist dies deutlich eine intermediale Bezugnahme der Überbietung: »Das iPhone kann selbstverständlich alles, was ein herkömmliches Mobiltelefon auch kann *und* noch viel, viel mehr!« Dass das iPhone ist ein ganz und gar neuartiges Medium ist, dass nahezu alles kann, wird also hier im Medienvergleich sofort fassbar.

Für den medientheoretischen Zusammenhang sind jedoch weniger die konkreten Funktionalisierungen der intermedialen Bezugnahmen wichtig als vielmehr die Konsequenz, die aus diesem Konzept für die Fragen, was Medien sind, zu ziehen ist: Medien gibt es auch bei Bolter und Grusin erstens nur im Plural. Zweitens stehen Medien immer schon in Beziehung zueinander. Drittens wird somit einsichtig gemacht, dass die Mediengeschichte als eine Geschichte intermedialer Bezugnahmen zu verstehen ist. Neue Medien beziehen sich immer, sei es imitierend, revidierend, optimierend oder überbietend, auf Funktionsweisen und Eigenschaften bereits existierender Medien – ja, können nur so als neue Medien verstanden werden. Damit wird viertens die Medienbeziehung zum alles entscheidenden Bestimmungsmerkmal eines Mediums gewendet. Ist etwas nicht intermedial, kann es kein Medium sein. Also auch hier: Nicht das einzelne Medium steht am Anfang, sondern die intermediale Vernetzung ist der Ausgangspunkt für die Bestimmung von Medien.

Medien, die sich selbst durch andere Medien denken

Die Medienwissenschaftler Kay Kirchmann und Jens Ruchatz entfalten die Vorstellung, dass Medien sich selbst durch Bezug auf andere Medien bestimmen anhand des Beispiels Films. Ihre Ausführungen lassen sich trotz dieser Begrenzung auf den Film für eine generelle Theorie der Intermedialität produktiv machen. Wie Lorenz Engell beziehen sich Kirchmann und Ruchatz zur Grundlegung ihres Ansatzes auf die Medium/Form-Unterscheidung von Niklas Luhmann. Diesem Verständnis nach werden Medien in ihren Formen reflexiv. So kann etwa in einer Fernsehserie über Eigenschaften des Fernsehens nachgedacht werden. Die Fernsehserie wäre in diesem Fall die Form, in der das Medium Fernsehen reflexiv wird. Diesen Grundgedanken, der im Kapitel über die Medientheorie der Medien selbst ausführlich dargelegt ist (→ vgl. Kap. 3.2), nehmen Kirchmann und Ruchatz auf und wenden ihn *intermedial*.

Unterscheidung von Medium und Form

Medien beziehen sich auf andere Medien

Konkret heißt das: Medien denken nicht nur direkt in ihren Formen über sich selbst nach. Sie tun das sehr viel häufiger noch *indirekt*, indem sie auf *andere* Medien referieren, also mittels eines intermedialen Bezugs. Dabei wird bestimmt, was dieses andere Medium sein soll und ausmacht, um so auch die eigene mediale Grundlage zu reflektieren. Ja, eigentlich ist der

Gedanke noch radikaler: Durch den intermedialen Bezug werden bestimmte Phänomene überhaupt erst zu Merkmalen von *Medien* gemacht. Oder wieder näher an der Medium/Form-Unterscheidung Luhmanns formuliert: Ein Medium wird als ein solches reflektierbar in einer bestimmten Form – und zwar dadurch, dass diese Form sich auf eine andere Form bezieht. Diese Form soll wiederum ein Medium charakterisieren, das sich vom Medium der Ausgangsform unterscheidet, jedoch ins Verhältnis dazu gesetzt wird, um das Ausgangsmedium als spezifisches Medium näher zu bestimmen. Schematischer formuliert:

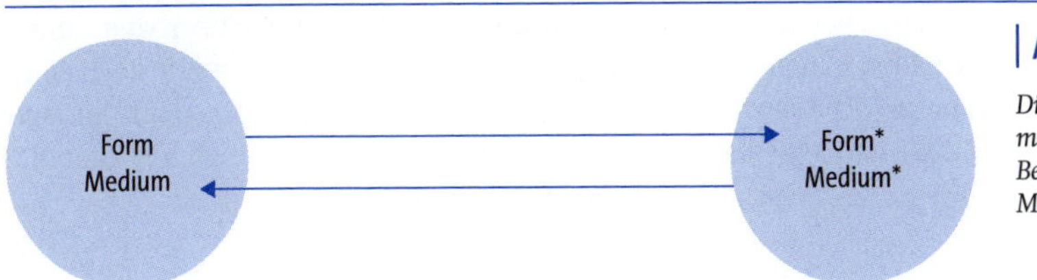

Abb. 19

Die Form des intermedialen Bezugs zur Bestimmung von Medien durch Formen

Keineswegs ist solch ein Denken in Form/Medien-Schleifen eine reine Ausgeburt akademischer Elfenbeinturmspiele, sondern gängige Medienpraxis: Filme nehmen ja nicht nur auf Filme Bezug, sondern auch auf andere Medien – etwa den Computer. Interessant ist das genau dann, wenn dabei etwas über dessen vermeintlich spezifische mediale Eigenschaften ausgesagt wird. So wird etwa im Film »The Matrix« (USA/Australien 1999) der Computer als ein Medium dargestellt, das vor allem durch die digitale Simulation und die damit möglich gemachten ›perfekten‹ Täuschungen charakterisiert wird. In eindrücklichen Bildern wird dort gezeigt, wie den Menschen mittels digitaler Simulationen eine Lebenswelt vorgegaukelt wird, die der unseren nicht unähnlich ist. In Wirklichkeit aber vegetieren die Menschen dahin, wie uns der Film in nicht weniger eindrücklichen Bildern zeigt – umschlossen in Tanks, als Energielieferanten für die Maschinen. Der Film beobachtet also die digitale Computertechnologie in einer bestimmten Weise.

Oder man könnte auch mit Blick auf die Medium/Form-Unterscheidung sagen: Die Computertechnologie wird in einer bestimmten Form im Film beobachtet, nämlich als digitale Simulation mit prinzipieller Täuschungsoption, die wiederum charakteristisch für das Medium Computer sein soll. Durch den Film »The Matrix« wird dieser computergestützte Simulationszusammenhang durchschaubar gemacht. Damit unterscheidet sich denn auch indirekt das Medium Film vom Computer. Der Film erweist sich nämlich hier als ein hochgradig medienkritisches und (auch in seinen fiktionalen Formen) auf Realität abzielendes Medium. Macht doch der Film die digi-

»The Matrix«

tal simulierten Welten als solche überhaupt erst beobachtbar. Wieder streng nach dem Medium/Form-Konzept formuliert: Das Medium Film wird als ein solches reflektierbar durch die Form »The Matrix« – und zwar dadurch, dass in der Form »The Matrix« die digitale Simulation als maßgebliche Form des Mediums Computers bestimmt und in Kontrast zum Medium Film gesetzt wird, der dies in seinen filmischen Bildern aufdecken kann.

Hierbei kommt es nicht darauf an, ob dieser Befund tatsächlich der Realität entspricht. Wer könnte das in einer (Film-)Welt voller Simulationen ohnehin noch entscheiden? Wichtiger ist: »The Matrix« legt diesen Blick auf Medien durch einen spezifischen intermedialen Bezug nahe und bringt damit zu Bewusstsein, was Film und Computer als *Medien* überhaupt unterscheiden könnte. Oder wieder zugespitzter formuliert: Erst mit solch einer intermedialen Bezugnahme wird ein Angebot offeriert, dass man Film und Computertechnologie als zwei unterschiedliche Medien verstehen kann, die unterschiedliche Merkmale und Funktionen haben.

Kritik

- Da es recht schwierig zu definieren ist, was Medien sind, konzentriert sich der Intermedialitätstheoretiker auf das, was *zwischen* den Medien vorgeht. Dabei gerät er aber zwangsläufig in eine noch größere Verlegenheit. Denn er kann nämlich nicht klar definieren, was dieses Zwischen den Medien nun sein soll. Die Definition des Zwischen setzt die Definition oder zumindest die Existenz dessen voraus, was diesen Zwischen möglich macht, eben Medien. Da die meisten Intermedialitätstheoretiker nicht genau wissen, was ein Medium sein soll, erscheint ihre Flucht in den Zwischenbereich der Medien recht ungeschickt, ja hilflos.
- Beim Argument, dass Medien sich selbst durch intermediale Bezüge bestimmen, liegt eine *zirkuläre* und dementsprechend ungültige Argumentation vor. Es wird nämlich behauptet, dass mit der intermedialen Bezugnahme zuallererst bestimmt wird, was Medien sind oder sein sollen. Indes muss aber der Beobachter einer solchen vermeintlich intermedialen Bezugnahme ja bereits eine Vorstellung davon haben, was Medien sind oder sein sollen, sonst könnte er eine intermediale Bezugnahme als solche gar nicht erkennen. Das bedeutet: Nicht mittels der intermedialen Bezugnahme wird bestimmt, was Medien sind, sondern durch den Intermedialitätsforscher, der behauptet, dass zuallererst mittels der intermedialen Bezugnahme bestimmt wird, was Medien sind. Man hat also immer schon gewusst, was man zu finden vorgibt.
- Es bleibt unklar, wann genau ein medialer Bezug tatsächlich als Reflexion medialer Eigenschaften zu verstehen ist. Genügt es bereits, wenn in einer Fernsehserie ein Handy vorkommt? Sagt die unterschiedliche Dar-

stellungsform virtueller und realer Welten in einem Film tatsächlich etwas über mediale Differenzen zwischen Computer und Film aus? Solche Feststellungen sind hochgradig spekulativ und unscharf. Aufgrund des Fehlens klarer Kriterien dafür, wann solch eine Bezugnahme zu einer (inter-)medialen Reflexion wird, liegt der Verdacht nahe, dass die Zuweisungen medialer Eigenschaften nicht im intermedialen Bezug selbst vollzogen wird, sondern einzig vom Spekulationswillen des Intermedialitätsforscher abhängt.

- Egal, wie ich über den Film im Vergleich zum Fernsehen nachdenken mag oder der Film das selbst macht, hat das doch wenig damit zu tun, wie der Film im Kino oder vor dem Fernsehapparat rezipiert wird. Hier spielen materielle bzw. technisch-räumliche Aspekte, die Einstellungen der jeweiligen Rezipienten sowie konventionalisierte Verhaltens- und Wahrnehmungsschemata entscheidendere Rollen als irgendwelche intermedialen Reflexionen.
- Zumindest medienhistorisch lässt sich behaupten: Inzwischen gibt es keine Medien mehr. Spätestens mit der digitalen Logik des vernetzten Computers haben sich jegliche Mediendifferenzen aufgelöst. Dementsprechend ist ein Nachdenken darüber, was sich zwischen den Medien ereignet – zumindest was unsere gegenwärtige mediale Lage betrifft – eine sinnlose Spiegelfechterei.

Wie »The Good Wife« das Fernsehen durch das Handy reflektiert

Am interessantesten sind intermediale Bezugnahmen wohl dann, wenn sie nicht verbalsprachlich artikuliert werden. Wenn sich etwa filmische Protagonisten über Computer unterhalten und dabei definieren, was eine digitale Rechenmaschine ist, dann kann das durchaus interessant zur Bestimmung dessen sein, was einen Computer eigentlich ausmacht. Nichtsdestotrotz ist die Frage naheliegend, warum die Filmemacher nicht gleich einen medientheoretischen Text über den Computer geschrieben haben, wenn es denn einzig um Begriffsbestimmungen geht. Deshalb scheint es spannender, den intermedialen Bezügen nicht auf inhaltlicher Ebene zu folgen, sondern hinsichtlich der Gestaltungsweise – beispielsweise der visuellen Differenzsetzung zwischen Simulation und Realität in »The Matrix« oder der Form des Erzählens. Das folgende Beispiel eines intermedialen Bezugs konzentriert sich vor allem auf die narrative Form.

In der Episode »The Last Call« der Fernsehserie »The Good Wife« (USA, 2009–2016) dreht sich alles um den Tod des Anwaltes Will Gardner. Kurz vor

Fernsehserie »The Good Wife«

seinem Tod hat dieser seiner Kolleginnen und Ex-Geliebten Alicia Florrick eine kurze, rätselhafte Nachricht auf ihrer Voice Mail hinterlassen. Drei Mal vernehmen wir an unterschiedlichen Stellen in dieser Episode die kurze Meldung, die Will hinterlassen hat. Die gesamte Episode dreht sich darum, was genau Will aus Sicht von Alicia mit dieser kurzen Meldung eigentlich gemeint haben könnte. Alicia imaginiert immer wieder den toten Will, spielt Möglichkeiten durch, was er vielleicht hat sagen wollen oder sagen würde, wenn sie ihn noch treffen könnte.

Ein intermedialer Bezug liegt hier insofern vor, als die Voice Mail als zentrale Form des Handys in Erscheinung tritt. Wir sehen sehr häufig das Display von Alicias Handy. Dort ist der verpasste Anruf von Will vermerkt. Wir hören nicht nur drei Mal die Nachricht, die Will auf dem Anrufbeantworter hinterlassen hat. Darüber hinaus wird gezeigt, wie Alicia immer

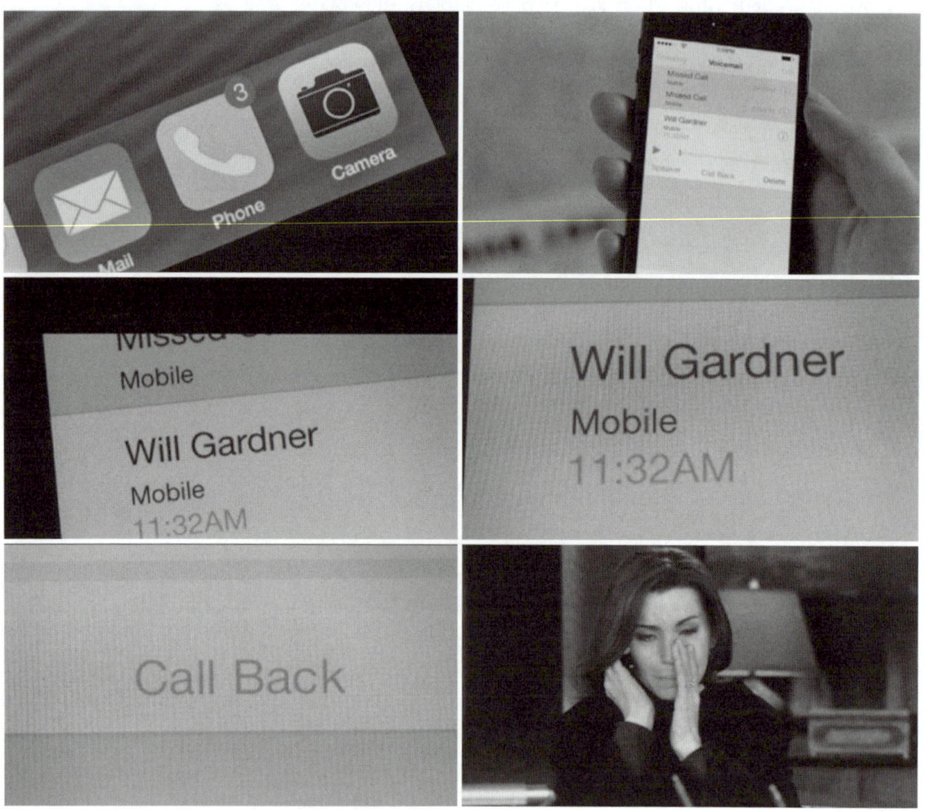

Abb. 20a-e | *Wieder und wieder der letzte Anruf in der Episode »The Last Call« der Fernsehserie »The Good Wife«*

wieder die Play-Taste drückt, um die Nachricht abzuhören. Einmal ist in diesem Zusammenhang auf dem Handy-Display Alicias die Option »Call Back« in Nahaufnahme eingeblendet, was in diesem Fall für Alicia besonders schmerzlich zum Ausdruck bringt, dass Will nicht mehr antworten wird. Dennoch wird gerade damit eine mediale Eigenschaft der Voice Mail verdeutlicht: Sie kann Stimmen speichern und zwar über den Tod derjenigen hinaus, die eine Nachricht hinterlassen haben. Will ist vielleicht nicht mehr in der Lage zu antworten, aber telefonisch durchaus noch zu erreichen. Zumindest kann sich Alicia mithilfe ihres Handys der Stimme Wills versichern. Damit wird während der Episode der unheimliche Effekt bei ihr ausgelöst, dass ein konstitutiv Abwesender – da er tot ist – anwesend gemacht wird als würde er leben. Dieses wiederholte Abspielen einer Geisterstimme wird in der Episode durch das häufige Einblenden des Handy-Displays deutlich als eine mediale Möglichkeit des Handys charakterisiert.

mediale Eigenschaften der Voice Mail

Weiterhin wird in dieser Episode das Handy als kaltes Medium im Sinne McLuhans verwendet. Die Stimme Wills löst in Alicia allerlei Emotionen, insbesondere Trauer sowie Fantasien darüber aus, was mit der Nachricht genau gemeint sein sollte. Da die Nachricht zu detailarm ist, muss Alicia mit der eigenen kognitiven Tätigkeit die Nachricht aktiv ergänzen. Die genaue Ausgestaltung dieser Affekte und Fantasien obliegt indes wiederum dem televisuellen Medium. Immer wieder werden mögliche Szenarien audiovisuell durchgespielt, was Will gemeint haben könnte, was er Alicia noch sagen würde usw. Hier zeigt sich die Fernsehserie als ein Medium des *Imaginären*. Ist diese Episode einer fiktionalen Fernsehserie doch nicht einfach eine Verarbeitung von Fantasien, Einbildungen, Vorstellungen, sondern markiert klar, dass es hier um die *Bewusstseinsprozesse* einer der Protagonistinnen geht.

Imagination und Serialität

Zudem wird nicht nur eine Imagination durchgespielt, sondern sehr viele unterschiedliche Imaginationen. Das heißt also, dass die kurze, unverständliche Aufzeichnung auf der Voice Mail in einen erzählerischen Kontext gestellt wird, um mögliche Bedeutungszuweisungen durchzuspielen. Durch die diversen Deutungsoptionen der immer selben Voice Mail-Nachricht wird klar: Eine Fernsehserie hat es grundlegend mit narrativer Verarbeitung von Ereignissen zu tun – und zwar in einer *seriellen* Weise, das heißt: durch Wiederholung und Variation. Die Voice Mail-Nachricht wird drei Mal identisch wiederholt und die imaginären Geschichten, die daraufhin erzählt werden, erfolgen nach dem Prinzip von Wiederholung und Variation. Sie sind ähnliche, aber doch verschiedene Optionen der Auslegung dessen, was auf der Voice Mail zu hören ist. Gerade durch die Gegenüberstellung der Voice Mail-Eigenschaft und der televisuellen Verarbeitung der Voice-Mail-Nachricht werden somit durch eine intermediale Bezugnahme Medieneigenschaften bestimmt. Hier, auf der Seite der Voice Mail des Handys, Speicherfähigkeit, identische Wiederholbarkeit, Ablösung vom Sender, Ausrichtung auf Vergangenes, Auslöser von Affekten und Imaginationen – dort, in der televisuellen Verarbeitung, die audiovisuelle Ausgestaltung dieser Affekte und Imaginationen, die seriell wiederholten und variierten Deutungsvorschläge in einer permanent in die offene Zukunft voranschreitenden Erzählung. Damit sind spezifische Eigenschaften des Fernsehens im Fernsehen durch die mediale Bezugnahme auf das Handy reflektiert. Das Medium Fernsehen wird so als seriell voranschreitendes, Affekte wie Imaginationen darstellendes und permanent bearbeitendes Programmmedium bestimmt.

Weiterführende Literatur

Irina O. Rajwesky: Intermedialität, *remediation*, Multimedia, in: Jens Schröter (Hg.): Handbuch Medienwissenschaft, S. 197–206 (Stuttgart/Weimar 2014).
Die Autorin trägt die maßgeblichen Ansätze zur Intermedialität lexikalisch zusammen. Die vielen sehr unterschiedlichen Bezeichnungen und Begrifflichkeiten, die im Feld der Intermedialitätsforschung zirkulieren, werden dabei nachvollziehbar sortiert.

Irina O. Rajwesky: Intermedialität (Tübingen/Basel 2002).
Rajwesky entfaltet hier vergleichsweise ausführlich und sehr anschaulich anhand vieler Beispiele und Diagramme ihre Vorstellung von Intermedialität. Problematisch bleibt dabei indes, dass die Frage nach der Herstellung von Mediendifferenzen mit der lakonischen Bemerkung von »als distinkt wahrgenommene Medien« (Rajwesky 2002, 15) eher umgangen, denn theoretisch befriedigend gelöst wird.

Jens Schröter: Das Ur-intermediale Netzwerk und die (Neu-)Erfindung des Mediums im (digitalen) Modernismus, in: Joachim Paech/Jens Schröter (Hg.): Intermedialität Analog/Digital. Theorien – Methoden – Analysen, S. 579–601 (München 2008).
Das Problem, wie man heute, im Zeitalter digitaler Vernetzung, eigentlich noch sinnvoll über Intermedialitäten – also über Mediendifferenzen und -verhältnisse – nachdenken können soll, steht im Zentrum dieses Textes. Schröter argumentiert dabei nicht nur plausibel, dass mit der Kategorie Intermedialität auch heute noch produktiv zu arbeiten ist. Darüber hinaus generalisiert er seinen Befund zur These, dass *jedem* Medium ein (ur-)intermediales Netzwerk vorangeht.

Jürgen Fohrmann: Der Unterschied der Medien, in: ders./Erhard Schüttpelz (Hg.): Die Kommunikation der Medien, S. 5–19 (Tübingen 2004).
Hier wird auf engem Raum verdichtet klargemacht, warum Medienwissenschaft nur als Wissenschaft vom Medienvergleich sinnvoll sein kann (und seit den Zeiten Platons eigentlich auch immer schon so betrieben wurde).

Jay D. Bolter/Richard Grusin: Remediation. Understanding New Media (London/Massachusetts 2000).
Ein für die medienwissenschaftliche Analyse leicht anwendbares Intermedialitätskonzept, das die gesamte Mediengeschichte als Intermedialitätsgeschichte greifbar werden lässt. Die Autoren gehen in ihrem Ansatz ebenfalls vom Primat der Intermedialität gegenüber den (vermeintlich) autonomen Medien aus.

Kay Kirchmann/Jens Ruchatz: Einleitung. Wie Filme Medien beobachten. Zur kinematographischen Konstruktion von Medialität, in: dies. (Hg.): Medienreflexion im Film, S. 9–42 (Bielefeld 2014).
Klarer und instruktiver Überblick über Intermedialitätskonzepte mit Fokus auf die intermedialen Bezüge. Unter Rückgriff auf Luhmanns Medium/Form-Unterscheidung, Fohrmanns These von der der Notwendigkeit einer Medienwissenschaft des Medienvergleichs und Schröters Darlegungen eines (ur-)intermedialen Netzwerkes wird ein nützliches Analyse-Instrumentarium speziell zur Medienreflexion im Film entwickelt und an filmischen Beispielen erläutert. Dieses Modell lässt sich indes über den Film hinaus auf andere mediale Kontexte beziehen. Zudem wird in den einzelnen Beiträgen dieses Sammelbandes, die Idee der Bestimmung des Films unter Rückgriff auf andere Medien – wie etwa Computer, Fernsehen, aber auch Anrufbeantworter, Geld oder mobile Medien wie das Handy – anhand vieler Filmbeispiele gut veranschaulicht.

Medienmaterialismus / Intermedialität | 4.3

Zusammenfassung

Medienmaterialismus vs. Intermedialität

- Die Zentralthese des Medienmaterialismus lautet: Die Medien*technologie* bestimmt maßgeblich unseren Weltzugang und unsere Selbstwahrnehmung – zumeist hinter unserem Rücken und unabhängig von Interessen Einzelner oder einer spezifischen Funktionalisierung der Medientechnologie. Die Zentralthese der Intermedialität lautet dagegen: Das Wissen über Medien wird zuallererst hergestellt durch Medienvergleiche bzw. intermediale Bezugnahmen, also durch bestimmte *Beobachtungen* und *Praktiken*. Die Materialität einer Technologie sagt aus dieser Perspektive noch überhaupt nichts darüber aus, wie diese als Medium verstanden und eingesetzt werden wird. Nicht die Medientechnologie bestimmt unsere Lage, sondern entscheidend ist, wie Medien ins Verhältnis zueinander gesetzt werden. Was Medien sind, ist also abhängig von der Beobachtungsperspektive auf die Medien, nicht von deren Materialität.

- Medienmaterialistische Positionen gehen mehrheitlich davon aus, dass das Entscheidende medientechnologischer Prozesse *hinter* der medialen Oberfläche von Bildschirmen, Lautsprechern, Displays und Kinoleinwänden stattfindet. Um zu verstehen, wie Medien funktionieren und welche Effekte sie haben, muss man das technische Innenleben der Apparate verstehen. Intermedialitätstheorien beziehen sich im Gegensatz dazu vorrangig auf die mediale *Oberfläche*. Wird doch gefragt, wie in Filmen oder Fernsehserien über Medien nachgedacht und damit überhaupt erst festgelegt wird, was Medien sein können. Hinter der medialen Oberfläche gibt es so gesehen überhaupt keine Medien, weil Medien genau besehen erst ein Beobachtungseffekt medialer Angebote sind.
- Der Medienmaterialismus ist zumeist mit einem *universalistischen* Erklärungsanspruch verbunden. Die medienmaterialistische These von den Medien, die unsere Lagen bestimmten, bedeutet eben auch: *Alle* gesellschaftlichen Prozesse wie auch die mentalen Vorgänge des Einzelnen werden zentral durch die Medientechnologie gesteuert und sind dementsprechend auch nur mit Bezug auf diese Medientechnologien erklärbar. Demgegenüber steht der sehr viel bescheidenere Ansatz der Intermedialität: Hier konzentriert man sich vor allem auf den Teilbereich (inter-)medialer Praxis, systematisiert unterschiedliche Strategien und fragt, was intermediale Bezugnahmen über Medien aussagen. Nicht die Medientechnologien bestimmen unsere Lage. Soll doch genau umgekehrt gezeigt werden, wie Beobachter unter Bezugnahme auf verschiedene Medien sehr *unterschiedlich* bestimmen, was Medien sind oder sein können.
- Die medienmaterialistische Störungstheorie geht davon aus, dass technische Störungen der Medien erstens Erkenntniswert besitzen, weil uns dadurch wieder Existenz und Funktionsweise der Medienartefakte zu Bewusstsein kommt. Zweitens sind *technische* Störungen ein zentraler Motor für Medieninnovationen. Intermediale Bezüge besitzen – so die Intermedialitätstheoretiker – ebenfalls Erkenntniswert. Indes wird dieser, im Gegensatz zur medienmaterialistischen Störungstheorie, konstruktivistisch gewendet: Wird doch erst in intermedialen Bezugnahmen

immer wieder neu und *anders* bestimmt, was Medien sein können. Weiterhin lässt sich die gesamte Mediengeschichte verstehen als eine Abfolge permanenter intermedialer Bezugnahmen. Insofern ist Intermedialität Grundbedingung für Medienentwicklungen.

Diplomatie

Medienmaterialismus und Intermedialität

Bei der hier reproduzierten Abbildung werden Mediendifferenzen deutlich markiert: Das Mobiltelefon »Blackberry« wird mit dem »iPhone« von Apple verglichen – genauer eigentlich: überlagert das »Blackberry« das »iPhone«. Damit diese Überlagerung nicht als ein rein visuelles Phänomen verstanden wird, ist der bis dato wohl bekannteste Werbeslogan von Apple aufgegriffen und gegen das »iPhone« von Apple gewendet: »Think different.« bedeutet dann nicht mehr, wie im ursprünglichen Kontext, ein Appell an den Nutzer, sich von Produkten des den Markt dominierenden Konzerns Microsoft loszusagen und mit bzw. durch Apple-Produkte eben anders zu denken. Stattdessen wird dieser Appell nun an Nutzer des marktdominierenden »iPhone« gerichtet: Denke anders mit dem »Blackberry«!

Diese Darstellung lässt sich als intermediale Bezugnahme verstehen. Werden doch zwei Mobiltelefone gezeigt und so in Differenz gesetzt, dass ein medialer Unterschied nahegelegt wird. Immerhin soll man ja mit dem einem Handy anders denken können als mit dem anderen. Die Differenzen werden auch visuell deutlich gemacht: Die Formate der Displays unterscheiden sich: Auf dem »iPhone« sind diverse App-Ikons zu erkennen – auf dem Blackberry dagegen verschiedene Anwendungen, die geöffnet sind. Zu sehen ist beispielsweise eine Stadtkarte oder auch ein Nachrichtensprecher. Zudem ist die materielle Tastatur des »Blackberry« deutlich als Differenzkriterium zur virtuellen Touch Screen-Tastatur des »iPhone« zur Schau gestellt.

Aus medienmaterialistischer Sicht könnte man diese »Blackberry«-Werbung aus mindestens zwei unterschiedlichen Perspektiven beleuchten. Erstens könnte man darauf verweisen, dass sich in dieser Werbung genau das manifestiert, was der Medienmaterialismus nach Kittler kritisiert: Man

Abb. 21

Die Verfertigung von Mediendifferenzen in der Werbung

macht uns glauben, dass es viele mediale Unterschiede und Anwendungsmöglichkeiten gibt, deren Wahl uns überlassen ist, indem man die Unterschiede der medialen Oberflächen vorführt. In Wirklichkeit aber – unterhalb der medialen Oberfläche – sind es indes letztlich dieselben digitalen Prozesse, die in den Mobiltelefonen ablaufen und die uns – ohne unser Wissen – steuern. Zweitens könnte man aber auch etwas versöhnlicher – ausgehend von dieser Werbung – auf die durchaus existierenden technologischen Unterschiede eingehen (die in *Reviews* zu den jeweils neuen »iPhones« und »Blackberrys« auch von unzähligen Rezensenten akribisch dargelegt werden). Tatsächlich gibt es ja von Anfang an materielle Unterschiede zwischen »iPhone« und »Blackberry«. Diese Unterschiede – und das ist das eigentlich Wichtige – spielen im Laufe der Zeit, angetrieben durch intermediale Bezugnahmen, eine immer wichtigere Rolle und führten so zu einer permanenten technologischen Überbietungsspirale.

Medientechnologische Entwicklungen und intermediale Bezugnahmen greifen so gesehen ineinander: Somit haben wir eigentlich keinen Gegensatz mehr zwischen materieller Technik und intermedialer Praxis, sondern eine Art zyklische Wechselwirkung: Minimale technologische Differenzen werden auf der Ebene intermedialer Bezugnahme sehr wichtig genommen und damit das Bewusstsein hergestellt, hier könnte es sich um verschiedene Medien mit verschiedenen Möglichkeiten handeln. Das wiederum führt zu technologischen Entwicklungen, die diese Differenz materiell verstärken oder doch zumindest zur Überbietung der jeweiligen technischen Möglichkeiten des Konkurrenten führen. Das führt wiederum zur Verstärkung der Markierung von Differenz oder Überbietung durch intermediale Bezugnahmen usw. Insofern könnte Friedrich A. Kittler durchaus recht haben mit seiner Bemerkung, dass »die wahren Kriege« nicht »um Leute oder Vaterländer« stattfinden, sondern »zwischen verschiedenen Medien, Nachrichtentechniken, Datenströmen« (Kittler 1986, 6). Diese Kriege werden ausgefochten auf medienmaterieller Basis, aber eben auch mit Mitteln der intermedialen Bezugnahme geführt und angeheizt.

Kritische Theorie vs. Cultural Studies | 5

In diesem Kapitel werden zwei Theorien vorgestellt, die sich von den bisher behandelten deutlich unterscheiden, zumindest in zwei Hinsichten. Erstens handelt es sich um Theorien, die keine *medienwissenschaftlichen* Theorien im engeren Sinne sind. Bei beiden Ansätzen sind Medien zwar durchaus relevant, nicht immer aber Zentrum und Ziel allen Nachdenkens über Mensch, Kultur und Gesellschaft. Zweitens ist in beiden Fällen überdies unklar, ob es sich überhaupt um Theorien im strikten Sinne handelt. So haben wir es im Fall der Cultural Studies mit einer recht vielfältigen Ansammlung von Ideen und Untersuchungen (›*studies*‹) zu tun. Diese sind ausgerichtet auf gesellschaftlichen Veränderungen und wollen in politische Praktiken hineinreichen. Theorie ist hier nicht Selbstzweck, sondern immer schon Mittel zur Veränderung von Machtverhältnissen. Im Fall der Kritischen Theorie handelt es sich indes, zumindest vom Selbstanspruch her, sehr deutlich um eine Theorie. Doch ist die Kritische Theorie eine recht spezielle Theorie. Kritisiert sie doch nicht nur gesellschaftliche Phänomene oder bestimmte theoretische Annahmen, sondern Theoriebildung *überhaupt*. Die Kritische Theorie ist so gesehen ein (gewollter!) Widerspruch in sich: eine Theorie gegen Theoriebildung.

Medienkritik und Praxisbezug

Trotz des unsicheren Status der beiden Ansätze sollen sie hier als Medientheorien vorgestellt werden. Das hat zum einen den schlichten Grund, dass beide in der Medienwissenschaft als wichtige Ansätze für die Medienforschung betrachtet werden. Zum anderen bieten die Ansätze zwei Facetten, die bei den anderen hier behandelten Theorien, wenn überhaupt, eher untergeordnete Rollen spielen, aber im medientheoretischen Diskussionszusammenhang doch immer wieder relevant werden, nämlich Medien*kritik* und *Praxis*bezug.

5.1 | Kritische Theorie

Die Bezeichnung *Kritische* Theorie trifft das, was die Kritische Theorie tut, sehr genau. Abgesehen von einigen wenigen ambitionierten Kunstwerken, lassen die Protagonisten der Kritischen Theorie im Grunde an nichts und niemandem ein gutes Haar. Zumindest gilt es für die Anfangsphase der Kritischen Theorie, speziell für ihre beiden Überväter, den Soziologen Max Horkheimer und noch mehr für den Sozialphilosophen, Kunsttheoretiker und Komponist Theodor W. Adorno. Während der 1940er-Jahre entstand noch unter dem Eindruck des Nationalsozialismus und gleichsam inmitten der aufstrebenden kapitalistisch organisierten Unterhaltungsindustrie des US-amerikanischen Exils das gemeinsam von Adorno und Horkheimer verfasste Buch »Dialektik der Aufklärung«. Es gilt zu Recht als das »schwärzeste Buch« (Wellmer 2005, 240) der Kritischen Theorie. Gleichzeitig ist es ihr bis dato maßgebliches Grundlagenwerk. Das hat einen einfachen Grund: Wird doch in einer Mischung aus soziologischer Analyse und philosophischer Reflexion sehr deutlich, was es heißt, radikal Kritik an gesellschaftlichen Zusammenhängen, historischen Entwicklungen und bestimmten Denkweisen zu üben.

»Dialektik der Aufklärung«

Ein Kapitel aus der »Dialektik der Aufklärung« ist für die Medienwissenschaft besonders interessant geworden. Es handelt sich dabei um das Kapitel »Kulturindustrie«, das den eindringlichen und polemischen Untertitel trägt »Aufklärung als Massenbetrug«. Nicht nur werden dort die klassischen Gegenstände der Medienforschung aufgerufen, wie beispielsweise Radio, Film und Fernsehen. Diese Medien werden überdies unter einer bestimmten Perspektive betrachtet, nämlich als *Instrumente zum Massenbetrug*. Darauf wird noch ausführlicher zurückzukommen sein.

Zunächst jedoch noch ein paar Anmerkungen zu einigen Grundüberzeugungen der Kritischen Theorie, ohne die ihre kritische, ja polemische Betrachtung der Medien nicht zu verstehen ist. Die erste zentrale Annahme ist die These von der *Entfremdung* des Menschen von sich und seinen konkreten Lebensumständen. Diese Entfremdung vollzieht sich historisch durch die allmähliche Durchsetzung der Abstraktion, Technisierung, Quantifizierung und Objektivierung der Welt. Im Laufe dieser Entwicklung macht der Mensch nicht nur die Welt zum vermeintlich allzeit verfügbaren und verwertbaren Objekt, sondern auch sich selbst. Dieser Prozess beginnt, laut Adorno und Horkheimer, bereits in der griechischen Antike und findet in den Entwicklungen der Gegenwart ihre Zuspitzung. Denn nunmehr werden *alle* zentralen Bereiche des menschlichen Lebens, Wissenschaft, Technik, Ökonomie und Kultur, durch diese Entwicklung bestimmt. Das Einzelne, das Spezifische, das Singuläre von Dingen und Menschen wird dabei immer stärker ausgeblendet zugunsten ihrer Berechenbarkeit. Dinge

Entfremdung

und Menschen werden verfügbar gemacht in Form ihres ökonomischen (Tausch- und Kommunikations-)Wertes bzw. als Fall einem allgemeinen Gesetz unterworfen. Genau dieser Prozess ist gemeint, wenn von Entfremdung die Rede ist. Konkreten Dingen und Menschen wird ihre Eigenart genommen und sie werden als abstrakte, berechenbare und funktionalisierbare Phänomene behandelt.

Kritische Theorie bedeutet in solch einer Welt zum einen diesen Prozess *als* Entfremdung, als Zurichtung, als unzulässige Beschneidung der Welt und des Menschen sichtbar und *kritisch* analysierbar zu machen. Zum anderen bedeutet es ebenso, Partei zu ergreifen für das Besondere, Spezifische, Singuläre. Das ist auch der Grund, warum in der Kritischen Theorie die Kunst eine so gewichtige Rolle erhält. In dieser, so zumindest die Hoffnung Adornos, zeigt sich noch das Einzigartige, Singuläre. Dem sei deshalb so, weil Kunst durch ein hohes Maß an *Widerständigkeit* ausgezeichnet ist. Wahre Kunstwerke sind insofern einzigartig, als sie sich nicht unter allgemeine Regeln fassen lassen, geschweige denn berechenbar sind. Dass Kafkas »Prozess« nicht recht zu verstehen ist, ist so gesehen, der entscheidende Vorteil des Romanfragments. Entzieht sich doch Kafkas labyrinthisch verzweigte Geschichte einer eindeutigen Auslegung. Der »Prozess« irritiert und verweigert sich vehement einem abschließenden, allgemein verbindlichen Urteil. Genau diese in Szene gesetzte Verweigerungshaltung sei es, was die (moderne) Kunst aus Sicht Adornos faszinierend und wahrhaftig macht. Für die Theorie heißt das freilich, dass sie nicht nur für die Kunst Partei ergreifen muss, sondern auch gegen sich selbst. Arbeitet doch Theorie mit verallgemeinernden Begriffen und gesetzesartigen Aussagen – ja, sie muss damit arbeiten, um überhaupt theoriefähig zu werden. Aber genau diese Art des Denkens wird von der Kritischen Theorie als entfremdend, zurichtend, vom Einzelfall absehend kritisiert. Damit lehnt die Kritische Theorie letztlich Theorie als Form begrifflicher Aneignung der Welt ab. Ist doch die Form des theoretischen Denkens auf das genaue Gegenteil des Einzelnen ausgerichtet, immer schon auf dem Weg zum großen Ganzen und Allgemeinen. Genau damit aber gerät die Kritische *Theorie* eben in einen Widerspruch zu sich selbst und muss also auch gegen die eigenen verallgemeinernden Grundannahmen Maßnahmen ergreifen. Vielleicht erklärt das auch die zunächst irritierende Form der Darstellung in der »Dialektik der Aufklärung«. Denn diese ist nicht argumentativ ableitend formuliert, sondern viel eher essayistisch verfasst; sprunghaft, voller Metaphern, interpretationsoffenen Slogans, Polemik. Nicht zufällig trägt das Buch denn wohl auch den Untertitel »Philosophische *Fragmente*«.

Bedeutung der Kunst

Eine speziell für die Medienwissenschaft interessante Perspektive nehmen Adorno und Horkheimer indes erst mit einer zweiten These ein. Diese besagt, dass der heutige Mensch einem *Verblendungszusammenhang* ausgesetzt ist, dem er kaum noch und immer weniger entrinnen kann. Maßgeblich erzeugt wird dieser Verblendungszusammenhang vor allem durch Medien. Anders formuliert: Medien manipulieren uns. Manipulation ist in diesem Zusammenhang verstanden als ein Vorgang, bei dem strategisch ein Bedürfnis oder eine Überzeugung hervorgerufen wird, von denen der Manipulierte nicht weiß (oder es ihm wahlweise inzwischen egal ist), dass sie eigentlich nicht sein ursprüngliches oder natürliches Bedürfnis bzw. seine eigene Überzeugung waren. Weil er aber durch Maßnahmen medialer Manipulation verblendet wurde, hat der Rezipient nun ein künstlich durch Medien erzeugtes Bedürfnis bzw. eine hinterrücks durch die Medien eingepflanzte Überzeugung, die für den nunmehr Manipulierten aber zum natürlichen Bedürfnis bzw. zur selbstverständlichen, eigenen Überzeugung geworden sind.

Manipulationsthese

Adorno und Horkheimer nennen diesen durch Massenmedien immer stärker um sich greifenden Vorgang einen »Zirkel von Manipulation und rückwirkendem Bedürfnis« (Horkheimer/Adorno 1988, 129).

Adorno und Horkheimer sprechen in diesem Zusammenhang bewusst von einem Verblendungs*zusammenhang*. Das heißt konkret: Es gibt nicht einfach einzelne Verblendungen, sondern es bildet sich allmählich ein immer *umfassenderes System* medialer Verblendung aus. Medien erscheinen hier auf theoretischer Ebene zum ersten Mal als ein *Mediensystem*, das *als System* bestimmte Funktionen erfüllt und Wirkungen hat. Dieser Gedanke, Medien als wichtiges System für und in der Gesellschaft zu verstehen, wurde in der Folge für viele medientheoretische Ausrichtungen wegweisend. Dieses Mediensystem, so die Kritische Theorie weiter, bildet sich in einer konkreten ökonomisch-technischen Konstellation. Medien werden dabei als Instrumente zur Herstellung eines Verblendungszusammenhangs verstanden und von einer bestimmten Institution funktionalisiert, die sich ab der zweiten Hälfte des 20. Jahrhunderts nahezu flächendeckend etabliert. Adorno und Horkheimer geben ihr den bis heute wirkmächtigen Namen *Kulturindustrie*.

Verblendungszusammenhang

Definition

Kulturindustrie

Zur Kulturindustrie wird eine Vielzahl an Einrichtungen gerechnet, beispielsweise Zeitungs- und Zeitschriftenkonzerne, Rundfunk- und Fernsehanstalten, Musik- und Filmkonzerne, Museen, Theater, Festivals, Werbung, Einrichtungen des Hobby- und Unterhaltungssektors. Wichtiger als die vollständige Auflistung der Einrichtungen, die zur Kulturindustrie zu zählen sind, ist der Umstand, dass die Kritische Theorie in diesem Zusammenhang Medien *institutionell* und *funktional* versteht. Erstens werden die genannten Einrichtungen durch und in der Kulturindustrie zu einem immer umfassenderen *System* verbunden. Dieses System besteht aus arbeitsteilig organisierten, professionalisierten *Institutionen.* Verbreitungsmedien dieser Institutionen sind etwa Film, Radio, Fernsehen, aber auch Theater oder Museen. Zweitens: Zum Zwecke der Gewinnmaximierung soll einer unbestimmten, möglichst hohen Zahl an Empfängern Unterhaltungs-, Bildungs- und Informationsangebote gemacht werden. Dabei wird durch die medialen Angebote ein *Verblendungszusammen*hang hergestellt, durch den die Rezipienten immer umfassender manipuliert werden können.

Herrschaft des Schemas

Im Zuge der sukzessiven Ausbreitung der Kulturindustrie werden somit allmählich alle kulturellen Erzeugnisse und ihre Darstellungsweise in und durch die Kulturindustrie *umgeformt,* ja regelrecht *formatiert.* Konkret heißt das: In den medialen Erzeugnissen der Kulturindustrie wird eine limitierte Anzahl an *Schemata* verwendet, die permanent wiederholt und eingeübt werden. Alles fällt somit unter die Herrschaft des Schemas, wird standardisiert, einander ähnlich gemacht. Das Widerständige des einzelnen Kunstwerkes wird durch diese serielle Produktionslogik allmählich ausgehöhlt, übrig bleiben nur marktkonforme massenmediale Produkte ohne Brüche. Adorno und Horkheimer schreiben selbst diesbezüglich sehr deutlich und düster: »Die industrielle, auf ökonomischen Gewinn ausgerichtete Produktionsweise führt zu einer Kultur der Gleichförmigkeit [...]. Kultur heute schlägt alles mit Ähnlichkeit.« (ebd., 141) Oder polemischer heißt es an anderer Stelle: »Ewig grinsen die gleichen Babies aus den Magazinen.« (ebd., 135)

Oberfläche vs. Tiefenstruktur

Standardisierung und Ähnlichkeit bedeutet indes nicht *identische* Wiederholung. Das *Perfide* der Kulturindustrie besteht nämlich laut Adorno und Horkheimer in Folgendem: Auf der medialen Oberfläche wird der Eindruck erweckt, dass es sich bei den neusten medialen Angeboten immer um innovative und/oder andersartige kulturelle Erzeugnisse handelt. Das überwältigende neue Seherlebnis durch den 3D-Film, der radikale Tabubruch durch das Buch Y usw. *Tiefenstrukturell* sind aber stattdessen immer nur dieselben Schemata am Werke. Erst eigentlich durch den Anschein des immer Neuen in einer Welt voller Wiederholungen werden also die Rezipienten verblendet. Ein durch die Medien der Kulturindustrie in die Welt gebrachter Verblendungszusammenhang greift somit immer weiter um sich. Die Menschen kennen immer weniger Alternativen, wünschen sich irgendwann auch nur noch das Immergleiche in ähnlichem Gewand und werden so letztlich vollständig kritikunfähig, passive und gefügige Konsumenten der Kulturindustrie.

Formatierung durch Medien

Gerade der Aspekt der *Formatierung durch Medien* beinhaltet über die Kultur- und Medienkritik hinaus eine für medienwissenschaftliche Theoriebildung hochinteressante These: Im Gegensatz zu vielen anderen Medienkritikern geht es Adorno und Horkheimer weniger um die *Inhalte*, die durch die Medien transportiert und zugänglich gemacht werden. Sie kritisieren eben nicht in erster Linie das Harmonieversprechen einer kleinbürgerlichen Familie beim gemeinsamen Abendessen in einer Werbung für Fischstäbchen oder das Eintrichtern von Schönheitsidealen durch »Germany's Next Top Model«. Vielmehr geht es ihnen sehr viel *prinzipieller* darum, dass Medien zwar zur Erzeugung von (falschen) Bedürfnissen funktionalisiert werden, aber dass dies eben in einer bestimmten *Form* und *Formierung* stattfindet. Erst die *mediale Form des Seriellen*, also die Wiederholung und die Variation eines Grundschemas, versetzt die Kulturindustrie in die Lage, umfassend zu verblenden. Die jeweiligen Inhalte der Unterhaltungssendungen und Werbungen sind hingegen beliebig austauschbar und sagen wenig über die Operationslogik medialer Verblendung aus. Zumindest auf dieser Ebene bedeutet das dann auch für die Kritische Theorie: Das Medium ist die eigentliche Botschaft. Ist es doch nicht so sehr der spezifische Inhalt, der manipuliert, sondern die medialen *Formen* sind es auf lange Sicht gesehen, die massive Auswirkungen auf die Konsumenten haben.

mediale Form des Seriellen

Auch heute noch, also knapp siebzig Jahre nach der Erstveröffentlichung der »Dialektik der Aufklärung«, kommen Medientheoretiker zu ganz ähnlichen Einschätzungen, bei der Frage danach, was Medien sind bzw. leisten. Um nur ein Beispiel zu nennen: Dem Medienwissenschaftler Hartmut Winkler zufolge ist eine der entscheidenden Bestimmungen der Medien genau in dieser funktionalen Wendung der Schemabildung zu finden. Er schreibt in seinem »Basiswissen Medien«: »Medien arbeiten auf der Basis von Konventionen und sind Maschinen der Konventionalisierung.« (Winkler 2008, 261) Das kann man schlimm finden – wie die Kritische Theorie – oder aber auch als notwendige Orientierungsleistung in einer überkomplexen Welt verstehen. Man kann für verschiedene Medien unterschiedliche Konventionalisierungsgrade ausdifferenzieren, fragen, inwieweit gerade durch solche Konventionalisierungen Medien unsichtbar, weil selbstverständlich werden oder auch, welche Maßnahmen Medien selbst bereitstellen, um solche Konventionalisierungen aufzubrechen oder zumindest zu reflektieren. Welche Richtung auch immer eingeschlagen wird, in jedem Fall ist solch eine Perspektive auf Medien in der Medienwissenschaft auch heute noch in vielerlei Ausprägungen präsent. Der Ausgangspunkt dieses Gedankens jedenfalls ist in der Kritischen Theorie

Konventionalisierung durch Medien

zu verorten. Zumindest aus dieser Perspektive lässt sich die Kritische Theorie mit einigem Recht in den Kanon *medien*theoretischer Grundlegungen eingemeinden.

Kritik

- Die Kritische Theorie hat eine sehr *naive Vorstellung vom Rezipienten.* Dieser sei nämlich den Manipulationen der Medien zum einen *passiv* ausgesetzt, ohne sich wehren zu können. Zum anderen haben die Medien auf *alle* Rezipienten dieselbe Wirkung. So wird also zum einen der gut belegte Umstand ignoriert, dass es unterschiedliche Rezeptionen der Medienangebote gibt, zum anderen wird kein Gedanke daran verschwendet, welche unterschiedlichen, eventuell auch kreative oder subversive Rezeptionen möglich sind.
- Die Vertreter der Kritischen Theorie sind mit einem *Dilemma* konfrontiert: Wenn es denn so sein sollte, dass die Menschen, die mit Medien wie Film, Radio, Magazinen oder Fernsehen in Kontakt kommen, manipuliert werden, stellt sich freilich die Frage, wie sich die Vertreter der Kritischen Theorie dieser Manipulation entziehen konnten. Entweder sie hatten Kontakt mit den Massenmedien – dann sind sie selbst bereits manipuliert und ihre Aussagen sind selbst Teil oder doch zumindest Effekt der Kulturindustrie. Oder aber sie haben einen großen Bogen um Film, Radio, Magazine und Fernsehen gemacht – dann allerdings können sie nicht recht wissen, über was sie eigentlich urteilen.
- Die Argumentationsweise der Kritischen Theorie ist *zirkulär*: Ihre Aussagen können nicht als falsch erwiesen werden. Der These, dass die Kulturindustrie alles mit Ähnlichkeit schlägt, könnte man ja entgegentreten und behaupten, dass es viele Beispiele kulturindustrieller Produkte gibt, die sich tatsächlich formal von anderen Produkten der Kulturindustrie unterscheiden und/oder Kritik daran üben – also sich nicht den formalen Schemata der Kulturindustrie fügen. Die Antwort, die Adorno und Horkheimer in der »Dialektik der Aufklärung« geben, ist folgende: Diese vermeintlichen Ausnahmen sind wiederum nur Teil der kulturindustriellen Strategie, um zu verschleiern, dass tiefenstrukturell alles beim Alten bleibt. So gesehen kann es überhaupt kein Gegenbeispiel zur Kulturindustrie-These der Kritischen Theorie geben. Mit dem Wissenschaftstheoretiker Karl Popper ließe sich hier argumentieren: Eine Theorie, die *prinzipiell* kein mögliches Gegenbeispiel zulässt, ist überhaupt keine wissenschaftliche Theorie, schon gar keine kritische. Stattdessen handelt es sich dann um eine *Verschwörungs*theorie, die jedes mögliche Gegenbeispiel problemlos zur Bestätigung der Ausgangsthesen in das eigene System integrieren kann.

- Ist solch eine Zurichtung nicht besonders erstaunlich, wenn nicht zu sagen enttäuschend bei einer ›Theorie‹, die angetreten ist, das Besondere, das Abweichenden, das Singuläre zu bewahren, um dann bei solch einer universalistischen, ja totalitären Zugriffsweise anzukommen?
- Die Kritische Theorie vernachlässigt in sträflicher Weise *Mediendifferenzen*. Mögen auch Film, Radio, Magazine ein System ausmachen, so sind es doch unterschiedliche Medien, mit unterschiedlichen Möglichkeiten, Effekten, Wechselwirkungen und historischen Verlaufsformen. Besonders prekär wird diese Differenz, wenn man die Frage nach den Medien jenseits traditioneller Massenmedien, wie Film oder Radio stellt: Sind Filme im Kino wirklich dasselbe wie Filme im Archiv von Netflix, soziale Medien wie Facebook oder Youtube dasselbe wie Privatfernsehen, die öffentlich-rechtliche Mediathek der ARD dasselbe wie der Twitter-Account von Ashton Kutcher? Die (traditionelle) Kritische Theorie scheint zumindest hierfür kein ausreichend differenziertes Instrumentarium bereitzustellen, um die gegenwärtige mediale Lage zu beschreiben.
- Die Kritische Theorie ist *nicht radikal* genug. Die Vorstellung einer Kulturindustrie impliziert immer noch ökonomische Akteure – seien dies Personen oder Institutionen – die strategisch und bewusst die Konsumenten manipulieren. Eigentlich aber ist die Kritische Theorie von ihrer Anlage her radikaler. Konsequent zu Ende gedacht ist nämlich die Manipulation (inzwischen) absolut und universal. Dementsprechend lässt sich auch nicht mehr sagen, was denn unsere ursprünglichen Bedürfnisse gewesen sein könnten und wer sie wie manipuliert hat. Ja, unsere Bedürfnisse richten sich immer schon an medialen Modellen und Formaten aus. Es gibt kein Jenseits medialer Manipulation. Die Frage wäre also nicht, wie wir zu unseren wahren Bedürfnissen zurückkehren oder die falschen im Namen dieser wahren Bedürfnisse zumindest kritisieren könnten. Von diesen wahren Bedürfnissen wissen wir nichts mehr. Wenn es sie denn überhaupt irgendwann gegeben haben sollte und sie nicht selbst nichts weiter als eine (u. a. von der Kritischen Theorie) geschürte Illusion waren. Die Frage wäre also nicht: Was waren meine wahren Bedürfnisse? Vielmehr ist zu fragen: Welche *Art* medialer Manipulation soll es denn sein?
- Noch niemand hat bis dato die Kulturindustrie gesichtet! Es dürfte unstrittig sein, dass es ökonomische Interessen gibt, Manipulationsbestrebungen und Standardisierung von Medienprodukten, aber das alles unter dem homogenen Label der Kulturindustrie zu fassen und dem nicht weniger homogenen Label der Konsumenten gegenüberzustellen, scheint doch die gesellschaftliche Lage arg zu vereinfachen. Als ob es eine Art Mafia mit dem Namen Kulturindustrie gäbe, die sich vier Mal

im Jahr trifft, um die Manipulationsziele für das nächste Quartal zu besprechen. Solch ein Konzept von Kulturindustrie hilft vielleicht, einer mythologischen Verschwörungstheorie Evidenz zu verleihen. Forschung, die die gesellschaftliche Realität nicht vollkommen ignorieren will, sollte solch einer solchen Schwarz-Weiß-Malerei nicht folgen. Komplexer und mit gegensätzlichen Interessen durchzogen dürfte selbst die (medien-)ökonomische Welt wohl schon sein.

Das Handy als Teil der Kulturindustrie

Aus Sicht der Kritischen Theorie würde es wenig Sinn machen, eine Untersuchung der Funktionsweise und Effekte mobiler Kommunikation auf ein einzelnes mediales Artefakt wie das Handy zu konzentrieren. Untersucht doch die Kritische Theorie immer schon *mehr* als eine Medientechnologie, eine Apparatur, ein Endgerät. Die Kritische Theorie blickt von ihrer Anlage her immer schon über das einzelne mediale Phänomen hinweg: auf das *System*, dem dieses Phänomen zugehört. Dieses System ist zum einen ein *Medien*system, also ein Verbund und Geflecht mehrere Medien. Neben dem »iPhone«, um nur ein sehr plakatives Beispiel zu wählen, kommt dann immer schon die Vernetzung mit dem »iPod« ins Blickfeld, mit der Musikplattform »iTunes«, dem »Mac«-Computer, »Apple tv« usw. Zum anderen wird dieses Mediensystem als ökonomisches System verstanden und ist damit Teil der Kulturindustrie, die nicht nur auf Gewinnmaximierung angelegt ist, sondern eben auch auf Formatierung – was immer auch heißt: Produktion von Ähnlichkeit und Kompatibilität über Mediengrenzen hinweg.

Blick auf das System

Genau solch eine Strategie kann man bei der Vernetzung der Apple-Produkte am Werke sehen: Angefangen bei den technischen Standards, die die *interne* Kompatibilität der Apple-Geräte gewährleisten und externe Medienprodukte und Software-Angebote ausschließt (oder doch zumindest deren Einbindung erschwert). Man denke nur an die vergleichsweise lange Zeit recht rigide Abschottung des Verwaltungsprogramms »iTunes« durch das sogenannte *Digital Rights Management*, das die Nutzung und Verbreitung digitaler Produkte beschränken sollte. So konnte der »iPhone«-Besitzer bis 2007 Musik zwar von einem »iTune«-Store herunterladen und abspielen, aber diese eben nicht auf einem Nicht-Apple-Gerät hören. Damit einher geht die permanente interne Synchronisation der Daten zwischen den einzelnen Endgeräten in der »iCloud«.

Standardisierung und Ausschluss

In einer Apple-Werbung werden wir, die potenziellen Kunden, sehr klar darauf aufmerksam gemacht (siehe Abb. 22). Dort heißt es u.a.: »So kannst

Abb. 22

Apples Öko-System – »iPhones, iTunes, iPods machen ein System aus«.

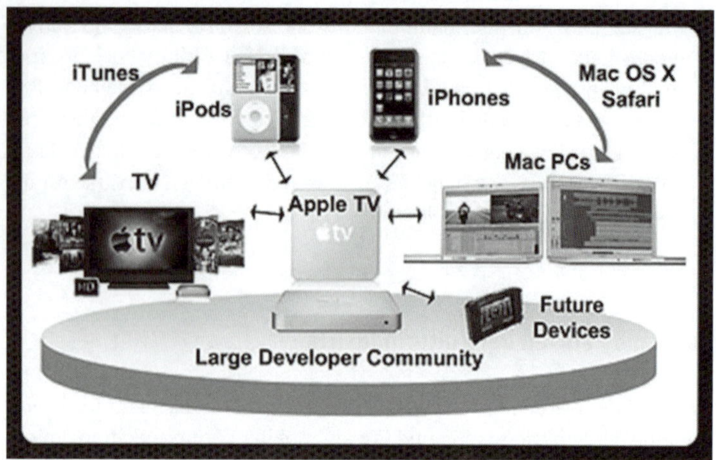

du sicher sein, immer die neuesten Versionen deiner Dokumente, Apps, Notizen und Kontakte zu haben – egal welches Gerät du gerade benutzt.« Damit hat man freilich nicht nur den Vorteil, überall auf alles zugreifen zu können. Gegeben ist damit dann eben auch, dass überall dasselbe Instrumentarium zur Verfügung steht, um auf alle möglichen Phänomene zuzugreifen, Dinge zu betrachten und zu kommunizieren. Kurz: Es findet eine massive Formatierung statt. Diese Formatierung *uniformiert* und *abstrahiert* meinen Zugang zur Welt. Zumindest insofern findet trotz aller Vernetzung und Ausweitung kommunikativer Möglichkeiten eine *schematisierende Limitation* meiner Wahrnehmungs- und Kommunikationsmöglichkeiten statt.

Limitierende Formatierungen ließen sich aus Sicht der Kritischen Theorie indes nicht nur auf makrostruktureller Ebene technischer Datenvernetzung untersuchen, sondern auch auf mikrostruktureller, beispielsweise beim Simsen. Beim *Short* Message Service (kurz: SMS) wird nicht nur technisch zur Kürze des schriftlichen Kommunikationsangebots angemahnt. In der Praxis sollen ja dennoch Gefühlszustände, Stimmungen, Affektreaktionen, Zu- oder Abneigung ausgerückt werden. Dies geschieht zuvorderst mit den sogenannten Emoticons, die durch eine bestimmte Folge aus ASCII-Zeichen, die Smileys nachbilden, hergestellt werden. Hierbei findet in der schriftlichen Kommunikation nicht nur eine mehr oder minder vereinfachende Verdichtung von Gefühlen und Stimmungen statt. Viel entscheidender noch: Es findet eine extrem limitierte Standardisierung des Ausdrucks von Gefühls- und Stimmungswerten statt, die mit jeder weiteren SMS eingeübt und zur Grundlage weiterer Kommunikation wird. Schreiben in den 1940er-Jahre Adorno und Horkheimer vom immer selben »Ton-

Standardisierung von Gefühlswelten

Abb. 23

Formatvorlagen für die SMS-Gefühlslage

fall« jünger Mädchen »am Telephon« (Horkheimer/Adorno 1988, 190), den diese sich aus Spielfilmen abgeschaut haben sollen und nunmehr von allen jungen Mädchen übernommen worden seien, so könnte man bezüglich der SMS heute wohl von der »Schreibweise von Gefühlslagen am Handy« sprechen, die nahezu rund um den Globus ganz ähnlich zu finden sind und zudem nicht mehr nur junge Mädchen charakterisieren. Angelehnt an die »Dialektik der Aufklärung« könnte man also sagen: »Die globale SMS-Kultur schlägt heute alles mit Ähnlichkeit.«

globale SMS-Kultur

Ein weiteres Phänomen lässt sich mithilfe der Kritischen Theorie ebenfalls gut erklären: Es handelt sich um die permanente Ausrufung technischer Innovationen. Schaut man sich Werbungen an für das neue »iPhone« oder das neue »Galaxy«-Smartphone, dann wird dort der Eindruck vermittelt, als hätten wir es jedes Mal mit etwas fundamental Neuem, etwas Revolutionärem zu tun oder doch zumindest mit einer permanenten Verbesserung auf dem Weg zur Perfektion. Das ist freilich leicht als marktstrategisches Kalkül zu entschlüsseln. Mit der Kritischen Theorie kann man aber noch einen Schritt weitergehen und behaupten: Diese Oberflächenphänomene, die suggerieren, es geht um Neues, noch Besseres, sollen vor allem verschleiern, dass sich tiefenstrukturell nichts verändert. Werden die Geräte auch immer schneller, sind sie mit immer mehr Applikationen ausgestattet, haben die Displays auch immer größere Auflösungen, so verändert sich doch an der Logik des digitalen Zugriffs nichts Entscheidendes. Mag sich auch das »iPhone 5« vom »iPhone 4« technisch unterscheiden, das »Galaxy S6 edge« zum ersten Mal in der Geschichte des Smartphones ein gekrümmtes Display aufweisen oder neben dem »iPhone« nun eine »Apple Watch« eingeführt werden -tiefenstrukturell, also an der digitalen Organisation, Vernetzung, Operationsweise, Zielrichtung und Praxis hat sich im Grunde nichts verändert. Auch hier gilt also: Die Kultur der Medientechnologie heute

Wiederkehr des Immergleichen

Abb. 24a-c ›Ewig grinsen die gleichen Smartphones aus den Präsentationen und Werbebroschüren.‹

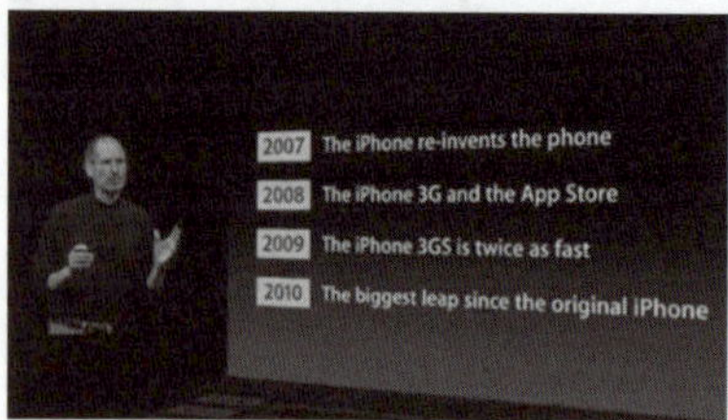

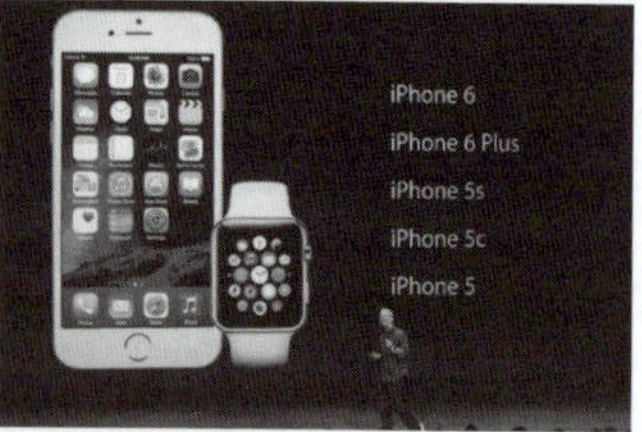

schlägt alles mit Ähnlichkeit. Vor allem dann, wenn zum Ausdruck gebracht wird, dass etwas radikal neu oder doch noch viel, viel besser ist, ist aller Wahrscheinlichkeit nach genau das Gegenteil wahr. Zumindest ist gerade die Ausrufung des revolutionär Neuen längst Ausdruck einer zyklischen Wiederkehr des Immergleichen in der Kulturindustrie geworden.

Weiterführende Literatur

Max Horkheimer/Theodor W. Adorno: Kulturindustrie. Aufklärung als Massenbetrug [1947], in: dies.: Dialektik der Aufklärung. Philosophische Fragmente., S. 128–176 (Frankfurt am Main 1988).
Der Text der Texte der Kritischen Theorie, zumindest für die Medienwissenschaft. Hier lässt sich im Übrigen auch der spezifische Sound der frühen Kritischen Theorie gut vernehmen, der mit vielen eindringlichen Slogans und Metaphern gespickt ist. Beispiel gefällig? »Gesund ist, was sich wiederholt, der Kreislauf in Natur und Industrie. Ewig grinsen die gleichen Babies aus den Magazinen, ewig stampft die Jazzmaschine. Bei allem Fortschritt der Darstellungstechnik, der Regeln und Spezialitäten, bei allem zappelnden Betrieb bleibt das Brot, mit dem Kulturindustrie die Menschen speist, der Stein der Stereotypie.« (Horkheimer/Adorno 1988, 135)

Christian Schicha: Kritische Medientheorien, in: Stefan Weber (Hg.): Theorien der Medien. Von der Kulturkritik bis zum Konstruktivismus, S. 108–131 (Konstanz 2010).
Neben Adorno und Horkheimer werden in diesem leicht verständlichen Überblicktext weitere kritische (Medien-)Theorien vorgestellt, beispielsweise die von Hans Magnus Enzensberger, Jürgen Habermas oder Dieter Prokop. Zudem geht Schicha der Frage nach, inwieweit die Kritische Theorie für konkrete Medienanalysen fruchtbar zu machen sein könnte.

Hartmut Winkler: Basiswissen Medien (Frankfurt am Main 2008).
Unter den Stichpunkten »Konvention«, »Konventionalisierung«, »Code«, »Kodifizierung« (zwischen S. 260 bis S. 275) findet sich die Darstellung einer zentralen medialen Funktion. Strukturell wird ganz ähnlich argumentiert wie bei Adorno und Horkheimer, indes in einem anderen, nämlich zeichentheoretisch fundierten Vokabular und zudem ohne die beißend polemische Häme der Kritischen Theorie.

Cultural Studies | 5.2

Die Cultural Studies betreiben ebenfalls ein kritisches Geschäft. Von der Kritischen Theorie unterscheiden sie sich aber, trotz aller offensichtlichen Anleihen, mindestens in vier Hinsichten. Erstens sind sie schon dem Namen nach (Studies) auf Pluralität, ja Heterogenität eingestellt. Ihre Inspirationsquellen sind neben der Kritischen Theorie auch Marxismus, Feminismus, Psychoanalyse, Hegemonietheorie, (Post-)Strukturalismus, Dekonstruktivismus, Konstruktivismus und vieles mehr. Das macht es schwerer als bei der Kritischen Theorie, den Kern der Cultural Studies zu bezeichnen. Zweitens eint ihre Vertreter, im Gegensatz zur Kritischen Theorie, ein *direkt* politisches Anliegen sowie die Ausrichtung der Studies hin auf praktische Verwertbarkeit: Es geht ganz *konkret* um Kritik derzeitiger repressiver gesellschaftlicher Machtverhältnisse *und* um die Aufwertung von Minderheiten. Genau deshalb steht die Analyse des ›Dreigestirns‹ *gender*, *race* und *class* zumeist im Mittelpunkt der Cultural Studies.

gender, race, class

Kultur wird dabei als ein Feld von Kommunikations- und Machtbeziehungen verstanden, auf dem soziale Identitäten wie Klasse, Rasse, Geschlecht oder sexuelle Orientierung bewertet, ja zuallererst konstruiert und immer wieder neu ausgehandelt werden. Hierbei besteht immer die Gefahr der Unterdrückung und Abwertung bestimmter gesellschaftlicher Gruppen und Identitäten. Dementsprechend setzen sich die Cultural Studies das Ziel, die *emanzipatorischen* Möglichkeiten gerade für solche Gruppen auszuloten,

Emanzipation

was dann wiederum in konkrete politische Aktionen mündet oder doch zumindest darauf abzielt. Drittens interessieren sich die Cultural Studies im Gegensatz zur Kritischen Theorie nicht für die kritischen Potenziale hoher Kunst, da diese ohnehin nur von Eliten rezipiert werde. Sehr viel mehr Interesse als beispielsweise der Zwölftonmusik von Arnold Schönberg bringen die Cultural Studies der Alltagskultur entgegen. Populärkulturellen Phänomenen wie etwa dem Kühlschrank, Popmusik, Blockbuster oder Fernsehen und deren populärkulturellen Formen gehen sie in kleinteiligen Untersuchungen nach. Dabei wird beispielsweise die Untersuchung einer Fernsehserie immer auch eine kritische, auf Emanzipation abzielende Befragung der Darstellung von *gender*, *race* oder *class* beinhalten.

aktive Aneignung von Populärkultur

Viertens – und das ist der fundamentalste Unterschied zur Kritischen Theorie – untersuchen die Cultural Studies die *Aneignungen* populärkultureller Angebote. Bei einer Fernsehserie kommt es also nicht nur darauf an, was wohl die vermeintliche Absicht ihrer Macher war, sondern wie sie tatsächlich von den Zuschauern rezipiert wird bzw. was diese aus dieser Serie machen (können). Ein fundamentaler Unterschied zur Kritischen Theorie besteht hier insofern als die Kritische Theorie *per se* von einem Konsumenten ausgeht, der die Botschaften der kulturindustriellen Produkte passiv (und meist unbewusst) aufnimmt und so manipuliert wird. Die Cultural Studies hingegen gehen von *aktiven* Rezipienten und *unterschiedlichen Rezeptionsmöglichkeiten* aus. Das heißt zum einen: Je nach Kontext, Interessen und Bedürfnissen können sich sehr unterschiedliche Rezeptionen derselben Botschaft ergeben. Zum anderen bedeutet das: Den Rezipienten wird durchaus zugetraut, sich kritisch gegenüber bzw. kreativ zu einer kulturindustriellen Botschaft zu verhalten. Letztgenannter Aspekt ist bei vielen Vertretern der Cultural Studies von besonderem Interesse, da gerade hier die Macht von Minderheiten bzw., wie es etwa John Fiske nennt, die Macht der gewöhnlichen Leute (›*the people*‹) zum Tragen kommt und gegen kulturindustrielle Unterdrückungen stark gemacht werden kann.

Definition

Populärkultur

Kultur wird in den Cultural Studies meist sehr weit gefasst. Ist doch dort Kultur zunächst die Bezeichnung für eine Lebensform, ein Bündel an Werten und Ideen oder noch allgemeiner gefasst: ein Geflecht aus Bedeutungszuweisungen, die bestimmen, wie die Welt wahrgenommen wird. Kultur manifestiert sich in materiellen Objekten, die im Kontext der Cultural Studies meist als *Texte* bezeichnet werden, das können dann buchstäblich Texte sein, etwa Romane, aber auch Filme, Fernsehserien usw. Diesen Texten werden Bedeutungen im jeweiligen Rezeptionsakt zugewiesen und noch wichtiger in diesem Kontext: Diese Bedeutungen können jeweils sehr unterschiedlich aussehen, vielfältigen und unterschiedlichen Interessen dienen. Genau deshalb sind kulturelle Artefakte eben nicht nur Waren, die verkauft und gekauft werden, die man besitzt oder erwerben will, die richtig oder falsch verstanden werden. Eine DVD ist ein Artefakt, das etwa durch eine finanzielle Transaktion seinen Besitzer wechseln kann, dessen Urheberrechte geschützt werden können. Hingegen ist das, was der Film auf der DVD bedeutet oder bedeuten soll, nicht geschützt, schon gar nicht kontrollierbar und fällt auch nicht unter das Urheberrecht. Auf der Ebene der kulturellen Ökonomie ergeben sich also unkontrollierbare Spielräume der Bedeutungszuweisung durch den Rezipienten. Genau diese Spielräume interessieren die Cultural Studies besonders. Kultur wird so zu einem permanenten *kommunikativen Aushandlungsphänomen*. Dabei spielen natürlich spezifische *Machtinteressen* durchaus eine Rolle. Nur werden diese nicht allein auf Basis ökonomischer Besitzverhältnisse entschieden, sondern im Prozess permanenter und unterschiedlicher Bedeutungszuweisungen.

Den Cultural Studies geht es dabei *nicht* um Objekte der Hochkultur (Kunst), sondern primär um Objekte der Massenkultur, genauer formuliert: um Objekte, die für viele hergestellt bzw. von vielen rezipiert werden, also um das, was in einer Kultur *populär* ist (etwa Vorabendserien im Fernsehen, Blockbusterfilme, Popmusik, Youtube-Videos, das Panini-Sammelalbum für Einklebebilchen usw.).

Populärkulturelle Objekte lassen sich genauer kennzeichnen durch mindestens zwei Merkmale: Erstens sind sie auf *Affizierung* angelegt. Sie sollen unmittelbar Gefühle auslösen, am besten mit Vergnügen zu tun haben. Zweitens zeichnen sich solche Produkte durch einen hohen Grad an *Anschlussfähigkeit* in vielen unterschiedlichen Kontexten aus, d.h. sie sollen leicht zugänglich und im besten Fall allgemein verständlich sein. Gerade solche populärkulturellen Produkte lassen sich von vielen unterschiedlich mit Bedeutung aufladen und kreativ rezipieren. Hier finden die *gesellschaftsrelevant3en* Rezeptionen und Zuweisungen von Bedeutungen über *gender*, *race* und *class* statt (nicht in der Rezeption der Zwölftonmusik durch wenige).

Massenkommunikation

Medien werden in diesem Kontext zumeist recht eng und gleichsam einigermaßen vage bestimmt. Es sind Mittel zur Massenkommunikation: Sie verbreiten kommunikative Angebote über Raum und Zeit hinweg an möglichst viele Rezipienten. Dies geschieht zuvorderst in Form klassischer Massenmedien, wie Fernsehen oder Film oder in Form sogenannter sozialer Medien und deren digitaler Plattformen wie Youtube oder Facebook.

In gewisser Weise wird in den Cultural Studies die Medien-Frage umgekehrt: Es wird nicht mehr gefragt, was Medien mit uns machen oder was die Produzenten von Medienangeboten erreichen wollen, sondern was wir mit Medien machen, wie die Rezipienten sich die Medienangebote aneignen.

Das ist zunächst einmal eine Sichtweise, die die Medienfrage weg vom Medium hin zum Rezipienten lenkt. Das wiederum würde bedeuten, den medientheoretischen Zugriff zu marginalisieren. Vorausgesetzt man stimmt zu, dass dieser Zugriff über alle möglichen Varianten und Schulen hinweg in der Annahme besteht, dass Medien auf das, was sie wahrnehmbar machen, übertragen, speichern und verarbeiten Einfluss haben, dann wird diese Annahme in den Cultural Studies zwar nicht vollständig verworfen, aber doch in gewisser Weise irrelevant. Denn dort sind es eben die je spezifischen Rezeptionsweisen, die darüber entscheiden, wie etwas verstanden wird und welche Konsequenzen es hat, nicht die Medien selbst. Genau deshalb können Vertreter der Cultural Studies eigentlich auch keine Medientheoretiker im engeren Sinne sein und werden auch nicht, zumindest nicht im deutschsprachigen Raum, als solche verstanden.

Dennoch ist es nicht so, als wären in den Cultural Studies Medien nur rein neutrale Mittler. Anhand von zwei Beispielen werde ich im Folgenden zeigen, inwieweit auch dort, bei einigen Vertretern, bestimmte mediale Prozesse kreative und kritische Rezeption zumindest begünstigen oder wahrscheinlicher machen und genau deshalb deren emanzipatorisches Potenzial enthusiastisch gefeiert wird. Zuvor soll aber noch deutlicher nachgezeichnet werden, wie man sich mit den Cultural Studies eine *aktive* Rezeption und damit *unterschiedliche* Aneignungen ein und desselben medialen Angebotes überhaupt vorzustellen hat.

kreative und kritische Rezeption

Stuart Hall – produktive Lesarten oder der aktive Rezipient

1973 veröffentlicht Stuart Hall einen für die Cultural Studies maßgeblichen Text mit dem Titel »Encoding/Decoding«. In diesem Text will Hall zeigen, dass der Rezipient in kommunikativen Prozessen selbst produktiv ist und eben nicht, wie die Kritische Theorie annimmt, einen passiven Empfänger darstellt, der einfach die vom Sender übermittelte Botschaft aufnimmt und in dessen Sinne umsetzt. Hall argumentiert in diesem Zusammenhang semiotisch, bezieht sich also auf Zeichenprozesse. Er behauptet, dass alle kommunikativen Zeichenprozesse *per se mehrdeutig* sind. Er selbst nennt dies in semiotischem Vokabular die *Polysemie* der Zeichen. Was beispielsweise unter dem Ausdruck Medien zu verstehen ist, ist nicht immer klar, kann in unterschiedlichen Kontexten sehr Unterschiedliches bedeuten. Bei Hall ist aber weniger die generelle Bedeutungsoffenheit der Zeichen von Interesse, sondern spezi-

Polysemie der Zeichen

eller geht es um die konkrete kommunikative Situation, nämlich darum, dass der Sender nicht letztlich kontrollieren kann, wie der Empfänger seine Botschaft versteht. Der Rezipient kann die Botschaft eben sehr unterschiedlich verstehen bzw. entschlüsseln – oder wieder in semiotischen Vokabular formuliert: dekodieren. Wie der Rezipient die Botschaft entschlüsselt, hängt vom Kontext, seinen Interessen und Bedürfnissen ab.

Beispiel US-Wahlkampf von Barack Obama

Um ein einfaches Beispiel zu wählen: Barack Obama trat in seinem ersten Wahlkampf für die US-amerikanische Präsidentschaft mit dem Slogan auf »Yes We Can«. Dieser Slogan wurde beispielsweise auch über seinen Twitter-Account an seine Follower getwittert. Der Follower kann diese Botschaft als ›echte‹ Überzeugung von Obama verstehen; er kann freilich auch Zweifel daran haben und darin einen Manipulationsversuch erkennen, der ihn nur dazu bringen soll, Obama zu wählen (und danach wird nie mehr von einem »We« die Rede sein). Der Follower kann die Botschaft auch irgendwo zwischen den beiden Extremen verorten. Er glaubt beispielsweise nicht, dass Obama nicht von diesem Slogan überzeugt ist, glaubt aber zu wissen, dass er und wir es dennoch nicht bei der Wahl schaffen werden. Er kann auch glauben, dass Obama selbst gar nicht an den Slogan glaubt, aber er es dennoch schaffen kann. Vielleicht denkt der Follower auch, dass diese Botschaft nichtssagend ist, aber Obama doch einiges schaffen kann usw. Der Punkt, um den es hier geht, ist folgender: Hall schlägt vor, Rezeption als eine *produktive Auseinandersetzung* mit dem Text und somit eine *kreative Aneignung* der Botschaft zu verstehen. Dabei unterscheidet er drei unterschiedliche Lesarten:

Lesarten

1. *Konformistische* Lesart: Hier versteht der Rezipient die Botschaft im Sinn des Senders. Er übernimmt dessen Absicht. »Ja, wir können es schaffen, ich glaube Obama, ich werde ihn wählen!«
2. *Oppositionelle* Lesart: Hier wird der Rezipient sehr aktiv. Stellt er sich doch gegen die Absicht des Senders, entwickelt Widerstand, verweigert sich der ursprünglichen Absicht. »Obama will mich nur mit einer miesen Phrase locken; selbst ist der davon nicht überzeugt; er ist wie alle Politiker, die nur Phrasen dreschen, statt Politik zu betreiben.«
3. *Aushandelnde* Lesart: Das sind alle die Lesarten, die zwischen den beiden Extremen der konformistischen und der oppositionellen Lesart liegen. »Obama mag davon überzeugt sein, das ändert aber nichts daran, dass es eine Phrase ist.« »Obama glaubt nicht selbst daran, aber ich glaube daran.« »Schlechter Slogan, aber besser Obama als Hillary« usw.

Zumindest die zweite und die dritte Rezeptionsart sind kreativ in dem Sinne, dass sie der Botschaft des Senders etwas hinzufügen. Zuallererst sichtbar werden solche kreativen Rezeptionen dann, wenn sie selbst wieder zu Botschaften werden. Also wenn etwa ein Follower zurücktwittert: »No, we can't« oder »Probably you can, but not me«, »You can't, but we« usw. Besonders interessant wird eine kreative Rezeption, wenn sie sich nicht mehr direkt auf die Botschaft und deren konkrete Situation bezieht, sondern Kontextverschiebungen vornimmt. Das könnte man als vierte Lesart dem Hall'schen Schema hinzufügen, nennen wir es kreativ die *transformative Lesart*. Damit ist gemeint, dass eine Botschaft aufgenommen wird und durch die Versetzung in einen anderen Kontext eine neue Bedeutung erhält.

Transformation

Dafür gibt es gerade im Kontext der »Yes we can«-Kampagne etliche Beispiele, die auch auf Twitter-Accounts hochgeladen wurden. So wurde etwas im Zuge des NSA-Abhörskandals Obamas »Yes we can« durch das Hinzufügen eines Buchstabens zu einer Aussage über die Möglichkeit, dass die US-Regierung alles und alle abhören kann: »Yes we scan« (siehe Abb. 25a). Im Zusammenhang mit der Ukraine-Krise wurde die Aussage Obamas durch ein (fiktives) Statement Putins ergänzt, um aufzuzeigen, wo die Grenzen transnationaler Politik liegen (siehe Abb. 25d). Das erste Beispiel könnte man mit der oppositionellen Lesart verbinden, das zweite Beispiel wohl eher mit der aushandelnden. Ein letztes Beispiel sei angeführt, um darzulegen, dass auch eine rein transformative Lesart möglich ist (siehe Abb. 25b). Hier geht es nicht mehr so sehr um Obama oder die Politik der US-amerikanischen Regierung, sondern um die Begeisterung für die Möglichkeit des Twitterns.

Wichtig bleibt hier im Sinne der Hall'schen Lesart festzuhalten: Rezeptionen können sich sehr unterschiedlich gestalten. Bedeutungszuweisun-

Abb. 25a-c | *Ab sofort wird zurückgetwittert! Transformative Lesarten des »Yes we can«-Slogans*

gen sind nicht vom Sender zu kontrollieren. Der Rezeptionsakt ist *per se* ein kreativer Akt. Die Vorstellung, dass Medien bzw. mediale Angebote uns schlicht zu passiven Rezipienten machen, die Kulturindustrie uns mit ihren Produkten einfach in ihrem Interesse manipuliert, sind zum einen zu schlichte Vorstellungen, um der tatsächlichen Rezeption gerecht zu werden. Zum anderen unterschätzt diese Perspektive der Kritischen Theorie das kreative und kritische Potenzial der Rezipienten, das zudem wiederum in der Produktion eigener Medienangebote münden kann. Rezipienten sind aus dieser Perspektive auch nicht eigentlich mehr ›nur‹ Rezipienten, sondern immer schon auch Produzenten – sei es in Form kreativer gedanklicher Aneignung oder in Form der Produktion eigener medialer Angebote.

Medienhistoriografischer Exkurs

Zyklische Mediengeschichte

Cultural Studies und Kulturindustrie lassen sich, wie beschrieben, danach unterscheiden, welche Rolle sie dem einzelnen Rezipienten zuweisen. Im Fall der Kulturindustrie spielt er eine passive Rolle. Er reagiert auf die schematischen Vorgaben der Kulturindustrie nahezu ohne Widerstand. Hingegen behaupten die Cultural Studies: Der Rezipient reagiert je nach eigenen Interessen auf die massenmedialen Angebote und setzt seine spezifischen Anverwandlungen unter Umständen selbst kreativ in eigene mediale Angebote um. So gesehen haben wir es hier mit einer Differenz von *massenmedialem Schema* zu tun, das uns vorgibt, wie wir wahrzunehmen haben, und den *kreativen, bedürfnisgeleiteten Praktiken* der einzelnen Rezeptionen.

Dieser Gegensatz lässt sich auch in einen historiografischen Gegensatz umformulieren: Auf die Frage, was (Medien-)Geschichte vorantreibt, ist nämlich die Antwort im einen Fall: Die kulturindustriellen bzw. massenmedialen Vorgaben bestimmen und prägen uns. Geschichtliche Entwicklungen sind dementsprechend abhängig von der Struktur und den Formatvorlagen der kulturindustriell fundierten Massenmedien. Im anderen Fall heißt die Antwort hingegen: Die jeweiligen Bedürfnisse der Rezipienten entscheiden nicht nur, wie mediale Angebote rezipiert werden, sondern welche Formen mediale Angebote annehmen – oder noch genereller formuliert: welche Medien zur Bedürfnisbefriedigung (weiter-)entwickelt werden.

Um diesen Gegensatz an einem sehr einfachen Beispiel zu verdeutlichen: Ein Kloster besitzt in der Zeit der Renaissance eine mechanische Uhr mit Chronometerhemmung. Damit ist die Uhrzeit extrem präzise abzulesen. So kann sich keiner der Mönche damit herausreden, er habe die genaue Uhrzeit nicht gewusst, wenn er zum gemeinsamen Gebet oder zur kollektiven Arbeit zu spät kommt. Nun lässt sich fragen: Gibt es diese Uhr mit Chronometerhemmung im Kloster, weil es das *Bedürfnis* der Mönche war, sich kollektiv besser zu koordinieren? Oder ist es nicht vielmehr so, dass die mechanische Uhr durch ihre bloße Existenz im Kloster, die Mönche dazu gebracht hat, sich besser zu koordinieren? Je nach Antwort, für die man sich entscheidet, wird der Einfluss der Medientechnologie auf Geschichtsentwicklungen anders eingeschätzt. Entweder versteht man Medientechnologien als aktive *Akteure*, die die Geschichte vorantreiben und gestalten oder aber Medientechnologien sind vielmehr *Symptome*, also Ausdruck vorgängiger gesellschaftlicher Interessen und Bedürfnisse.

Beispiel Zentralperspektive in der Malerei

Hartmut Winkler schlägt vor, sich nicht für eine der beiden Lösung zu entscheiden, sondern stattdessen ihren Widerspruch in ein *zyklisches* Modell zu überführen, um mediengeschichtliche Entwicklungen zu erklären. Eines seiner Beispiele ist die Zentralperspektive. In der Malerei wurden bis in die Renaissance sehr unterschiedliche Möglichkeiten genutzt, den Raum darzustellen. Mit der Renaissance wurde eine Darstellungsform so dominant, dass der Verstoß gegen diese Konvention irritieren musste. Die Rede ist von der zentralperspektivischen Raumanordnung. Wichtig daran ist: Es gibt unterschiedliche Darstellungsoptionen und Praktiken der Raumdarstellung in der Malerei; im Laufe der Geschichte wird eine Praxis dominant, zur Konvention und damit quasi zur (mehr oder minder unhinterfragten) Vorgabe weitere Darstellungen. Diese Konventionen können sich – und das ist für die Medienwissenschaft besonders relevant – in medientechnologischen Apparaturen verdichten. So lässt sich die Fotografie als technische Einschreibung und materielle Verdichtung der zentralperspektivischen Raumdarstellung verstehen. Dabei handelt es sich dann nicht eigentlich mehr um eine Konvention, sondern um eine technische Bedingung der Darstellbarkeit. Alle meine Fotos haben die zentralperspektivische Raumanordnung zur Voraussetzung. Das heißt: Aus einer Darstellungspraxis unter vielen wurde eine medientechnologische Grundlage der Darstellung. Diese Art der fotografischen Darstellung kann ich nur wiederum umgehen, wenn ich aktiv eingreife und etwa den Fokus der Kamera verschiebe oder unscharfe Bilder hergestellt werden usw. Daraus können sich dann wiederum neue Konventionen der Darstellungen entwickeln und gegebenenfalls auch neue Medientechnologien, die die Zentralperspektive nicht zur Grundlage der Darstellung haben. Man denke sich hier etwa eine App, die die Objekte, die ich mit meiner Handykamera aufnehme sofort auf einer planen Fläche anordnet. Mithilfe von Dateien aus meinem Handyspeicher und einer kurzen Internetrecherche errechnet das Programm wie populär oder wichtig eine Person auf dem Foto (für mich) ist und bringt dementsprechend – in Tradition mittelalterlichen Malerei – die Größenverhältnisse zwischen den Personen je nach Wichtigkeit bzw. Popularität zum Ausdruck.

Der Zyklus der Mediengeschichte (nach Winkler) | **Abb. 26**

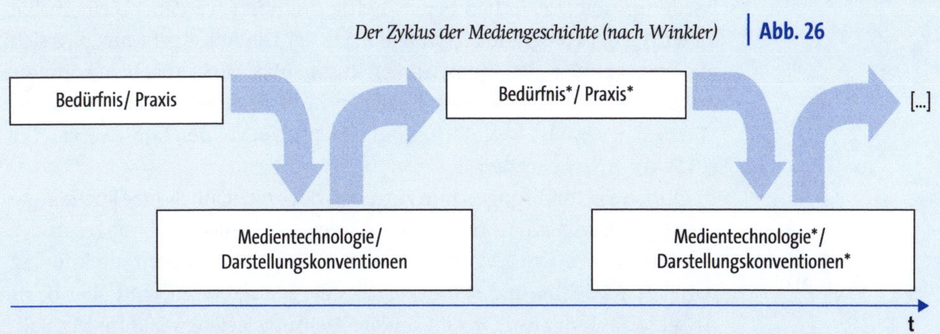

Entscheidend an diesem Geschichtsschreibungsmodell ist die zyklische Annahme einer *zeitlich sich entfaltenden Wechselseitigkeit*: Zunächst gibt es bestimmte Praktiken und Bedürfnisse, daraus entwickeln sich Medientechnologien, die, sind sie einmal entwickelt, Einfluss auf meine Wahrnehmung haben – und zwar dann auch unabhängig von meinen Bedürfnissen. Daraufhin kann es wiederum kreative, aktiv abweichende Aneignungen geben, aufgrund bestimmter Interesse bzw. Bedürfnissen, was wiederum zu neuen Medientechnologien führen kann usw.

Literatur

Hartmut Winkler: Basiswissen Medien (Frankfurt am Main 2008), S. 103–104.
Hartmut Winkler: Diskursökonomie. Versuch über die innere Ökonomie der Medien (Frankfurt am Main 2004), v.a. S. 116 ff.

Lesarten des Artselfies

Auf Twitter sind inzwischen etliche Fotos mit dem Hashtag »#artselfie« abrufbar. Zusätzlich gibt es eine Homepage, http://artselfie.com/, die die Ergebnisse von Artselfie versammelt, ein Buch, das man dort bestellen kann, und unzählige Youtube-Videos mit diesem Titel (z. B. https://www.youtube.com/watch?v= 0TmnQvvnca4 (18.04.15)). Bei einem Artselfie handelt es sich um eine Fotografie, die jemand mit seinem Smartphone von sich selbst (*selfie*) macht, und zwar vor dem Hintergrund eines zumeist im Museum befindlichen Kunstwerkes (*art*). Spätestens seit Beyoncé und Jay Z sich vor der Mona Lisa im Louvre fotografiert und das Ergebnis getwittert haben (siehe Abb. 27), ist ein globaler Hype um das Artselfie ausgelöst worden, so lässt es sich zumindest in der »New York Times« nachlesen. Artselfies entstehen inzwischen in nahezu allen Museen der Welt. In deren Direktionen

Beispiel Beyoncé und Jay Z

wiederum soll inzwischen bereits heftig diskutiert werden, ob ein Verbot dieser Art der Fotografie nicht angebracht sei. Die Angst geht um, dass sich die Besucher vor den Kunstwerken lustig über diese machen könnten. Zudem würden die anderen Besucher ihres Rechtes auf kontemplative Werkschau beraubt, wenn sich ständig Menschen vor den Kunstwerken für ein Selfie in Szene setzten.

Ob diese Befürchtungen nun zutreffen oder nicht, im Sinne Halls könnte man hier jedenfalls davon sprechen, dass es eine konformistische Lesart der Kunstwerke vor Ort gibt, zumindest aus Sicht der Museumsdirektionen: nämlich andächtig und still davor zu stehen. Stattdessen wird aber beim Artselfie das Kunstwerk in eine andere Richtung ›gelesen‹ und funktionalisiert. Dabei geht es in den meisten Fällen indes nicht nur darum, seinen Followern zu zeigen, dass man im Museum war.

Interessanter daran ist: Es wird in vielen Fällen in diesen Bildern eine *oppositionelle* Lesart gegenüber der Macht des Museums bzw. klassischer Kunstwerke manifest. Schlicht etwa dadurch, dass sich der Fotografierte vor der erhabenen Kunst unangemessen verhält, nicht schweigend staunt, sich nicht im Museumsshop danach die Reproduktion des Gemäldes kauft, sondern sich vor Ort über die Kunst lustig macht oder sie doch zumindest umfunktionalisiert. Man betrachte hierfür nur das Bild eines Teenagers vor dem berühmten Selbstporträt Vincent van Goghs (siehe Abb. 28). Daneben gibt es auch Bilder, die eine *transformie*rende Lesart vorschlagen. Das heißt in diesem Fall: Man macht sich nicht einfach lustig über die Kunstwerke, sondern ergänzt bzw. verändert sie. Sei es, dass bei dem Artselfie von Beyoncé und Jay Z doch einigermaßen irritiert, dass Beyoncé ähnlich geheimnisvoll zu lächeln scheint wie die Mona Lisa, dass sich die Frage stellt: Geht es um einen Vergleich von Beyoncé und Mona Lisa? Soll ausgesagt werden, dass

Abb. 27

The Art of Selfie on Twitter: Beyoncé und Jay Z im Louvre vor der »Mona Lisa«

Abb. 28

Lesarten des Artselfie

Beyoncé (und Jay Z) ähnlich populär sind wie Mona Lisa? In anderen Fällen ist die Ausweitung der Kunstzone auf den Rezipienten noch sehr viel deutlicher markiert. So lichtete sich beispielsweise ein recht grimmig dreinschauender Mann mit Glatze vor einem Selbstporträt Frida Kahlos ab. Aus dem Selbstporträt Kahlos ist so das Bild eines nicht gerade glücklichen Paares geworden. Andere Bilder zeigen wiederum nur Ausschnitte aus Kunstwerken, in die sich die Rezipienten durch Spiegeleffekte einschreiben (siehe Abb. 28).

Was all die genannten, sehr unterschiedlichen Beispiele eint, ist: Museale Kunstwerke werden eben nicht nur einfach (mehr oder minder schlecht) mit einem Smartphone abfotografiert und passiv rezipiert. Die Kunstwerke werden in und durch die Fotografie aktiv verändert, dementsprechend kreativ rezipiert. Im schlimmsten Fall müssen sie dann herhalten als Beispiele in einem Einführungsbändchen für das, was kreative Aneignung im Sinne der Cultural Studies meint; im besten Fall wird mit den Artselfies selbst Kunst produziert.

John Fiske – die Vieldeutigkeit des Fernsehens

Die unterschiedlichen Lesarten, die Hall diskutiert, sind ihm zufolge prinzipiell bei *allen* kommunikativen Akten möglich, egal ob mündlich, schriftlich, per Rauchzeichen oder SMS kommuniziert wird. Insofern lässt sich Halls Verständnis – wenngleich er es selbst vor allem auf massenmediale Kontexte bezieht – als Beitrag zu einer allgemeinen semiotischen *Kommunikations*theorie verstehen. Zwar benötigt man einen Kanal, um die Botschaft von A nach B zu transportieren – welcher Art dieser Kanal ist, macht für die

These Halls indes zunächst einmal keinen Unterschied. Medienwissenschaftlich interessanter ist da schon John Fiskes Analyse des Fernsehens. Fiske geht wie Hall davon aus, dass der Rezipient eigenständig Lesarten hervorbringt. Aber im Gegensatz zu Hall zeigt Fiske, warum gerade das Fernsehen – im Vergleich etwa zum Kinobesuch – die Freiheit des Rezipienten erhöht oder doch den kreativen Umgang mit den Botschaften wahrscheinlicher macht – und zwar aufgrund seiner medialen Organisation. Bei Fiske geht es also immer auch um Fragen der Medienspezifik, also um etwas, was viele Medienwissenschaftler umtreibt.

Fernsehen hat sich in weiten Teilen der Welt als Institution etabliert, mittels derer gezielt Einfluss auf die Rezipienten genommen werden soll. Egal ob diese Einflussnahme auf politische Meinungsbildung abzielt, auf den Willen zu informieren, zu unterhalten oder auf kapitalistisches Kalkül einer Kulturindustrie – es lassen sich aufseiten des Senders zumeist klare Absichten ausfindig machen. Indes verwenden aber die Rezipienten die gesendeten Botschaften sehr unterschiedlich und eben nicht nur im Sinne des Absenders, sondern je nach den eigenen Interessen und Bedürfnissen. Soweit folgt Fiske Hall. Aber das Fernsehen weist – so Fiske weiter und damit über Hall hinausgehend – spezifische Merkmale auf, die die kreative Aneignung des Rezipienten wahrscheinlicher machen als in anderen Kommunikationszusammenhängen.

Fernsehen als bedeutungsoffenes Medium

Fiske gibt einige Merkmale des Fernsehens an, die es zu einem *bedeutungsoffenen* Medium machen, das der kreativen Aneignung harrt. Drei dieser Merkmale seien kurz skizziert: Zunächst einmal ist das Fernsehen in weiten Teilen der Welt als *Programm*medium etabliert, das *vielstimmig* und eben kein Werkmedium ist. Das heißt zunächst einmal sehr einfach: Im Fernsehen kommen unterschiedliche Themen, Menschen, Formate und Genres vor, unterschiedliche Menschen und Organisationseinheiten produzieren unterschiedliche Beiträge. Das Fernsehprogramm besteht eben nicht aus einem langen Film oder einer langen Dokumentation, hinter der dann unter Umständen eine Absicht des Regisseurs oder des Produzenten auszumachen sein könnte oder doch zumindest ein kohärenter Sinn vermutet wird. Das Fernsehprogramm hat eben keinen Werkcharakter, sondern reiht verschieden Werke, freilich nach einer bestimmten, zumeist sogar recht rigiden Struktur aneinander. Durch diese Vielstimmigkeit ist denn auch eine Offenheit der Rezeption nahelegt. Nicht nur in dem Sinne, dass der Rezipient bestimmte Präferenzen für die eine oder andere Stimme ausbilden wird. Vielmehr hat der Rezipient Zugriff auf Unterschiedliches, aus unterschiedlichen Perspektiven und wird permanent zum Vergleich aufgefordert. Damit wird immer wieder nahegelegt: Man könnte es auch anders sehen. Kurz: Das Fernsehen liefert so einen Eindruck verschiedener, konkurrierender Zugriffe auf die Welt.

Weiterhin ist das Fernsehen ja nicht nur ein vielstimmiges Programmmedium, sondern auch *seriell* organisiert. Es werden nicht nur einzelne Sendungen aneinandergereiht. Darüber hinaus wiederholen sich Sendereihen bzw. Formate nach einem vergleichsweise strengen Raster (20 Uhr: Tagesschau, Vorabendserien wie »Gute Zeiten – Schlechte Zeiten«, täglich um 19.40 Uhr usw.). Das Programm des Fernsehens oszilliert dabei zwischen Wiederholung und Variation (das Setting der Tageschau bleibt gleich, die Nachrichten variieren) sowie Unterbrechung und Fortsetzung (in der »Lindenstraße« erfahren wir jeden Sonntag ab 18.50 Uhr, was in dieser Straße so alles passiert, um 19.20 Uhr ist Schluss damit, bevor dann wieder am kommenden Sonntag um 18.50 Uhr weitererzählt wird). Fiske interessiert daran vor allem die durch diese serielle Programmorganisation geschaffene *Lücke* zwischen den Episoden. Bevor in der »Lindenstraße« weitererzählt wird, haben wir ja eine Woche Pause. Und genau in diesem Zeitraum kann sich der Rezipient Gedanken darüber machen, wie es weitergeht. Mit anderen Worten: Er wird kreativ oder doch zumindest dazu animiert, darüber zu spekulieren, wie es weitergehen könnte. Der dramaturgische Kniff des Cliffhangers, also der (vorübergehende) Abbruch der Erzählung an einer spannenden Stelle, ist im seriellen Erzählen eine gängige Form, diese Art der Spekulation noch zu unterstützen. In der »Lindenstraße« endet seit 1985 so gut wie jede Episode mit genau solch einem Cliffhanger. Damit animiert die Serie jede Woche aufs Neue, seine Rezipienten darüber nachzudenken, wie es weitergehen könnte.

seriell

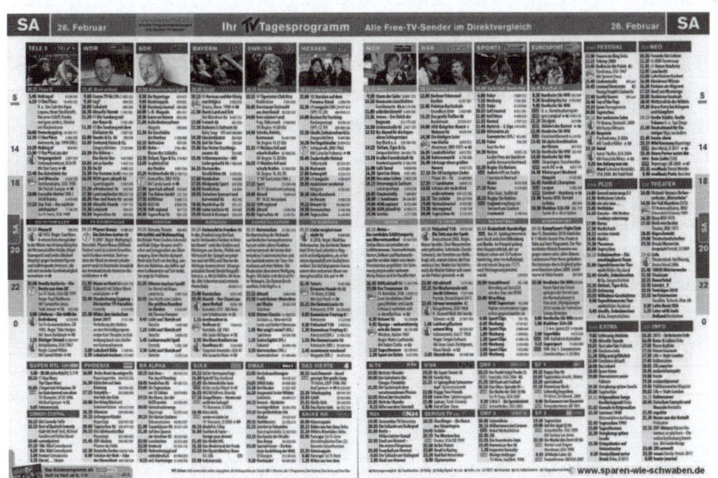
SA 26. Februar Ihr TV Tagesprogramm Alle Free-TV-Sender im Direktvergleich 26. Februar SA

www.sparen-wie-schwaben.de

Abb. 29

Vielstimmig, seriell, fragmentarisch – Die Polysemie des Fernsehens als Programmmedium

Das Fernsehprogramm ist indes nicht nur vielstimmig, nicht nur seriell organisiert, sondern drittens auch aus Einzelsegmenten zusammengesetzt, die miteinander wenig, bis nichts zu tun haben. Sei es auf der Ebene des Programms: Nach den Nachrichten folgt ein Spielfilm, der mit den Nachrichten nichts zu tun hat. Sei es in einzelnen Sendungen: Man denke nur an die Organisation der Nachrichten – egal wie groß die Katastrophe war, über die gerade berichtet wurde, danach folgt das Wetter oder Nachrichten des Sports. Hier offenbart sich, dass das Fernsehen *fragmentarisch* aufgebaut ist, also aus Elementen zusammengesetzt ist, die zum einen wenig miteinander zu tun haben. Zum anderen werden diese einzelnen Elemente häufig noch einmal zergliedert und unterbrochen durch andere Elemente, etwa Werbung oder eingeblendete Programmhinweise. Wenn man dann noch eine medientechnische Entwicklung in Betracht zieht, nämlich die Etablierung der Fernbedienung, durch die der Rezipient nun sehr leicht zwischen den einzelnen Sendern hin und her zappen und also je nach Interesse Programmelemente zerstückeln und wieder zusammensetzen kann, wird deutlich: Fernsehrezeption ist vor allem eine Tätigkeit, in der Bruchstücke hergestellt und immer wieder neu zusammengesetzt werden. Genau dadurch wird die Absicht, die hinter einzelnen Sendungen stehen mag, aber auch das übergreifende Programmkonzept einzelner Fernsehanstalten zugunsten einer *offenen Bedeutungsstruktur* ersetzt.

fragmentarisch

Was der Rezipient mit den Versatz- und Bruchstücken macht, die er sich selbst zusammen zappt, ist seiner Kreativität überlassen. Die mediale Struktur des Fernsehens als Programmmedium – zusätzlich ausgestattet mit einer Fernbedienung – so Fiske, legt diese kreative Rezeption eher nahe als etwas die mediale Struktur eines Romans oder eines Kinobesuchs. Ein Roman hat normalerweise einen klar vorgegebenen Anfang und ein ebensolches Ende. Im Kino schaut man gemeinhin einen Film von Anfang bis Ende und geht dann, wenn das Licht angeht, aus dem Saal. Deshalb ist das Fernsehen aus Fiskes Sicht auch ein wunderbares Medium, um gegen affirmative Lesarten zu intervenieren, verhandelnde oder gar oppositionelle Lesarten herauszufordern und permanent transformative Bedeutungsverschiebungen zu produzieren. Auch wenn das Fernsehen ein kulturindustrielles Instrument ist, so ist es doch auch aufgrund seiner medialen Form der Übertragung der kulturindustriellen Botschaften mit dementsprechenden Interessen kein Instrument, das den Rezipienten passiv oder gefügig macht. Ganz im Gegenteil macht es den Rezipienten aktiv und legt sogar in besonderem Maße einen kreativen Umgang nahe.

Henry Jenkins – Konvergenzkultur

»Convergence Culture« ist das Label, das Henry Jenkins zur Beschreibung unserer gegenwärtigen Lage wählt. Er meint damit, dass Produktion und Rezeption unterschiedlicher medialer Angebote immer mehr konvergieren, also aufeinander zulaufen, sich vernetzen, ja verschmelzen. Deutlich zu erkennen sei das an der Art und Weise gegenwärtiger Bildzirkulation. Nicht nur gehen heute Bilder um die Welt und sind in unterschiedlichen Medien präsent, man denke nur an die Bilder der einstürzenden Türme des World Trade Centers in New York. Solch eine globale Bildzirkulation wird vielmehr noch begleitet von sehr unterschiedlichen lokalen Rezeptionsweisen, die sich – und das ist entscheidend – in bestimmten Neubearbeitungen bzw. Vermischung vorgängigen Bildmaterials manifestiert. So verweist Jenkins selbst auf den Fall von Bert aus der »Sesamstraße« und dem damaligen Alkaida-Führer Osama bin Laden. Ein High-School-Student hatte unter dem Titel »Bert is Evil« auf seiner Website eine Reihe von Fotocollagen veröffentlicht. Dabei collagierte er aus im Netz vorgefundenem Bildmaterial die Handpuppe Bert mit unterschiedlichen real existierenden Figuren wie Hitler oder Osama bin Laden (siehe Abb. 30a). Ein in Bangladesch ansässiger Verleger suchte währenddessen im Internet nach Vorlagen, um damit T-Shirts und Poster mit dem Porträt Osama bin Ladens zu drucken. Letztlich wurde dadurch das Bild des High-School-Studenten Teil einer Postercollage, die in großer Auflage in unterschiedlichen Ländern des Mittleren Ostens in Umlauf gebracht wurde. Dieses Poster wiederum war Teil einer Anti-Amerika-Demonstration im Mittleren Osten, die von einem Reporter gefilmt und auf dem Fernsehsender »CNN« ausgestrahlt wurde (siehe Abb. 30b). Dadurch kam diese irritierende Kombination wieder zurück in die westliche Hemisphäre. Seitdem bekannt ist, dass sich auf diesem Poster Osama bin Laden mitsamt Bert finden, zirkulieren im Internet etliche Bildbearbeitun-

globale Bildzirkulation

Beispiel Osama bin Laden

Bert trifft Osama bin Laden – globale Bildzirkulation und kreative Aneignung 

Abb. 30a-c

gen, die aus den Anti-Amerika-Demonstrationen Sympathiebekundungen für Bert aus der »Sesamstraße« machen (siehe Abb. 30c). Dies wiederum nehmen Wissenschaftler zum Anlass, um etwa über die Konvergenzkultur und die Art und Weise globaler Bildzirkulation zu schreiben, die dann wiederum in Einführungen zitiert werden usw.

Es geht Jenkins mit diesem Beispiel nicht darum, zu zeigen, dass man den Bildern heute nicht mehr trauen kann. Vielmehr interessiert ihn die spezifische Art und Weise der Vernetzung in einer Konvergenzkultur. Und diese Vernetzung geht eben nicht nur damit einher, dass über bestimmte Ereignisse global berichtet wird, sondern dass die global zirkulierenden Bilder sehr unterschiedlich, eben kreativ verarbeitet werden. In einer solchen Konvergenzkultur ist die Vorstellung eines ausschließlich passiven Rezipienten überholt. Sehr viel mehr werden die Rezipienten dazu animiert selbst Produzenten zu werden. Konvergenzkultur heißt so verstanden auch, dass der strikte Gegensatz zwischen Produzent und Konsument aufgelöst wird, was in einem inzwischen weit verbreiten Kofferwort, nämlich »Prosument«, zum Ausdruck kommt.

»Prosument«

Mit Medien hat dieser Prozess insofern zu tun, als diese Art von Bildzirkulation und -bearbeitung durch medientechnologische Prozesse der Digitalisierung und Vernetzung überhaupt erst dominant werden konnte. Zwar behauptet Jenkins nicht, dass vor der digitalen Medientechnologie keine aktive Rezeption stattfinden konnte oder dass es keine Vermischung von vorhergehendem Bildmaterial in Collagen gegeben habe. Sein Punkt ist vielmehr: Durch die digitale Vernetzung und der damit einhergehenden Bearbeitungsmöglichkeiten findet solch eine Aneignungsweise flächendeckend Verbreitung, wird einfacher zugänglich, also wahrscheinlicher gemacht. Oder stärker im Sinne der Cultural Studies formuliert: Die digitale Vernetzung wird nicht ausschließlich als kulturindustrielle Maßnahme zur Manipulation aller betrachtet. Demgegenüber wird noch eine andere Tendenz bzw. Chance dieser Art der Vernetzung betont: Ermöglicht doch die von Jenkins beschriebene Konvergenzkultur kreative Aneignung und kollektiven Austausch.

Kritik

- Gegen die Absicht der Cultural Studies, nämlich das Widerstandspotenzial der Rezipienten aufzuzeigen und zu stärken, liefern sie genau besehen nur eine Aufwertung kulturindustrieller Produkte. Insofern sind die Cultural Studies zuvorderst Werbeveranstalter für die Kulturindustrie. Mit dem Verweis auf die kreative bzw. subversive Rezeption kulturindustrieller Produkte, der Feier transmedialer Vernetzung ändern sie weder etwas an den Besitzverhältnissen (die Mächtigen haben die entscheidenden medialen Instrumente weiterhin in der Hand) noch an den Formen und Inhalten der Medienprodukte. Ganz im Gegenteil: Das kreative und subversive Potenzial artikulierter Rezeption kann wieder als Produktivkraft der Kulturindustrie verwendet werden.

- Die Cultural Studies entwerfen keinen präzisen Medienbegriff. Irgendwie sind Medien Mittel zur Massenkommunikation und/oder soziale Medien zum Austausch. Die unterschiedlichen Ebenen des Medialen werden aber ebenso wenig systematisch in den Blick genommen wie auch nicht klar wird, welchen Einfluss nun genau das Mediale auf die Rezeption hat, wenn es denn überhaupt einen haben sollte.
- Jenkins geht davon aus, dass wir in einer Konvergenzkultur leben, in der alles mit allem zusammenwächst. Dasselbe ließe sich wohl auch für die Grundlagen der Cultural Studies sagen: Alle möglichen Ansätze (etwa marxistischer Konzepte, Semiotik, Rezeptionsforschung, Netzwerkanalysen, Psychoanalyse) werden fröhlich vermischt. Das mag durchaus Vergnügen bereiten, theoretisch befriedigend ist es hingegen nicht.
- In ihrer Besessenheit für die subversiven und kreativen Potenziale der Rezeption werden alle anderen Faktoren ausgeblendet. Ja, genau besehen eigentlich nicht nur ausgeblendet, sondern alles an diesem Ziel ausgerichtet und passend gemacht. Auch wenn sich keine kreative oder subversive Rezeption finden lässt, so wird diese doch trotzig als prinzipielle Möglichkeit behauptet. Das geht nicht nur an einem Großteil tatsächlicher Rezeption vorbei, sondern ist – wissenschaftstheoretisch bedenklicher – auch nicht mehr kritisierbar, denn Gegenbeispiele sind in das System problemlos integrierbar. »Hier gibt es keine kreative Rezeption? Du hast nicht richtig geschaut.« Oder wahlweise: »Es könnte aber eine geben.«
- Zwei sehr problematische Aspekte teilen die Cultural Studies zudem mit der Kritischen Theorie, wenngleich mit unterschiedlichen Bewertungen: (1) Wie die Kritische Theorie gehen die Cultural Studies von einer Differenz zwischen Unterhaltung und (ernsthafter) Kunst aus (oder mit einer gängigen Abkürzung formuliert: zwischen U- und E-Kunst). Daraus ergibt sich jeweils der Blick auf den Gegenstand: Die Kritische Theorie behauptet, dass die Produkte der Kulturindustrie allesamt zur Unterhaltung dienen und allesamt immer dasselbe produzieren. Dementsprechend lohne nur ein genauer Blick auf einzelne Kunstwerke, die dem gegenübergestellt sind. Die Cultural Studies wiederum beschränken sich auf die Analyse der Populärkultur, weil es ja um die gesellschaftliche Relevanz geht und nicht um Gegenstände der Elite. Mit beiden Herangehensweisen geht man indes von einer durchaus problematischen Unterscheidung aus. Zumindest beschränkt diese Unterscheidung den Zugriff und macht blind für die subversiven Potenziale der U-Kunst (Kritische

Theorie) sowie die unterhaltenden und populären Aspekte der U-Kunst (Cultural Studies).

(2) Kritische Theorie und Cultural Studies eint ein völlig unterkomplexes Gesellschaftsbild: Auf der einen Seite soll es die böse Kulturindustrie geben, in den Cultural Studies heißt die Kulturindustrie meist *power bloc*. Demgegenüber stehen die passiven Rezipienten im Falle der Kritischen Theorie oder die mit kreativem Potenzial gesegneten, aber immer auch durch Manipulationsversuche bedrängten Rezipienten, die in den Cultural Studies meist *the people* genannt werden. In beiden Fällen wird ein denkbar einfaches Freund-Feind-Schema etabliert, das vielleicht für eine mythologische, religiöse oder politische Erzählung taugen mag, um die Entstehung der Welt zu erklären oder um in den Krieg zu ziehen. Aber für eine wissenschaftliche Erklärung, wie die Gesellschaft ist solch eine einfache Gegenüberstellung arm, alles andere als kreativ und führt zu etwas, das sowohl Kritische Theorie und Cultural Studies selbst anprangern: zu einer homogenisierenden und affirmativen Lesart der Welt.

Weiterführende Literatur

Stuart Hall: Kodieren/Dekodieren, in: Ralf Adelmann u. a. (Hg.): Grundlagentexte der Fernsehwissenschaft, S. 105–124 (Konstanz 2002).
Der klassische Text der Cultural Studies zum kreativen Potenzial der Rezeption. Auf Grundlage zeichentheoretischen Vokabulars wird deutlich gemacht, warum der Rezipient nicht einfach passiv die Botschaft des Senders richtig oder falsch versteht, sondern unterschiedliche Möglichkeiten hat, darauf zu reagieren und damit etwas (eigens) zu machen.

John Fiske: Augenblicke des Fernsehens, in: Claus Pias u. a. (Hg): Kursbuch Medienkultur. Die maßgeblichen Texte von Brecht bis Baudrillard, S. 234–254 (Stuttgart [6]2008).
Anhand des Fernsehens wird deutlich gemacht, wie mediale Formen die Kreativität der Rezipienten fordern können. Das Fernsehen ist insofern ein attraktives Beispiel für diese These, weil es gemeinhin eher im Gegenteil als ein Mittel angesehen wird (oder zumindest lange wurde), um aus ehemals agilen Menschen *couch potatos* zu machen.

Henry Jenkins: Confessions of an Aca-Fan. The Official Webblog of Henry Jenkins, online: http://henryjenkins.org (18.10.2015)
Hier findet man viele Beiträge von Jenkins zu allen möglichen popülärkulturellen Themen. Dabei erfährt man auch etwas über das Selbstverständnis

Jenkins' als Wissenschaftler *und* Fan diverser Fernsehserien und Comics. Zudem ist solch ein Blog natürlich die angemessene Form der Artikulation eines Theoretikers, der von Konvergenzkultur nicht nur sprechen, sondern diese auch selbst vorantreiben will.

Oliver Machart: Warum Cultural Studies vieles sind, aber nicht alles. Zum Kultur- und Medienbegriff der Cultural Studies, in: Medienheft. Dossier 19/2003, online: http://www.medienheft.ch/dossier/bibliothek/d19_MarchartOliver.pdf [18.10.2015].
Sehr klare Darstellung der Kernpunkte der Cultural Studies, unter besonderer Berücksichtigung der Frage, wie es die Cultural Studies mit Medien halten.

Kritische Theorie / Cultural Studies | 5.3

Zusammenfassung

Kritische Theorie vs. Cultural Studies

- Kritische Theorie wie Cultural Studies gehen davon aus, dass es im Zusammenhang mit massenmedialer bzw. populärkultureller Kommunikation um Fragen der *Macht* geht.
- Fundamental unterscheiden sich die beiden theoretischen Ansätze darin, dass die Kritische Theorie von einem *passiven* Rezipienten ausgeht, der durch die Produkte der Kulturindustrie manipuliert wird. Zwar gehen auch die Cultural Studies davon aus, dass mit und in populärkulturellen Medienangeboten Machtinteressen durchgesetzt werden sollen, aber im Gegensatz zur Kritischen Theorie rechnen sie mit einem *aktiven* Rezipienten, der die Kommunikationsangebote kreativ umdeuten oder sich subversiv zur Botschaft des Senders verhalten kann.
- In der Kritischen Theorie ist die *Kulturindustrie* letztlich die Fortsetzung ökonomischer Prinzipien auf kultureller Ebene. In den Cultural Studies wird zwar ebenfalls davon ausgegangen, dass die Interessen der Produzenten von populärkulturellen Angeboten in den allermeisten Fällen ökonomischen Prinzipien folgen, indes wird auf die *Spezifik der kulturellen Sphäre* beharrt. Bedeutung ist eben keine Ware und kann dementsprechend nicht in Kategorien wie Ware, Besitz, Gewinn beschrieben werden. Gerade dadurch ergibt sich auf dem Feld des Populärkulturellen Widerstandspotenzial und Freiheitsräume. Dem widerspricht wiederum die Kritische Theorie vehement: Die Rezipienten mögen glauben, ihre Art und Weise der Rezeption sei frei. Genau besehen aber sind sowohl die unterschiedlichen populärkulturellen Angebote wie auch

die verschiedenen Rezeptionsweisen nur Oberflächenphänomene, die die *Tiefenstruktur* kulturindustrieller Produktions- und Rezeptionslogik verdecken: die *Wiederholung des Immergleichen*, die es immer unwahrscheinlicher macht, aus dem Schema ausbrechen zu können, geschweige denn kreativ oder widerständig zu agieren. Kritik gibt es nur noch auf dem Feld der *Avantgardekunst* – und zwar in Form des Entzugs und der radikalen Verweigerung kulturindustrieller Anforderungen auf Nachvollziehbarkeit, Unterhaltung, Wiederholbarkeit.

- Sowohl die Kritische Theorie als auch die Cultural Studies fassen Medien zuvorderst als *Instrumente der Massenkommunikation*. Dabei sind in der Kritischen Theorie die Differenzen einzelner medialer Zusammenhänge nicht entscheidend. Ganz im Gegenteil: Wollen Sie doch zeigen, wie unterschiedliche Medien allmählich unter der Herrschaft der Kulturindustrie zu einem *System* zusammenwachsen, das nach der Maxime serieller Produktion arbeitet und also alle medialen Angebote medienübergreifend auf Ähnlichkeit und Schemabildung formatiert. In den Cultural Studies hingegen wird zum einen immer wieder die *Spezifik* einzelner medialer Konstellationen untersucht. So zeigt Fiske etwa, dass das Fernsehen als Programmmedium besonders dazu geeignet ist, Freiheitsräume für den Rezipienten zu eröffnen. Zum andern wird deutlich gemacht: Auch wenn man davon ausgeht, dass sich Medien allmählich immer stärker zu einem System zusammenschließen, muss das aber nicht bedeuten, dass alles gleich aussieht. Ganz im Gegenteil: Durch mediale Verknüpfungen wird der *Freiheitsgrad* eher *erhöht* als minimiert.
- Aus Sicht der Kritischen Theorie muss man sich das inzwischen global operierende Mediensystem als eine Maschine vorstellen, die trotz aller Variation auf der Oberfläche nach Vorlage einiger weniger Muster *immer dasselbe reproduziert*. Kritisiert werden muss dementsprechend der daraus resultierende verengende und manipulative Blick auf die Phänomene der Welt. Im Gegensatz dazu werden mit den Cultural Studies die *Variationsmöglich*keiten solcher Muster in den Blick genommen. Dementsprechend werden die vielen Möglichkeiten der Aneignung, die ein global operierendes Mediensystem bietet, gefeiert.

Diplomatie

Kritische Theorie und Cultural Studies

Conchita Wurst, ihres Zeichens Dragqueen, gewann 2014 den »European Song Contest« (kurz: ESC) in Kopenhagen mit überwältigendem Vorsprung. Auf eurovision.de ist nachzulesen, dass Conchita Wurst eine »bizarre Kreuzung aus Kim Kardashian und Harald Glööckler« darstelle. In der Presse wurde immer wieder gefeiert, dass ein Mann in Frauenkleider, eine barttragende Diva einen solchen Wettbewerb gewinnen kann. Insbesondere wird häufig vermerkt, dass Conchita Wurst sehr viele Stimmen auch aus Osteuropa erhalten habe, wo man eigentlich immer den zentralen Herd homophober Vorurteile und konservativer Geschlechteraufteilung vermutet habe. Selbst in Russland – das wird immer wieder eigens hervorgehoben – habe Conchita Wurst die Höchstpunktzahl erhalten.

Beispiel Conchita Wurst

Die Länder, die am ESC teilnehmen – im Jahre 2014 waren das 37 – haben die Möglichkeit einen Vertreter zu nominieren und in den Wettbewerb zu schicken. Abgestimmt wird über alle Vertreter in allen Ländern (Ausnahme: die Vertreter aus dem eigenen Land sind nicht wählbar). Hierbei wird ermittelt, wie viele Punkte ein Kandidat erhält; die Skala reicht von null bis zwölf Punkte. Die Punktevergabe setzt sich zusammen aus einer Telefonabstimmung. Jeder kann also aus einem der teilnehmenden Länder anrufen bzw. eine SMS verschicken. Zusätzlich gibt es noch eine fünfköpfige Jury, die Punkte vergibt. Aus den Televoting-Ergebnissen und den Jurywertungen setzt sich dann Gesamtergebnis für jeden Teilnehmer zusammen.

Schaut man sich die Ergebnisse der einzelnen Länder genauer an, ist deutlich zu erkennen: Vor allem in osteuropäischen Ländern gibt es eine erhebliche Differenz zwischen dem Urteil der Jury und der Telefonabstimmung. In Georgien, Armenien und Russland hätte Conchita Wurst, wenn nur das Urteil der Jury gezählt hätte, jeweils null Punkte erhalten.

Aus Sicht der Cultural Studies könnte man nun daraus schließen, dass die Rezipienten eben nicht machen, was Experten, eine Jury oder auch die Fernsehhauptverantwortlichen in unterschiedlichen Ländern gern hätten. Durch die Telefonabstimmung können sich die Rezipienten aktiv in den Entscheidungsprozess einschalten. Beispielsweise ist es dadurch möglich, gesellschaftliche Gruppen und Identitäten, die normalerweise unterdrückt, abgewertet oder zumindest marginalisiert werden (Männer in Frauenkleider etwa), aufzuwerten. Der ESC stellt also aus dieser Sicht die Möglichkeit bereit, Machtkonstellationen zu unterwandern und bestimmten Phänomenen eine neue Bedeutung zuzuweisen (Männer in Frauenkleider müssen nicht verfolgt werden, können sogar cool sein usw.).

Aus Sicht der Kritischen Theorie ist dieser Zusammenhang indes sehr viel kritischer zu betrachten. Erstens hat es in Österreich, das Land für das Conchita Wurst angetreten ist, keine Vorentscheidung gegeben. Conchita Wurst wurde von den österreichischen Rundfunkanstalten einfach nominiert. Sie wurde also, ganz im Gegensatz zur Idee des ESC selbst, nicht vom Publikum gewählt. Diese Wahl der Mächtigen kann zweitens als kulturindustrielle Kalkulation verstanden werden: Zum einen wird davon ausgegangen, dass diese Wahl eine Kontroverse auslöst, die mediale Aufmerksamkeit garantiert. Im Grunde genommen wird dadurch von künstlerischen Aspekten der Darbietung abgelenkt bzw. werden diese marginalisiert. Zum anderen ist diese Wahl – auch wenn es vielleicht auf den ersten Blick nicht so erscheinen mag – einem gängigen Muster der Geschlechterhybridisierung des ESC geschuldet. 1998 gewann etwa die Transsexuelle Dana International für Israel. 2002 hatten Sänger der slowenischen Gruppe »Sestre« den Kleidungscode von Stewardessen übernommen. 2007 schaffte es der ukrainische Sänger Andrei Danilko, der die Figur der verrückten, frechen, älteren Dame »Verka Serduchka« spielte, immerhin auf Platz 2 usw. Man kann also mit einigem Recht behaupten: Hier wird auf medialer Oberfläche etwas als neu, aufregend oder provokativ verhandelt, was in der Tiefenstruktur des ESC längst ein gängiges Schema geworden ist und immer wieder eingeübt wird. Das Motiv der Genderhybridisierung ist eben tatsächlich längst in diesem Kontext etabliert – ja, das Spiel mit Genderkonventionen ist bereits eines der zentralen Merkmale des ESC. Die Freiräume des Rezipienten beschränken sich indes auf die Option anrufen/nicht anrufen. Kreative, geschweige denn subversive Rezeption sieht anders aus.

Spiel mit Genderkonventionen

Um doch etwas über die möglicherweise kreativen oder subversiven Rezeptionen zu erfahren, müsste man sich wohl eher der transmedialen Erweiterungen widmen, also den Twitterkommentaren, Blogs, Facebookeinträgen, Mashups oder auch Plakaten über und mit Conchita Wurst. Und hier wäre wohl der Ansatz der Cultural Studies geeignet, die Annahmen über das kulturindustrielle Kalkül der Kritischen Theorie anhand der medialen Reaktionen der Rezipienten zu ergänzen. Denn dabei wird ja die

Abb. 31a-c

Die kreativen und subversiven Lesarten der Rechten? Ein Plakat des FPÖ-Ablegers »Ring Freiheitlicher Jugend« (RFJ), eine Facebook-Seite, die zu einer Petition gegen die Teilnahme von Conchita Wurst am ESC aufruft, ein Plakat der griechischen Partei Nationale Front mit dem Text: »Es reicht mit den Haaren – Nationalistisches Europa«

Vielfältigkeit der Reaktionen nicht von vornherein auf ein bloßes Reiz-Reaktions-Schema reduziert, sondern ernst genommen, ja regelrecht Möglichkeiten abweichender Rezeption gesucht. Dass dann eine dieser abweichenden Rezeptionen in Kampagnen und Shitstorms gegen Conchita Wurst besteht, wäre indes wiederum eine Herausforderung an den politischen Impetus der Cultural Studies (vgl. die Beispiele in Abb. 31 a–c). Würde doch so gerade die Ablehnung der Feier von Geschlechterhybridisierung, also in gewisser Weise die Intoleranz, gegen das Schema vorgehen, subversiv und durchaus kreativ sein.

6 | Mediensemiotik vs. Medienphänomenologie

Zeichen vs. Dinge

Semiotik und Phänomenologie sind zwei der, wenn nicht *die* zentralen Paradigmen kulturwissenschaftlicher Forschung schlechthin. Egal, wo man sich umschaut – in Philosophie, Sprach- und Literaturwissenschaft, Ethnologie, Soziologie oder Theaterwissenschaft –kaum ein Forscher, der sich nicht zumindest u.a. irgendwann mit Semiotik oder Phänomenologie beschäftigt und sich dabei für die eine (und damit immer auch *gegen* die andere) der beiden Forschungsrichtung entscheidet. Denn: Entweder beschäftigt man sich mit Phänomenen *als Zeichen.* Dann verweisen Phänomene nämlich immer über sich selbst hinaus, bedeuten *etwas anders als sie selbst.* Die Buchstabenreihe B A U M bedeutet in diesem Sinne – zumindest im deutschsprachigen Kontext – immer schon mehr als eine einfache Reihung seltsamer Striche. B A U M bezeichnet ein *anderes* Phänomen, nämlich ein Ding mit Holzstamm, Wurzel und belaubter Krone. Das ist der Blick des Semiotikers. Oder aber man beschäftigt sich mit den *konkret wahrgenommenen* Phänomenen und versucht die *Art und Weise der Wahrnehmbarkeit* dieses Phänomens möglichst präzise zu fassen. Man fragt also vor einem Phänomen mit einem Holzstamm, Wurzel und belaubter Krone stehend *nicht*, welches Wort dieses Phänomen mit welchem Begriffsinhalt im Deutschen angemessen bezeichnet. Vielmehr fragt man: Was denn das wahrgenommene Phänomen ist oder präziser eigentlich: was dieses Phänomen als ein *von einem Subjekt wahrgenommenes* Phänomen ausmacht. Das ist der Blick des Phänomenologen. Der Semiotiker beschäftigt sich also mit der *immateriellen Welt der Zeichen* bzw. der Prägung unsere Weltwahrnehmung durch bestimmte Zeichenpraktiken. Der Phänomenologe interessiert sich hingegen für die materielle

Welt der Dinge und wie wir, die wahrnehmenden Subjekte, sie sinnlich erleben. Oder noch kürzer gegenübergestellt: Dem Semiotiker geht es um *Sinn*, dem Phänomenologen um *Sinnlichkeit*.

Sinn vs. Sinnlichkeit

Semiotik und Phänomenologie liegen buchstäblich *grundlegend unterschiedliche Weltanschauungen* zugrunde, aus denen sich im Laufe des 20. Jahrhunderts jeweils für sich genommen sehr erfolgreiche, aber eben fundamental unterschiedliche und schwer kombinierbare Forschungsprogramme ausdifferenziert haben. Genau das ist denn auch gemeint, wenn eingangs formuliert wurde, dass Semiotik und Phänomenologie zwei zentrale, aber eben unterschiedliche *Paradigmen* kulturwissenschaftlicher Forschung sind.

Diese Disziplinen übergreifenden Paradigmen wirkten und wirken selbstverständlich auch in die Medienwissenschaft hinein. Dennoch treten – und das macht die Sache einigermaßen kompliziert – die beiden Paradigmen zusätzlich ein ums andere Mal in Spannung zu einem dritten Paradigma. Schwingt doch in den allermeisten medienwissenschaftlichen Positionen der Anspruch mit, Medien bzw. Medialität *anstelle* von Zeichen bzw. Phänomenen als die eigentlich entscheidenden Paradigmen zu verstehen. Zumindest wird in der Mediensemiotik wie in der Medienphänomenologie immer wieder gefragt, wie sich etwa Zeichen zu Medien verhalten: Gehen Medien nicht einfach in Zeichen auf? Sind Zeichen nicht einfach ein Teilbereich der Medien? Und in der Medienphänomenologie wiederum wird gefragt, inwieweit Medien selbst sehr spezielle Phänomene sind bzw. ob nicht jede Wahrnehmung von Phänomenen medienabhängig ist (und also streng genommen Medien gar nicht als Phänomene in Erscheinung treten). Mehrfache Spannungen durchziehen also Mediensemiotik und Medienphänomenologie. Welche Verhältnisse und Verwicklungen Medien, Zeichen und Phänomene ausbilden können, soll im Folgenden anhand einiger einschlägiger Positionen der Mediensemiotik und Medienphänomenologie vorgestellt werden.

6.1 Mediensemiotik

Das erste Axiom der Semiotik kehrt zunächst einmal das fundamentale Axiom der Medientheorie nach McLuhan um (→ vgl. Kap. 4.1). Hier gilt dann nicht mehr »Das Medium ist die Botschaft«, sondern wieder: »Die Botschaft ist die Botschaft«. Damit soll gemeint sein: Der Semiotiker kümmert sich primär um Zeichenprozesse, also um durch und in Zeichen vermittelte Bedeutungen. Andere Teilaspekte der Kommunikation, etwa der technische Kanal oder die dispositive Rahmung (→ vgl. Kap. 3.1), in dem Zeichen übertragen werden – also Aspekte für die sich Medienwissenschaftler in der Tradition McLuhans oder Baudrys primär interessieren – sind damit

»Die Botschaft ist die Botschaft«

nicht unbedingt irrelevant, bilden aber doch nicht das Zentrum semiotischen Interesses. Es geht also nicht um die Botschaft jenseits der Zeichen, sondern um die Botschaft der Zeichen. Präziser formuliert: In der (Medien-) Semiotik sind primär kommunikative Vorgänge im Sinne *codierter Zeichenprozesse* von Interesse, die regeln, welche Bedeutungen, welchen Zeichen unter welchen Umständen zuzuordnen sind.

Codierung

Definition

Zeichen

Zeichen haben mindestens sechs Merkmale:

1. Ein Zeichen ist ein solches nur genau dann, wenn einem Phänomen diese Eigenschaft *zugeschrieben* wird. Es ist also *beobachtungsrelativ* und Resultat einer *Interpretation.*
2. Ein Zeichen ist etwas, das über sich hinaus verweist, auf etwas, das *nicht materiell anwesend* ist. Ein Zeichen *repräsentiert* also etwas anders als sich selbst.
3. Ein Zeichen *appräsentiert* etwas, d.h. es *vergegenwärtigt Abwesendes* und macht dies so zuallererst zugänglich.
4. Zeichen liefern die Grundlage für *Kommunikation.* Ohne Zeichen entstehen keine Informationsübermittlung, -speicherung und -verarbeitung.
5. Die Bedeutung eines Zeichens kann nur gegeben sein innerhalb eines *Zeichensystems.* Ein solches zeichnet sich zum einen durch die Existenz *dis-*

Abb. 32

Das Dreieck des Zeichenprozesses

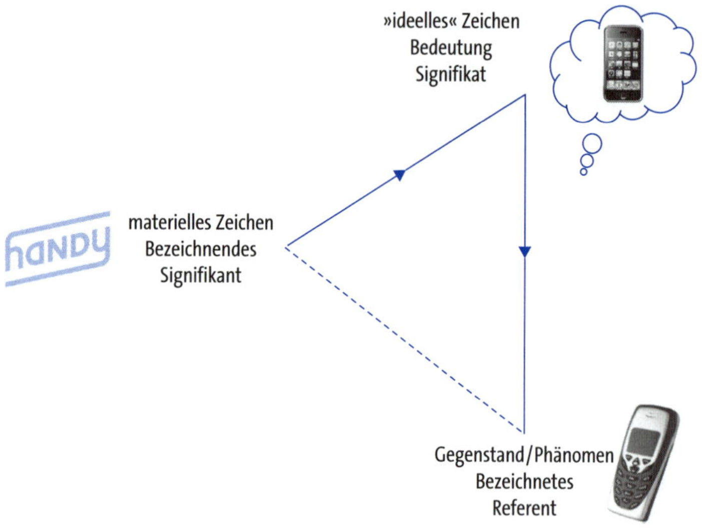

tinkter Einheiten aus. Der Buchstabe A muss beispielsweise klar vom Buchstaben B abzugrenzen sein. Zum anderen muss es *Regeln* geben, wie die distinkten Einheiten zu *verbinden* sind. Um etwa zu verstehen, was die Folge H A N D Y bedeutet, ist die Kenntnis der *Regeln* eines Zeichensystems, des *Codes*, notwendig. Der Code regelt die jeweiligen Bedeutungszuschreibungen.

6. Ein Zeichen bildet eine *dreistellige Relation* aus. Es gibt erstens das materielle Zeichen, das Bezeichnende oder auch Signifikant genannt. Innerhalb eines bestimmten Zeichensystems erhält eine Zeichenfolge wie H A N D Y zweitens eine bestimmte Bedeutung. Oder umgekehrt formuliert: Das materielle Zeichen löst eine bestimmte Vorstellung aus, auch Signifikat genannt. Dieses Signifikat ist insofern immateriell bzw. ideell, als es sich um eine Vorstellung handelt und nicht um ein Ding in der Welt. Drittens bezieht sich diese Vorstellung jedoch wiederum auf Dinge bzw. Phänomene in der Welt. Die Vorstellung bezieht sich somit auf den sogenannten Referenten, also auf das, was durch das materielle Zeichen bezeichnet werden soll.

unterschiedliche Zeichensysteme

*Medien*semiotisch interessant werden Zeichen vor allem dann, wenn man sich *unterschiedlichen* Zeichensystemen zuwendet und/oder fragt, welchen Einfluss Kommunikationskanäle auf die Vermittlung von Informationen durch Zeichen haben könnten. So macht es doch einen erheblichen Unterschied, ob Informationen in einer Situation unter Anwesenden ausgetauscht werden oder per Handy. Beim Handy entfallen Mimik und Gestik als mögliche Träger von Zeichen – die Konzentration liegt ganz auf der Stimme. In einem Brief wiederum entfällt der potenzielle Zeichenträger der Stimme, durch die beispielsweise im Gegensatz zur sprachlich formulierten Zustimmung Widerwillen vermittelt werden könnte. Sprache und Fotografie unterscheiden sich wiederum hinsichtlich ihres Grades der Abstraktionsmöglichkeiten – ist Sprache doch an und für sich auf Verallgemeinerung angelegt. Das Wort B A U M kann durchaus einen ganz spezifischen Baum meinen, aber eben nur vor dem Hintergrund der Klassifikation eines Objektes innerhalb der Gattung Baum. Hingegen zeichnet die Fotografie immer eine konkrete Situation, einen konkreten Baum auf (der freilich wiederum als Baum nur verstanden werden kann, wenn das allgemeine Konzept Baum dem Betrachter der Fotografie zur Verfügung steht). Kurz: Mediensemiotik interessiert sich primär für die Selektion bzw. Kombination von Zeichentypen und/oder die Differenzen von Zeichentypen. Oder medienwissenschaftlicher formuliert: Mediensemiotiker fragen nach der Art und Weise der Vermittlung durch Zeichen(-typen).

Zeichentypen (nach Charles Sanders Peirce)

Ikon
Index
Symbol

Dem Philosophen und Mathematiker Charles Sanders Peirce zufolge lassen sich prinzipiell drei Zeichentypen unterscheiden, die zu ihren Referenten unterschiedliche Relationen ausbilden: Das *ikonische* Zeichen basiert auf Ähnlichkeit mit dem Bezeichneten. So stimmt beispielsweise ein gezeichneter Baum mit einem realen Baum in bestimmten Merkmalen überein und ist deshalb diesem ähnlich. Das *indexikalische* Zeichen wird durch seine Funktion bestimmt, Aufmerksamkeit auf etwas (anders) zu lenken. Zumeist geht das mit einer kausalen Verbindung zum Referenten einher. Rauch lenkt die Aufmerksamkeit auf Feuer bzw. ist ein (An-)Zeichen für Feuer. Rauch indiziert Feuer, weil es ein kausaler Effekt des Feuers ist und man – ohne dass Feuer tatsächlich zu sehen – von der Anwesenheit des Rauches auf Feuer schließen kann. Auch eine Fotografie ist ein indexikalisches Zeichen insofern, als es eine direkte Verbindung zum Aufgezeichneten bereithält. Ist doch ein vergangener Zeitpunkt fotografisch, in Form einer Lichtspur festgehalten und so auf diesen vergangenen Zeitpunkt aufmerksam gemacht. Ein Lesezeichen wiederum weist auf ein Buch hin; das Lesezeichen hat seine Funktion als Lesezeichen nur im Zusammenhang mit einem Buch und macht insofern auf die Existenz eines Buches aufmerksam. Der *symbolische* Zeichentypus wiederum basiert auf Konventionen, die erlernt werden müssen. Ein symbolisches Zeichensystem ist deshalb *arbiträr*. Damit ist gemeint, dass das Verhältnis von Bezeichnendem und Bezeichnetem willkürlich ist und auf Konventionen beruht. Die Folge K I N D hat keinerlei Ähnlichkeit mit einem realen Kind, auch ist die Buchstabenfolge kein kausaler Effekt oder eine Funktion eines real existierenden Kindes. Die Relationierung von K I N D und einem realen Kind wird erst durch Sprachregeln hergestellt, die erlernt werden müssen – und somit wandelbar wie kontextabhängig sind. Die Buchstabenfolge K I N D bedeutet beispielsweise im Englischen etwas völlig anderes als im Deutschen.

Definition

Zeichentypen: Ikon, Index, Symbol

- Ikon: Ein ikonisches Zeichen bezieht sich auf einen Referenten im Modus der Ähnlichkeit. Das materielle Zeichen und das Bezeichnete weisen partielle *Merkmalsübereinstimmungen* auf.
- Index: Ein indexikalisches Zeichen bezieht sich auf einen Referenten im Modus des *Hinweisens*. Das materielle Zeichen und das Bezeichnete sind dabei entweder *kausal* verbunden oder *funktional*.

- Symbol: Ein symbolisches Zeichen bezieht sich auf einen Referenten im Modus der *Konvention*. Das materielle Zeichen und das Bezeichnete sind dabei *arbiträr*, also willkürlich verbunden.

Doch auch die scheinbar so wohlgeordnete Welt der Zeichentypen ist recht kompliziert. Zwar lassen sich die drei benannten Zeichentypen vergleichsweise klar voneinander unterscheiden, aber erstens sind diese Zuweisungen immer auch Produkt einer bestimmten Interpretation, also keine stabilen Eigenschaften von Objekten. Zweitens stellt streng nach Peirce jedes artikulierte Zeichengebilde *immer schon* ein Hybrid aus allen drei Zeichentypen dar (wenngleich in unterschiedlichen Gewichtungen). So kann, wie oben geschehen, die Fotografie mit guten Gründen als indexikalisches Zeichensystem verstanden werden. Aber freilich kommt der Fotografie ebenso ein ikonisches Verhältnis zum Abgebildeten zu. Was könnte einem realen Baum ähnlicher sein als eine gute Fotografie desselben? Zudem kann jede Fotografie symbolisch aufgeladen werden – also etwa im religiösen Kontext als Baum des ewigen Lebens verstanden werden oder in der ökologischen Protestbewegung für die Rückkehr zur Natur stehen usw. Diese Bedeutungszuweisungen sind hochgradig arbiträr.

Zeichen als Hybrid

Diese Vermischungen und Relativierungen bedeuteten aber mitnichten eine vollständige Auflösung der Unterschiede zwischen den genannten Zeichentypen. Ebenso wenig wird deren Verhältnis zu medialen Kanälen obsolet. Die angeführten Hybridisierungen und Einschränkungen bedeuten lediglich, dass man sich den jeweiligen Kontext, die jeweilige Funktionalisierung und Interpretation der Zeichen genauer anschauen muss.

Code ohne Code: Kritische Semiotik (nach Roland Barthes)

Ein besonders eindrückliches Beispiel für den strategischen Einsatz bestimmter Zeichentypen findet sich in einem Aufsatz von Roland Barthes aus dem Jahre 1961 mit dem Titel »Die Fotografie als Botschaft«. Barthes untersucht in diesem Text einen speziellen Typus von Bildern, nämlich Pressefotografien. Zunächst prüft er, was an einer Fotografie – etwa im Gegensatz zu einem Text oder einer Zeichnung – als Zeichentypus besonders sein könnte, um danach zu klären, warum die Fotografie in der Werbung eine so große Rolle spielt.

Beispiel Fotografie

Barthes führt dabei eine weitere in der Semiotik wichtige Unterscheidung ein, nämlich die zwischen *Denotation* und *Konnotation*. Zeichen sind gekennzeichnet, so Barthes, durch einen denotative wie einen konnotativen Aspekt.

Definition

Denotation / Konnotation

- Denotation: Grundbedeutung eines Zeichens bzw. Vorgang der Bezeichnung eines Gegenstandes der außersprachlichen Wirklichkeit.
- Konnotation: Zusatz- bzw. Nebenbedeutungen eines Zeichens bzw. Vorgang einer kulturbedingten Bedeutungszuweisung und Sinngebung.

Denotation vs. Konnotation

Das Wort »Paris« bezeichnet beispielsweise die Hauptstadt Frankreichs. Die Zeichenfolge »Paris« denotiert somit einen Gegenstand in der außersprachlichen Wirklichkeit, eben die Hauptstadt Frankreichs. Die Konnotation des Wortes »Paris« ist demgegenüber alle seine Neben- bzw. Zusatzbedeutung(en), die ihm aus unterschiedlichen Perspektiven und Kontexten gegeben wurden und werden. Das Wort konnotiert etwa: »Stadt der Liebe«, »Stadt der Dichter«, »Stadt der der Novelle Vague«, »aus Prinzip unfreundliche, nicht Englisch sprechende Menschen«, »Gourmets, die auch nicht davor zurückschrecken Froschschenkel zu essen« oder seit kurzem: »Ort des größten Terroranschlags in Europa« usw. Die konnotative Ebene hat es also mit weitreichenden, sehr unterschiedlichen Assoziationen, Affekten und extrem variablen Bedeutungen und Sinnstiftungen zu tun, die mit dem Wort »Paris« verbunden sein können und abhängig vom jeweiligen kulturellen Kontext sind.

Zeichencode

Keine Denotation, keine Konnotation ohne Zeichencode – zumindest gilt dies für ein symbolisches Zeichensystem wie die Sprache. Das Wort »Paris« denotiert nur in einem bestimmen regelgeleiteten Zeichensystem die Hauptstadt von Frankreich. Im Altgriechischen denotierte das Wort »Paris« indes noch nicht einmal eine Stadt, sondern den Sohn eines trojanischen Königs. Die Konnotationen »Novelle Vague« kann, wenn man das Wort »Paris« hört, erst ab den 1960er-Jahren aufkommen, vorher gab es die filmische Bewegung, die diesen Namen trägt, überhaupt noch nicht. Das heißt wieder allgemeiner gewendet: Es gibt weder Denotation noch Konnotation ohne einen Code, der die Bedeutungszuweisungen regelt und der von den jeweiligen Konventionen und Traditionen der Kommunizierenden abhängt. Sprache hat also bei der Bezeichnung der Dinge der Welt zwangsläufig eine gewisse Distanz zu dieser Welt. Die Abbildung funktioniert nicht unmittelbar, sondern immer nur vermittelt durch den je (kultur-)spezifischen und also wandelbaren Zeichencode.

Medienseniotik

Genau an dieser Stelle der Argumentation zeigt sich Barthes im Text »Die Fotografie als Botschaft« als *Medien*semiotiker. Fragt er doch nun, was die Fotografie von diesem symbolischen Zeichentypus unterscheiden könnte. Der Clou der Fotografie soll sein: Sie scheint ein Zeichensystem zu sein, das – im Gegensatz zur symbolischen Sprache –*ohne Code* funktioniert und *dennoch denotieren* kann. Denn die Fotografie zeigt ja etwas, das vormals in der Welt tatsächlich gewesen ist, ohne den Umweg des symbolischen Zeichensystems der Sprache zu nehmen. Sie scheint in der Lage zu sein, ein direktes, unmittelbares Bild eines vergangenen Zustandes zu liefern. Barthes selbst drückt die Besonderheit der Fotografie sehr klar aus. Er schreibt: »Was übermittelt die Fotografie? Definitionsgemäß die Begebenheit als solche, das *buchstäblich Wirkliche* [...]. [E]s ist keineswegs notwendig, zwischen diesem Objekt und dem Bild von ihm [...] einen Code anzubringen; gewiß ist das Bild nicht das Wirkliche: Aber es ist zumindest das *perfekte Analogon* davon.« (Barthes 1990, 12 f.) Die Fotografie bezeichnet so gesehen einen Gegenstand neutral, so wie er tatsächlich aussah zu einem bestimmten Zeitpunkt. Sie ist das »perfekte Analogon«, etwa einer Stadtansicht von Paris zu einem bestimmten Zeitpunkt. Die Fotografie ist die Spur oder mit Peirce gesprochen: der Index der Stadt Paris, da die Stadt zu einem bestimmten Zeitpunkt und die Fotografie damit kausal verbunden sind. Zusätzlich ist es ein ›perfektes Ikon‹ weil es die größtmögliche visuelle Ähnlichkeit aufweist mit der Stadt, wie sie einmal existiert hat. Dies geschieht vermeintlich alles ohne Code. Keine Bedeutung, keine Sinnzuschreibung regelt das Denotat der Fotografie. Mögen danach auch Deutungen und Konnotationen erfolgen: Die Fotografie ist unabhängig von solchen Deutungen existent und in der Welt jenseits der Zeichen verankert. Das unterscheidet die Fotografie scheinbar fundamental von der Sprache oder auch von Zeichenpraktiken der Malerei oder dem Theater. Dort sind die Darstellungen zwangsläufig immer schon überformt von kulturellen Codierungen.

Ideologiekritik

Aber – und hier erfolgt nun eine ideologiekritische Wendung – es ist, wie Barthes schreibt, indes nur ein »Gefühl« (ebd., 14) der reinen Denotation, das die Fotografie vermittelt. Dieses Gefühl wird zwar durch die spezifischen indexikalischen und ikonischen Eigenschaften der Fotografie nahegelegt – ist aber letztlich doch selbst eine kulturbedingte Zuschreibung an die Fotografie. Auch die Fotografie entkommt dem Code nicht. Jede Fotografie weist einen bestimmten (zumeist wohlkalkulierten) Ausschnitt aus der Welt auf. Ganz zu schweigen von Posen, die in der Fotografie in Szene gesetzt werden oder von manipulativen Eingriffen ins Bildmaterial, etwa bei Fotomontagen. Und selbst dann, wenn eine Fotografie tatsächlich ohne Pose, ohne Ausschnittwahl und zufällig gemacht wurde, wird das wiederum nur lesbar durch Bedeutungszuweisungen, also durch Codierungen. Dennoch – daran hält Barthes fest – erzeugt die Fotografie eben ein ›Gefühl reiner Denotation‹. Die Fotografie kann somit aufgrund bestimmter Zeicheneigenschaften dazu verwendet werden, einen *Authentizitätseffekt* herzustellen, der ungleich überzeugender ist, als es etwa durch sprachliche Vermittlung möglich ist. Insofern ist die Fotografie auch der ideale, weil glaubwürdige Dokumentations- und Werbeträger. Kann doch so – ausgehend von der Suggestion reiner Denotation – stillschweigend und vergleichsweise unbemerkt, die konnotative Seite strategisch besetzt werden: durch bestimmte Posen, Ausschnitte oder Interpretationssteuerungen mittels sprachlicher Zusätze, um so die Rezipienten von der Authentizität bestimmten Dingen zu überzeugen. Die Konnotationen werden so quasi *als natürliche Eigenschaften* der dargestellten Objekte kommunizierbar. Kann doch mit der Fotografie so getan werden, als würde man ›nur‹ Realität abbilden, während die Codierungen und Interpretationen stillschweigend in die Fotografie eingelassen werden können. Oder umgekehrt formuliert: Die Fotografie ist das ideale Zeichensystem zur *Naturalisierung* des Kulturellen, insofern ideales Werbemittel.

Authentizitätseffekt

Der Pizzaburger ist dann nicht einfach eine Mischung aus Hamburger und Pizza, die in der Werbung dargestellt wird, sondern das letzte Residuum archaischer Männlichkeit. Oder um ein Beispiel zu nennen, auf das Barthes in seinem Aufsatz »Rhetorik der Bilder« selbst ausführlich eingeht – nämlich ein Werbeplakat des französischen Pasta-Herstellers »Panzani« aus den 1960er-Jahren. Dort werden die Teigwaren fotografisch so in Szene gesetzt, dass es nicht einfach um Spaghetti mit Soße geht, sondern dass Assoziationen eines südländischen Lebensgefühls geweckt werden. Es wird mit der fotografischen Darstellung dabei eben ein Gefühl reiner Denotation erweckt, um daran die Konnotation von italienischer Lebensweise knüpfen zu können.

Diese Verknüpfungen von Denotation und Konnotation sind in Fotografien ungleich ideologisch subtiler, als dies die Sprache leisten könnte – und zwar aufgrund des spezifischen Zeichentypus der Fotografie. Der Aufdeckung dieser Verknüpfungen gilt laut Barthes das Hauptaugenmerk einer semiotischen Lektüre. Dementsprechend ist eine Mediensemiotik, die diesen Vorstellungen Barthes folgt, immer auch ein *kritisches* Geschäft. Soll doch eine kritische Semiotik die Rhetorik fotografischer Bilder und Botschaften decodieren.

Simulationstheorie (nach Jean Baudrillard)

Am Anfang dienten Zeichen dazu, die vorgängige Realität abzubilden, dann *lösten* sie sich im Laufe der Zeit von der die Realität ab und verwiesen nur noch auf sie. Diese autonome Zeichenwelt wurde dann in einem letzten

Schritt zum Modell für die Umgestaltung der Realität nach dem Vorbild der Zeichen. Das Verhältnis hat sich letztendlich also umgekehrt: Nicht mehr bilden Zeichen die vorgängige Realität ab, sondern die Realität wird geformt durch vorgängige Zeichenprozesse. Eine Karte repräsentiert so verstanden nun nicht mehr Phänomene eines vorgängigen Territoriums mehr oder weniger angemessen dar, sondern – wie Baudrillard selbst pointiert formuliert: »Die Karte ist dem Territorium vorgelagert, *ja sie bringt sie hervor*« (Baudrillard 1978, 8). Das ist die provokante Kernthese der Simulationstheorie, die durch den französischen Philosophen und zeitweiliger Deutschlehrer Jean Baudrillard seit Mitte der 1970er-Jahre metaphernreich und mit scharfer Polemik vertreten wurde.

»Die Karte ist dem Territorium vorgelagert.«

Definition

Simulation

- Grundbedeutung: lat. *simulatio*: Schein, Verstellung, Täuschung. Vorspiegelung falscher Tatsachen; jemand täuscht vor, etwas zu sein oder zu haben oder zu tun, was er nicht ist, hat oder tut, z. B. jemand täuscht psychische Beschwerden vor, um nicht zum Militärdienst eingezogen zu werden; jemand tut so, als würde er angeregt telefonieren, um mit einem vorbeilaufenden Bekannten nicht sprechen zu müssen.
- Technisch-funktionale Bestimmung: Herstellung eines Modells, das sich auf (mögliche) Sachverhalte und Prozesse vorgängiger Realität bezieht. Die Bezugnahme erfolgt so, dass einige Eigenschaften dieser Sachverhalte möglichst ähnlich abgebildet werden, zumeist um Reaktionen und Veränderungen dieser Sachverhalte zu ermitteln –und zwar zur Koordination zukünftigen Handelns, z. B. ein Test der Aerodynamik eines Autos im Modell, noch bevor das Auto gebaut wurde oder eine Computersimulation des Wetters zum Zwecke der Erstellung einer verlässlichen Wettervorhersage.
- Medientheoretische Bestimmung (nach Baudrillard): Die Herstellung von Modellen insbesondere durch technisch-audiovisuelle Massenmedien, die den Anschein erwecken, als würden sie sich auf Sachverhalte und Prozesse der vorgängigen Realität beziehen, aber tatsächlich unabhängig davon Modelle bereitstellen, wie Realität betrachtet werden soll. Diese Simulationsmodelle wiederum richten zukünftiges Handeln aus und erlauben – aufgrund flächendeckender Verbreitung – keinen unabhängigen Blick mehr auf die vorgängige Realität. Hier gibt es also im Gegensatz zur technisch-funktionalen Bestimmung, keine einzelnen Funktionen mehr von Simulationsmodellen, die uns helfen sollten, Realität besser zu verstehen oder besser auf sie vorbereitet zu sein. Es gibt

schlicht keinen Bereich mehr, der nicht von den Simulationsmodellen durchdrungen ist und dementsprechend kein Zugriff mehr auf Realität, die unabhängig wäre von den Vorgaben der Simulationsmodelle.

Zu seiner historischen Rekonstruktion gelangt Baudrillard, indem er unterschiedliche Zeitalter je diese bestimmende Werte und Schemata ausfindig macht. Besonders interessant ist in diesem Zusammenhang: Diese Zeitalter lassen sich ebenso unterschiedliche Zeichentypen zuordnen.

Zeitalter und Zeichentypen

Um dies an einigen Beispielen näher zu erläutern: Im klassischen Zeitalter ist nach Baudrillard, der Bezug auf die Natur zentral. Die Natur spielt hier die zentrale Rolle als Vorbild, das imitiert werden soll. Der zentrale Zeichentypus zur Imitation ist folglich ein ikonischer – etwa auf Gemälden der Renaissance oder auf Karten, die die Gebiete und Landschaften, die dort abgebildet sind, möglichst detailgetreu abbilden sollen. Im industriellen Zeitalter geht es weniger um Nachahmung als vielmehr um eine Produktionslogik im Kontext von Marktprozessen. Das Verhältnis zur Welt wird hier ein strikt funktionales. Kunstwerke imitieren nicht mehr die Welt, sondern produzieren eigene Bilderwelten, um den Blick auf die Welt neu zu justieren. Karten bilden nicht einfach mehr vorgängige Realität möglichst detailgetreu ab, sondern selektiv und funktional, etwa bezogen auf Rohstoffvorkommen oder Verkehrsrouten. Besonders relevant werden technische Zeichnungen, die nicht auf Imitation angelegt sind, sondern strikt darauf, das Abgebildete in seiner Funktionsweise zu verstehen, um

Abb. 33 | *Zeitalter und Zeichenwelten (nach Baudrillard)*

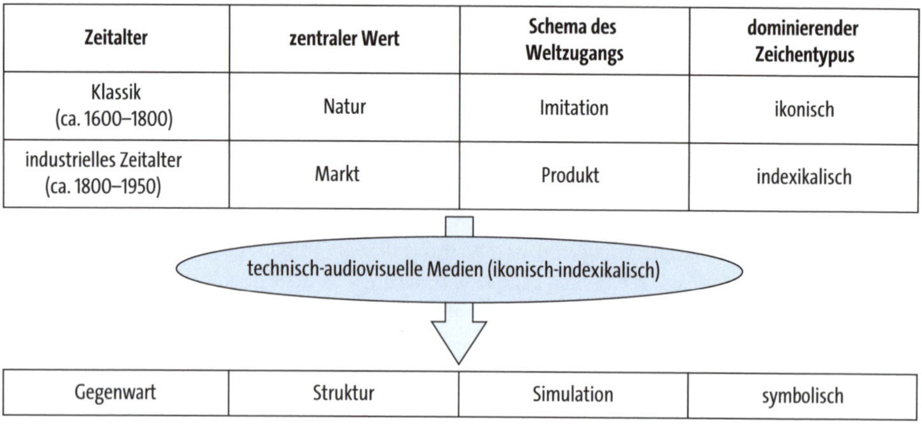

Zeitalter	zentraler Wert	Schema des Weltzugangs	dominierender Zeichentypus
Klassik (ca. 1600–1800)	Natur	Imitation	ikonisch
industrielles Zeitalter (ca. 1800–1950)	Markt	Produkt	indexikalisch

technisch-audiovisuelle Medien (ikonisch-indexikalisch)

Gegenwart	Struktur	Simulation	symbolisch

das dort Abgebildete selbst nachbauen zu können. Dieser funktionalen Ausrichtung entsprechend wird hier insbesondere der indexikalische Zeichentypus relevant. Die bislang letzte Phase, in der wir gegenwärtig leben, ist – laut Baudrillard – nicht mehr bestimmt durch Fragen nach einer angemessenen Bezugnahmen auf die Natur oder der markwirtschaftlichen Produktionslogik unterworfen. Der zentrale Wert ist nun vielmehr etwas, dass er *Struktur* nennt.

Definition

Strukturalistische Zeichentheorie

Dem Sprachwissenschaftler Ferdinand de Saussure zufolge erzeugt jedes materielle Zeichen (das er als Signifikant bezeichnet), Bedeutung (bei Saussure: das Signifikat) genau dadurch, dass es in *Differenz* zu anderen materiellen Zeichen steht. Bedeutungen von Zeichen sind insofern vollständig abhängig von den jeweils vorherrschenden differenziellen materiellen Zeichenrelationen. Die Bedeutung eines Zeichens ist somit eben *nicht* verankert in seiner Bezugnahme auf die Realität, sondern *allein* zu finden in seinem *Verhältnis zu anderen materiellen Zeichen*. Die Zeichen sind so verstanden Elemente einer von den Gegenständen und Phänomenen in der Welt *unabhängigen* Struktur, die das Verhältnis der Elemente untereinander regelt. Bedeutungszuweisung ist also Effekt differenzieller Zeichenverkettung. Die Frage, ob bestimmte Zeichen die Welt angemessen beschreiben oder nicht, wird somit irrelevant. Das zumindest ist eine Grundprämisse *strukturalistis*cher Zeichentheorien. Diese gehen mit de Saussure von der Existenz differenzieller Zeichensysteme aus, deren Struktur regelt, wie wir die Welt wahrnehmen. Dementsprechend müssen nicht die einzelnen Bedeutungszuweisungen oder das Verhältnis von materiellen Zeichen zu ihren (vermeintlichen) Referenten in der Welt betrachtet werden, sondern die differenzielle Struktur der jeweiligen Zeichensysteme. Um die Welt zu verstehen, sollen wir also gerade nicht die Gegenstände und Phänomene der Welt betrachten, sondern die Zeichenoperationen, die unseren Zugang zur Welt bestimmen.

Baudrillard greift dieses Konzept der strukturalistischen Zeichentheorie auf. Wichtig ist ihm daran vor allem erstens: Bedeutungszuweisungen werden produziert innerhalb differenzieller Zeichensysteme. Diese bilden eine Struktur aus, die *unabhängig* von der vorgängigen Realität ist. Besonders deutlich wird dies bei *symbolischen* Zeichen –sind diese doch im Sinne Peirce bestimmt als Zeichen, die aufgrund von Konventionen Bedeutung erhalten, deren Bezug zur Realität also arbiträr und damit je nach Kontext wan-

differenzielle Zeichensysteme

delbar ist. Daraus zieht Baudrillard zweitens die Konsequenz, dass solche Zeichen *per se* alle möglichen Bedeutungen erhalten können, je nach ihrem Wert innerhalb eines Zeichensystems. Drittens geht es Baudrillard als reinem Strukturalisten weniger um die formale Logik dieser Zeichensysteme. Vielmehr interessiert ihn deren Effekt auf unseren Zugang zur Welt – liefern diese Zeichensysteme doch die Modelle, die unsere Erkenntnis-, Wahrnehmungs- und Handlungsvermögen bestimmen. Viertens – und damit komme ich wieder auf Baudrillards Zeitaltermodell zurück – wendet Baudrillard die prinzipielle Idee der strukturalistischen Zeichentheorie *historisch:* Erst im gegenwärtigen Zeitalter leben wir in einer Welt, in der das Modell differenzieller autonomer Zeichenstrukturen voll greift und unseren Zugang zur Realität radikal umgestaltet. Wir imitieren die Welt nicht mehr, wir produzieren nichts mehr auf Grundlage der vorgegebenen Welt, vielmehr erstellen wir mittels autonom gewordenen Zeichenoperationen eine Simulationswelt, die die Realität nach ihrem Vorbild umgestaltet.

Simulationswelt

Beispiel Fernsehwerbung

Die Fernsehwerbung – um nur ein sehr einfaches Beispiel für diese letzten historische Phase anzuführen – bildet nicht mehr (wie idealisiert auch immer) vorgängige familiäre Beziehungsformen ab, sondern erstellt Modelle familiärer Beziehungen, an denen sich die Rezipienten für ihre eigenen Beziehungen im echten Leben orientieren. Sehr überspitzt formuliert: Meiner Großmutter bringe ich nicht Schokolade mit, weil sie auf die Kinder aufgepasst hat und ich so meinen Dank ausdrücken will, sondern weil ich in der Werbung gesehen habe, dass man so etwas in dieser Weise tun kann. Was ich ohne das Modell aus der Werbung getan hätte oder hätte tun wollen, ist inzwischen verdeckt. Zu häufig schon habe ich die Werbung und das damit einhergehende Simulationsmodell der Kopplung von Emotionen und Schokolade gesehen. Das Zeichengefüge des Werbespots hat sich über die vorgängige Wirklichkeit gestülpt und diese verändert. Anstelle ursprünglich möglicher Dankbarkeit, steht nun: »Merci, dass es Dich gibt!«

Fernsehwerbung bringt also die Art und Weise, wie ich mit meiner Großmutter umgehe und letztlich sogar das, was ich für sie empfinde, hervor und hat entscheidenden Einfluss auf das weitere Verhältnis. Etwas ganz Ähnliches wird im Übrigen mit der Manipulationsthese der Kritische Theorie behauptet (→ vgl. Kap. 5.1). Der entscheidende Unterschied ist indes: Aus Perspektive der Simulationstheorie gibt es nun kein Jenseits der Fernsehwerbung mehr – auch dann nicht, wenn ich kein Fernsehen schaue. Zumindest gibt es kein ursprüngliches, von medialen Modellen nicht infiziertes Gefühl mehr. Es gibt keinen Ort mehr, von dem aus ich beurteilen könnte, was das ursprüngliche und was das simulierte Gefühl ist. Jeder und alles ist immer schon von Zeichen durchdrungen, deren Modelle unsere Handlungen steuern: sowohl der Sender als auch der Empfänger, der ökonomisch Mächtige wie der Arbeiter, der Intellektuelle ohne Fernsehen wie der

Zuschauer von Dauerwerbesendungen. Meine Freiheit schrumpft somit auf die Entscheidung zusammen, ob ich dem medialen Modell der Merci-Werbung folge oder doch eher dem der Werbung für Ferrero-Küsschen.

Um nun endlich ein wenig genauer auf die Rolle der Medien in diesem Zusammenhang einzugehen: Der Übergang in das gegenwärtige Simulations-Zeitalter wird ermöglicht oder doch zumindest erleichtert durch die Etablierung technisch-audiovisueller Medien. Damit sind insbesondere gemeint: Fernsehen, Film, Fotografie und (wenngleich weit weniger diskutiert bei Baudrillard) Computer. Diese sind zur Etablierung einer Simulationswelt besonders geeignet, denn sie vermitteln ein immer perfekteres Trugbild der Realität, das sich allmählich über die Realität stülpt und dieses letztlich nach dem eigenen Vorbild umgestaltet. Vorstellungen über das, was real ist, werden nach dem durch die technisch-audiovisuellen Massenmedien verbreiteten *Vorbild* von Zeichenprozessen und -modellen gebildet. Diese massenmedialen Angebote bilden nicht mehr vorgängige Realität ab, sondern erschaffen so eine zweite Realität. Diese zweite Realität nennt Baudrillard auch *Hyperrealität*, da sie nicht nur unabhängig von der vorgängigen Realität etabliert wird, sondern noch weit mehr: Diese Hyperrealität stülpt sich – gemäß der Bedeutung des lateinische Präfix *hyper* – über die erste, vormals unabhängige Realität. Diese wird damit allmählich ersetzt und verschwindet.

audiovisuelle Medien

Hyperrealität

Die Besonderheit der technisch-audiovisuellen Medien, die für Baudrillard so entscheidend sind, findet sich darin – und hier kommen nun wieder die unterschiedlichen Zeichentypen ins Spiel –, dass sie vorrangig indexikalische und ikonische Zeichentypen vermitteln (oder doch so tun können, als würden sie mittels täuschend echter Imitation Spuren der vorgängigen Welt unmittelbar sichtbar machen). Sie suggerieren damit – Barthes zeigt das sehr deutlich am Beispiel der Werbefotografie – einen unmittelbaren Zugang zur Welt. Und genau deshalb eignen sie sich so gut, um uns in die symbolische Welt der Simulation zu führen. Erwecken doch Fotografie, Fernsehen und Film den Anschein, Botschaften ohne Codes zu vermitteln – also aufgrund ihrer indexikalischen und ikonischen Potenz Realität direkt abzubilden, obwohl ihnen hochgradig symbolische Operationen, Codierungen, Konventionen, Schemata und Konnotationen zugrunde liegen.

Somit haben wir es bei Baudrillard mit einer vergleichsweise komplexen Verbindung der unterschiedlichen Zeichentypen zu tun: Das symbolische Zeichensystem, das sich durch einen arbiträren Zugang zur Welt auszeichnet, Bedeutung erst im Kontext bestimmter Konventionalisierungen erhält und also nicht abhängig ist von der vorgängigen Realität, wird in seiner Autonomie gestärkt und zur Simulationswelt ausgebaut *durch* den Einsatz spezifischer ikonischer und indexikalischer Zeichen, die wiederum vermittelt, ja möglich werden durch Medientechniken wie Fotografie, Film oder Fernsehen und die in digitalen Simulationen gegenwärtig ihre Perfektion erfahren.

Aus solch einer Situation kann es schwerlich einen Ausweg geben. Denn selbst, wenn Menschen vor Ort miteinander sprechen, müssen sie das laut Baudrillard heute bereits wiederum nach dem in den technisch-audiovisuellen Medien erlernten Modellen tun. Anders als Barthes etwa, der seine kritische Semiotik als Aufdeckung ideologischer Strategien versteht, will Baudrillard deshalb – ausgehend von der Rekonstruktion unserer heutigen Simulationswelt – gegen alle möglichen semiotischen Zurichtungen selbst vorgehen. So ist es auch nur konsequent, wenn er nicht der Hoffnung Vorschub leistet, dass wir durch kritische mediensemiotische Analysen zu einer besseren Gesellschaft kommen. Ebenso wenig glaubt Baudrillard aber daran, dass wir unsere Smartphones einfach wegzuwerfen und auf Bäumen klettern sollten, um so wieder ein erfülltes Leben leben zu können. Das würde unser Problem nicht lösen. Es wäre nur wieder eine Handlung aufgrund eines Simulationsmodells aus den Medien. Stattdessen gibt es nur noch eine Option, nämlich die *Störung* medialer Informationsprozesse. Nur mittels der permanenten Störung medialer Informationsprozesse ist heute noch auf ein Jenseits der Medien aufmerksam zu machen. Der Rest sind Illusionen aufgrund von Simulationsmodellen.

Störung als Ausweg

Die mediale Form der Zeichen – Dekonstruktion (nach Jacques Derrida)

Destabilisierung

Die Dekonstruktion ist genau genommen eigentlich gar keine Theorie. Dekonstruktion ist vielmehr eine Destabilisierungstendenz, die sich in jeder Zeichenoperation immer schon ereignet. Das zumindest ist eine zentrale Prämisse Jacques Derridas. Während mit und in Texten, Filmen, Fernsehserien oder auch Gesprächen am Handy Absichten verfolgt, Sinn, Bedeutung und Wahrheitsansprüche formuliert werden, sind diese Ansprüche immer schon in und durch die Kommunikationsangebote selbst unterminiert. Diese Gleichzeitigkeit der Konstruktion und Destruktion von Bedeutung, die bei jedem Zeichenprozess am Werke sein soll, gilt es nach Derrida ›nur‹ deutlich nachzuzeichnen, um die konstitutive Offenheit und Willkürlichkeit jeder Sinnsetzung darzulegen. Dekonstruktion ist so gesehen also eine *Lektürepraxis*, die zeigt, dass jeder bedeutungsstiftende Zeichenprozess sich selbst problematisch wird und die eigenen Behauptungen unterminiert. Das Prinzip der permanenten Unterminierung eines eindeutigen Sinnes nennt Derrida in Anlehnung an de Saussures Konzept eines differenziellen Zeichensystems *différance*.

Definition

différance

Différance ist eine Wortneuschöpfung des Philosophen Jaques Derrida, die dieser wählt, um die Operationslogik jeglichen Zeichenprozesses zu bezeichnen. Derrida lässt sich dabei von folgender Überlegung leiten: Damit überhaupt Bedeutungen entstehen können, muss – wie Ferdinand de Saussure gezeigt hat – ein differenzielles Zeichensystem existieren. Es ist *aber* legitimer Weise *kein* Kriterium anzugeben, wann nun endlich die wahre Bedeutung eines Zeichens gefunden sein könnte. Denn die Bedeutungszuweisungsmöglichkeiten und das differenzielle Zeichensystem (→ vgl. dazu »Definition: strukturalistische Zeichentheorie«, S. 159) sind *per se* unendlich offen, lassen sich nicht abschließen, geschweige denn kontrollieren. Nie kommt man zu einem letzten Zeichen, das alle anderen erklärt, nie kommt man zu einer letzten Regel, die nicht wiederum selbst dem Spiel des differenziellen Zeichensystems unterliegt. Der Sinn eines Zeichens verschiebt sich unendlich oder andersherum ausgedrückt: ist unendlich aufgeschoben. Jede Fixierung auf eine eindeutige Bedeutung eines Zeichens, die Fixierung eines Zeichensystems auf eine eindeutige Struktur oder einen präzise zu bestimmenden Referenten ist nicht zu leisten, buchstäblich eine unendliche, also unbewältigbare Aufgabe. Genau diese Operationslogik des *unendlichen Bedeutungsaufschubs* ist es, was Derrida als *différance* benennt.

Différance bezeichnet somit einerseits die *Möglichkeit* der Bedeutungszuweisung. Erst aufgrund eines differenziellen Zeichensystems kann ein Zeichen überhaupt irgendetwas bedeuten. Anderseits bezeichnet *différance* die *Unmöglichkeit* eindeutiger und letztendlich gültiger Bedeutungszuweisung, denn das differenzielle Zeichensystem ist nicht durch eine endliche Menge an Elementen oder Regeln zu begrenzen. Um diese widerstreitenden Doppelbewegung jeglicher Zeichenprozesse benennen zu können, bedient sich Derrida des Kunstwortes *différance*. Différance ist also nicht einfach ein falsch geschriebenes, aus dem Französischen stammendes Wort. Orthografisch korrekt wäre nämlich différence, so verwendet es etwa auch de Saussure. Doch zur Kennzeichnung der Verschiebung und Verunsicherung der Bedeutung von Zeichen wählt Derrida absichtlich eine minimale Zeichenverschiebung vom e zum a (die man zudem in der mündlichen Artikulation nicht als Differenz zwischen e und a hören kann).

Dies Prinzip der *différance* trifft unterschiedslos auf alle möglichen Zeichensysteme zu. Derrida selbst nennt hier sogar nicht nur alphabetische Zeichensysteme oder visuelle Zeichensysteme wie die Fotografie, audiovisuelle wie Film und Fernsehen. Darüber hinaus fallen bei ihm beispielsweise auch darunter Musik, Choreografie, athletische oder militärische Organisationsformen sowie der genetische Code. Wichtiger aber als die Frage, was alles als Zeichensystem aufzufassen ist, scheint für einen medienwissenschaftlichen Zugang zu sein: Auf dieser sehr universellen Ebene spielen die unterschiedlichen Zeichenarten keine Rolle. *Allen* Zeichenprozessen kommt das Merkmal zu, die Bedeutungszuweisungsmöglichkeiten unendlich zu verschieben und zu erweitern; sie sind *per se* nicht kontrollierbar. Genau dieses Prinzip, dass Derrida als *différance* beschreibt, nennt er selbst auch die »*mediale* [...] Form« (Derrida 1983, 119; Herv. S.G.) der Zeichenprozesse. *Différance* meint also die *Medialität aller* Zeichenprozesse. Mit Medialität ist in diesem Falle also nicht ein Prinzip gemeint, das mit irgendwelchen Technologien, speziellen Apparaten oder mit unterschiedlichen Zeichentypen zu tun hat. Vielmehr ist es ein Prinzip der unendlichen Bedeutungsverschiebung auf Ebene aller möglichen Zeichenprozesse. Damit wäre auch hier nicht mehr die Botschaft die Botschaft, sondern das Medium. Aber nicht im Sinne McLuhans, der damit anzeigen will, dass *außer*semiotische Aspekte – etwa die Medientechnologie bzw. die Materialität der Kommunikation – bestimmen, wie medial vermittelte Botschaften zu verstehen sind (→ vgl. Kap. 4.1). Vielmehr ist gemeint, dass bereits im Herzen der semiotischen Prozesse – auf *Ebene des Codes* – etwas stattfindet, das die neutrale Vermittlung von Botschaften verunmöglicht.

Medialität aller Zeichenprozesse

Parallel und zur Unterstützung dieser sehr allgemeinen Bestimmung von Medialität beschäftigt sich Derrida mit vermeintlich unterschiedlichen Zeichentypen und Mediendifferenzen – insbesondere mit der Differenz von Geschrieben und Gesprochenem, also mit dem Unterschied zwischen Schrift und Stimme. Derrida vertritt dabei mit Blick auf sein Konzept der *différance* die These, dass nahezu die gesamte abendländische Ideengeschichte unhinterfragt von einer klaren Mediendifferenz zwischen Stimme und Schrift ausging. Diese Differenz sei wiederum mit einer nicht weniger deutlichen Bewertung verbunden gewesen: Sprechen ist gut, Schrift ist schlecht oder doch zumindest weniger geeignet für Erkenntnisgewinn und Sinnverstehen. In der Stimme, so die Annahme, wird der Sinn der Worte unmittelbar präsent und evident. Und sollte der Sinn der Worte einmal nicht sofort evident sein, kann im mündlichen Dialog ja immer nachgefragt werden. Im Geschriebenen hingegen ist der Sinn nur mittelbar vorhanden, muss interpretativ und oft über Umwege erschlossen werden, da der Autor der Zeilen in den allermeisten Fällen nicht anwesend ist. Das heißt auch: Die Kontrolle über die richtige Auslegung wird geschwächt, Fehlinterpretationen werden wahrscheinlich.

Stimme vs. Schrift

Das hat u.a. die Konsequenz, geschriebene Sprache abzuwerten, als minderwertigen Abklatsch des reinen Sinns im Sprechen zu deuten. Schrift stellt so verstanden eine Art Schwundstufe des gesprochenen Wortes dar und kann niemals Sinn so gut vermitteln wie die unmittelbare Gesprächssituation. Niemals ist der Sinn so präsent wie in der stimmlichen Artikulation. Diese Einschätzung lässt sich bis in philosophische Texte der Antike zurückverfolgen. Sie findet sich etwa in Platons »Phaidros«. Dort entfaltet Platon das Argument, dass die Schrift für den Erkenntnisgewinn eher hinderlich, ja gefährlich sei – der Dialog zwischen Meister und Schüler hingegen das ideale didaktische Erkenntnismittel sei. Ähnlich wird auch sehr viel später bei Jean-Jacques Rousseau oder in Edmund Husserls Phänomenologie argumentiert.

Hier setzt Derridas Kritik an: Die Vorrangstellung der Mündlichkeit zu behaupten, beruht auf einer unhaltbaren Prämisse, die den Wahrheitsanspruch der Texte von Platon, Rousseau oder auch Husserl unterminiert. Denn nach Derrida ist dieses unmittelbare Vernehmen des Sinns in der Stimme und die Vorstellung eines unvermittelten dialogischen Austausches eine Illusion. Es kann nämlich keine unmittelbare Präsenz des Sinns geben. Selbst der gesprochenen Sprache liegt eine Art Schrift zugrunde. In der Vorrede zu seiner »Grammatologie« schreibt Derrida dementsprechend programmatisch: »Wir werden zu zeigen versuchen, daß es kein sprachliches Zeichen gibt, das der Schrift vorherginge.« (Derrida 1983, 29)

Derridas Schriftbegriff

Wie aber sollte man es verstehen, dass Schrift dem Mündlichen vorausgeht, wo es doch recht evident ist, dass die Schrift kulturgeschichtlich sehr viel später nachweisbar ist als das gesprochene Wort? Deshalb ist es wichtig, Derridas Schriftbegriff näher zu betrachten. Schrift ist in seinen Texten nicht einfach etwas, das Worte aufzeichnet. Vielmehr ist es eine universelle semiotische Verweisungsstruktur, die Derrida – wie oben bereits angeführt – *différance* nennt. Auch wenn also die alphabetische Schrift medienhistorisch nach dem gesprochenen Wort kommt, so unterliegt sie mediensemiotisch doch denselben Voraussetzungen wie die alphabetische Schrift – nämlich der Existenz eines differenziellen Zeichensystems, das die eindeutige Sinnzuweisung unendlich verschiebt. Der Unterschied zwischen Schrift und mündlicher Artikulation besteht einzig darin, dass diese Verschiebungsproblematiken in der Schrift sofort deutlich erkennbar sind, hingegen beim gesprochenen Wort eben nicht.

Hier argumentiert Derrida ganz ähnlich wie Barthes bezüglich der Fotografie: Die Fotografie hat als besonderer Zeichentypus die Möglichkeit zu suggerieren, dass eine visuelle Darstellung vor und unabhängig von jedem Code stattfinden kann, auch wenn das – wie dargelegt – eine Illusion ist. Ähnlich argumentiert Derrida bezüglich des Artikulation via Stimme: Eine unmittelbare Präsenz des Sinns scheint gegeben durch eine indexikalische Verbindung von Gesprochenem und dem Gegenstand, auf den sich die stimmliche Artikulation bezieht. Doch auch das ist eine Illusion. Ein *Gefühl* unmittelbaren Sinnzugangs wird erzeugt, aber nicht tatsächlich ein unmittelbarer Sinnzugang. Die Stimme entkommt nach Derrida also ebenso wenig wie die Fotografie der symbolischen Codierung und damit, auch nicht der unendlichen Bedeutungsverschiebung. Die Medialität der Stimme lässt sich also gerade *nicht* durch Differenz zum Medium Schrift markieren, sondern besteht vielmehr im selben Prinzip einer Urschrift, der *différance*, die verantwortlich ist für die unendliche Bedeutungsverschiebung.

Die Medialität der Stimme: eine »Vodafone«-Werbung

Die Illusion eines unmittelbaren Zugangs zur Wahrheit in der Stimme lässt sich an einer »Vodafone«-Werbung aus dem Jahr 2015 gut aufzeigen: Zu Beginn der Werbung sehen wir ein junges Mädchen, das mit seiner Mutter telefoniert (siehe Abb. 34a-b). Das Mädchen versichert, es ginge ihr gut, während die Mutter skeptisch lauscht. Danach verfolgen wird die Mutter, wie sie ins Auto steigt, in das Studentenwohnheim ihrer Tochter fährt und dort diese verzweifelt auf ihrem Bett vorfindet. Daraufhin fallen sich Mutter und Tochter in die Arme und die Tochter weint, während die Mutter sie tröstet (siehe Abb. 34c). Am Ende erfahren wir, dass es sich hier um die Werbung für ein Handy mit einer besonders guten Sprachvermittlungsqualität handelt (siehe Abb. 34d-f). Damit wird nicht gerade subtil nahegelegt: Weil die Mutter ein »Vodafone«-Handy besitzt, das sich durch besonders Sprachqualität auszeichnet, konnte sie überhaupt erst hören, dass die explizite Aussage ihrer Tochter (nämlich es gehe ihr gut) den wahren Gefühlszustand der Tochter verdeckt. In Wahrheit fühlt sie sich nämlich zutiefst unglücklich. Damit wird eben auch ausgesagt: Die Stimme artikuliert – neben und jenseits des Inhalts der Worte, die sie transportiert – die eigentliche Wahrheit.

Abb. 34a-f | *Hören und/oder sehen, was wirklich der Fall ist – eine »Vodafone«-Werbung*

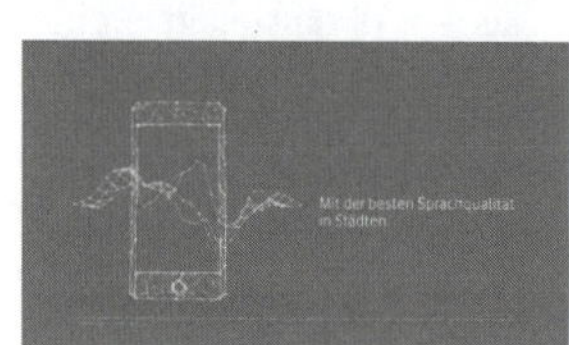

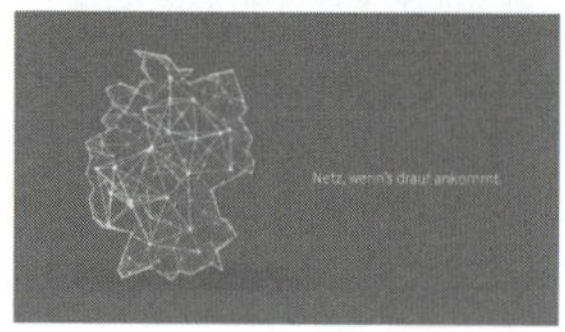

Die Stimme hat nach Peirce eine indexikalische Verbindung zum Referenten – in diesem speziellen Fall eine kausale Verbindung: Weil Person X Schmerz und Trauer empfindet, hat sie eine belegte, weinerliche Stimme. Diese indexikalischen Bezugnahmen kann Anderes bzw. Gegenläufiges zu dem bedeuten, was auf symbolischer Ebene explizit artikuliert wird. In der Stimme – Sprachqualitätssteigerung durch Vodafone vorausgesetzt – offenbart sich das unmittelbar.

dekonstruktive Lesart

Es wäre ein Leichtes hieran eine dekonstruktive Lesart im Sinne Derridas anzuschließen. Nur ein Aspekt solch einer Lektüre soll kurz skizziert werden: Gleich zu Beginn wird eine widersprüchliche Bestrebung offensichtlich: Das, was die Mutter vermeintlich hört, weil sie ein ganz besonderes Handy hat, hören wir nicht, obwohl wir doch genau das zu hören bekommen, was auch die Mutter zu hören bekommt. Wir sehen es nur und können es erst im Laufe der Erzählung verstehen. Wir benötigen also zusätzlich den visuellen Kanal wie auch eine Erzählung, um zu hören, was die Mutter hört, um es richtig zu verstehen. Die Stimme als Ort der unmittelbaren Präsenz des Sinns wird so relativiert. Der Sinn ergibt sich nämlich erst durch die visuell unterstütze Geschichte, die uns erzählt wird – mit anderen Worten: durch ein differenzielles Zeichensystem, das zudem die Bedeutung selbst immer weiter verschiebt. Am Ende wird ein Schriftzug eingeblendet, dessen letzter Teil mit dem davor Gesehenen und Gehörten nichts mehr zu tun haben scheint: »Mit der besten Sprachqualität *in Städten*« (siehe Abb. 34d). Zentral ist: Es wird in dieser »Vodafone«-Werbung etwas behauptet und gleichzeitig diese Behauptung selbst unterwandert und damit Bedeutung verschoben. Das ist, wenn man Derrida folgt, Dekonstruktion *in actu*: eine Destabilisierungstendenz, die sich in jeder Zeichenoperation und also auch in jeder Werbung immer schon ereignet und durch eine dekonstruktive Lektüre nur deutlich markiert werden muss.

Kritik

- Alles, was *jenseits* der Zeichen angesiedelt ist, etwa Affekte, materielle Spezifika, Technologien, Praktiken, fällt unter den Tisch. Alle mediensemiotischen Ansätze kranken daran, dass sie sich im Grunde ausschließlich für die Zeichenoperationen medialer Prozessen interessieren. Vergessen oder doch zumindest marginalisiert wird dabei die Materialität der Kommunikation – also alles das, was mit Apparaten, Kanälen oder auch Praktiken im Umgang mit Medientechniken zu tun hat. Damit vernachlässigt die Mediensemiotik genau das, wodurch sich Medienwissenschaft von anderen Zugangsweisen auf Zeichenprozesse unterscheiden könnte (→ vgl. Kap. 1).

- *Mediendifferenzen* werden letztlich nicht ernst genommen. Auch wenn es in einigen Ansätzen um den Unterschied zwischen Bild und Sprache, Fotografie und Text, Stimme und Sprache gehen mag, so wird doch letztlich alles auf die Universalkategorie codierter Zeichenprozesse zurückgeführt. Differenzen sind nicht wirklich wichtig. Mediensemiotik ist also eigentlich recht besehen immer reine Semiotik, die nur zeitweilig so tut, als wären mediale Unterschiede der Zeichen von Belang.
- Der Medienbegriff bleibt *unklar* oder ist schlicht überflüssig. Entweder wird der Medienbegriff überhaupt nicht geklärt und stattdessen von unterschiedlichen Zeichensystemen gesprochen (etwa bei Barthes). Oder aber Medien kommen nur als sehr universales Prinzip einer Medialität vor, das allen Zeichenprozessen zugrunde liegt (so bei Derrida). Statt Medien bzw. Medialität könnte man im einen Fall ohne Verlust einfach vom Code sprechen und im anderen von *différance*. Die Ergänzung des semiotischen Registers durch medienwissenschaftliches Vokabular ist schlicht unnötig.
- Wenn die Bedeutung von Zeichen tatsächlich unendlich offen sein sollte, wie Derrida behauptet: Wie sollen wir dann die Behauptungen Derridas richtig verstehen können? Setzt das Verstehen dieser These nicht voraus, dass Bedeutungen doch nicht unendlich offen und variabel sind? Könnte ich also die These richtig verstehen, müsste sie sich als falsch erweisen. Hier haben wir es mit einem klassischen Fall des performativen Selbstwiderspruchs zu tun.
- Baudrillard hängt mit seiner Simulationstheorie einem naiven Realitätsverständnis an. Früher zumindest soll es noch eine echte und reine Realität gegeben haben, auf die man sich beziehen konnte. Es ist doch einigermaßen erstaunlich, dass jemand, der die radikale These verficht, Zeichenoperation hätten eine undurchdringliche Simulationswelt hergestellt, *dennoch* an einer so naiven Vorstellung von Realität festhält, die früher einmal zugänglich war. Es ist doch viel plausibler – insbesondere aus semiotischer Perspektive – davon auszugehen, dass unser Zugang zur Realität immer schon abhängig ist, von unseren Zeichensystemen. Was die Realität jenseits dieses Zugangs mittels Zeichen sein mag, ist keine Frage, die wir beantworten können. Baudrillard aber glaubt an diese Realität, zumindest an deren ehemalige Zugänglichkeit. Nur genau deshalb kann er ja auch ständig vom Verschwinden der Realität sprechen. Vielmehr als ein naiver Glaube ist das aber nicht.

Mediensemiotische Perspektive – ein Rückblick am Beispiel der »Vodafone«-Werbung

Anhand der beschriebenen »Vodafone«-Werbung ist auch noch einmal klar zu machen, was die unterschiedlichen mediensemiotischen Positionen, die hier vorgestellt wurden, eint und – vielleicht noch wichtiger – was sie unterscheidet. Derrida geht es um eine dekonstruktive Lektüre, anhand derer gezeigt wird, dass keine Artikulation dem Spiel der Zeichen entkommt und sich also Sinn immer verschiebt und jeder artikulierter Wahrheitsanspruch sich immer schon selbst destabilisiert. Auch wenn mit Mediendifferenzen – etwa Stimme und Schrift argumentiert wird – zeigt Derrida, dass die Differenzsetzung im Grunde auf einem Missverständnis beruht. Roland Barthes geht es um etwas ganz Ähnliches, jedoch in einer ideologiekritischen Wendung: Analog zu Derridas Ausführungen zur Stimme will auch er zeigen, dass mit bestimmten Zeichentypen, speziell der Fotografie (aber dies ließe sich vergleichsweise problemlos auf filmische oder televisuelle Darstellungsformen übertragen) Authentizitätseffekte erzeugt werden, womit die Illusion einhergeht, Darstellungen jenseits jeglichen Codes seien möglich (also direkte Zugriffe auf Realität). Barthes' Annahmen über die Fotografie lassen sich ebenfalls auf die »Vodafone«-Werbung übertragen: Wird doch auditiv wie auch *visuell* suggeriert, dass Geschehnisse der Welt unmittelbar abgebildet werden: die Stimmen von Mutter und Tochter, die Handlungen, Gesten und Affekte – die jenseits sprachlicher Codierung ins Bild gebracht werden, unmittelbar abgefilmt, reine Denotate. Diese vermeintlich reinen Denotate werden mit Konnotationen angereichert. Insbesondere die spezielle familiäre Bindung von Mutter und Tochter lässt sich hier anführen. Sie führt zu einer Vorstellung familiärer Geborgenheit, die eben nicht noch eigens sprachlich artikuliert werden müsste, sondern wie selbstverständlich aus der audiovisuellen Darstellung der Welt erwächst und insofern naturalisiert wird. Barthes' Anspruch und die Reichweite seiner Thesen sind indes weniger radikal und umfassend als Derridas. Geht es Barthes doch zum einen vor allem um die Besonderheit der fotografischen Abbildung (und eben nicht um die Medialität der Zeichen schlechthin). Zum anderen will er die ideologischen Werbestrategien der Kulturindustrie (→ vgl. Kap. 5.1) entlarven. Derrida geht in seinem Anspruch sehr viel weiter, will er doch die gesamte abendländische Ideengeschichte als ein Zurichtungsunternehmen entlarven und die Grundmechanismen aller Zeichenprozesse aufzeigen.

Barthes vs. Derrida

Baudrillard

Baudrillard wiederum würden an der oben untersuchten Werbung – im Gegensatz zu Derrida – nicht die Widersprüche interessieren, die sich darin finden lassen. Er würde vielmehr –ähnlich wie Barthes – auf die Realitätseffekte indexikalischer technisch-audiovisueller Zeichen hinweisen. Entscheidend wäre für ihn daran das codierte Beziehungsmodell, das uns hier suggeriert wird: Der Tochter geht es vermeintlich schlecht und die Mutter muss sofort losfahren und sie in die Arme nehmen. Ob das nun ›richtig‹ ist, ob es den wahren Bedürfnissen einer Mutter-Kind-Beziehung entspricht oder wir nur durch große Firmen wie »Vodafone« dazu gebracht werden, so zu empfinden (obwohl in Wirklichkeit eine Ablösung der Tochter guttun könnte) ist laut Baudrillard – im Gegensatz zu Barthes' ideologiekritischer Perspektive – gar nicht mehr zu entscheiden. Längst sind anstelle vorgängiger Realität einer ›natürlichen‹ Mutter-Tochter-Beziehung – mittels technisch-audiovisuellen Medien – Simulationsmodelle dieser Beziehung getreten, die unser Verhalten steuern. Echter Austausch zwischen Mutter und Tochter ist so überhaupt nicht mehr möglich – nicht mittels eines Handys mit besonders hoher Sprachqualität, aber eben auch nicht mehr im Zustand unmittelbarer Begegnung. Ja, jede Mutter, jede Tochter weiß laut Baudrillard überhaupt nicht mehr, was eine natürliche Mutter- Tochter-Beziehung eigentlich sein könnte. Ideologiekritik wird somit schlicht obsolet, weil es kein Ort der Wahrheit mehr gibt, von dem aus die Ideologie der Mutter-Tochter-Beziehung zu kritisieren wäre.

radikale Desillusionierung

Trotz aller Differenzen zwischen Barthes, Derrida und Baudrillard eint die vorgestellten mediensemiotischen Ansätze zumindest ihre generelle Zielrichtung: Letztlich geht es in allen Fällen um eine radikale Desillusionierung, was den medialen Zeichengebrauch und deren Bezugnahmen auf die Realität betrifft. *Medien*semiotisch sind die Ansätze vor allem durch ihr Beharren auf der *Vermitteltheit* jeglichen Weltzugangs.

Weiterführende Literatur

Hans Krah: Mediensemiotik. Erkenntnisinteressen und methodische Grundlagen [Vortragsmaterial Uni Passau], online: http://www.uni-passau.de/fileadmin/dokumente/ag-medien/VortragKrah.pdf (28.10.2015).
Anhand von PowerPoint-Folien vorgestellte Einführung die Mediensemiotik. Wunderbar klar und systematisch erklärt; gespickt mit vielen anschaulichen Beispielen, Begriffserklärungen und Modellen zur semiotischen Welterzeugung.

Claus Pias: Poststrukturalistische Medientheorie, in: Stefan Weber (Hg.): Theorien der Medien. Von der Kulturkritik bis zum Konstruktivismus (Konstanz [2]2010), S. 277–293.
Die Positionen von Derrida und Baudrillard werden hier im Zusammenhang einer kurzen Geschichte des Poststrukturalismus pointiert vorgestellt. Außerdem erfährt man etwas über andere Kandidaten sogenannter poststrukuralistischer Theoriebildung, die in vorliegender Einführung entwe-

der überhaupt keine Rolle spielen - beispielsweise Paul Virilio und Jean-François Lyotard - oder in anderen theoretischen Perspektiven verhandelt werden, etwa Michel Foucault [→ vgl. Kap. 3.1), Friedrich A. Kittler und Michel Serres (→ vgl. Kap. 4.1).

Jochen Venus/Till Heilmann: Semiotik/Dekonstruktion, in: Jens Schröter (Hg.): Handbuch Medienwissenschaft (Stuttgart/Weimar 2014), S. 51–59.
Sehr dichter und facettenreicher Überblick über zwei maßgebliche Paradigmen geisteswissenschaftlicher Forschung mit Fokus auf der Frage, inwieweit Semiotik und Dekonstruktion als Medientheorien zu verstehen sind bzw. welche Spannungen sich zwischen Semiotik, Dekonstruktion und Medientheorie ergeben.

Roland Barthes: Rhetorik des Bildes [1964], in: ders.: Der entgegenkommende und der stumpfe Sinn (Frankfurt am Main 1990), S. 28–46.
Die klassische semiotische Analyse zu Werbefotografien. Anhand eines konkreten Beispiels einer »Panzani«-Werbung für Pasta und Tomatensoße wird eine Unmenge an semiotischen Vokabeln eingeführt und gezeigt, wie man damit ideologiekritisch die manipulative Rhetorik fotografischer Bilder aufdecken kann.

Jean Baudrillard: Der symbolische Tausch und der Tod [1976] (Berlin 2011).
Obwohl dieses Werk sehr umfangreich ist, empfiehlt es sich als Einstieg in Baudrillards mitunter recht wilde Gedankenwelt. Wahrscheinlich weil es sich um eine akademische Qualifikationsarbeit handelt, ist dieses Buch um einiges klarer und systematischer formuliert als viele andere Schriften Baudrillards. Insbesondere das zweite Kapitel mit dem Titel »Die Ordnung der Simulakren« macht die historische Dimension der Simulationstheorie Baudrillards deutlich. Am Ende des Kapitels werden die semiotischen Prämissen des Ansatzes kompakt zusammengefasst.

Jacques Derrida: Die différance [1968], in: ders.: Die différance. Ausgewählte Texte (Stuttgart 2004), S. 110–149.
Anstrengend zu lesen, aber lohnenswert. Das ist erstens der Fall, weil in diesem Text unterschiedliche Facetten der *différance* als grundlegendem Modus der Zeichenprozesse vorgestellt und diskutiert werden. Dabei wird zweitens auch deutlich, inwieweit die *différance* als *mediale* Grundlage für Zeichenprozesse zu verstehen ist, und zwar unter Rückgriff auf die Gegenüberstellung von Schrift und Stimme. Drittens erfährt man bei der Lektüre, wie eine dekonstruktive Lektürepraxis konkret aussieht - nämlich voller Abschweifungen, Diskussionen von Nebendeutungen, Wortspielen, radikaler Kritik anderer Ansätze, selbstreflexiver Kommentare usw. Als Vorbereitung auf

diesen Text lese man zuvor noch das instruktive Vorwort zu dieser Textsammlung. Dort wird auch verständlich gemacht, warum es aufgrund der theoretischen Prämissen der Dekonstruktion schwierig sein *muss*, Derrida zu lesen.

The Matrix (USA/Australien 1999, Regie: Wachowskis).
In diesem Film verwenden Maschinen die Menschen als Energiequelle. Die einzelnen Menschen befinden sich dabei im Dämmerzustand umschlossen in Tanks. Währenddessen werden durch elektrische Impulse ihre Gehirne so stimuliert, dass die Menschen glauben, sie lebten in einer Großstadt Ende des 20. Jahrhunderts. Es handelt sich dabei aber eben nur um eine für alle Menschen konzipierte Computersimulation. Im Film selbst wird gleich zu Beginn auf Baudrillard angespielt. Der Computerspezialist Neo versteckt einen Datenchip im Umschlag eines Buches, auf dem deutlich zu lesen ist »Simulacra & Simulation« (siehe Abb. 35). Dabei handelt es sich um eine ins Englische übersetzte Aufsatzsammlung Baudrillards, in der die Simulationstheorie entfaltet wird.

Dies ist freilich ein Wink mit dem Zaunpfahl: Zunächst mag der Rezipient bei dem geschilderten Szenario vielleicht an Platons Höhlengleichnis erinnert sein (→ vgl. Kap. 3.1) oder an dessen moderne Variante – nämlich an Hillary Putmans Gedankenexperiment eines Gehirns im Tank und der damit verbundenen Frage, ob man diesem Gehirn vorgaukeln könnte, das Leben eines Menschen außerhalb eines Labor zu führen, ohne dass das Gehirn von seiner wirklichen Existenz im Tank weiß, was wiederum letztlich bedeutet, die Frage zu stellen, ob wir nicht alle vielleicht ohne unsere Wissen nur Gehirne im Tank sind bzw. dieses Szenario zumindest nicht ausschließen können. Nichtsdestotrotz wird mit dem Hinweis auf »Simulacra & Simulation« deutlich, dass die Simulationstheorie Baudrillards den zentralen theoretischen Überbau des Films liefert. Und in der Tat scheint es auf den ersten Blick sehr plausibel, den Film aus Sicht der Simulationstheorie zu lesen: So behauptet Baudrillard ja tatsächlich, dass sich die Simulationswelt historisch entwickelt habe die Simulationstheorie Baudrillards – mithilfe

Abb. 35

Auch Neo kennt Baudrillard (leider nicht gut genug).

spezifischer Medientechnologien und audiovisuellen Zeichentypen wie Fernsehen, Fotografie oder eben digitaler Computertechnologie. In diesen Medientechnologien bilden sich die entscheidenden Modelle aus, nach denen wir unser Leben richten. Die Medien bilden insofern nicht mehr Realität ab, sondern produzieren Vorbilder, an denen sich Realität orientiert. Das wird in »The Matrix« ganz wörtlich genommen: Dort gibt es im Grunde nur noch die Hyperrealität – bis dann Neo auf die Täuschung aufmerksam gemacht wird und lernt, die Computersimulation von der echten Realität zu unterscheiden. Doch genau damit verrät der Film im Grunde die entscheidende Pointe der Simulationstheorie. Oder böswilliger formuliert: Die Macher haben Baudrillard letztlich doch nicht richtig verstanden. Denn Baudrillards Simulationstheorie behauptet ja nicht, dass wir über die *Existenz* der Außenwelt getäuscht werden, sondern, dass die Realität inzwischen nur noch durch Simulationsmodelle *wahrgenommen* und allmählich die Realität nach diesen Modellen ausgerichtet wird. Die Überlagerung durch Simulation ist nicht Täuschung über die Existenz der Welt – es ist vielmehr Veränderung der Betrachtungsweise von Welt. Zudem gilt nach Baudrillard: Diese Veränderung ist inzwischen so weit fortgeschritten, dass es überhaupt kein Jenseits dieser Simulationswelt mehr geben kann. Wir können nach Baudrillard gar nicht mehr zwischen Täuschung und Nicht-Täuschung unterscheiden. Unser Zugang zur Welt ist durch mediale Modelle radikal verändert. Es gibt kein Außerhalb der medialen Matrix mehr. Genauer: Es gibt kein Außerhalb der Betrachtungsweise mehr, die durch die mediale Matrix in die Welt kam. Im Grunde ist das ein sehr viel erschreckenderes Szenario als es im Science-Fiction »The Matrix« ausgemalt wird. Dort gibt es immerhin noch Maschinen, gegen die man kämpfen kann, ein Jenseits der Matrix und somit eine klare Differenz zwischen Täuschung und Realität. In der echten Simulationswelt gibt es solche Differenzen – nimmt man Baudrillard wirklich ernst – indes nicht mehr.

Simulationswelt

Medienphänomenologie | 6.2

Die Phänomenologie ist die Wissenschaft von den Phänomenen. Das bedeutet konkret: Phänomene sollen nicht als etwas anderes begriffen werden – etwa in ihrer Funktion als Zeichen oder als Exemplare einer übergreifenden Gattung – sondern als das, was sie ausmacht. Und das heißt für einen Phänomenologen immer: *wie sie erfahren werden.* Deshalb formuliert der Begründer der Phänomenologie Edmund Husserl programmatisch in »Logische Untersuchungen«, dem maßgeblichen Gründungsdokument der Phänomenologie von 1901: »Wir wollen auf die ›Sachen selbst‹ zurückgehen.«

konkrete Phänomene

(Husserl 1984, 10) Damit wehrt sich Husserl Anfang des 20. Jahrhunderts gegen mechanistische, analytische und idealistische Tendenzen in der Philosophie. Diese unterschiedlichen Bewegungen eint, dass konkrete ›Sachen‹ und deren Wahrnehmung nicht als solche ernst genommen werden – so zumindest Husserls Kritik. Die ›Sachen‹ würden immer schon vor dem Hintergrund einer übergreifenden Idee wahrgenommen; sie stünden für einen Typus oder seien vorschnell eingegliedert in ein ihnen vorgelagertes Kategoriensystem. Dabei geht man immer vom Allgemeinen aus und subsumiert das Einzelne darunter, anstatt die konkrete Wahrnehmung erst einmal ernst zu nehmen. Ernst zu nehmen heißt im Fall Husserls: Möglichst vorurteilsfrei, mithin frei von Typologisierungen und vorschnellen allgemeinen Erklärungen, zu fragen, was die jeweiligen Phänomene eigentlich ausmachen.

vorurteilsfreie Wahrnehmung

Definition

Phänomen

griechisch: phainómenon: Sichtbares, Erscheinung

- umgangssprachlich: außergewöhnliche Erscheinung.
- in der Erkenntnistheorie: sinnlich *wahrnehmbares* Element (ein Gegenstand, ein Ereignis) und/oder die konkrete *Wahrnehmung* (eines Gegenstandes, eines Ereignisses) selbst.

Zeitverständnis

Husserl gibt hierfür ein Beispiel: die philosophische Beschäftigung mit der Zeit. Zeit ist nach rationalistischem Verständnis aus unendlich kleinen, gleichförmigen Einheiten zusammengesetzt. Diese lassen sie sich linear von der Vergangenheit über die Gegenwart in die Zukunft anordnen. Zeiteinheiten sind damit abstrakt bestimmt, segmentiert und wieder ins Verhältnis zueinander gesetzt. Vergangenheit, Gegenwart und Zukunft lassen sich dabei klar voneinander trennen. An diesem Zeitverständnis lässt sich aus phänomenologischer Sicht kritisieren, dass es erstens von abstrakten unbewegten Zeiteinheiten ausgeht, die dann wieder irgendwie in Bewegung gesetzt werden, um Zeit zu erzeugen. Kein Mensch kann aber recht erklären, wie dieser Übergang von *unbewegten* Elementen zu einer kontinuierlichen *Bewegung* zu denken sein sollte. Aus einem rationalistischen Verständnis heraus muss das ein Rätsel bleiben – beim Übergang vom Unbewegten zum Bewegten muss ein Wunder geschehen sein. Zweitens gibt Husserl zu bedenken, dass sich Vergangenheit, Gegenwart und Zukunft aus Perspektive eines wahrnehmenden Bewusstseins gar nicht klar unterscheiden lassen, denn sie befinden sich immer schon in einem *prozessualen* Wechselspiel. Die aktu-

Wie die Zeit (nicht) vergeht und (nicht) wahrgenommen wird. **Abb. 36**

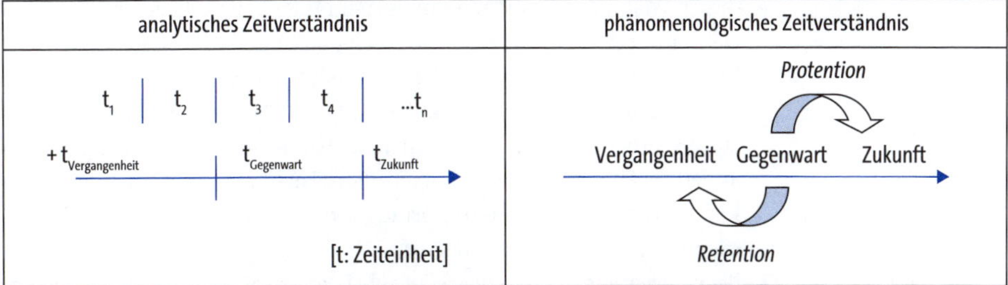

elle Wahrnehmung ist notwendigerweise auf die Erwartung einer unbestimmten Zukunft gerichtet. Diese Gerichtetheit auf die Zukunft nennt Husserl *Protention*. Anders herum ist die aktuelle Wahrnehmung ebenso bestimmt durch die erinnernde Wahrnehmung der unmittelbar vorangegangenen Augenblicke. Dies nennt Husserl *Retention*. Ginge man von einzelnen Zeitsegmenten aus, die erst in einem zweiten Schritt addiert werden, wäre es unverständlich, wie man beispielsweise eine Melodie als kontinuierlich fortlaufende Melodie wahrnehmen können sollte. Zeit oder genauer eigentlich: Zeiterfahrung verläuft eben nicht über unendlich kleine Einheiten, die sich als solche trennen lassen, um sie dann wieder linear anzuordnen und in Bewegung zu setzen. Zeiterfahrung ist stattdessen *immer schon* ein nicht-segmentierbarer Prozess, der von der Vergangenheit über die Gegenwart in die Zukunft schreitet, und dabei in der aktuellen Wahrnehmung immer auf Elemente der Vergangenheit und der Zukunft bezogen bleibt. Eine analytische, abstrakte Segmentierung nach kleinsten Zeiteinheiten entspricht in keiner Weise der tatsächlichen Wahrnehmung der Dinge und ist letztlich eine abstrakte Kopfgeburt, die von einem völlig lebensfremden Schema ausgeht und eben nicht von konkreten Erfahrungen. Genau deshalb sei solch eine Herangehensweise auch nicht geeignet, die Phänomene angemessen zu beschreiben. Für eine angemessene Beschreibung müssen wir deshalb nach Husserl auf die Sachen selbst zurückgehen.

Zeiterfahrung

Die phänomenologische Methode (Edmund Husserl)

Die Phänomenologie Husserls bietet für diese Rückkehr zu den Sachen selbst auch eine methodische Vorgehensweise an, die zwei Schritte umfasst:

eidetische Reduktion

1. *Eidetische Reduktion*: Damit ist gemeint, dass das zu untersuchende Phänomen auf seine wesentlichen Gestalt- und Formmerkmale reduziert wird.

(*Eidos* stammt aus dem Griechischen und bedeutet so viel wie Gestalt oder Form.) Also geht es dann etwa nicht darum, alle möglichen Bäume dieser Welt zu untersuchen, sondern zu fragen, was die grundlegenden Gestalt- und Formmerkmale des Phänomens Baum sind. Durch das Durchspielen von Varianten dessen, was alles als Baum wahrgenommen werden kann, soll man von der Vielfalt und Vielgestaltigkeit der Bäume zu wesentlichen Gestaltmerkmalen des Baumes gelangen. Oder am oben angeführten Beispiel der Zeit formuliert: Nicht alles, was mit Zeit zu tun hat, wird relevant, sondern vorrangig die Zeit in Gestalt des nicht-segmentierbaren Verfließens der Zeit.

phänomenologische Reduktion

2. *Phänomenologische Reduktion*: Hier wird der Schritt von den wesentlichen Merkmalen des Wahrzunehmenden zum Wesen der *Wahrnehmung* vollzogen. Durch die Untersuchung des Zusammenspiels von *Bewusstsein*, das *etwas* wahrnimmt, lässt sich herausarbeiten, was das Wesen dieser Wahrnehmung ist. Wieder bezogen auf die Zeit veranschaulicht: Das nicht-segmentierbare Verfließen der Zeit erfahre ich notwendigerweise als prozessuales und permanent aktualisiertes Ineinandergreifen von Vergangenheit, Gegenwart und Zukunft. Was auch immer die Zeit noch sein mag, genau das ist das Wesen der Wahrnehmung von Zeit. Letztlich ist der Phänomenologie nicht wichtig, wie facettenreich Dinge in Erscheinung treten können. Es geht ihr ebenso wenig um die ›Sachen‹ an und für sich. Vielmehr ist entscheidend, wie ›Sachen‹ erfahren und wahrgenommen werden oder genauer eigentlich noch: was das *Wesen des Wahrnehmens* ausmacht. Kurz: Letztlich geht es um Bewusstseinsphänomene.

Freilich lässt sich die Frage stellen, was das mit Medien zu tun hat. Unabhängig von den unterschiedlichen Antworten, die in den diversen medienphänomenologischen Positionen ausfindig zu machen sind, gilt doch generell: Die Medienphänomenologie entfaltet das Verhältnis von Medien und Phänomenen in zwei Richtungen: Erstens werden Medien *als spezifische Vermittlungsinstanzen* von Phänomenen verstanden. Somit findet sich die Aufgabe einer Medienphänomenologie in der Beantwortung der Frage, wie die Wahrnehmung von Phänomenen durch Medien beeinflusst bzw. verändert wird. Macht es einen Unterschied für die Wahrnehmung, ob wir eine fotografische Abbildung eines Phänomens vor uns haben, eine kurze SMS darüber lesen oder ob wir stattdessen Augenzeugen vor Ort sind? Zweitens wird gefragt, ob denn Medien *selbst spezifische Phänomene* sind, die sich als solche mittels der phänomenologischen Methode beschreiben lassen.

Medienphänomenologie

Die Melancholie der Fotografie (Roland Barthes)

Eine der (vielen) Besonderheiten Roland Barthes' besteht darin, dass man ihn mit guten Gründen als Mediensemiotiker bezeichnen kann, aber *ebenso* mit nicht weniger guten Gründen als Medienphänomenologen. Wie eingangs formuliert, sind Semiotik und Phänomenologie sehr unterschiedliche, kaum vereinbare Positionen. Barthes stellt nicht etwa ein Modell bereit, wie beides dennoch zu vereinbaren sein könnte. Er nimmt – und das führt immer wieder zur Verwirrung – in verschiedenen Publikationen einfach unterschiedliche Perspektiven ein. Einmal ist er Semiotiker, ein anderes Mal Phänomenologe. Vor allem gegen Ende seines Lebens wurde die phänomenologische Perspektive dominant, insbesondere in seinem letzten Buch »Die helle Klammer« von 1980. War Barthes bereits früher – etwa in »Die Fotografie als Botschaft« – sichtlich fasziniert von der Fotografie als einem besonderen Zeichentypus, so kam er dort doch zu einem recht desillusionierenden Ergebnis: Die Fotografie vermittelt nämlich nur das »Gefühl« (Barthes 1990, 14), eine Darstellung ohne Code, eine direkte Abbildung der Welt zu sein. Doch auch die Fotografie entkomme letztlich der Codierung nicht. Der Suggestion des Natürlichen in der Fotografie müsse man mit einer ideologiekritischen Semiotik begegnen. Von dieser Perspektive verabschiedet sich Barthes in seinem letzten Buch deutlich. In »Die helle Kammer« geht es ihm sehr viel mehr darum, das »Gefühl« einer direkten Abbildung der Welt mittels Fotografie nicht zu denunzieren, sondern ernst zu nehmen – und zwar mittels eines phänomenologischen Nachvollzugs der dabei ausgelösten Wahrnehmungen.

Barthes als Phänomenologe

Ohne dass Barthes dies selbst explizit macht, beherzigt er dabei die Husserl'sche Methodenvorgabe. Zunächst einmal erfolgt eine eidetische Reduktion: Die Fotografie zeichne auf, was zu einem vergangenen Zeitpunkt tatsächlich existent war. Die Fotografie ist eine (Licht-)Spur dieses damals Geschehenen, steht also in einem unmittelbaren Verhältnis zu diesem Vergangenen. Emphatisch bezeichnet Barthes die Aufzeichnungsleistung der Fotografie – im Gegensatz etwa zur Sprache, die als symbolisches Zeichensystem immer schon eine Distanz zum Beschriebenen haben muss – mit den Worten: »Es-ist-so-gewesen« (Barthes 1989, 87). So verstanden macht Fotografie in ausgezeichneter Weise Vergangenes direkt zugänglich und wahrnehmbar. Aber sie macht Vergangenes nicht einfach nur zugänglich und insofern präsent – Barthes interessiert sich dafür, was hier *zeitlich* geschieht. Dabei markiert er zwei Unterschiede zum natürlichen zeitlichen Wahrnehmungsverlauf. Erstens: Es ist ein *vergangener* Augenblick, der in der Fotografie gegenwärtig gemacht wird. Zweitens: Die Fotografie nimmt einen vergangenen *Augenblick* aus dem zeitlichen Verlauf; sie *friert ihn ein.*

(Licht-)Spur der Fotografie

Dieser Beschreibung folgt der Schritt zur phänomenologischen Reduktion. Denn Barthes fragt, wie die Fotografie, die Dinge aus der Zeit nimmt und einfriert, wahrgenommen wird. Hierbei kommt er zum Schluss, dass nicht einfach das Abwesende durch die Fotografie vergegenwärtigt wird, sondern vielmehr dessen *Abwesenheit*. Scheint es auf den ersten Blick so, dass der Rezipient dem auf dem Foto Gezeigten nahekommt, da hier Vergangenes präsent gemacht wird, so verhält es sich in Wahrheit vielmehr so, dass vor allem die *Abwesenheit* des Gezeigten zu Bewusstsein gebracht wird. Dementsprechend ist für Barthes die Fotografie nicht einfach ein besonders Medium der Erinnerung, sondern viel mehr noch: herausragendes Medium der Trauer bzw. der Melancholie. Denn: Vor allem anderen wird dem Wahrnehmenden in der Fotografie durch das Präsentmachen eines früheren Augenblicks die *Vergänglichkeit* bewusstgemacht, dementsprechend das Gefühl der Trauer bzw. der Melancholie ausgelöst. ›So ist es gewesen‹ – und kann es nie mehr sein. Dieser Zusammenhang von Präsentmachen und Markierung als definitiv Vergangenes bestimmt Barthes als Wesen der Fotografie. Damit wird das Bewusstseinsphänomen Melancholie ausgelöst. Dies ist insofern *medien*phänomenologisch gedacht, als hier die Fotografie eine bestimmte Art und Weise der Wahrnehmung eines Phänomens nahelegt – und zwar aufgrund seiner medialen Eigenschaften, nämlich dem Einfrieren eines vergangenen Zeitpunktes, der in die aktuelle Rezeptionssituation der Fotografie hineinwirkt und diese entscheidend ausrichtet.

Abwesendes vs. Abwesenheit

Melancholie

Ob Fotografien tatsächlich so rezipiert werden, wäre freilich empirisch zu prüfen. Dennoch zeigt bereits ein kurzer Blick darauf, wie in populärkulturellen Zusammenhängen zumindest über *archivierte* Fotografien häufig nachgedacht wird, dass Barthes' phänomenologische Analyse doch einiges für sich hat. Um nur ein Beispiel zu nennen: Auf »Spiegel Online« gibt es eine Reihe mit dem Titel »Eins aus tausend« (siehe: http://www.spiegel.de/thema/eins_aus_tausend/ (20.10.2015)). Der Einleitungstext zu dieser Reihe liest sich wie folgt: »Viele von uns haben unzählige Fotos auf dem Handy gespeichert – und eines davon ist das wichtigste. Für ›Eins aus tausend‹ spricht Anne Backhaus mit Menschen über ihr Lieblingsbild.« Zwar ist hier nicht von Trauer oder Melancholie die Rede, vielmehr davon, dass wir heute unzählige Fotos mit dem Handy machen und doch bestimmte Fotografien besonders wichtig sind. Es geht also vordergründig nur um Vorlieben und Selektion. Nichtsdestotrotz wird in den einzelnen Interviews nicht nur immer wieder die Trivialität klar, dass es sich beim Lieblingsfoto um eine vergangene Momentaufnahme handelt. So gut wie immer wird darüber hinaus über Vergänglichkeit nachgedacht. Sei es ›die beste Zeit meines Lebens‹, ›damals war ich noch dick (wahlweise dünn oder wild usw.)‹, sei es die Erinnerung an eine Person, die man aus den Augen verloren hat oder die gestorben ist, einen Badeurlaub, den man nie vergisst – die Beispiele lie-

Beispiel »Lieblingsbild«

ßen sich beliebig fortsetzen: Immer geht es in diesen Berichten zumindest auch, wenn nicht zentral, um Vergänglichkeit und in den allermeisten Fällen mit einem melancholischen Unterton. Für die Wahrnehmung derjenigen, die das Foto gemacht haben und es sich später noch einmal anschauen, scheint also tatsächlich Barthes phänomenologische Analyse der Fotografie recht präzise zuzutreffen: Nicht das Abwesende wird präsent, sondern dessen Abwesenheit (mehr oder minder schmerzlich) bewusstgemacht.

Die Welt als Phantom und Matrize (Günter Anders)

Vorausgesetzt er hätte noch den Siegeszug des Handys miterleben dürfen, würde Günter Anders an Fotografien, über die die Handyknipser in der »Spiegel Online«-Serie »Eins aus tausend« sprechen, weniger die spezifische Form der Erinnerungslenkung interessieren. Wichtiger wäre ihm wohl, dass es offensichtlich überhaupt das Selektionsproblem »Eins aus tausend« gibt. Denn das impliziert ja: Handyfotografien werden viele gemacht, immer und überall. Genauer noch: Anders würden nicht die vielen tatsächlich geknipsten Fotografien interessieren, sondern vielmehr die schiere *Möglichkeit* mit einem Handy überall und alles zu fotografieren. Denn allein schon diese Möglichkeit – so würde er argumentieren – verändert die Erfahrung des Hier und Jetzt.

Phantomwelt

Ganz ähnlich wie Jean Baudrillard – nur knapp ein Vierteljahrhundert früher und aus phänomenologischer Perspektive – sieht Anders mit den technisch-audiovisuellen Medien eine Phantomwelt entstehen, die sich allmählich über unsere Lebenswelt ausbreitet und diese zersetzt. Am pointiertesten lässt sich das nachlesen in einem Text mit dem Unheil kündenden und an Schopenhauer gemahnenden Titel »Die Welt als Phantom und Matrize«, den Anders Mitte der 1950er-Jahre veröffentlicht hat. Dass die Welt zum Phantom und zur Matrize wird, ist laut Anders *medientechnologischen* Entwicklungen geschuldet. Zum einen denkt Anders hier – das wird im Untertitel des Textes deutlich – an den Hörfunk, zum anderen und viel entscheidender an die Medientechnologie, die sich gerade zu der Zeit als Anders seinen Text schreibt, in Europa und Nordamerika als entscheidendes Unterhaltungs- und Nachrichtenmedium flächendeckend durchsetzt: das Fernsehen.

Hörfunk und Fernsehen

In guter phänomenologischer Manier geht der Husserl-Schüler Anders bei seinen Untersuchungen von der konkreten Wahrnehmung des Fernsehens aus. Anders geht also nicht von technischen Aspekten der Bilderzeugung und -übertragung, nicht vom institutionellen Kontext televisueller Übertragungen, nicht von dem Inhalt des Übermittelten oder von übergreifenden medialen Entwicklungen aus. Stattdessen untersucht er den Fernseher »so wie er sich dem Empfänger darbietet, also als Kiste in einem Wohnraum« (Flusser 1993, 104) – wie Vilém Flusser einige Jahrzehnte später in seinem Plädoyer »Für eine Phänomenologie des Fernsehens« schreiben wird.

Seinsweise des Fernsehbildes

Dabei fragt Anders erstens, welche Seinsweise das Bild hat, das uns im Fernsehapparat erscheint. Zweitens fragt er nach der konkreten Wahrnehmungssituation – also in welchem Umfeld das Fernsehbild rezipiert wird. Drittens will Anders klären, wie die Bilder organisiert sind, die uns jeden Tag zu Hause im Fernsehapparat entgegenkommen. Kurz seien diese drei Zugriffe einzelnen erläutert:

Zu (1): Anders beschreibt das Fernsehbild als Phantom- bzw. Geisterbild: Das Fernsehbild ist ein Phantombild, weil es etwas zeigt, dass tatsächlich an einem anderen Ort geschehen ist oder gerade geschieht; wir, die Zuschauer aber haben, während der Rezeption keinen unmittelbaren Zugriff auf das Geschehen. Die Welt wird durch die (Live-)Fernsehbilder zwar zugänglicher, weil die Wahrnehmung ausgeweitet wird. Aber gleichzeitig ist diese Zugänglichkeit nur durch Bilder vermittelt. Das Bild zeigt etwas als wäre es anwesend, obwohl es tatsächlich abwesend ist. Es ist real, es zeigt eine tatsächliche Situation und ist gleichzeitig eine Täuschung – es ist nur ein Bild einer tatsächlichen Situation andernorts. Diese Kreuzung von Anwesenheit und Abwesenheit im Fernsehbild hat nach Anders eben den Status des Phantoms oder eines Geistes. Ein Geist ist anwesend, gleichsam aber nicht greifbar, nicht unserer Lebenswelt angehörig, ein phantomhafter Fremdkörper darin.

Das hat laut Anders zwei entscheidende Effekte auf unsere Wahrnehmung der Welt: Zum einen wird damit unsere Lebenswelt *enträumlicht*. Durch die bildhafte Erweiterung unsere Wahrnehmung leben wir zusehends nicht mehr nur im Hier, sondern auch woanders. Unsere Aufmerksamkeit wird immer mehr auf Dinge gelenkt, die an einem anderen Ort, außerhalb unseres unmittelbaren Lebenszusammenhangs stattfinden. Zum anderen geht damit einher, dass diese Dinge außerhalb unserer unmittelbaren Lebenswelt als Bilder zu uns kommen. Wir haben keinen tatsächlichen Umgang mit diesen Dingen, wir rezipieren sie passiv, ohne auf sie einwirken zu können. Beides zusammengenommen führt zur Distanzierung und letztlich zur *Entfremdung* von der eigenen Lebenswelt. Immer mehr sind wir woanders, immer mehr werden wir selbst zu Bewohnern einer Phantomwelt.

Entfremdung

Zu (2): Anders beschreibt nicht nur das Fernsehbild, sondern auch die Situation und den Apparat, durch den die televisuellen Bilder zu uns kommen. Als Anders seinen Text in den 1950er-Jahren schreibt, ist das Fernsehen noch weitgehend geprägt durch ein häusliches, privates Umfeld. Konkreter: Im Wohnzimmer steht ein meist kleiner, wenngleich schon zentral ausgerichteter Apparat, der Bilder aus aller Welt in die private Sphäre bringt.

Fernsehrezeption

Anders beschreibt hier die Wahrnehmungsanordnung der Fernsehrezeption in einem Vokabular, das dem der Dispositivtheoretiker sehr ähnlich ist (→ vgl. Kap. 3.1). An dieser Wahrnehmungsanordnung interessiert Anders vor allem eines: die *Verkleinerung* der Dinge im Fernsehen und deren *Integration* ins Wohnzimmeridyll. Egal wie groß ein Gegenstand oder eine Erscheinung auch tatsächlich sein mag – beispielsweise ein Stadion, eine Rakete oder auch Menschen – auf dem Fernsehbild erscheint alles notgedrungen verkleinert. Die Dinge der Welt werden nach Anders zu Nippes, also zu dekorativem Zimmerschmuck, wie man ihn in mit Vorliebe in deutschen Wohnzimmern der 1950er-Jahre gern auch auf oder neben dem Fernsehapparat findet – etwa eine Schneekugel, Engelfigürchen aus Porzellan oder eine Pflanze in einem arabesk verzierten Topf. Die Dinge der Welt werden also verkleinert auf Nippes-Größe und gleichzeitig Dinge *neben* tatsächlichem Nippes und somit letztlich selbst zu Nippes. Der Nippes im Wohnzimmer und die Atombombenabwürfe im Fernsehen werden angeglichen, finden im selben Raum und im selben Maßstab statt. Für die Wahrnehmung der Welt hat das laut Anders den Effekt, dass alles verniedlicht, ungefährlich, ja putzig wirkt und der eigenen kleinen Lebenswelt des idyllischen Wohnzimmers integrierbar erscheint bzw. genau darin seinen Platz findet. Die Schrecken und Irritationen der Welt werden so durch das Setting der Fernsehbilder verharmlost und verniedlicht. Oder mit Anders noch kürzer formuliert: Die Welt wird im Fernsehapparat zu Nippes.

Dinge der Welt werden zu Nippes

Zu (3): Anders zeigt – und hier kommt er Baudrillards Vorstellungen sehr nahe – dass das Fernsehbild nicht nur phantomhaft ist, sondern dass die Bilder des Fernsehens nach *wiederkehrenden Mustern* organisiert sind. Seien dies Genres und Formate, die immer wiederkehren, seien es bestimmte Posen und Gesten der Fernsehstars, der immer selbe Blick auf den Eiffelturm, wenn es um Paris geht usw. Hier werden Muster gebildet und permanent wiederholt, die Erwartungen ausrichten. Anders radikalisiert diese Beobachtung zur Behauptung: Diese Muster (Anders selbst nennt sie Matrizen), die uns tagtäglich ins Wohnzimmer geliefert werden, fungieren als Vorbilder für unser eigenes Handeln oder doch zumindest für unserer Welt- bzw. Selbstwahrnehmung auch jenseits des Fernsehens. Mehr und mehr verstehen wir die Welt und uns auf Grundlage der televisuellen Matrizen. Genau wie bei Baudrillard gilt schon bei Anders: Medien – insbesondere das Fernsehen – bilden nicht mehr Welt ab, sondern geben vor, wie wir Welt wahrnehmen sollen, ja, sie verändern die Welt. Oder wieder näher an Anders formuliert: Das Fernsehen liefert Matrizen, die die Welt nach ihrem Vorbild verändern und so die Welt im Gesamten zu einer Phantomwelt machen.

Muster/Matrizen

Anders macht also drei Phänomene als wesentliche Merkmale des Fernsehens aus: phantomhaftes Bild, Verkleinerung der Welt im Bild und Vorbildcharakter televisueller Bildmuster. Diese Phänomene verändern wiederum massiv unsere Wahrnehmung der Welt: Durch das Fernsehen wird unsere Welt enträumlicht, phantomhaft, verniedlicht und nur noch durch mediale Muster wahrnehmbar. Letztlich nähert sich Anders damit erstens einer medienmaterialistischen Position an, die besagt, dass Medientechniken entscheidenden Einfluss auf uns haben (→ vgl. Kap. 4.1). Zweitens ist die Parallele zu Baudrillards Simulationstheorie geradezu frappierend. Drittens ist die Nähe zur Kritischen Theorie unverkennbar – sowohl, was die skeptische Einschätzung von Massenmedien betrifft, als auch die vergleichsweise enge Begrenzung der Medien auf technisch-audiovisuelle Massenmedien (→ vgl. Kap. 5.1). Der Unterschied zum Medienmaterialismus, zur Simulationstheorie und zur Kritischen Theorie besteht indes darin, dass Anders auf Basis einer konkreten phänomenologischen Analyse der Kiste im mit Nippes ausstaffierten Wohnzimmer der Nachkriegszeit zu seinen Einschätzungen gelangt.

Nähe zur Kritischen Theorie

Die Übertragung dieser Ideen auf das Handy ist eine sehr einfache Fingerübung. Man muss im Grunde nur Anders Argumentation verlängern. So ist mit dem Handy die Welt noch stärker verkleinert als im Fernsehbild. Zudem sind die Bilder bzw. Nachrichten über die Welt nun nicht mehr nur im Wohnzimmer zugänglich, sondern überall. Überall wo ich bin, bin ich auch prinzipiell anderswo. Beispielsweise wenn meine »Spiegel Online«-App anklopft, weil es Neuigkeiten aus dem Nahen Osten gibt, wenn Freunde auf Facebook etwas Neues gepostet haben, dass ich *liken* muss, wenn ich einen Anruf aus Übersee beantworten soll, wenn die »Memrize«-App mich anmahnt, endlich die vor kurzen gelernten Vokabeln zu wiederholen, wenn ich das Konzert meiner Lieblingsband nun live *streamen* kann usw. Dabei bilden sich mehr und mehr Matrizen für die Wahrnehmung der Welt und meinen Handlungsoptionen aus – auch wenn sie komplexer sein und auf kleinere Einheiten zutreffen mögen als im klassischen Fernsehen. So sind es dennoch Muster, die ich am Handy täglich einübe bzw. die mir im Umgang mit dem Handy präsentiert werden: der Gebrauch der Emoticons, die Kommentierung von Posts, die Weiterleitung von Katzen-Videos, die »Nachrichten aus aller Welt in 100 Sekunden« auf der ARD-App usw. All diese Dinge können als Matrizen für meine Weltwahrnehmung im Sinne Anders verstanden werden.

Handy vs. Fernsehen

Jenseits der physikalischen Welt: Geltung durch Medien (Lambert Wiesing)

Der Phänomenologe und Bildtheoretiker Lambert Wiesing beginnt seinen Beitrag zur Medienphänonmenologie mit einer Kritik bisheriger medienphänomenologischer Forschung. Sein Hauptkritikpunkt zielt dabei darauf, dass der dort verwendete Medienbegriff viel zu weit und unspezifisch ist, um als Grundlage für wissenschaftliche Forschung dienen zu können. Was die vielen unterschiedlichen phänomenologischen Medientheorien eint – so Wiesing – ist der Blick darauf, wie Medien Wahrnehmung *ermöglichen* und gleichsam dabei selbst *unthematisch* bleiben. Diese Perspektive ist nicht unplausibel, zumindest wenn man noch einmal die hier vorgestellten medienphänomenologischen Positionen Revue passieren lässt. So geht es bei Barthes um ein spezifisches Zeitverhältnis, das durch die Fotografie ermöglicht wird, ohne dass die Fotografie während dieser Erfahrung selbst thematisch würde. Günter Anders kritisiert die Phantomwelt, die durch das Fernsehen erzeugt wird, deren allmähliche Veränderung der Realität lange unbemerkt und im Medium Fernsehen selbst unthematisch blieb. Die Medien selbst ermöglichen diese Artikulation, machen Gedanken transparent, müssen aber zumindest während dieses Prozesse selbst unthematisch, unsichtbar oder doch zumindest unbeobachtet bleiben, sonst funktioniert die Übermittlung nicht.

Kritik an der Phänomenologie

Mit dieser Perspektive auf Medien hat Wiesing an und für sich kein Problem. Er kritisiert allerdings, dass diese Bestimmung in den allermeisten Fällen das *einzige* Definitionsmerkmal für Medien bleibt. Viele, sehr, sehr viele und sehr unterschiedliche Dinge sind dann eben Medien: nicht nur Fotografie, Fernsehen oder Computer, sondern ebenso Sprache, alle Arten von Werkzeugen, Institutionen, Brillen, menschliche Körper, ja menschliches Bewusstsein, Nägel, Socken oder Moonboots. Denn all diese Dinge ermöglichen bestimmte Wahrnehmungen, machen lesbar, hörbar, sichtbar oder fühlbar, ohne währenddessen selbst thematisch zu werden. Moonboots etwa machen den Mondboden erfahrbar (und später dann auch den Schnee auf Erden). Freilich in spezifischer Weise. Aber während der Erfahrung des Mondbodens macht sich der Astronaut Neil Armstrong keine Gedanken um die Moonboots – zumindest dann nicht, wenn er etwas über den Mondboden mittels seiner Moonboots in Erfahrung bringen will. Die Moonboots *ermöglichen* so überhaupt erst die Erfahrbarkeit des Mondbodens, ohne selbst während der Erfahrung thematisch zu werden. (Sollte Armstrong indes über seine Moonboots nachdenken, wird er nichts über den Mondboden in Erfahrung bringen können.) Nun ist die entscheidende Frage im Sinne Wiesings: Sind die Moonboots deshalb schon Medien? Wiesings Antwort lautet: nein.

Beispiel Moonboots

Zwar ist nach Wiesing die Ermöglichung von Wahrnehmung eine *notwendige* Bedingung, um etwas als Medium bezeichnen zu können, jedoch ist es keine *hinreichende* Bedingung. Alles Mögliche ermöglicht irgendwas. Wiesing sucht deshalb etwas, dass er in altehrwürdiger philosophischer Tradition *differentia specifica* nennt – also einen *eigentümlichen Unterschied*, den die Medien von anderen Dingen, die uns ebenfalls Erfahrungen ermöglichen, unterscheidbar machen könnte. Der phänomenologischen Tradition verpflichtet findet Wiesing diesen Unterschied bei dem Begründer der Phänomenologie: Edmund Husserl unterscheidet zwischen *Genesis* und *Geltung*. Genesis bezeichnet die Herstellung oder Erschaffung von etwas, das in der physikalischen Welt situiert ist und dort auch wieder vergehen wird. Geltung hingegen ist dasjenige, was jenseits der physikalischen Welt situiert ist und nicht vergeht. Das Papier, so Husserls Beispiel, auf dem die Rechnung 2+2 = 4 steht, vergilbt, wird irgendwann zerfallen sein. Das Papier ist ein Artefakt der Genesis, materiell hergestellt und vergänglich. Indes die Rechnung 2+2 = 4 selbst behält Geltung auch dann, wenn das Papier, auf dem sie geschrieben steht, zu Staub zerfallen sein wird. Der Punkt hier ist nicht, ob 2+2 tatsächlich 4 ist. Vielmehr ist mit der Rechnung ein Geltungs*anspruch* formuliert, dass es so ist und dieser Geltungsanspruch kann anderen als ein solcher vermittelt werden. Auch kann die Rechnung sehr unterschiedlich gedeutet werden, aber auch das ist zunächst einmal kein Problem. Wichtig ist einzig, dass verstanden wird: Hier liegt ein Geltungsanspruch vor, der über die konkrete Situation, die spezifischen Materialien, mit denen er aufgeschrieben wurde, hinausgeht und selbst nicht vergeht. Anders gewendet: Dieser formulierte Geltungsanspruch hat *keine physikalische* Eigenschaft. Er ist unabhängig von Raum und Zeit, entbunden von der Vergänglichkeit, immer wieder formulierbar, in verschiedene Zeiten und Orte übertragbar, allen möglichen Menschen zugänglich zu machen.

Definition

Genesis/Geltung

- Genesis (*griechisch: Entstehung, Geburt*): historischer bzw. faktischer Entdeckungs- und Entstehungszusammenhang von Erkenntnissen oder Gegenständen; den Gesetzen der physikalischen Welt unterworfen.
- Geltung (Ansehen, Anerkennung, Wirkung): Begründungs- bzw. Rechtfertigungszusammenhang; der Anspruch auf Gültigkeit der Begründung bzw. Rechtfertigung ist *unabhängig* vom historischen bzw. faktischen Entdeckungs- und Entstehungszusammenhang; nicht den Gesetzen der physikalischen Welt unterworfen.
- Medien sind in diesem Zusammenhang:
  1. Gegenstände der Genesis, d.h. sie sind selbst physikalische Gegenstände,
  2. Gegenstände, die eine Trennung zwischen Genesis und Geltung vollziehen und damit die Artikulation eines Geltungsanspruches ermöglichen, d.h. Medien sind physikalische Gegenstände, die überhaupt erst den Zugang zu nicht-physikalischen Gegenständen eröffnen.

Durch diese Trennung von Genesis und Geltung kommt Wiesing zu folgender Mediendefinition: »Medien sind Werkzeuge, welche die Trennung von Genesis und Geltung ermöglichen.« (Wiesing 2005, 154) Diese Definition hat einige Konsequenzen für die Vorstellung davon, was Medien sind und leisten:

Eingrenzung des Medienbegriffs

1. Hierdurch wird tatsächlich der Inhalt des Begriffs Medium *eingegrenzt.* »Für die Menschen ist es möglich, mittels physikalischer beschreibbarer Produktionstechniken etwas herzustellen, das keine physikalische Eigenschaft hat [...].« (ebd.) Medien sind genau diese physikalisch beschreibbaren Produktionstechniken. Sie unterscheiden sich also von anderen Werkzeugen nun dadurch, dass sie nicht einfach irgendwelche Erfahrungen oder Zugänge zur Welt ermöglichen, sondern Dinge erfahrbar und zugänglich machen, die keine physikalischen Eigenschaften haben: Addition, Kafkas Roman »Der Prozess«, die Mona Lisa, meine SMS. Freilich gäbe es diese Dinge nicht bzw. hätten wir keinen Zugang zu ihnen, wenn es nicht physikalische Träger gäbe, die sie speichern oder weitergeben könnten. Aber – und das ist entscheidend: Sie sind nicht von der konkreten Materialität abhängig. Für die Geltung der Addition ist es egal, ob sie auf Papier oder auf dem Taschenrechner durchgeführt wird. Mögen auch unzählige Exemplare des Romans »Der Prozess« längst im Altpapier gelandet sein, der Roman selbst ist davon unabhängig; ich kann den Roman auch etwa als E-Book auf meinem Handy lesen. Genau das ermöglichen Nägel, Hämmer, Brillen oder Moonboots eben nicht. Sie eröffnen keinen Geltungsbereich jenseits ihrer situationsgebundenen Materialität.
2. Die »Mona Lisa« hat ihren Geltungsanspruch sowohl auf einer Leinwand im Louvre als auch auf meinem Handydisplay. Mag auch Größe, Detailgenauigkeit, Materialität und Kontext unterschiedlich sein, die Addition, Kafkas Roman oder auch die »Mona Lisa« bleiben immer *dieselben.* Diese Dinge können sehr unterschiedlich gedeutet werden, aber damit überhaupt über Kafkas Roman, über die »Mona Lisa«, die Richtigkeit von Additionen, meine SMS diskutiert werden kann, wird stillschweigend immer vorausgesetzt, ja, muss vorausgesetzt werden: Wir nehmen nicht nur das Gleiche wahr, sondern *dasselbe.* Eine wichtige Differenz kommt hier ins Spiel: Zu unterscheiden ist zwischen *gleichen* Artefakten und *denselben* Artefakten. Beispielsweise können zwei Menschen oder zwei Moonboots gleich sein, weil sie sich ähnlich sehen. Die »Mona Lisa« hingegen bleibt auf einem Gemälde, einer Posterreproduktion oder auf einem Handy-Display *dieselbe,* weil das Bildobjekt *identisch* bleibt. Solch eine, wie Wiesing es nennt, »*artifizielle*« (also künstlich geschaffene) »*Selbigkeit*« (ebd.) kann nur durch Medien hergestellt werden. Genau darum ist das Gemälde der »Mona Lisa« ein Medium, die Moonboots hingegen nicht.

artifizielle Selbigkeit

3. Mit dieser Bestimmung geht eine Aufmerksamkeitsverschiebung innerhalb der Medienphänomenologie einher: Zumindest in den hier behandelten Fällen ist immer die konkrete Wahrnehmung in einer spezifischen Situation Ausgangspunkt der Betrachtung gewesen und damit immer auch das Wesen der Medien vom einzelnen Beobachter bzw. vom einzelnen wahrnehmenden Subjekt aus untersucht worden. Demgegenüber geht es Wiesing um den *Vernetzungs- und Verständigungsaspekt* einzelner Subjekte *untereinander* durch Medien. Hierin findet sich die zentrale *Funktion* der Medien nach Wiesing: Medien ermöglichen das »Vorhandensein von etwas, was für mehrere Personen zu verschiedenen Zeiten [und/oder Orten] dasselbe ist.« (ebd.)

Vernetzung und Verständigung

4. Dementsprechend spielt die Materialität der Medien auch bei Wiesing durchaus eine Rolle, aber dennoch gilt: Die Medientechnologien und ihre Unterschiede sind *nicht die entscheidenden Faktoren.* Damit wird die Hierarchie im medientheoretischen Gefüge umgekehrt. Zumindest dann, wenn man von der Grundintuition medientheoretischer Bestrebungen ausgeht, die besagt, dass das jeweils genutzte Medium auf das, was es wahrnehmbar macht, vermittelt, speichert und verarbeitet Einfluss hat und Medien somit keine neutralen Mittler sind (→ vgl. Kap. 1) und folglich jeder Medienwechsel mit einer Veränderung des Vermittelten einhergehen muss. Medien zeichnen sich aus Wiesings medienphänomenologischer Sicht eben dadurch aus, dass sie einen Bereich jenseits des Materiellen *neutral* und *ohne* Transformationen über mehrere mediale Kontexte hinweg vermitteln können. So gut wie jede andere Medientheorie jenseits Wiesings Position würde dem vehement widersprechen.
5. Wiesings phänomenologische Perspektive auf Medien läuft auf eine *Anthropologie* hinaus, die nach der Besonderheit des Menschen im Kosmos fragt (→ vgl. Kap. 4.1). Um es zu pointieren: Medien sind physikalische Instrumente der Kultur zur Überwindung der physikalischen Welt der Natur. Oder wie Wiesing selbst formuliert: »Medien befreien den Menschen von dem allgegenwärtigen Diktat der physikalischen Welt.« (ebd. 162) Sie sind »Physikentmachtungsmittel« (ebd.) und genau das unterscheidet laut Wiesing die Menschen fundamental von der bloß tierischen Existenz. Medienphänomenologie mündet also hier in eine universelle Medienanthropologie.

Befreiung von der physikalischen Welt

Kritik

- Das Fundamentalproblem jedweder Phänomenologie (und also auch der Medienphänomenologie) besteht darin, dass der Ansatz Phänomene vielleicht mehr oder minder angemessen *beschreiben* kann, aber *niemals Erklärungen* anbietet. Jede Erklärung würde ja zwangsläufig über die je konkrete Wahrnehmung hinausweisen und Phänomene verallgemeinern, auf Regeln zurückführen usw. Deshalb können phänomenologische Beschreibungen intuitiv plausibel sein (beispielsweise, dass die Fotografie ein melancholisches Medium sei, dass das Fernsehen die Wahrnehmung der Dinge banalisiere) – indes können sie nicht übergreifende Strukturen oder Funktionen von Medien tatsächlich erklären.

- Phänomenologie und Medientheorie sind strukturell inkompatibel! Geht es doch in der Phänomenologie um das Wesen eines Phänomens, also um das, was es eigentlich ausmacht. Eine Medientheorie, die diesen Namen auch verdient, beschäftigt sich indes erstens mit Dingen, die Phänomene vermitteln und dabei selbst gar kein spezifisches, schon gar kein stabiles Wesen haben. Zweitens bezweifeln Medientheoretiker zu Recht, dass es so etwas wie Wesenseinheiten geben kann; ist doch alles immer schon vermittelt, und zwar durch Medien. Auf die Phänomene hat man nur Zugriff durch Medien. Das heißt: Das Wesen der Phänomene, eidetische und phänomenologische Reduktion hin oder her, kann aus einer medientheoretischen Position niemals zugänglich sein. Alles ist immer schon im medialen Vermittlungsfluss.
- Barthes Ansatz lässt sich mit Barthes selbst kritisieren: Es gibt überhaupt keinen Zugriff auf eine Fotografie, die nicht schon selbst auf einer Codierung beruht. Wer behauptet, dass die Fotografie eine Spur sei, die die Vergangenheit unmittelbar anwesend und wie auch immer erfahrbar macht, irrt oder will Ideologie verbreiten.
- Dass Anders weiß, dass wir inzwischen in einer Phantomwelt leben, ist ähnlich erstaunlich, wie Baudrillards Wissen darum, dass wir in einer Simulationswelt leben. Würde es zutreffen, wie könnten wir noch von einem Jenseits der Phantomwelt wissen? Gab es überhaupt jemals eine Welt ohne mediale Phantome? Setzt das nicht wiederum eine sehr naive Sicht auf eine vormals reine, unbefleckte Realität voraus, die selbst nicht vielmehr als ein Phantomschmerz sein kann?
- Wiesings Ansatz ist purer Idealismus. Woher weiß er eigentlich, dass Medien artifizielle Selbigkeit erzeugen? Woher weiß er, dass für die unterschiedlichen Rezipienten die »Mona Lisa« auf dem Gemälde im Louvre dieselbe ist als die auf einem Handy-Display? Solch eine Identitätszuschreibung ist nichts weiter als eine Unterstellung. Ganz im Gegenteil scheint es doch viel plausibler zu sein, von einer vorgängigen *Differenz* beider Phänomene auszugehen, der dann Identität zugeschrieben wird, weil sie als sehr ähnlich wahrgenommen werden. Die Mona Lisa auf dem Handy-Display und auf dem Gemälde sind erst einmal völlig unterschiedliche Dinge. Erst in der Zuweisung, dass diese Dinge dieselben sein sollen, kann davon gesprochen werden, dass sie dieselben sind. Dass es sich aber

tatsächlich um dieselben Dinge handelt, ist aber einfach eine spekulative Annahme und/oder eine pragmatische Konvention. Zudem: Die Annahmen der Existenz einer Welt jenseits unserer Welt, in der eine »Mona Lisa« lebt und darauf wartet, im Gemälde oder im Handy-Display sichtbar zu werden, scheint doch geradezu abenteuerlich spekulativ.

Weiterführende Literatur

Ferdinand Fellmann: Phänomenologie zur Einführung (Hamburg 2009).
Einigermaßen anspruchsvoller Überblick über die Grundpositionen der Phänomenologie. Gleichzeitig ein Plädoyer, Phänomenologie als übergreifende Medienwissenschaft zu verstehen – ausgehend vom Zentralmedium Bewusstsein. Nicht alle (Medien-)Wissenschaftler dürften über diese Ausdehnung des Begriffes Medium begeistert sein, dennoch eine Position, die man kennen und zu der man sich verhalten können sollte.

Günther Anders: Die Welt als Phantom und Matrize. Philosophische Betrachtungen über Rundfunk und Fernsehen [1956], in: ders.: Die Antiquiertheit des Menschen, Bd. 1: Über die Seele im Zeitalter der zweiten industriellen Revolution (München 1987), S. 97–211.
Gut nachvollziehbar, ja suggestiv macht Anders in diesem langen Text in phänomenologischer Tradition mit unverkennbarer Nähe zur Kritischen Theorie klar, wie es dazu kommen konnte, dass die Menschen durch Fernsehkonsum heute (1956!) in einer Phantomwelt leben. Gerade die extrem medienpessimistischen Passagen mögen sich aus heutiger Perspektive antiquiert anhören, dennoch ist erstaunlich, dass dort Argumente zu finden sind, die erst sehr viel später – insbesondere im Zusammenhang mit der Digitalisierung der Welt – populär wurden.

Peter Geimer: Theorien der Fotografie zur Einführung (Hamburg 2009).
In dieser wunderbaren Einführung wird Roland Barthes an unterschiedlichen Stellen diskutiert. Dabei wird gezeigt, wie Barthes Aussagen zur Fotografie von widerstrebenden Tendenzen durchzogen sind, die zwischen den Polen Phänomenologie und Semiotik unentschieden (aber durchaus fruchtbar) oszillieren.

Lambert Wiesing: Was sind Medien? in: ders.: Artifizielle Präsenz. Studien zur Philosophie des Bildes (Frankfurt am Main 2005), S. 149–162.
Klare Darstellung der Position Wiesings durch ihn selbst. Als Extra erhält man noch eine scharfe Kritik an gängigen Medienbegriffen der Medientheorie.

Mediensemiotik / Medienphänomenologie | 6.3

Zusammenfassung

Mediensemiotik vs. Medienphänomenologie

- Im Fall der Mediensemiotik bilden *Zeichen* den primären Gegenstandsbereich, im Fall der Medienphänomenologie ist es die *Wahrnehmung*.
- Dementsprechend geht es im ersten Fall um *Interpretationsverfahren* und *Dekodierungsmöglichkeiten von Botschaften*, im zweiten Fall hingegen um *Beschreibungen* und *Nachvollzug sinnlicher Affizierung* bzw. die Frage nach den *medialen Bedingungen von Wahrnehmungen*.
- Ist die Mediensemiotik vor allem ein *analytisches* Geschäft, da sie einzelne Teile separiert, unterteilt und dann ihr Zusammenspiel untersucht, so ist die Medienphänomenologie im Gegensatz dazu *holistisch* ausgerichtet, also auf die Gesamtheit der Aspekte, die bei einer Wahrnehmung relevant sind. Dementsprechend werden eher Situationen beschrieben, als einzelne Zeichenvorkommnisse gedeutet, eher der Verlauf einer Wahrnehmung nachvollzogen, als einzelne Elemente einer Zeichenkette Bedeutung zugewiesen oder formal zergliedert.
- Medien kommen in der Semiotik vor allem als unterschiedliche Zeichentypen vor. Insbesondere ist hier zu denken an die Dreiteilung von Peirce in ikonische, indexikalische und symbolische Zeichentypen. In der Phänomenologie werden Medien sehr viel weiter gefasst. Zumeist werden Sie als Bedingungsmöglichkeiten für Wahrnehmungen verstanden und/oder als Mittel, die bestimmte Effekte auf die Wahrnehmung haben.
- Steht in der Mediensemiotik primär die *Funktionalität* und die *Kritik* von Medien im Vordergrund – also die Fragen danach, was mit Medien gemacht werden kann, für was sie eingesetzt werden können und wie dieser Einsatz wiederum mittels semiotischen Vokabulars zu kritisieren ist – so richtet sich die Medienphänomenologie sehr viel mehr an der *Anthropologie* aus, da im phänomenologischen Kontext häufig Fragen danach auftauchen, inwieweit Medien *universell* die spezifische Wahrnehmung *des* Menschen von sich selbst und der Welt beeinflussen.

Diplomatie

Mediensemiotik und Medienphänomenologie

Beispiel Smartphone

Eine Navigationsapplikation für das Smartphone namens »Navigon« greift auf zuvor hochgeladene Karten zurück, kombiniert diese, dass der Smartphone-Besitzer den bestmöglichen Weg von A nach B finden kann. Bei dieser Applikation kann nicht nur eingestellt werden, dass die »POIs (Points of Interest) along the route« angezeigt werden, wie es in der Werbebroschüre heißt. Zusätzlich gibt es noch die Option der »Reality View Pro«, auf dem Display schlicht als »Reality Scanner« bezeichnet. Somit wird, neben einer detaillierten Karte, der Ort, an dem man sich befindet bzw. bald befinden wird, live und direkt mithilfe diverser Überwachungskameras sichtbar gemacht. Bei Bedarf werden dort POIs oder auch das Ziel direkt markiert. Bei »Navigon« haben wir es also mit einer Überlagerung von Kartendiagrammen, Schriftzeichen und Realvideoaufnahmen zu tun.

Semiotisch lässt sich das als funktionale Verknüpfung indexikalischer, ikonischer und symbolischer Zeichentypen verstehen. Im Sinne Baudrillards kann »Navigon« auch als anschauliches Beispiel für den Übergang in eine Simulationswelt verstanden werden. Denn laut Baudrillard ist ja der Übergang in die Simulationswelt durch spezifische technisch-audiovisuelle Codierungen erleichtert, die so tun als würden sie vorgängige Realität einfach abbilden. Auch bei »Navigon« wird ja der Eindruck erweckt, als würde

Abb. 37 | *Die Welt als Ort der Navigation*

durch den »Reality Scan« vorgängige Realität indexikalisch direkt abgebildet. Zudem werden dabei die Realitätsscans mit anderen Zeichentypen vermischt bzw. von diesen überlagert. So wird das, was Karte ist, und das, was das durch die Karte dargestellte Territorium ist, unscharf gemacht. Ja, in die technisch-audiovisuellen ›direkten‹ Repräsentationen der Welt werden symbolische Codierungen eingelassen. Das lässt sich durchaus so deuten, dass sich – vorausgesetzt ich habe die Navigationsapp nur oft genug verwendet – meine Wahrnehmung der Route, der Straßen, die ich entlangfahre, durch die Applikation verändert hat. Die Applikation hilft mir also nicht einfach nur, mein Ziel besser zu finden. Sie führt ebenso zu einer veränderten Wahrnehmung der Realität. Die Hyperrealität des »Navigon« stülpt sich über die Realität. Die Straßen und Orte nehme ich nur noch *vor dem Hintergrund der Codierungen* wahr, die die Navigationsapplikation anbietet. Man könnte noch einen Schritt weitergehen und behaupten, dass die Wahrnehmung der vorgängigen Realität nicht nur durch das Navigationsmedium verändert wird, sondern noch sehr viel materieller: Die Einrichtung von Hotels, Restaurants, Kinos usw. werden nach dem Vorbild des Navis situiert. Geht es doch darum, dass diese Orte auch gesehen und vor allem gefunden werden können. Warum nicht vor dem Bau bzw. der Eröffnung eines Hotels recherchieren, wie populäre Navigationsgeräte dieses Hotel anzeigen würden und dementsprechend den Ort des Hotels auswählen? Ganz konkret hätte man es in solch einem Fall: Die Zeichen bestimmten wie die Realität aussieht.

Hyperrealität

Dieser semiotische Blickwinkel auf das Navigationsgerät ließe sich durch den phänomenologischen Blick Günter Anders' gewinnbringend ergänzen. Beschreibt doch Anders die Welt des Fernsehens als eine Phantomwelt, durch die geisterhafte Bilder der Realität zu uns gebracht werden. Ähnliches ließe sich ja auch von »Navigon« behaupten: Phantombilder der Realität bevölkern das Auto. Mit Anders phänomenologischer Methode ließe sich aber noch sehr viel mehr als mit Baudrillard die konkrete Wahrnehmungssituation untersuchen. Zunächst einmal erscheint auf dem schmalen Handy-Display die Wegstrecke extrem verkleinert und insofern der Straßenverkehr weniger Furcht einflößend. Karten, Diagramme, der Reality Scan, eine sonore Stimme, die einen durch den Dschungel der Stadt begleitet, vermitteln das Gefühl der Kontrolle. Zudem ist die Perspektive der Karte auf den Fahrer ausgerichtet. Entweder sieht man die Welt aus Sicht des Fahrers auch auf der Karte oder aber man erhält eine Draufsicht, um mehr zu sehen als den Wagen vor sich und/oder man erhält Angaben darüber, was nach der nächsten Abbiegung zu erwarten ist, wann und wo die nächste Tankstelle, der nächste Stau zu erwarten ist. Das könnte man, jenseits aller Funktionali-

Gefühl der Kontrolle

tät, vielleicht als Wesen des Navis nennen: Vermittlung von Kontrolle und Übersicht. Diese Wahrnehmung vermittelt eine Welt, die man unter Kontrolle haben und halten kann, ohne – und das ist nun wichtig – dass man überhaupt eines der Zeichen konkret gedeutet oder decodiert hat, also jenseits einer semiotischen Interpretation des Gegenstandes. Der mediale Gegenstand hat also Wirkungen jenseits konkreter Interpretationen von Zeichen. Beide Ebenen – die der generellen sinnlichen Affizierung und deren Effekte (Gefühl der Macht und Kontrolle) als auch das Wechselspiel der Zeichentypen – lassen sich somit aufs Beste in einer konkreten Analyse eines medialen Artefaktes Erkenntnis erweiternd kombinieren.

Allgemeiner formuliert könnte man hier von einer Aufgabenteilung der Semiotik und der Phänomenologie sprechen: Mediale Gegenstände sind als solche wahrnehmbar. Dabei muss man nicht unbedingt verstehen, was genau mit den Bildern, Tönen, schriftlichen Mitteilungen oder Zahlenkolonnen mitgeteilt werden soll. Sie affizieren die Wahrnehmung jenseits und vor aller konkreter Decodierungs- und Interpretationsarbeit. Als solche lassen sie sich phänomenologisch als sinnliche Gegenstände der Aufmerksamkeitserzeugung untersuchen. Zumindest wird dabei aber vorausgesetzt, dass dabei decodierbare Zeichen im Spiel sind. Die konkreten Zeichenkonstellationen der Medien müssen wiederum, um verständlich zu werden, semiotisch gedeutet werden. Hier gilt aber umgekehrt: Ohne Affizierung der Sinne können Zeichen ja überhaupt nicht zu Bewusstsein gelangen. Zumindest so verstanden greifen in medialen Situationen nicht nur Materialität, Wahrnehmung und Zeichencodierung ineinander – vielmehr noch: Mediale Wahrnehmung und Zeichen sind komplementäre Phänomene, Phänomenologie und Semiotik nicht mehr inkompatibel, sondern wechselseitig sich ergänzende Instrumente einer integrativen Medientheorie.

Systemtheorie vs. Akteur-Netzwerk-Theorie

7

Was die Systemtheorie und die Akteur-Netzwerk-Theorie (im Folgenden kurz: ANT) trotz aller grundsätzlichen Differenzen eint, ist ihr ausgeprägter Hang zu kontra-intuitiven, ja völlig abstrus klingenden Thesen. So behauptet etwa die Systemtheorie, Menschen seien *kein* Bestandteil der Gesellschaft. Während die ANT ganz im Gegenteil verkündet, nicht nur Menschen seien Teil der Gesellschaft, sondern überdies Technologien, Artefakte ganz generell, ja sogar Tiere oder auch die Natur. Niklas Luhmann, der zentrale Vertreter der soziologischen Systemtheorie, lässt uns wissen, »dass nur die Kommunikation kommunizieren kann« (Luhmann 2001a, 94). Bruno Latour, der international bekannteste Vertreter der ANT, will uns dagegen glauben machen, dass nicht nur Menschen handeln und Ziele verfolgen, sondern auch automatische Türöffner, Gewichte an Hotelschlüsseln, Kammermuscheln oder der Amazonas-Urwald.

Die soziologische Systemtheorie wie die aus der Wissenschaftsforschung stammende ANT sind beides Theorien, die beanspruchen, gesellschaftliche Phänomene zu erklären bzw. zumindest präzise zu beschreiben. Indes will Luhmann dabei prinzipiell *alles* erklären. Weil es um alles *prinzipiell* geht, ist sein Blick auf konkrete, lokale oder außergewöhnliche Phänomene des Sozialen eher getrübt, wie er selbst bildhaft formuliert, wenn er über die Grundlage seiner systemtheoretischen Gesellschaftsanalyse nachdenkt: »Der Flug muss über den Wolken stattfinden, und es ist mit einer ziemlich geschlossenen Wolkendecke zu rechnen.« (Luhmann 1984, 13) Latour kritisiert hingegen genau solch eine Voraussetzung. Prinzipiell über allgemeine Strukturen und Funktionsweise *der* Gesellschaft Aussagen treffen zu wollen, ja, von solchen übergreifenden Strukturen und Funktionen überhaupt auszugehen, sei Ausdruck eines falschen Verständnisses sozialer Angelegenheiten. Dem setzt die ANT entgegen: Es gibt keinen vermeintlich homogenen Gegenstand Gesellschaft, sondern nur mehr oder minder komplex gestaltete, mehr oder minder divergente und widerstreitende Netzwerke und Handlungsketten. Anstelle universaler Gesellschaftsdeutungen solle man deshalb besser einzelnen Akteuren folgen und deren spezifische Netzwerkbildungen nachzeichnen. Der Flug findet hier also definitiv unterhalb der Wolkendecke statt. Genau genommen handelt es sich dabei um gar keinen Flug, sondern um ein Krabbeln auf der Erde: Der ANT-Forscher gleicht, so ein Wortspiel, das Latour selbst gern zum Besten gibt, einer Ameise (englisch: *ant*). Ähnlich langsam wie diese, ähnlich ausdauernd Spuren folgend, den Blick strickt auf die Ereignisse *vor Ort* gerichtet – das ist das Ideal der ANT, zumindest ihrer Latour'schen Variante.

»up in the sky« vs. »down to earth«

Allein schon anhand dieser kurzen Bemerkungen dürfte recht deutlich werden: Vertreter der ANT und der Systemtheorie besetzen doch sehr unterschiedliche ökologische Nischen. Scheinen doch die einen so sehr *down to earth*, dass sie sich nicht einmal um das zu kümmern scheinen, was jenseits der nächsten Biegung zu finden ist, geschweige denn im Himmel über ihnen – wohingegen die anderen sich im permanenten Blindflug über den Wolken befinden.

Zumindest eint Luhmanns Systemtheorie und Latours ANT, wie eingangs bereits vermerkt, ein gewisser Hang zu recht gewöhnungsbedürftigen Thesen. Provokante bis abstrus klingende Behauptungen sind nicht die schlechtesten Voraussetzungen, um im Kanon der Medientheorie mit offenen Armen empfangen zu werden. Für eine tatsächlich erfolgreiche Etablierung im medienwissenschaftlichen Milieu scheint es dennoch darüber hinaus noch notwendig zu sein, dass die Ansätze zumindest irgendetwas mit Medien zu tun haben. Im Falle der Systemtheorie Luhmanns ist das überhaupt kein Problem. Im Gegenteil: Luhmann offeriert sogar eher zu viele als zu wenige Anschlussmöglichkeiten an die Medientheorie. Nicht weniger als fünf (!) unterschiedlich gelagerte Medienbegriffe sind in Luhmanns Oeuvre ausfindig zu machen. In Latours ANT hingegen spielt das Wort Medium bzw. Medien überhaupt keine Rolle. Das scheint zunächst einmal gegen eine Integration in den medientheoretischen Kanon zu sprechen. Dennoch wurde und wird die ANT in den letzten Jahren geradezu enthusiastisch in der Medientheorie rezipiert und ist inzwischen sogar eingemeindet als »Akteur-*Medien*-Theorie« (so der Titel eines voluminösen Sammelbandes). Diese Eingemeindungstendenz ist durchaus konsequent. Denn obwohl das Wort Medium bei Latour stiefmütterlich behandelt wird, gilt der Sache nach aber auch dort in gewisser Weise: Das Medium ist die eigentliche Botschaft. Befasst sich doch Latour zum einen mit *Mittlern*, die Netzwerke *verknüpfen* und *verändern*, und zum anderen mit *Kommunikati-*

Medienbegriff

onstechnologien, die Netzwerke in besondere Weise *stabilisieren* – und zwar *unabhängig* davon, was die Mittler und Technologien inhaltlich transportieren mögen.

Dass es jenseits bloßer Provokation durchaus gute, wenngleich sehr unterschiedlich gelagerte Gründe gibt, warum Systemtheorie und ANT insbesondere für bzw. als Medientheorie interessant sind, soll im Folgenden plausibel gemacht werden.

Systemtheorie | 7.1

In guter systemtheoretischer Tradition soll mit einer Unterscheidung begonnen werden, genauer mit vier. Luhmann schrieb nicht nur sehr viele Texte, sondern stellt darin auch fünf Medienbegriffe vor. Diese Medienbegriffe sind mitunter so unterschiedlich, dass sie nicht immer zueinanderpassen. Man sollte sich also davor hüten, Luhmanns Medienbegriffe für seine Zwecke einfach wild zu mischen. Luhmann sah das im Übrigen durchaus selbst, war aber diesbezüglich sehr entspannt. Angesprochen auf dieses Problem, soll er in Vorträgen und Seminaren lässig geantwortet haben: »Die unterschiedlichen Medienbegriffe lasse ich so nebeneinander herlaufen.« Zumindest beim Abfassen einer akademischen Qualifikationsarbeit dürfte solch ein Nebeneinander inkompatibler Medienbegriffe nicht die allerbeste Strategie für ein gutes Ergebnis sein. Deshalb empfiehlt es sich, Luhmanns Medienbegriffe deutlich voneinander unterscheidbar zu machen und zu halten.

fünf Medienbegriffe nach Luhmann

Definition

Medium
In Luhmanns Texten lassen sich fünf unterschiedliche Medienbegriffe ausfindig machen: (1) *Medium/Form*, (2) *Sprache*, (3) *Verbreitungsmedien*, (4) *symbolisch generalisierte Kommunikationsmedien*, (5) *System Massenmedien*. Unterteilen lassen sich diese Medienbegriffe wiederum in drei übergeordnete Kategorien, die die jeweilige Reichweite und Zielrichtung der Medienbegriffe anzeigen:

- Erste Kategorie: Der *erkenntnistheoretische* Medienbegriff
  Hierbei geht es um die prinzipielle Frage, was die Grundlage unserer Wahrnehmungs- und Erkenntnisfähigkeit ist. In diesem Zusammenhang etabliert Luhmann die *Medium/Form-Unterscheidung* (1), die Folgendes besagt: Ein Medium organisiert eine lose Kopplung von Elementen, die ein kombinatorisches Potenzial für festere Kopplungen, d.h. für Formbildungen, bereitstellt. Ein Medium ist also die *Bedingung* potenziel-

ler Wahrnehmungen und/oder Sinnzuweisungen (›lose Kopplungen‹), die sich in spezifischen *Formen* aktualisieren können (›feste Kopplungen‹). Das ist eine sehr *abstrakte* und *relationale* Medienbestimmung, die auf alle möglichen Phänomene anzuwenden ist. Licht ist beispielsweise demnach ein Medium, weil es die Bedingung dafür darstellt, dass es überhaupt Helleres und Dunkleres geben kann. Die Helligkeit der Sonne wäre in dem Sinne eine extrem helle Formaktualisierung des Mediums Licht. Sinn ist insofern ein Medium, als es überhaupt erst die Möglichkeit konkreter Bedeutungszuweisungen bereitstellt. Sprache wiederum ist ein Medium, weil es die Bedingung für potenzielle Artikulation in Sätzen bereitstellt. Die jeweils artikulierten Sätze sind so verstanden die aktualisierten Formen des Mediums Sprache (→ vgl. Kap. 3.2, insb. »Definition: Medium/Form«].

- Zweite Kategorie: Der *funktionale* Medienbegriff
  Hierbei geht es um die funktionale Frage, welches *Kommunikationsproblem* durch ein Medium gelöst wird. Die *Sprache* (2) ist demnach insofern ein Medium, als es das Problem des *Verstehens* so bearbeitet, dass Kommunikation wahrscheinlicher wird. Wenn X und Y nicht dieselbe Sprache sprechen, ist es unwahrscheinlich, dass sie sich richtig verstehen. Beherrschen Sie hingegen dieselbe Sprache – etwa deutsch – dann ist es sehr viel wahrscheinlicher, dass Y das, was X äußert, richtig versteht. *Verbreitungsmedien* (3) – wie etwa Briefe, Zeitungen, Fernsehen oder Handys – sind insofern Medien, als sie das Problem der *Erreichbarkeit* so bearbeiten, dass Kommunikation wahrscheinlicher wird. Wenn X Y etwas mitteilen will, Y aber nicht am selben Ort wie X ist, dann wird die Erreichbarkeit von X wahrscheinlicher, wenn X und Y Verbreitungsmedien nutzen, um zu kommunizieren. *Symbolisch generalisierte Kommunikationsmedien* (4), auch bezeichnet als Erfolgsmedien, sind insofern Medien, als damit das Problem des kommunikativen *Erfolgs* so bearbeitet wird, dass Kommunikation wahrscheinlicher gemacht wird. Zu diesen Erfolgsmedien gehören beispielsweise Wahrheit, Macht, Liebe oder Geld. Um nur eines dieser Beispiele näher zu betrachten: Geld erhöht, zumindest in einem ökonomischen Kontext – etwa einem Einkauf in einem Supermarkt – die Erfolgswahrscheinlichkeit, ein Produkt zu erwerben. Wenn Y einen Schokoriegel von X haben will, erhöht es an der Supermarktkasse die Wahrscheinlichkeit des Erfolgs immens, wenn Y X dafür Geld anbietet. Erfolg wird in diesem Fall bestimmt als Ausrichtung weitere Kommunikation von Y an den Absichten von X. Im genannten Fall: X übergibt den Schokoriegel aus seinem Besitz in den Besitz von Y. Geld ist in diesem Fall ein symbolisch generalisiertes Kommunikationsmedium, weil es den Erfolg der Kommunikation zwischen Verkäufer und Käufer des Schokoriegels wahrscheinlicher gemacht hat. *Symbolisch* sind symbolisch gene-

ralisierte Kommunikationsmedien insofern, als einem Phänomen überhaupt erst ein Wert bzw. eine Bedeutung zugeschrieben werden muss. Die Produktion eines 500-Euro-Scheins kostet keine 500 Euro. 500 Euro ist er nur genau dann wert, wenn ihm dieser Wert zugewiesen wird. Diese Zuweisung ist willkürlich. Man könnte dem Schein auch einen ganz anderen Wert geben. *Generalisiert* sind symbolisch generalisierte Medien insofern als die Zuweisung eines bestimmten Wertes von vielen –im Idealfall von allen potenziellen Kommunikationsteilnehmern – akzeptiert wird oder es zumindest Regeln existieren, die die Zuweisung eines Wertes festlegen. Wenn nur Y glaubt, dass ein Papierschein mit der Zahl 500 mitsamt der Abbildung fiktiver Architektur 500 Euro wert ist, alle anderen das aber nicht glauben bzw. den Anspruch von Y nicht akzeptieren, dann ist der Papierschein eben nicht 500 Euro wert. Die Annahme von Y ist dann nicht generalisiert und der Papierschein also kein symbolisch generalisiertes Medium.

- Dritte Kategorie: Der *systemische* Medienbegriff
  Hierbei geht es darum, was ein *System* Massenmedien (5) *als gesellschaftliches System* neben und in Abgrenzung zu anderen gesellschaftlichen Systemen wie Wissenschaft oder Ökonomie auszeichnet und leistet. Nach Luhmann hat sich im Laufe der Geschichte eine funktionale Ausdifferenzierung von gesellschaftlichen Systemen etabliert. Das heißt: Für die moderne Gesellschaft gilt, dass sich unterschiedliche Systeme ausgebildet haben, etwa Wirtschaft, Politik oder Kunst, die *unabhängig voneinander* und *nach je eigenen Regeln* operieren. In diesem Kontext hat sich auch ein eigenständiges System Massenmedien etabliert. Es operiert nach einem spezifischen Code, der das System Massenmedien von den Codierungen aller anderen gesellschaftlichen Systeme unterscheidet, nämlich der Unterscheidung von *Information* und *Nicht-Information*. Das heißt konkret: Das System Massenmedien untersucht seine Umwelt vor allem danach ab, ob es dort etwas *Neues, Ungewöhnliches, Irri*tierendes gibt. Umso neuer, ungewöhnlicher, irritierender ein Sachverhalt eingeschätzt wird, desto höher sein Informationswert, desto wahrscheinlicher, dass die Massenmedien darüber berichten.

Medientheoretische Zugriffe bedienen sich seit Langem sehr unterschiedlich an den fünf Medienbegriffen Luhmanns – so gut wie niemals aber an allen zugleich. Zudem lässt sich eine klare Präferenz für drei der fünf Medienbegriffe ausmachen, nämlich für die Medium/Form-Unterscheidung, die Verbreitungsmedien und das System Massenmedien. Da eine medientheoretische Aneignung der Medium/Form-Unterscheidung bereits in Kapitel 2.1

ausführlich im Kontext der Medientheorie der Medien selbst diskutiert wurde, werde ich mich im Folgenden vor allem auf die Verbreitungsmedien und das System Massenmedien konzentrieren.

Verbreitungsmedien – funktionales Medienverständnis

Überschreitung von Raum und Zeit

Unter Verbreitungsmedien versteht Luhmann alle Einrichtungen, die es möglich machen *Raum und Zeit kommunikativ zu überschreiten*. Mit einem Brief kann ich jemandem eine Nachricht zukommen lassen, der nicht unmittelbar anwesend ist. Das Fernsehen macht Fußballweltmeisterschaften zugänglich, ohne das sich direkt am Austragungsort der Spiele sein müsste. Was uns Kafka über das »Schloss« zu sagen hat, lässt sich auch noch nachlesen, nachdem der Autor des Romans lange tot ist. Wichtig ist hier, dass Luhmann Verbreitungsmedien immer im Zusammenhang mit ihren *kommunikativen* Leistungen untersucht. Ihn interessieren also *nicht* Wahrnehmungsdifferenzen unterschiedlicher Verbreitungsmedien. Die Differenz etwa, ob man eine Information im Radio hört oder in der Zeitung liest, ist somit nicht wichtig. Auch technische Veränderungen, etwa die Entwicklung des Schwarz-Weiß-Fernsehapparats zum multimedialen Flachbildschirm, sind nicht wirklich von Belang (→ vgl. hingegen Kap. 4.1).

Voraussetzungen für Kommunikation

Damit überhaupt *Kommunikation* stattfinden kann – egal ob mit oder ohne Verbreitungsmedien – müssen notwendigerweise vier Voraussetzungen erfüllt sein. Erstens muss es *mindestens zwei Instanzen* geben, die miteinander in Kontakt treten können, in den allermeisten Fällen sind das Menschen. Zweitens muss ein *Informationstransfer* stattfinden. Das heißt: Es muss in irgendeiner Weise etwas geäußert werden (sei es oral oder visuell, schriftlich oder auditiv), das das Gegenüber wahrnimmt. Drittens muss dieser Äußerung eine *Mitteilungsabsicht* zu Grund liegen. Wenn mein Magen knurrt, mag das zwar eine Information für mein Gegenüber sein – und zwar, dass ich Hunger habe. Aber diesem Magenknurren liegt keine Mitteilungsabsicht zugrunde, also kann es sich dabei *nicht* um Kommunikation handeln. (Es würde sich indes dann um Kommunikation handeln, wenn ich mir die Eigenschaft antrainieren könnte, meinen Magen *absichtlich* knurren zu lassen, damit mir endlich jemand etwas zu Essen holt). Viertens muss eine Äußerung vom Gegenüber tatsächlich als Mitteilung *verstanden* werden. Das Verstehen ist der Dreh- und Angelpunkt dieser Kommunikationstheorie: Was immer ich auch mitteilen will, wenn mein Gegenüber das nicht als Mitteilung, sondern nur als Information versteht, gibt es keine Kommunikation. Wenn mein Gegenüber meine schwäbisch-dialektalen Lautartikulationen als Ausdruck einer dümmlichen Lebensfreude versteht, die an niemand Spezifischen gerichtet ist, dann wurden zwar Informationen übertragen, das Ganze aber nicht als spezifische Mitteilungsabsicht gedeutet. In solch einem Fall fände – strikt nach Luhmann – keine Kommunikation statt. Und umgekehrt gilt ebenso: Auch wenn ich nichts mitteilen wollte, der Gegenüber aber die Äußerung als Mitteilungen versteht, findet Kommunikation statt. Die Existenz von Kommunikation oder Nicht-Kommunikation entscheidet sich also letztlich immer aufseiten des Beobachters, der die Situation deutet. Damit aber etwas überhaupt als Kommunikationsakt gedeutet werden kann, ist das Vorhandensein eines Adressaten, einer Information und einer Mitteilungsabsicht, die sich von einer reinen Informationsübertragung unterscheidet, vom Beobachter vorausgesetzt. Insofern sind die drei Elemente Verstehen, Information und Mitteilung Voraussetzungen, damit Kommunikation überhaupt möglich wird.

Verstehen

Information und Mitteilung

Indes: Auch wenn in einer spezifischen Situation die prinzipiellen Bedingungen für Kommunikation erfüllt sein mögen, Kommunikation also möglich ist, ist der *tatsächliche Vollzug* von Kommunikation laut Luhmann dennoch extrem *unwahrscheinlich*. Auch hier findet man wieder den Hang Luhmanns zu kontra-intuitiven Thesen. Obwohl wir doch ständig und überall zu kommunizieren scheinen, hält dem Luhmann apodiktisch entgegen: Kommunikation ist unwahrscheinlich! Drei Gründe führt er für seine zunächst völlig unplausibel erscheinende Behauptung an. Unwahrscheinlich ist Kommunikation erstens, weil nicht ohne weiteres vorausgesetzt werden kann, dass einer überhaupt *versteht*, was der andere meint. Wenn nun der Gegenüber zwar versteht, dass ich etwas mitteilen will, aber nicht versteht, was genau ich mitteilen will, dürfte er, je nach Frustrationstoleranz, auch das Interesse daran verlieren, mit mir über längere Zeit hinweg kommunizieren zu wollen. Zweitens ist die *Erreichbarkeit* unwahrscheinlich. Kommunikation ist ohne Hilfsmittel zunächst einmal zeitlich und räumlich beschränkt. Wenn mir einzig die stimmliche Artikulation zur Verfügung steht, ist die Erreichbarkeit auf den Ort beschränkt, an dem ich mich gerade befinde. Das heißt freilich auch: Nicht alle (gewünschten) Personen können erreicht werden. Drittens: Selbst wenn eine Kommunikationsofferte als eine solche verstanden wird und die gewünschten Personen überall auf der Welt tatsächlich erreicht werden können, ist der *Erfolg* der Kommunikation – worunter Luhmann die Ausrichtung des eigenen Verhaltens auf und den Anschluss an eine gegebene Kommunikationsofferte versteht – noch lange nicht gesichert. Der Erfolg ist immer noch höchst unwahrscheinlich. Die Adressaten können die Kommunikationsofferte ja einfach ablehnen und sich beispielsweise anderen – zumeist in hoher Anzahl gleichzeitig vorhandenen – Kommunikations- bzw. Wahrnehmungsofferten zuwenden.

Erreichbarkeit

Erfolg

Da trotz dieser Ballung an Unwahrscheinlichkeiten Kommunikation faktisch vorzuliegen scheint, fahndet Luhmann nach Erklärungen dafür. Genau an diesem Punkt verlässt Luhmann die rein kommunikationstheoretischen Überlegungen zugunsten einer auch für medientheoretische Zugriffe interessanten Perspektive: Es gibt laut Luhmann nämlich Mechanismen, die die Wahrscheinlichkeit der Kommunikation erhöhen. Diese Mechanismen nennt er *Medien*. Luhmann schreibt in einem Text mit dem programmatischen Titel »Die Unwahrscheinlichkeit der Kommunikation« diesbezüglich: »In dieser Theorie braucht man einen Begriff, der zusammenfassend sämtliche Einrichtungen bezeichnet, die der Umformung unwahrscheinlicher in wahrscheinliche Kommunikation dienen, und zwar für alle drei Grundprobleme. Ich schlage vor, solche Einrichtungen als *Medien* zu bezeichnen.« (Luhmann 2001b, 80) Damit sind Medien strikt *funktional* bestimmt. Medien werden also nicht von ihrer Materialität her gedacht (etwa als technische Apparaturen), sondern ausgehend von der Frage: Wie wird das Problem unwahrscheinlicher Kommunikation gelöst oder doch zumindest bearbeitet? Die Antwort lautet: eben durch Medien.

Medien machen Kommunikation wahrscheinlicher

Denn Medien lösen das Problem unwahrscheinlicher Kommunikation, indem sie Kommunikation wahrscheinlicher machen. Umgekehrt heißt das: *Alles*, was die Funktion erfüllt, Kommunikation wahrscheinlicher zu machen, ist dann eben ein Medium. Und das kann sehr vieles, sehr Unterschiedliches sein.

Luhmann unterscheidet drei Arten von Medien und ordnet sie jeweils einem kommunikativen Problemfeld zu, das sie primär bearbeiten.

Sprache

Das Medium *Sprache* ist die Einrichtung, die das Problem des Verstehens bearbeitet. Durch Sprache wird nämlich das, was außerhalb der unmittelbaren Wahrnehmung liegt, durch zeichenhafte Generalisierungen verständlich und sinnvoll für andere gemacht. Damit ist die Basis für weitere Kommunikation geschaffen.

symbolisch generalisierte Medien

Eine weitere Medienart nennt Luhmann *symbolisch generalisierte Medien*. Dies dürfte die ungewöhnlichste Art sein. Es ist auch diejenige, die am wenigsten Anklang in der Medientheorie gefunden hat. Darunter fallen etwa Wahrheit, Geld, Liebe oder Macht. Diese Medien erhöhen die *Erfolgschancen* kommunikativer Angebote. Um wieder konkreter zu werden: Als Dozent gebe ich einer Veranstaltung mit dem Titel »Medien der Systemtheorie IV: Symbolisch generalisierte Medien« und zwar montags von 6.15 Uhr bis 7.45 Uhr. Gehen wir von dem nicht unwahrscheinlichen Fall aus, dass die Studierenden zu diesem Zeitpunkt gerne ganz andere Dinge tun würden, als in meinem Seminar etwas zu hören über einen ganz besonderen Fall systemtheoretischer Medien. Auch dann, wenn die Studierende meine Aufforderung, doch bitte pünktlich zu erscheinen, verstehen mögen, wird der Erfolg meiner Aufforderung zur Teilnahme wenig Erfolg haben. Als Dozent bin ich jedoch in der Lage, auf Anwesenheitspflicht beharren zu dürfen. Wer zweimal fehlt, ist raus! Wenn die Veranstaltung bestanden werden muss, um das Studium erfolgreich zu absolvieren, wird die Anwesenheitsquote immens steigen. Meine Kommunikationsofferte hat in solch einer Situation aller Wahrscheinlichkeit nach Erfolg. Und zwar schlicht deshalb, weil mir in diesem speziellen Fall – als Dozent der Institut Universität –das Privileg zukommt, ein symbolisch generalisiertes Medium zur Umwandlung von unwahrscheinlicher in wahrscheinliche Kommunikation einzusetzen zu können: nämlich Macht. Das lässt sich auf sehr unterschiedliche Kontexte übertragen: Mein Gegenüber glaubt mir, dass die Erde um die Sonne kreist oder dass Luhmann der größte Medientheoretiker unter der Sonne ist, weil es sich um wissenschaftliche Wahrheiten handelt. Wahrheit ist in diesem Zusammenhang ein symbolisch generalisiertes Medium, das den Erfolg meiner Kommunikationsofferte wahrscheinlicher macht. Und noch ein (fiktives?) Beispiel: Zu Luhmann gingen die Studierenden ohne Anwesenheitspflicht immer ins Seminar, weil sie ihn liebten. Insofern ist Liebe hier ein symbolisch generalisiertes Medium. Die Beispiele ließen sich nahezu beliebig fortsetzen.

Verbreitungsmedien

Die dritte Art dieser Medien sind die *Verbreitungsmedien*. Darunter fasst Luhmann, wie bereits erwähnt, alle Einrichtungen, die Raum und Zeit transzendieren, also *Face-to-face*-Situationen überschreiten. Verbreitungsmedien sorgen dafür, dass die Wahrscheinlichkeit der Erreichbarkeit von Adressaten erhöht wird. Mit dem Handy sind nahezu von jedem Ort der Welt prinzipiell alle anderen Handybesitzer rund um den Globus unmittelbar erreichbar. Spätestens mit der Erfindung der Schrift wird nach Luhmann die Beschränkung der Kommunikation auf Anwesende aufgehoben – und damit ein Prozess in Gang gebracht, der mit Einrichtungen wie Druckerpresse, Film, Radio bis hin zu vernetzten Computern und Smartphones seine Fortsetzung findet. Verbreitungsmedien sind ein Gegenstand, der in der Medientheorie schon lange ein Thema ist, ja bis dato wohl das Hauptinteresse erfährt. Sprache ist als Kandidat für die Medientheorie zu allgemein und lässt sich sehr viel besser in einer allgemeinen Semiotik verhandeln (vgl. dazu Kap. 6.1). Deshalb spielt dieser Medienbegriff kaum eine Rolle in der Medienwissenschaft. Symbolisch generalisierte Medien wiederum sind wohl allzu generell und materiell unspezifisch, als dass sie im Gegensatz zu Verbreitungsmedien von besonderem Interesse für die Medientheorie sein könnten.

Bedingungen der Kommunikation	Probleme der Kommunikation	Lösungen der Kommunikationsprobleme
Verstehen	Verstehen	Medium Sprache
Information	Erreichbarkeit	Verbreitungsmedien
Mitteilung	Erfolg	symbolisch generalisierte Medien

Abb. 38

Kommunikationsbedingungen, -probleme und -lösungen

Obwohl Luhmann Medien als Einrichtungen versteht, die Kommunikation wahrscheinlicher machen, vertritt er *nicht* die damit naheliegende These, dass Kommunikation im Verlauf der (Medien-)Geschichte generell immer wahrscheinlicher geworden ist. Das scheint zunächst verwunderlich. Wurden doch im Laufe der Geschichte, strikt nach Luhmann gedacht, immer mehr Medien entwickelt, die die Unwahrscheinlichkeit der Kommunikation bekämpfen. Folglich wäre es nur konsequent zu behaupten, dass Kommunikation im Laufe der (Medien-)Geschichte immer wahrscheinlicher wird, immer besser funktioniert, bis irgendwann die ideale, vollständige störungsfreie Kommunikation gefunden sein wird. Aber genau das ist nach Luhmann eben nicht der Fall. Ja, genau besehen geschieht eigentlich das genaue Gegenteil. Luhmann schreibt diesbezüglich: »Wenn man eine Kommunikation richtig versteht, hat man umso mehr Gründe, sie abzulehnen. Wenn die Kommunikation den Kreis der Anwesenden überschreitet, wird Verstehen schwieriger und Ablehnen wiederum leichter.« (Luhmann 2001b, 91) Die unterschiedlichen Medien verringern ja Unwahrscheinlichkeiten *nur* auf *einer* der drei Ebenen des Erfolgs, der Verbreitung oder des Verstehens. Wenn auf einer Ebene die Wahrscheinlichkeit der Kommunikation erhöht wird, wird *gleichzeitig* auf den anderen Ebenen die Kommunikation unwahrscheinlicher.

Medien machen Kommunikation unwahrscheinlicher

Um es hier nur auf den einfachsten Fall der Verbreitungsmedien zu wenden: Wenn ich mich mit meinem Handy selbst während einer Vorlesung filme und das Ergebnis auf Youtube hoch lade, dann habe ich damit das Problem der Erreichbarkeit bearbeitet. Nicht mehr nur die Studierenden vor Ort, die die Vorlesung besuchen, sind nun zu erreichen. Kommunikation wurde auf Ebene der Erreichbarkeit wahrscheinlicher. Aber – und das ist der entscheidende Punkt: Wenn die Vorlesung auf Youtube abrufbar ist, kann ich weniger gut kontrollieren, was verstanden wurde. Ich kann ja die User nicht direkt fragen oder den Wissensstand mittels eines Tests überprüfen. Zudem ist die Erfolgswahrscheinlichkeit geringer. Auch wenn die User verstehen, was ich sage, müssen sie ja nicht einverstanden sein bzw. können stattdessen ein Video von Luhmann selbst anschauen oder einfach abschalten. Da es keine Anwesenheitspflicht auf You Tube gibt – ebenso wenig eine Abschlussklausur – sind die Probleme des Erfolgs und des Verstehens nicht nur nicht bearbeitbar mittels You Tube. Diese Probleme des Verstehens und des Erfolgs sind vielmehr *aufgrund der Verwendung eines Verbreitungsmediums prekärer* geworden. Deshalb ist es im Sinne Luhmanns richtig zu behaupten: Medien sind Einrichtungen die Kommunikation (auf einer Ebene) wahrscheinlicher machen *und gleichzeitig* (auf einer anderen Ebene) unwahrscheinlicher. Medienhistorisch gewendet heißt das: Kommunikationsverhältnisse werden immer komplexer, da immer mehr Medien involviert sind, die Kommunikation wahrscheinlicher machen und gleichzeitig unwahrscheinlicher. Je mehr kommuniziert wird, desto mehr scheitert Kommunikation, desto mehr muss über gescheiterte Kommunikation kommuniziert werden usw.

Historiografischer Exkurs

Medienevolution

Evolution meint eine unumkehrbare, stufenweise, allmähliche Veränderung in der Zeit, in der Entwicklung nicht zielgerichtet verstanden wird, sondern als Prozess permanenter Variation und Anpassung. Dabei werden die Aspekte Kontinuität und Wandel in einer besonderen Weise zusammengedacht. Während Konzepte der Revolution davon ausgehen, dass sich geschichtlicher Wandel durch harte Zäsuren und Schnitte vollzieht – wodurch Mediengeschichte in klare Phasen zu unterteilen ist (→ vgl. Kap. 4.1, insb. »Historiografischer Exkurs: Medienarchäologie«], etwa die Zeit vor der digitalen Revolution und die Zeit danach, in der sich alles aufgrund der Einführung digitaler Technologie geändert haben soll – gehen evolutionäre Modell vielmehr von allmählichen Veränderungen aus. Diese allmählichen Veränderungen ergeben sich durch Abgleich und Anpassung an die jeweiligen Umweltbedingungen. Was der maßgebliche Evolutionstheoretiker Charles Darwin mit Bezug auf die Biologie das »survival of the fittest« nennt, meint in einem medienwissenschaftlichen Kontext: Ob eine neue Medientechno-

Das Wechselspiel der zentralen Elemente der Evolution: Variation – Selektion – Stabilisierung | **Abb. 39**

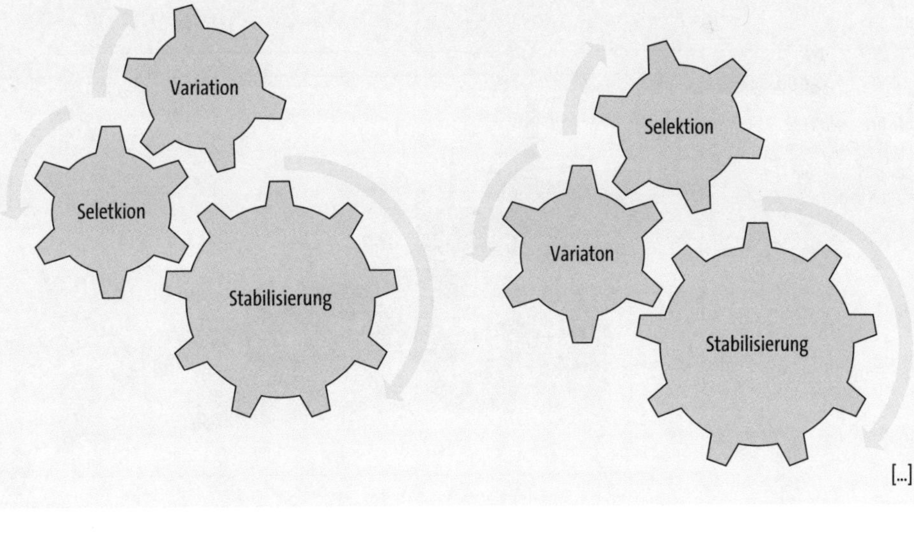

[...]

logie erfolgreich ist, hängt maßgeblich davon ab, ob sie sich in der Gesellschaft durchsetzen kann. Dies wiederum hängt davon ab, ob sie auf bestimmte Bedürfnisse reagiert, Bedürfnisse besser erfüllt als andere Medien, Probleme in besonderer Weise zu lösen verspricht u.Ä. Genau aus diesem Grund ist die Medienevolution auch für funktionale Medientheorien interessant. Stellt sich doch genau hier immer wieder die Frage: Auf welches Problem könnte die Einführung eines Mediums eine Lösung darstellen? Oder einfacher formuliert: Welche Funktion erfüllt Medium X?

Zentral sind in der Medienevolution drei Elemente, die in enger Verzahnung vorkommen, nämlich Variation, Selektion und Stabilisierung (siehe Abb. 39).

Variation

Variation bedeutet in diesem Zusammenhang: Eine Abweichung von bisher Bekanntem wird eingeführt. Diese Variationen können unterschiedliche Gründe haben und müssen nicht von vornherein zielgerichtet sein. Hierbei kann es sich beispielsweise auch um zufällige Erfindungen handeln. *Selektion* bedeutet, dass auch aus einer Vielzahl von Variationen nur wenige ausgewählt werden, die sich gesellschaftlich durchsetzen. Die Gründe hierfür sind primär in der Anpassungsfähigkeit der Medien an gesellschaftliche Interessen und Bedürfnisse zu finden. *Stabilisierung* wiederum bedeutet, dass sich das selektierte Medium über längere Zeit in der Gesellschaft stabilisiert und das heißt: flächendeckend etabliert und selbstverständlich wird – etwa bei der Etablierung des Telefons. Daraus können sich wiederum Variationen ergeben – etwa Bildtelefon, mobiler Sprechfunk, Pager, Mobiltelefon – die sich dann wiederum aufgrund bestimmter gesellschaftlicher Bedürfnisse etwa als Handy manifestieren können usw.

Selektion

Stabilisierung

Abb. 40 | *Mediengeschichte als Perfektionierungsgeschichte – vom Großen zum Kleinen*

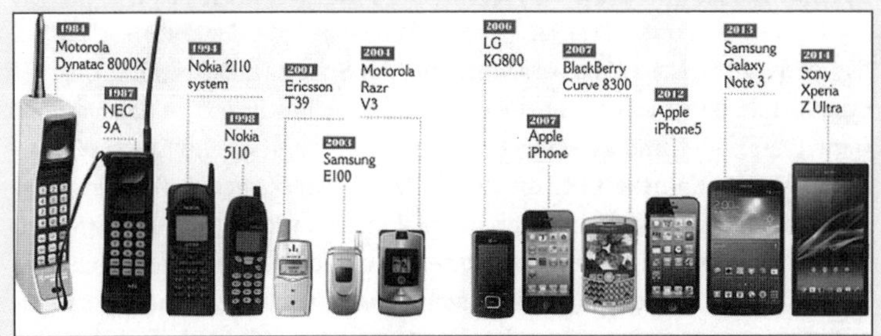

Abb. 41

Mediengeschichte als Evolutionsgeschichte – permanente Anpassung und Neujustierung

Die Stärke des Medienevolutionsmodells liegt zum einen darin, eindeutige geschichtlichen Zäsuren, die den tatsächlichen historischen Sachverhalten meist nicht gerecht werden können, abzulehnen. Zum anderen wird Mediengeschichte somit auch nicht von vornherein als ein linearer Prozess verstanden, der etwa zur immer perfekteren Medientechnologie führt oder zu einer Medienentwicklung, die sich immer mehr vom Menschen ablöst (→ vgl. Kap. 4.1) oder zu einer perfekten Simulationswelt [→ vgl. Kap. 6.1). So wird beispielsweise immer wieder die Geschichte des Handys als eine Geschichte erzählt, die ganz einfach und linear von großen, unhandlichen Handys zu immer kleineren Apparaten führt (siehe Abb. 40).

Dies entspricht aber nicht der tatsächlichen historischen Entwicklung, was sich sehr klar am Übergang vom traditionellen Handy zum Smartphone nachzeichnen lässt. Dabei verändert sich nicht nur die Funktionen des Handys, sondern Handys werden auch wieder erheblich größer (siehe Abb. 41). Diese Prozesse lassen sich mit einem evolutionären Modell aus Variation, Selektion und Stabilisierung sehr viel angemessener beschreiben als mit einem linearen Geschichtsmodell oder der Vorstellung von radikalen Zäsuren der Medienentwicklung.

Literatur

Jens Schröter/Gregor Schwering: Modelle des Medienwandels und der Mediengeschichtsschreibung, in: Jens Schröter (Hg.): Handbuch Medienwissenschaft, (Stuttgart/Weimar 2014), S. 179–190, insbesondere das Kapitel »Evolution der Medien«, S. 182–183.

Matthias Bickenbach: Medienevolution – Begriff oder Metapher? Überlegungen zur Form der Mediengeschichte, in: Fabio Crivellari u. a. (Hg.): Die Medien der Geschichte. Historiziät und Medialität in interdisziplinärer Perspektive (Konstanz 2004), S. 109–136.

System Massenmedien – systemisches Medienverständnis

Es gibt Systeme. Das ist die Basisannahme der Systemtheorie Luhmanns. Als System gilt dabei etwas, das erstens eine klar bestimmbare *Differenz zur Umwelt* ausbildet und zweitens *autopoietisch* operiert, das heißt im systemtheoretischen Kontext: über die Zeit hinweg *selbst erzeugte Regeln der Unterscheidung stabilisiert*. Ein einfaches Beispiel soll das verdeutlichen: Die Sonne scheint seit Stunden heiß auf mich herab und ich denke: »Verdammt, jetzt habe ich schon wieder Kopfschmerzen!«. Dies ist insofern eine autopoietische Verarbeitung eines Umweltreizes (Sonnenschein) durch mein psychisches System (Gehirn), weil Kopfschmerzen in der Umwelt nicht vorkommen, sondern nur in einem psychischen System. Ganz zu schweigen vom inneren Ärger. Auch ein solcher wurde noch nie außerhalb eines psychischen Systems beobachtet. Zudem setzt das psychische System mit dem Gedanken, dass *ich* Kopfschmerzen habe (und nicht ein anderer), eine deutliche Unterscheidung zwischen System und seiner Umwelt. Solche Wahrnehmungen und Gedanken sind vom System *selbst erzeugte* Interpretation der Außenreize, insofern autopoietisch – und zwar nach bestimmten über die Zeit hinweg stabilisierten Unterscheidungsregeln. In diesem Fall sind das hier Unterscheidungen zwischen den Zuständen Kopfschmerzen/keine Kopfschmerzen und der Identitätszuweisung Ich/Nicht-Ich (Andere).

Autopoiesis

Systeme gibt es überall in der Welt. Neben den benannten psychischen Systemen existieren auch biologische Systeme, etwa das Ökosystem eines

Abb. 42

Die Systeme der Systemtheorie nach Luhmann (Ausschnitt)

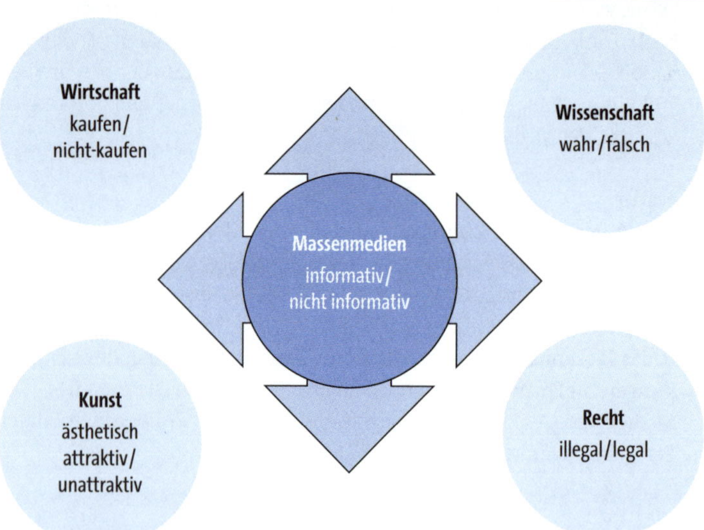

Teiches. Als Soziologe interessiert sich Luhmann indes vorrangig für *soziale* Systeme, die auf Grundlage von *Kommunikation* operieren. Die Funktionsweise *gesellschaftlicher* Systeme hat es ihm dabei besonders angetan. Darauf wird noch ausführlich zurückzukommen sein.

Konstruktion eines Beobachters

Wichtig ist zunächst einmal festzuhalten: All diese Systeme operieren autopoietisch, verarbeiten also Umweltreize nach spezifischen Unterscheidungsregeln und grenzen sich gleichsam von ihrer Umwelt genau durch diese spezifische Verarbeitung ab. Ob die Welt tatsächlich so ist, wie das Gehirn, eine öffentliche Versammlung, eine Institution wie die Bank oder das soziale System Kunst Umweltreize verarbeitet, lässt sich hingegen nicht sagen. Noch genereller gewendet: Die Welt ist die *Konstruktion eines Beobachters*, der die Welt nach systemspezifischen Vorgaben wahrnimmt, deutet und kommuniziert. Insofern hat Luhmanns Systemtheorie eine *konstruktivistische Erkenntnistheorie* zur Grundlage.

Definition

Konstruktivismus

Es gibt viele Formen und Varianten des Konstruktivismus. Was indes alle Konstruktivisten eint, sind zwei prinzipielle Annahmen: Erstens ist uns ein neutraler Zugang zur Welt verwehrt. Erkenntnis ist immer *beobachterrelativ*. Das, was wir für Realität halten, ist immer das Resultat einer Beobachtung, durch die *selektiv* – nach der jeweiligen Perspektive des Beobachters – etwas für wirklich gehalten wird. Wir können nicht wissen, wie die Welt unabhängig von unseren Beobachtungen tatsächlich ist. Zweitens gibt es bestimmte Bedingungen, die den Zugang zur Welt *präformieren* und damit zuallererst ein Bild der Welt erschaffen. Solche Bedingungen können beispielsweise bestimmte Bewusstseinsvoraussetzungen sein. So beobachtet etwa der Mensch die Welt anders als eine Fledermaus aufgrund seiner kognitiven Voraussetzungen. Solch eine Voraussetzung kann die Sprache sein. Ein japanischer Muttersprachler beobachtet und versteht die Welt anders als ein deutscher Muttersprachler oder Wesen, die sich ausschließlich mit Klickgeräuschen verständigen usw.

Besonders relevant für die Medienwissenschaft: Medien sind ebenfalls als solche Voraussetzungen zu verstehen (→ vgl. Kap. 4.1). Schriftlose Gemeinschaften haben ein anderes Verständnis der Welt als Gemeinschaften, die über Schrift verfügen. Solche Faktoren haben *konstruktiven* Einfluss auf unsern Blick auf die Welt. Das heißt: Die Welt wird nicht nur beobachterrelativ wahrgenommen, sie wird vielmehr zuallererst *beobachterabhängig hervorgebracht*. So gesehen *konstruiert* der Beobachter seine Welt. Deshalb lautete das zentrale Axiom des Konstruktivismus: Unterschiedliche Beobachter konstruieren je unterschiedliche Welten.

So wie das psychische System seine Realität konstruiert, konstruieren nach Luhmann ebenso die *sozialen* Systeme nach systemspezifischen Beobachtungen und Unterscheidungen ihre jeweilige Realität. Folgt man Luhmann, dann zeichnet sich die moderne Gesellschaft dadurch aus, dass sie *funktional differenzierte gesellschaftliche* Systeme ausbildet. Diese Systeme charakterisiert: Sie operieren nicht nur nach je eigenen Regeln. Sie haben sich zudem ausdifferenziert. Jedes System bearbeitet – unabhängig von den anderen Systemen – ein spezielles Problem und erfüllt damit eine besondere gesellschaftliche Funktion. Das System Recht etwa beobachtet die (Um-)Welt danach, ob dort Illegales geschieht und zieht, im Fall der Fälle, dementsprechende Konsequenzen (Anklage, Prozess, Urteil). Das System Kunst beobachtet hingegen die (Um-)Welt danach, ob etwas schön bzw. ästhetisch attraktiv ist oder nicht. Die beiden Systeme beobachten die Welt also auf Grundlage unterschiedlicher Präferenzen. Rechts- und Kunstsystem sind dabei darauf spezialisiert, unterschiedliche gesellschaftliche Probleme zu lösen. Im einen Fall heißt das Problem: Finde illegale Machenschaften und bestrafe sie! Im anderen Fall heißt das Problem: Finde ästhetisch attraktive Dinge und bewahre diese!

funktional ausdifferenzierte Gesellschaft

Abb. 43 | *Systeme einer funktional-ausdifferenzierten Gesellschaft (nach Luhmann)*

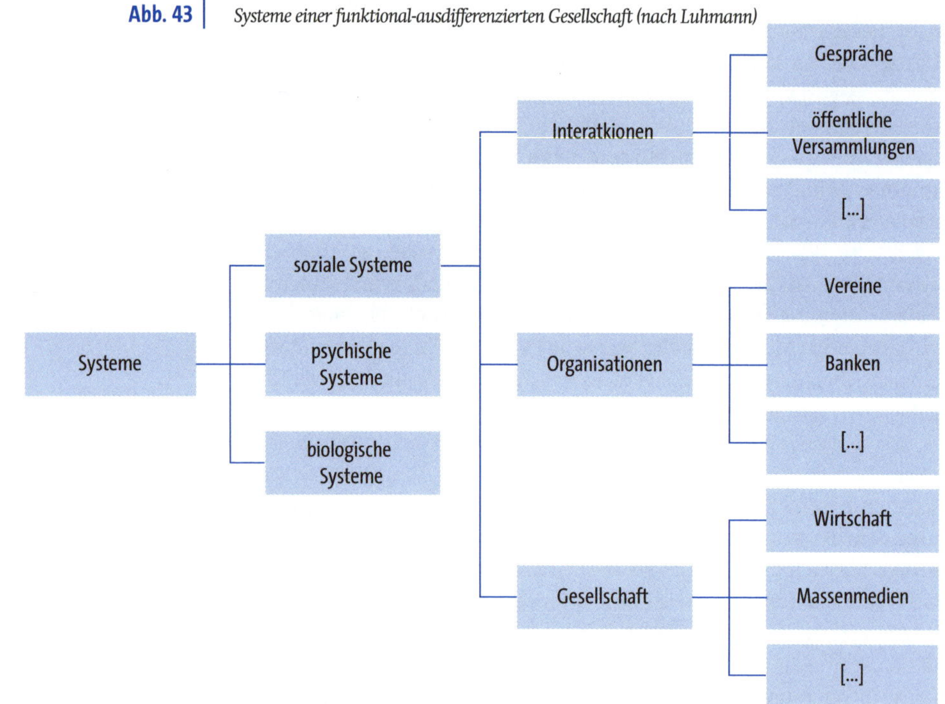

Luhmann zufolge hat das jeweilige System eine sogenannte *binäre Primärcodierung* ausgebildet, die die Beobachtungsperspektive der Welt organisiert. So ist die binäre Primärcodierung des Systems Recht zu finden in der Unterscheidung illegal/legal. Nach dieser Leitunterscheidung wird die Welt beobachtet. Bevorzugt wird dabei der erste Term der Unterscheidung. Im Falle des Rechts heißt das: Das Recht schreitet genau in den Fällen ein, wenn es etwas Illegales beobachtet bzw. illegale Machenschaften vermutet werden. Bei legalen Operationen wird das System Recht indes nicht tätig. Im Fall des Systems Kunst wird das System tätig, wenn etwas als ästhetisch attraktiv erscheint. Erscheint etwas nicht ästhetisch attraktiv, kümmert sich das System Kunst indes nicht darum. Alle gesellschaftlichen Systeme haben solch eine binäre Primärcodierung, durch die sie von anderen gesellschaftlichen Systemen klar zu unterscheiden sind.

binäre Primärcodierung

Medienwissenschaftlich ist dies alles aus einem Grund von Belang: Analog zum System Recht und Kunst hat sich laut Luhmann ein System Massenmedien etabliert. Zwei Fragen sind in diesem Zusammenhang von Interesse: Was für eine Realität konstruiert das System Massenmedien? Und: Welche spezielle Funktion erfüllt dieses System für die Gesellschaft?

System Massenmedien

Wichtig ist es zunächst einmal, zwei Dinge nicht zu verwechseln, nämlich Massenmedien als *technische Einrichtungen* und Massenmedien als *System*. Luhmann schreibt in »Die Realität der Massenmedien«: »Mit dem Begriff der Massenmedien sollen [...] alle Einrichtungen der Gesellschaft erfasst werden, die sich zur Verbreitung von Kommunikation technischer Mittel der Vervielfältigung bedienen. Vor allem ist an Bücher, Zeitschriften, Zeitungen zu denken, aber auch an photographische oder elektronische Kopierverfahren jeder Art, sofern sie Produkte in großer Zahl mit noch unbestimmten Adressaten erzeugen.« (Luhmann 1966, 10) Entscheidend ist für Luhmann, dass dabei »keine Interaktion unter Anwesenden zwischen Sender und Empfänger stattfinden kann«, was durch die »technisch bedingte Notwendigkeit einer Kontaktunterbrechung« gewährleistet ist (ebd., 11). Diese entspricht einer recht traditionellen Bestimmung von Massenmedien. Das Verbreitungsmedium Schrift, zumindest in Form eines Briefes, wäre insofern kein Massenmedium, da es einen klaren Adressaten hat und nicht eine unbestimmte Anzahl an Adressaten wie beispielsweise das Fernsehen. Aber die massenmedialen technischen Einrichtungen wie Fernsehen, Radio oder Zeitung sind *nicht* das System Massenmedien. Zwar sind die Massenmedien die materielle Grundlage dafür, dass sich überhaupt so etwas wie ein System Massenmedien ausbilden kann – selbst sind sie aber nur die *Umwelt* des Systems. Elektronische Signale, Funkverkehr und Bild- und Tonverarbeitung sind die Umweltreize, die systemintern spezifisch verarbeitet werden. Außerdem können Massenmedien auch verwendet werden, um die Kommunikation in anderen Systemen zu ermöglichen. Man denke nur an wissenschaftliche Publikationen, den Börsenticker für die Wirtschaft oder Kunst auf »Arte«. Wichtig ist: Die Materialität der Massenmedien muss vom System Massenmedien strikt unterschieden werden. Dass es technische Apparaturen gibt, die massenmedial Daten vervielfältigen und senden, ist die notwenige Voraussetzung für das System Massenmedien, aber eben nicht das System selbst, sondern dessen Umwelt.

Information vs. Nicht-Information

Das System Massenmedien operiert nach dem binären Primärcode Information/Nicht-Information. Der Informationsbegriff, auf den sich Luhmann bezieht, stammt von Claude Shannon (→ vgl. Kap. 4.1). Dieser Informationsbegriff besagt: Je unwahrscheinlicher der Auftritt eines Ereignisses ist, desto höher der Informationswert. Das heißt bezogen auf die Operationsweise des Systems Massenmedien: Dieses System sucht seine Umwelt vor allem danach ab, ob es dort etwas Unwahrscheinliches gibt. Die dementsprechende Maxime der Massenmedien lautet: Suche Abweichendes, Neues und vermeide Berichte über etwas, das nicht außergewöhnlich ist bzw. sich permanent wiederholt! Wird ein Sachverhalt als neu bzw. abweichend eingeschätzt, desto höher ist sein Informationswert, desto wahrscheinlicher, dass die Massenmedien darüber berichten. Das macht die Vorliebe des Systems Massenmedien für Skandale, Unfälle, Störungen und Katastrophen verständlich. Wer will schon wissen, dass Angela Merkel auch heute, wie schon gestern und vorgestern und höchstwahrscheinlich morgen, vermutlich ein wenig gestresst und müde, zu ihrer Arbeit in das Bundeskanzleramt geht? Wie berichtenswert wäre hingegen doch eine Liaison mit dem französischen Premierminister oder ein Attentat auf die Bundeskanzlerin, ganz zu schweigen von einer überraschenden Wendung, in der sich beispielsweise herausstellt, dass Frau Merkel in Wirklichkeit eine russische Agentin ist.

Dem System Massenmedien wird von Luhmann ein *besonderer* Stellenwert zugewiesen. Denn dieses System erfüllt gleich zwei gewichtige gesellschaftliche Funktionen: Erstens *irritiert* das System Massenmedien seine Rezipienten. Denn es zeigt (›konstruiert‹) eine Welt, die sich ständig ändert oder ändern könnte, da ja vorrangig Neues als berichtenswert erscheint. In »Die Realität der Massenmedien« heißt es diesbezüglich: »Massenmedien halten [...] die Gesellschaft wach. Sie erzeugen eine ständig erneute Bereitschaft, mit Überraschungen, ja mit Störungen zu rechnen.« (Luhmann 1996, 47) Dadurch soll eine schnelle Anpassungsfähigkeit an Veränderungen garantiert werden. Zweitens *kompensiert* das System Massenmedien die Komplexität der modernen Welt, weil das System Massenmedien die Welt und also auch alle anderen gesellschaftlichen Systeme danach untersucht, ob es dort Neues gibt. So wird suggeriert: Alles Wichtige, das in der Welt geschieht, wird prinzipiell allen durch das System Massenmedien zugänglich gemacht. Alle können also auch damit rechnen, dass alle anderen durch die Massenmedien (ungefähr) denselben Wissensstand haben. Inso-

Irritation

Kompensation

fern hat das System Massenmedien im Gegensatz zu allen anderen Systemen eine *gesamt*gesellschaftliche *Koordinations- und Integrationsfunktion*. Eben deshalb formuliert Luhmann: »Was wir über unsere Gesellschaft, ja über die Welt, in der wir leben, wissen, wissen wir durch Massenmedien.« (Luhmann 1996, 9)

Funktionalität

Für die Medienwissenschaft dürften an diesem Verständnis von (Massen-)Medien mindestens drei Aspekte von Interesse sein: Erstens spielt nicht die Materialität der Medien die entscheidende Rolle, sondern ihre *Funktionalität*. Egal ob Fernsehen, Radio oder Zeitung – alle diese Medien werden trotz ihrer materiellen Differenzen zu einem System vereint, das sich durch Funktionalität bestimmt. Dem stehen die Thesen des Medienmaterialismus diametral gegenüber, wo die Materialität der Medien die entscheidende Kategorie medienwissenschaftlicher Forschung darstellt (→ vgl. Kap. 4.1). Zweitens kommt dem System Massenmedien ein *besonderer Status* zu. Ist es doch das wichtigste System für gesellschaftliche Anpassungen und Koordination. Insofern ist aus systemtheoretischer Sicht medienwissenschaftliche Forschung, die sich damit beschäftigt, außerordentlich gut legitimierbar. Denn um zu verstehen wie Gesellschaft funktioniert, müssen wir vor allem die Massenmedien verstehen. Drittens sind die Massenmedien nicht mehr das Problem, wie etwa in der Kritischen Theorie (→ vgl. Kap. 5.1). Werden doch dort die Massenmedien ausschließlich als Manipulationsinstrumente kritisiert. Das Gegenteil geschieht in der Systemtheorie: Massenmedien sind aus dieser Warte gesehen vor allem eins, nämlich *Problemlöser*: Sie halten uns wach, machen uns fit für Veränderungen und koordinieren das Wissen der Gesellschaft.

Anpassungen und Koordination

Kritik

- Problem der Selbstanwendung: Wie jeder Konstruktivismus hat auch die Systemtheorie das Problem der Selbstanwendung, da ein *performativer Selbstwiderspruch* vorliegt: Sollte Luhmann recht haben und die Welt wäre nur beobachtungsrelativ zugänglich, dann kann er das aber nicht als allgemeingültig behaupten. Denn die Aussage, alle Beobachtungen sind beobachtungsrelativ, ist ja selbst beobachtungsrelativ und also niemals allgemeingültig. Die Aussage, alle Beobachtungen sind beobachtungsrelativ, muss also, will sie wahr sein, falsch sein.
- Problem der Kommunikation: Menschen können kommunizieren, *nicht* aber soziale Systeme wie eine Bank oder das System Massenmedien. Noch nie wurde eine Institution beobachtet, die kommuniziert; das System Massenmedien hat seine Meinung zur Griechenlandkrise noch nicht kommuniziert. Es gibt immer nur menschliche Akteure, die in oder im Namen der Institution Bank kommunizieren, die in Zeitungen

Artikel veröffentlichen oder Kommentare posten. Die Behauptung, soziale Systeme kommunizieren, beruht einfach auf dem Missbrauch der Sprache, durch die Zuweisung eines Subjektstatus an eine abstrakte Entität in Verbindung mit Handlungs- und Kommunikationsverben. Jenseits von rein grammatikalischen Möglichkeiten handelt oder spricht eine Bank oder das System Massenmedien jedoch nicht.

- Problem des Funktionalismus: Da die Systemtheorie ausschließlich fragt, welches Problem durch ein System gelöst werden soll, ist immer schon vorausgesetzt, dass gesellschaftliche Prozesse Funktionen haben und Probleme lösen. Kritik an der Funktionsweise von Systemen kann so überhaupt nicht in den Blick geraten. Ebenso wenig lassen sich Phänomene erklären, die augenscheinlich keine gesamtgesellschaftliche Funktion haben. Welche gesellschaftliche Funktion – um nur ein besonders drastisches Beispiel zu wählen – sollen etwa die vielen Armenviertel der Großstädte in Südamerika haben? Dort leben Menschen ohne Zukunftsperspektiven und ohne jede Möglichkeit der gesellschaftlichen Integration. Diese gesellschaftliche Entwicklung lässt sich kaum anders als hochgradig dysfunktional beschreiben. Wieder allgemeiner gewendet: Luhmanns Systemtheorie ist gegenüber den gesellschaftlichen Verhältnissen durch und durch affirmativ und letztlich von dem konservativen wie blauäugigen Glauben getragen, was funktioniert, wird auch weiterhin funktionieren oder zumindest durch eine neue Problemlösung ersetzt. Eine *kritische* Gesellschaftsanalyse ist somit *von vornherein* ausgeschlossen.
- Problem der Systeme: Die Annahme, es gebe operativ geschlossene Systeme, ist nichts weiter als eine abstrakte Setzung. Nirgends in der Welt gibt es reine Systeme mit fein säuberlich gezogenen Grenzen, überall gibt es nur Mischungen, Hybrides, Unreines. In der Kunst geht es niemals nur um Kunst, sondern immer auch um Ökonomie, in den Massenmedien geht es nicht nur um Aktualität, sondern auch um die Frage nach der Glaubwürdigkeit des Berichteten, also um Wahrheit, ganz zu schweigen von politischen oder ökonomischen Interessen, die die Massenmedien beeinflussen. Geschlossene Systeme gibt es nur in den Köpfen akademischer Elfenbeinturmbewohner – im echten Leben sind sie unbekannt. Genau deshalb taugt eine Systemtheorie vielleicht für die Mathematik oder Informatik, auf keinen Fall aber zur Konstruktion einer seinem Gegenstand angemessenen *Gesellschafts*theorie.
- Probleme der Medien: Die Medienbegriffe, die Luhmann ins Spiel bringt, sind sehr unterschiedlich und nicht immer miteinander vereinbar. Was das Licht als Medium für die Form Helligkeit mit dem Verbreitungsmedium Sprache oder was das symbolisch generalisierte Medium Liebe mit

der Funktionslogik des Systems Massenmedien zu tun hat, bleibt nicht nur Luhmanns Geheimnis, sondern führt außerdem zu einem dermaßen *diffusen* Medienverständnis, dass dieses zur Grundlage einer Medienwissenschaft kaum taugen dürfte. Weiterhin kümmert sich Luhmann überhaupt nicht um *m*aterielle Differenzen der Medien. Ob Fernsehen, Film, Radio, Zeitung – alles wird zum System Massenmedien zusammengezurrt, in dem die unterschiedlichen Verbreitungsmedien gleich funktionieren. Das ist erstens unplausibel und zweitens nicht gerade geschickt, wenn man die Frage beantworten möchte, was vielleicht eine Medienwissenschaft etwa im Gegensatz zu einer allgemeinen Soziologie über Kommunikations- und Wahrnehmungsprozesse herausfinden könnte.

Das Handy im System Massenmedien

Im Zusammenhang mit dem System Massenmedien ist das Handy ein besonders interessanter, weil problematischer Fall. Denn: Das Handy ist als technische Apparatur kein Massenmedium. Es sendet nicht oder doch nicht nur an eine unbestimmte Vielzahl an Adressaten. Ebenso wenig trifft zu, dass wir es dabei mit einer Kommunikationsform zu tun haben, die eine technische Kontaktunterbrechung bereithält, durch die keine unmittelbare Antwort möglich wäre. Beim Telefonieren ist das genaue Gegenteil der Fall: Telefonieren zeichnet sich ja gerade durch die technische Ermöglichung einer dialogischen Situation ohne Unterbrechung aus. Dennoch – und das ist der entscheidende Punkt – kann ein Handy durchaus Teil des Systems Massenmedien werden. Wie weiter ausgeführt ist das System Massenmedien eben nicht gleichzusetzen mit den technischen Mitteln massenmedialer Kommunikation.

Beispiel Smartphone

Der Einfachheit halber soll nur auf ein Smartphone eingegangen werden, um diesen Punkt zu verdeutlichen. Ein Smartphone kann zur personalen Kommunikation eingesetzt werden: Ich telefoniere mit einem Bekannten, schreibe meiner Frau eine SMS usw. Aber ich erhalte auch SMS von der Telekom oder Vodafone, die Werbung übermitteln, ganz ähnlich wie Werbung in Printmedien, Fernsehen oder Radio. Schon hier, so ließe sich argumentieren, wird mein Handy Teil des Systems Massenmedien. Denn: Ein unbestimmter Adressenkreis erhält mittels technischer Vervielfältigung in großer Anzahl Nachrichten von einem institutionalisierten Sender. Zudem kann ich aktiv Angebote von Nachrichtenmagazinen wie »Spiegel Online« oder der »New York Times« abrufen, ja mir die neusten Nachrichten per App zukommen lassen. Das sind sehr eindeutige Fälle, in denen das Smartphone am System Massenmedien teilhat oder genauer eigentlich: Das Smartphone bildet die technische Grundlage, am System Massenmedien teilnehmen zu können.

Es ließe sich sogar behaupten, dass Twitter oder Youtube – die beide mit meinem Smartphone abrufbar sind – in funktionaler Hinsicht auch Teil des Systems Massenmedien sind. Zwar wird gerne behauptet, dass die neuen sozialen Medien, zu denen die Anwendungen Twitter und Youtube gerechnet werden, fundamental anders funktionieren als die klassischen Massenmedien. Denn die sozialen Medien hätten erstens einen Rückkanal. Man könne also unmittelbar antworten bzw. sei generell nicht nur User, sondern auch Producer – also auch Sender, nicht nur Empfänger. Zudem bilden sich dabei zweitens abgeschottete Kommunikationssphären aus. Die Adressaten wären insofern nicht unbestimmt viele, sondern klar zuordenbare, selektive Adressaten. Drittens stünden hinter diesen Kommunikationsgemeinschaften nicht oder zumindest nicht immer öffentlich-rechtliche bzw. ökonomisch basierte Institutionen, sondern private Gemeinschaften, Teil- oder sogar Gegenöffentlichkeiten. Man denke nur an die Rolle, die Twitter im sogenannten arabischen Frühling für die Koordination der Demonstranten gespielt hat als Alternativkanal zu den staatlichen Massenmedien.

soziale Medien vs. Massenmedien

Doch lässt sich die scheinbar so klare Unterteilung moderner sozialer Medien vs. traditioneller Massenmedien auf *technischer* wie auch – und noch wichtiger – auf *funktionaler* Ebene in Zweifel ziehen. Zum einen ist zumindest bei Anwendungen wie Twitter oder Youtube ein unbestimmter Adressatenkreis ganz ähnlich wie bei den klassischen Massenmedien relevant. Insofern ich einen Netzzugang habe, kann ich mir You Tube-Videos anschauen, bei Twitter reicht eine Anmeldung und ich kann Follower aller möglichen Nutzer werden. Insofern wären beide Anwendungen durchaus massenmedialer Kommunikation zuzuordnen. Zum anderen – und noch weit wichtiger: Youtube und Twitter funktionieren beide primär nach dem Prinzip der Irritation. Hochgeladen und getwittert wird vor allem über Phänomene, von denen angenommen wird, dass sie Aufmerksamkeit auf sich ziehen, weil sie anders sind, mit anderen Worten: einen Neuigkeitswert besitzen oder doch eine Differenz zu allen andern bereits hochgeladenen Katzenvideos versprechen. Das lässt sich auf die Rezipientenseiten übertragen: Gelikt, verklinkt, gepostet, gehatet werden vor allem Videos oder Tweets, die als besonders gelten, eine Neuigkeit versprechen, skandalös erscheinen und somit Aufmerksamkeit in der Netzöffentlichkeit erhalten. Das entspricht sehr präzise der Irritationsfunktion des Systems Massenmedien.

soziale Medien = Massenmedien

Dasselbe lässt sich für die andere zentrale Funktion des Systems Massenmedien behaupten: der sozialen Koordination. Ein Shitstorm über Angela Merkels unbeholfenen und vermeintlich kaltherzigen Umgang mit einem weinenden Flüchtlingskind, die virale Verbreitung einer »Ice Challenge«

oder auch die Koordination von Demonstranten im arabischen Frühling via Twitter sind ja nicht nur Phänomene der Irritation, sondern haben Integrationsfunktion. Ganz ähnlich wie bei traditionellen Massenmedien: Man kann davon ausgehen, dass so gut wie jeder diese Phänomene kennt oder zumindest schon einmal davon gehört hat. Auch dann, wenn es vielleicht (noch) nicht im Fernsehen gesendet wurde.

Technik ist nicht entscheidend

Drei generelle Konsequenzen sind aus diesen Beobachtungen zu ziehen: Erstens entscheidet nicht die technische Apparatur über die Teilhabe an einem sozialen System. Mit dem Handy kann ich am System Massenmedien partizipieren, muss es aber nicht. Ich kann mich auch für eine Interaktion mit Freunden entscheiden. Technik mag die Grundlage für die Zugänglichkeit an bestimmten Systemen sein, aber niemals der Zugang selbst. Schon gar nicht entscheidet die Technik, dass ich an bestimmten Systemen und nur an diesen teilnehmen muss. Zweitens: Sogenannte soziale Medien haben ganz unbestritten andere Möglichkeiten der Partizipation als klassische Massenmedien. Das ändert aber nichts daran, dass die beiden fundamentalen Funktionen des Systems Massenmedien auch dort als wichtige Funktionen auszumachen sind. Dementsprechend wären die sozialen Medien eine Art Ausweitung des Systems Massenmedien und eben nicht deren Ersetzung. Drittens: Medientechnische Apparaturen wie das Smartphone werden augenscheinlich zusehends darauf angelegt, als Grundlage für *multisystemische* Partizipation zu dienen. Ich kann mit meinem Smartphone am System Massenmedien teilnehmen, etwa eine Fernsehserie auf »Netflix« schauen, ich kann aber genauso gut mit einem Bekannten telefonieren oder Bankgeschäfte erledigen. Das hätte ich alles vor zwanzig Jahren mit meinem Fernsehen nicht gekonnt. Bezeichnenderweise ist aber auch die technische Entwicklung des Fernsehens in die Richtung vorangetrieben worden, sodass multisystemische Partizipation möglich wird. Auf meinem Fernsehapparat kann ich nun eben auch Youtube-Videos schauen, Sendungen zeitversetzt rezipieren oder per Skype telefonieren. Mit diesen medientechnischen Entwicklungen geht zwar eine Erleichterung der Partizipation an unterschiedlichen Systemen einher. Zudem wird mir – dem User – dadurch möglich, schneller zwischen unterschiedlichen Systemen hin und her zu springen. Mitnichten bedeutet dies aber die Aufweichung von Systemgrenzen oder gar die Auflösung von Systemen. Ein Bankgeschäft lässt sich immer noch sehr klar von der Rezeption einer Online-Serie unterscheiden. Dementsprechend ist die Systemtheorie im Sinne Luhmanns auch und gerade im digitalen Smartphone-Zeitalter – mit all seinen Konvergenzen und Vernetzungen – nicht obsolet, ganz im Gegenteil sogar. Die multisystemische Kommunikation des Smartphones, seine Funktionen wie die damit verbundene Komplexitätssteigerung der Kommunikation lassen sich besonders gut mit systemtheoretischem Vokabular erklären.

Partizipation

multisystemische Kommunikation

Weiterführende Literatur

Margot Berghaus: Luhmann leicht gemacht (Köln u. a. [3]2011).
Völlig voraussetzungsloser Einstieg und nützliche Orientierung in die komplexe Gedankenwelt Luhmanns. Medien sind hier ein besonderer Schwerpunkt, insbesondere Verbreitungs- und Massenmedien. Leider fallen indes die Ausführungen zum Thema Medium/Form sehr kurz aus.

Dieter Mersch: Niklas Luhmann und die Differenz von Medium und Form, in: ders.: Medientheorien zur Einführung, S. 207–218 (Hamburg 2006).
Was bei Berghaus' Einführung ausgespart wird, kann man in der instruktiven, wenngleich knapp gehaltenen Darlegungen zur Medium/Form-Differenz in der medienphilosophisch ausgerichteten Einführung von Mersch nachlesen.

Niklas Luhmann: Die Unwahrscheinlichkeit der Kommunikation [1981], in: ders.: Reden und Aufsätze, S. 76–93 (Stuttgart 2001).
Vergleichsweise leichter und voraussetzungsloser Einstieg in Luhmanns Gedankenwelt durch ihn selbst. Klare Darstellung seines funktionalen Medienbegriffs und seinen Unterformen Sprache, Verbreitungsmedien und symbolisch generalisierte Medien.

Niklas Luhmann: Die Realität der Massenmedien (Opladen 1996).
»Was wir über unsere Gesellschaft, ja über die Welt, in der wir leben, wissen, wissen wir durch Massenmedien.« (Luhmann 1996, S. 9) Allein schon aufgrund dieses provokativen Einstiegssatzes lohnt sich die Lektüre dieses Büchleins. Noch attraktiver für Medienwissenschaftler wird das Ganze, wenn man die Fußnote zu diesem Satz hinzunimmt: »Das gilt auch für Soziologen, die ihr Wissen nicht mehr im Herumschlendern und auch nicht mit bloßen Augen und Ohren gewinnen können. Gerade wenn sie die sogenannten empirischen Methoden anwenden, wissen sie immer schon, was sie wissen und was sie nicht wissen – aus den Massenmedien.« (ebd.) Das heißt ja nichts anderes, als dass die Soziologie durch die Medienwissenschaft ersetzt werden soll oder doch zumindest Soziologen von Medienwissenschaftler über ihre eigenen Forschungsbedingungen aufgeklärt werden müssen. Welcher Medienwissenschaftler möchte dem schon widersprechen?

Akteur-Netzwerk-Theorie | 7.2

Wie bereits eingangs erwähnt, behaupten die Vertreter der ANT: Automatische Türöffner, Gewichte an Hotelschlüsseln, Kammermuscheln oder der Amazonas-Urwald handeln und verfolgen Ziele wie Menschen. So verstanden gibt es nicht nur menschliche Akteure, sondern ebenso – und noch sehr viel mehr – nicht-menschliche. Viele Grundüberzeugungen der ANT, beispielsweise eben die, dass Dinge oder Artefakte handeln und Ziele verfolgen, klingen so abstrus, als seien sie einer Märchenfantasie entsprungen, wo es von sprechenden Tieren, lebenden Steinen und verzauberten Froschkönigen nur so wimmelt. Zumindest wird mit solch einer Behauptung die Macht nicht-menschlicher Dinge ins Zentrum des Interesses gerückt. Aufgewertet wird damit dann u.a. eben auch die Macht von Medientechnologien – was Medienwissenschaftlern ja durchaus gefallen dürfte.

nicht-menschliche Akteure

Zudem sind viele Behauptungen der ANT bei genauerer Betrachtung dann gar nicht so abstrus und radikal, wie sie sich in den häufig bis zum Clownesken pointierten Darstellungen Bruno Latours lesen. So geht es genau besehen gar nicht darum, dass automatische Türöffner, Gewichte an Hotelschlüsseln, der Amazonasurwald oder auch Kammermuscheln der St. Brieuc-Bucht tatsächlich genauso handeln und Absichten haben wie Menschen. Vielmehr geht es weit weniger spektakulär darum, dass Dinge und Artefakte *Einfluss* haben auf menschliche Akteure. Das heißt: Dinge und Artefakte können Menschen dazu bringen, etwas zu tun (oder zu unterlassen), das sie ohne den Einfluss von automatischen Türöffnern oder Muscheln nicht tun würden oder tun könnten. Die Aufwertung nicht-menschlicher Akteure zielt also eigentlich darauf ab, auf die wichtige Rolle von Dingen und Artefakten bei der Entstehung, Aufrechterhaltung und Veränderung gesellschaftlicher Zusammenhänge aufmerksam zu machen. Die Installation von automatischen Türöffnern, die Kontamination von Kammermuscheln durch Schadstoffe, die Etablierung des Handys als alltägliches Kommunikationsinstrument können das Verhalten der Menschen bzw. soziale Zusammenhänge verändern. Aus medientheoretischer Perspektive sicherlich keine besonders erschütternde Botschaft.

Artefakte haben Einfluss auf menschliche Akteure

Was indes die ANT für die Medienwissenschaft vor allem interessant gemacht hat, ist ein Versprechen: Sie verspricht nämlich, ein *integratives, auf Wechselseitigkeit basierendes* Beschreibungsmodell zur Erfassung medialer Prozesse zu liefern. Insbesondere für Medienwissenschaftler ist das attraktiv. Denn: Eine von den allermeisten medienwissenschaftlichen Forschern geteilte Grundintuition besteht ja darin, dass Medien Einfluss auf das durch sie Übermittelte ausüben, auf gesellschaftliche Entwicklungen und/oder auf die einzelnen Menschen, die die Medien nutzen. Viele medienwissenschaftliche Ansätze haben jedoch erhebliche Probleme, diesen Einfluss *nicht-reduk-*

tionistisch zu beschreiben. So ist beispielsweise ein medienmaterialistischer Ansatz insofern reduktionistisch, als er einfach alles auf medientechnologische Ursachen zurückführt (→ vgl. Kap. 4.1). Die Welt der Idee oder die gesellschaftliche Kommunikation sind hier schlicht Effekte der Medientechnologie. Dasselbe gilt mit umgekehrten Vorzeichen für Luhmanns Systemtheorie: Mediale Prozesse werden *ausnahmslos* auf funktionale Zwecke der Kommunikation zurückgeführt. Hier spielen die materiellen, medientechnologischen Grundlagen der Kommunikation nur eine marginale Rolle. Aber wie ließe sich jenseits solcher reduktionistischen Unterordnungen und vergleichsweise einfachen Aufteilungen die *Wechselwirkung* medientechnischer Artefakte, Gedanken, institutioneller Einrichtungen und Kommunikation beschreiben, ohne im Vornherein, einen dieser Faktoren als einzige Ursache für alles andere zu setzen? Besonders schwierig ist die plausible Konzeption einer solchen Wechselwirkung u.a. deshalb, weil die einzelnen Elemente sehr unterschiedlichen Seinssphären anzugehören scheinen. Da gibt es die technisch-materielle Welt, dann die Welt der Ideen und Absichten des menschlichen Subjekts, die kommunikative Sphäre der Gesellschaft. Die ANT verspricht, ein Vokabular bereitzustellen, das das Verhältnis von Medientechnik, Kommunikation und Mensch – über alle Materie-Geist-Differenzen hinweg – in ihren jeweiligen Wechselwirkungen und Vermischungen, das heißt nicht-reduktionistisch, fassbar zu machen. Aus dieser Perspektive ist es dann freilich sinnvoll, in einem ersten Schritt die Unterschiede zwischen Technik, Menschen und Kommunikation möglichst klein zu halten, um Übergange zu ermöglichen. Dann scheint es auch legitim, Druckerpressen, Fernrohre, Filme oder Handys als handelnde Akteure zu verstehen und auf derselben Ebene ansiedeln wie menschliche Akteure, um so deren Wechselwirkungen, Vermischungen und Vernetzungen überhaupt erst *beschreibbar* zu machen.

Wechselwirkung

Definition

Akteur, Netzwerk, Akteur-Netzwerk

Mit dem Begriff *Akteur* werden in der ANT all diejenigen Elemente bezeichnet, denen potenziell *Handlungsmacht* zugeschrieben werden kann. Handlungsmacht haben Akteure genau dann, wenn ihr Anteil an Handlungen, Prozessen, Entwicklungen, Funktionsweisen, so groß ist, dass er einen erkennbaren bzw. relevanten Unterschied für deren Ablauf macht. Damit – und das unterscheidet die Verwendung des Begriffs fundamental von vorgängigen Bestimmungen – können nicht nur Menschen als Akteure handeln, sondern auch Tiere, Dinge oder Technologien.

Mit dem Begriff *Netzwerk* wird die *Verbindungsart* von Akteuren bezeichnet. Von einer reinen netzartigen Verbindung der Akteure unterscheidet sich das Netz*werk* insofern, als es hier erstens um eine *Vielzahl* an Netzen und Vernetzungen gehen kann. Zweitens wird mit der Wortzusammensetzung Netz-Werk darauf verwiesen, dass Netze gemacht sind und immer wieder neu *hergestellt* werden, also Werkcharakter haben. Drittens: Ein Fischernetz, ein Telefonnetz oder das Internet – all das kann zwar Teil eines Netzwerkes sein. Aber aus diesen Netzen wird erst ein Netzwerk, wenn *unterschiedliche* bzw. *heterogene* Akteure bei der Herstellung und Aufrechterhaltung des (dann als homogen wahrgenommenen) Netzwerkes beteiligt sind und als solche beschrieben werden können. Um tatsächlich mit einem Handy telefonieren zu können, benötigt man ein Netzwerk aus so unterschiedlichen Dingen wie Menschen, Satelliten, Mobilfunkverträge, Strom, digitaler Technologie, die Kunststofflegierung Acrylnitril-Butadien Styrol-Polycarbonat. Ein Netzwerk ist insofern das Ergebnis einer – wie Latour schreibt – »Einrichtung des heterogenen Ensembles von Elementen, die für die Zirkulation [von Informationen, Gütern oder Energie] erforderlich sind.« (Latour 2014, 71) So gewendet kann viertens auch ein nicht-technologischer Zusammenhang – beispielsweise das Verhältnis von Rezeptionist, Hotelgast und Zimmerschlüssel, ebenfalls als Netzwerk aufgefasst werden.

Der Begriff *Akteur-Netzwerk* meint dreierlei: Erstens zeigt er an, dass es kein Netzwerk ohne *Akteure* geben kann. Zweitens impliziert dieser Begriff: Akteure bilden ihre Eigenschaften und ihre Handlungsmacht erst *innerhalb* eines Netzwerkes aus. Je nach Position und Anzahl der Akteure können sich diese Eigenschaften und dementsprechend die Identität der Akteure wandeln. Drittens lässt sich jeder Akteur selbst als ein *Netzwerk aus unterschiedlichen* Akteuren verstehen.

Das Handy als Akteur im Netzwerk

An einem einfachen, lebensweltlich wahrscheinlich ein wenig befremdlichen, jedenfalls fiktiven Szenario sollen einige Grundüberzeugungen der ANT anschaulich gemacht werden (siehe Abb. 44): Gegeben sei ein menschlicher Akteur, seines Zeichens Ehemann, Vater und Hundebesitzer. Dieser Akteur ist fürchterlich ängstlich und wird bereits unruhig, wenn er eines seiner Familienmitglieder länger als 5 Minuten nicht in seinem Blickfeld hat. Man könnte durchaus von einem pathologischen Kontrollzwang sprechen, den der Mann bezogen auf die anderen Familienmitglieder entwickelt hat. Im Einzelnen handelt es sich bei diesen Familienmitgliedern um seine bezaubernde Ehefrau, seine hochpubertäre 16-jährige Tochter, seinen 7-jährigen Sohn, der bereits in diesen jungen Jahren restlos der Faszination von Computerspielen zum Opfer gefallen ist, und sein gefräßiger Schäfer-

Ehemann, Vater und Hundebesitzer

Familien-Netzwerk

hund. Aufgrund seiner großen Sorge fasst der Mann einen ambitionierten Plan: Alle Familienmitglieder sollen sich bei ihm mehrmals am Tag melden. Das Problem ist freilich, dass die einzelnen Familienmitglieder, meistens ganz andere Dinge im Sinn haben, als ständig zum vermeintlichen Familienoberhaupt zu eilen, um zu versichern, dass alles in Ordnung sei. Wer will es ihnen verdenken?

1. Mit Luhmann könnte man hier davon sprechen, dass Kommunikation im Sinne des Vaters, Ehemanns und Hundebesitzers sehr unwahrscheinlich ist. Der Mann hat einen Wunsch oder mit der ANT gesprochen ein Programm, von dem er gern hätte, dass die anderen Familienmitglieder im folgten. Diese haben aber ganz andere Interessen und Wünsche, etwa Computerspiele zu spielen, nicht mit den Eltern sprechen zu müssen, nach Essbarem zu fahnden oder ins Büro zu gehen. Diese unterschiedlichen Interessen und Wünsche, die dem Erfolg des ›Ehemann-Programms‹ zuwiderlaufen, nennt die ANT Gegenprogramme. Der Mann überlegt sich nun, wie er das Netzwerk seiner Familie im Sinne seines Programmes beeinflussen könnte, sprich: Kommunikation in seinem

Abb. 44

Familienbande als Akteur-Netzwerk-Konstellation

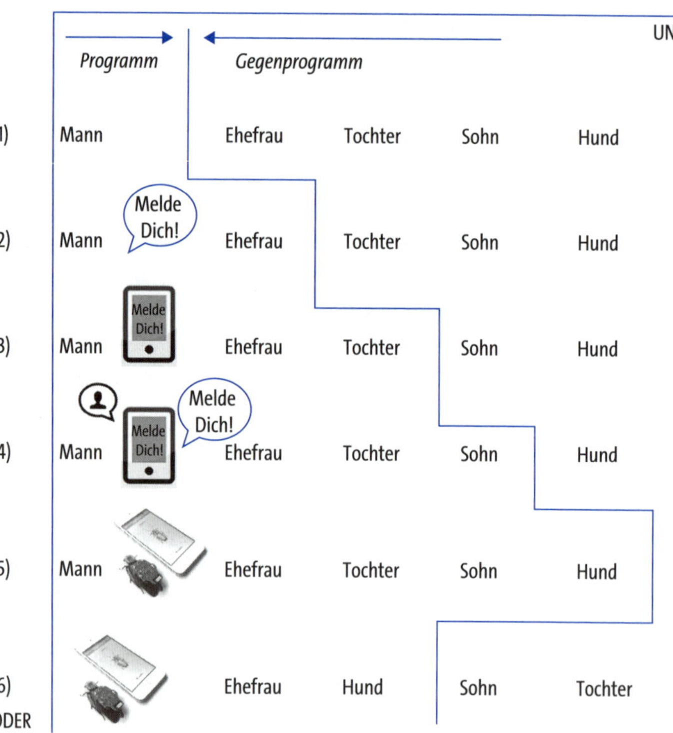

Sinne erfolgreicher zu gestalten wäre. Nacheinander ergreift er folgende Maßnahmen:

2. Zunächst formuliert er einen *moralischen Appell* an die anderen Familienmitglieder. Sie sollen sich doch häufiger melden, weil er sich sonst vor Angst verzehre. Seine Ehefrau hat Mitleid mit ihm und meldet sich daraufhin, obwohl es mit einigen Umständen verbunden ist, in regelmäßigen Abständen telefonisch zwischen ihren Meetings von ihrem Büro aus bei ihm. Die Kinder hingegen verstehen zwar, was der Papa möchte. Doch die Tochter tut so, als hätten sie den Wunsch vergessen; der Sohn indes hat ihn tatsächlich vergessen. Der Hund wiederum versteht den Appell überhaupt nicht, wedelt bei dessen Formulierung freudig mit dem Schwanz, kümmert sich aber nicht weiter darum.

moralischer Appell

3. Frustriert kauft der Mann darauf hin fünf *Pager* und händigt jedem seiner Familienmitglieder eines aus. Dem Hund wird der Pager um den Hals gebunden. Dann lässt der Mann verlautbaren: Er werde sich immer mit einer kurzen Nachricht auf den Pager melden, um die anderen daran zu erinnern, dass sie sich dann umgehend bei ihm melden sollen. Damit will er den Fall vermeiden, dass die anderen seinen Wunsch einfach vergessen. Durch den Pager kann er seinen Familienmitgliedern permanent und über weite Distanzen hinweg seinen Wunsch beliebig häufig in Erinnerung rufen. Zudem droht er an: Falls sich die anderen nicht melden sollten, werde es keine Weihnachtsgeschenke geben, Haushalts- und Taschengeld gestrichen; gar mit Hausarrest und Liebesentzug wird gedroht. Die Tochter will zwar nicht mit dem Vater sprechen, ist aber darauf angewiesen, kein Hausverbot zu erhalten, weil eine Party ihrer Freundin Gaby ansteht an, auf die Peter wahrscheinlich auch gehen wird. Ausgerüstet mit einem Pager kann sie nun kaum mehr die Ausrede anführen, sie habe den Wunsch einfach vergessen, und sie meldet sich zumindest bis zur anstehenden Party regelmäßig brav telefonisch. Der Sohn reagiert hingegen nicht, weil er vor lauter Computerspielen noch nicht recht gelernt hat, zu lesen. Das heißt: Er versteht den Pager-Text schlicht nicht. Der Hund hört zwar den Ton des eingehenden Signals seines Pagers, versteht aber überhaupt nicht, was das soll.

medientechnologischer Appell

4. Um schließlich auch seinem Sohn klar zu machen, was dieser zu tun hat, kauft er allen ein *Handy*. Damit kann er alle Familienmitglieder direkt erreichen und sie an seinen Wunsch unmittelbar verbal erinnern. Damit erhalten alle Familienmitglieder eine Art elektronischer Hundeleine: Der Mann kann immer bei allen anrufen. Egal wo sie sind, sie sind immer direkt erreichbar und kontrollierbar – vorausgesetzt freilich das Handy ist an und die Familienmitglieder nehmen tatsächlich den Anruf entgegen. Der Sohn tut dies indes nur manchmal, manchmal aber auch nicht, etwa wenn er zu sehr von einem Computerspiel gefangen ist. Um

Handy als elektronische Hundeleine

den Sohn nun vollständig zu überzeugen, dass der auf die Anrufe es Vaters reagieren soll, besorgt der Vater die Applikation »WhatsApp« und lädt sie auf das (nun smarte) Handy des Sohnes. Er sendet ihm über diesen Weg zusätzlich zu seinen Anrufen, mehr oder minder witzige Fotos von sich, auf denen er mit Händen und Füßen den Sohn auffordert, seinen Anruf anzunehmen. Da der Vater um die Vorliebe seines Sohnes für Computerspiele weiß, bearbeitet er diese Bilder (mit einer weiteren App) in Form einer Computerspielästhetik. Beispielsweise hat dann ein Selfie des Vaters zusätzlich einen Balken, auf dem angegeben wird, dass die Lebensenergie gegen Null geht und der ›Avatar‹ unbedingt Kontakt mit seinem Sohn benötigt, um weiter agieren zu können. Diese witzige Kreativität bringt den Sohn dazu, nun immer schon auf den Anruf des Vaters zu warten. Nur bei einem Akteur funktioniert die elektronische Hundeleine immer noch nicht: nämlich beim Hund. Dieser nimmt die Anrufe seines Herrchens immer noch nicht entgegen; er weiß nicht, was er beim Klingeln des Handys tun soll.

5. Um auch den Hund dazu zu bringen und überhaupt sicherzustellen, dass niemand mehr sein Handy verliert sowie der eigene Aufwand sich wieder in Grenzen hält, greift der Mann zu einer drastischen Maßnahme: Allen Familienmitgliedern wird wie einer Roboroach (→ vgl. Kap. 4.1) ein elektronischer Adapter eingesetzt, der mit einer Bluetooth-Schnittstelle ausgestattet ist. Dieser Adapter ermöglicht es dem Mann, mit seinem Handy die anderen Familienmitglieder zu sich zu steuern – auch gegen deren Willen bzw. unabhängig davon, was diese gerade vorhaben. Das scheint dem Mann am zweckdienlichsten. Und in der Tat: Selbst der Hund findet nun seinen Weg zu seinem Herrchen. Damit folgen nun endlich alle Familienmitglieder dem Programm des Mannes.

Mensch – Maschine

6. Da der Mann noch sichergehen will, dass seine Familienmitglieder in regelmäßigen Abständen zu ihm kommen, automatisiert er in einem nächsten Schritt sein Programm. Er muss so die Familienmitglieder nicht mehr selbst steuern, sein smartes Handy macht das nun für ihn – und zwar alle 6 Stunden. Damit kommen wir aber zum traurigen Teil der Geschichte: Der ganze Aufwand, die ständige Sorge um die Familie führt dazu, dass der Mann einen Herzinfarkt erleidet und stirbt. Das Programm läuft indes weiter. Denn das Geld für diese Aktion hat er bei seinem Mobilfunkanbieter für 10 Jahre im Voraus bezahlt und das Handy des Mannes wird weiterhin mit Strom versorgt, den es aus einer Steckdose des Einfamilienhauses bezieht, das der Mann gemeinsam mit seiner Frau, den zwei Kindern und seinem Hund bewohnte. Nun wird dieses Handy zum handlungsmächtigen Akteur. Es setzt seine Handlungsmacht rigoros durch, auch dann, wenn es niemanden mehr gibt, der das Handy bedient. Doch auch dies ist kein permanenter Zustand. Die Frau lässt einige Tage nach

Handy als Akteur

dem Tod des Ehemannes die elektronischen Adapter aus den Köpern ihrer Kinder entfernen. Dementsprechend können diese nun wieder ihren eigenen Handlungsprogrammen folgen. Ihren eigenen Adapter lässt die Frau indes nicht entfernen. Denn den elektrischen Impuls, der sie dazu bringen soll, zu ihrem Ehemann zurückzukehren, will die Frau weiterhin spüren und den dementsprechend Weg zum Handy zurücklegen, um ja nicht zu vergessen, was ihr Mann ihr angetan hat. Der Hass soll stabil bleiben. Auch das darf man wohl pathologisch nennen. Dem Hund entfernt die Frau den Adapter wiederum aus praktischen Gründen nicht. So ist gewährleistet, dass er nicht für längere Zeit irgendwohin verschwindet, sondern in regelmäßigen Abständen ins Haus zurückkehrt.

Grundlegende Annahmen der ANT

Ausgehend von diesem – hochgradig spekulativem und fiktivem Szenario voller Pathologien – lassen sich dennoch, wie ich glaube, einige zentralen Annahmen der ANT plastisch erläutern:

Handlungsprogramm

1. *Alle Akteure streben danach, ihr Handlungsprogramm durchzusetzen; konfrontiert sind sie dabei mit Gegenprogrammen.*
   Der Mann ist in geschildertem Szenario ein Akteur, der andere Akteure dazu bringen will, ihre Handlungen in seinem Sinne auszurichten. Zur Erreichung dieses Zieles stellt der Mann dafür ein *Handlungsprogramm* auf, das er zunächst in Form eines moralischen Appells artikuliert, nämlich: ›Melde Dich!‹. Dieses einfache Handlungsprogramm soll die anderen Familienmitglieder dazu bringen, einem anderen Handlungsprogramm als bisher zu folgen. Beispielsweise folgt der Sohn bis dato dem Handlungsprogramm: ›Spiele so häufig als möglich Computerspiele!‹ oder der Hund folgt primär dem Handlungsprogramm: ›Finde Essen, egal wie, egal was!‹. Die Welt ist voller unterschiedlicher Handlungsprogramme, die permanent in Konflikt geraten. Damit findet etwas statt, dass Latour *agonistische Begegnung* nennt: eine Konfrontation von Programm und Anti-Programm, die sich an verschiebenden Frontlinien gegenüberstehen. Dabei geht es immer um die Frage, wie Dominanz im möglichst großen Maßstab hergestellt werden kann bzw. wie die einzelnen Akteure möglichst viel Handlungsmacht erlangen. Dieser Kampf um Handlungsmacht, der die Dominanz eines handlungsleitenden Programms für möglichst viele Akteure zum Ziel hat, bildet nach Latour die Grundlage jeder netzwerkartigen Verbindung.

Netzwerkbildung

2. *Netzwerkbildung ist ein permanenter Prozess.*
   Wenn die anderen Familienmitglieder ihre Handlungen tatsächlich nach den Wünschen des Mannes ausrichten, dann ist etwas hergestellt, das in

der ANT als *netzwerkartige Assoziation* bezeichnet wird. Das bedeutet allgemeiner formuliert schlicht erst einmal: Die anderen Akteure werden in ein Netzwerk eingebunden, dessen zentrales Verbindungsglied das Handlungsprogramm eines Akteurs darstellt. Dem Akteur Mann kommt in diesem Fall die entscheidende Handlungsmacht zu. Das lässt sich auch so formulieren, dass aus einem Ensemble *heterogener* Elemente (Frauen, Kinder, Hunde, moralische Appelle, Bilder, Pager, Handys, Mobilfunkverträge) und Interessen (Computerspielen, Essen, Weit-von-den-Eltern-entfernt-sein, Sorge um die Familie) eine *homogenisierende* Verknüpfung auf Grundlage eines dominierenden Handlungsprogrammes stattfindet.

Das so geknüpfte Netz ist indes nicht automatisch über die Zeit hinweg stabil, sondern muss erstens permanent stabil gehalten werden. Man denke etwa an die wiederholten Anrufe des Mannes. Zweitens verändert sich das Netzwerk je nachdem, welche Akteure hinzukommen (zuerst die Frau, dann die Kinder, zuletzt der Hund) oder entfernt werden (der Mann). Drittens entscheidet sich die Stabilität des Netzwerkes entschieden dadurch, welche Hilfsmittel zur Herstellung bzw. Stabilisierung des Netzwerkes verwendet werden (verbaler Appell, Pager, Handy, elektronischer Adapter).

Stabilisierung

3. *Mittels technische Artefakte werden Netzwerke besonders stabil gehalten.*
Aus Sicht Latours besteht eine der Besonderheiten technischer Artefakte darin, dass sie Akteure unerbittlicher auf Handlungsprogramme festlegen als Normen, Werte oder sprachliche Appelle. Latour wählt zur Erläuterung dieses Punktes selbst ein einfaches Beispiel. Ein Hotelbesitzer will, dass die Gäste den Schlüssel an der Rezeption abgeben. Er appelliert an diese verbal, hängt sogar Erinnerungsschilder auf, doch vergeblich. Erst als er an den Schlüssel einen schweren, klobigen Anhänger anbringt, geben nahezu alle Hotelgäste die Schlüssel ab. Nicht etwa, weil sie nun endlich dem moralischen Appell des Hoteliers folgen würden, sondern weil sie sich nun dieses klobigen Dinges, an dem der Schlüssel hängt, entledigen wollen. An diesem Beispiel wird deutlich: Technische Artefakte stabilisieren eine netzwerkartige Assoziation gemäß eines Handlungsprogramms unerbittlicher als kommunikative Appelle. Im Falle der geschilderten Familiensituation geschieht etwas Ähnliches, nur mit mehr Abstufungen: Der moralische Appell des Mannes verweht zwar nicht ungehört, aber die meisten Akteure der Familie kümmern sich doch nicht darum. Erst als er die Erreichbarkeit seiner Familienangehörigen durch Pager und Handys erhöht – also durch Einführung technischer Artefakte – zeigt der Appell allmählich umfassenderen und über die Zeit hinweg stabilisierten Erfolg. Am allergrößten ist dann der Erfolg, als der Mann seinen Familienangehörigen einen elektronischen Adapter implantiert. Nun geht es überhaupt nicht mehr darum, ob einem mora-

lischen Appell gefolgt wird oder nicht, sondern darum, sich eines schmerzhaften Reizes durch bestimmte Handlungen zu entledigen. Wenngleich moralisch hochgradig fragwürdig, ist dies doch ein buchstäblich eindringliches Beispiel dafür, wie technische Artefakte Menschen stärker auf bestimmte Handlungsprogramme festlegen als gutes Zureden. In diesem Sinne sind technische Artefakte besonders gute Stabilisatoren kommunikativer bzw. gesellschaftlicher Zusammenhänge.

4. *Mobile, unveränderliche Elemente besitzen eine besondere Überzeugungskraft.* Mobile und unveränderliche Elemente sind solche Dinge, die erstens räumlich mobil sind – beispielsweise ein Text, eine Fotografie, eine Radiosendung oder eine SMS – und die zweitens bei allen möglichen Übertragungen in bestimmter Weise unveränderlich bleiben. Die technische Zeichnung eines Schlosses etwa ist insofern ein mobiles und unveränderliches Element, als es auf unterschiedlichen Materialien oder auch in unterschiedlichen Größen abgezeichnet werden kann, dabei dennoch *maßstabsgetreu* unveränderlich bleibt und in Form von Büchern, E-Mail-Anhängen oder abfotografiert in alle mögliche Richtungen zirkulieren kann, also mobil ist. Der Clou an diesen mobilen, unveränderlichen Elementen ist: Sachverhalte und Dinge lassen sich so in gewisser Weise an andere Orte bringen. Sie können dort gezeigt werden. Anhand von Bildern können die Sachverhalte und Dinge nun überall diskutiert und Entscheidungen darüber getroffen werden, was unter Umständen vor Ort zu tun ist. Ein Schloss etwa geht als technische Zeichnung in ein Ingenieurbüro und dort macht man nach eingehender Prüfung Vorschläge zur Umgestaltung des Schlosses. Damit sind sehr viel mehr Menschen erreichbar, die nun bestimmte Dinge über das Schloss wissen, ohne vor Ort gewesen zu sein. Darüber hinaus ist die Handlungskompetenz extrem gesteigert. Dort, wo die technischen Zeichnungen vorliegen – und das kann nun eben überall sein – können Vorschläge und Einschätzungen zur Umgestaltung des Schlosses artikuliert und weitergegeben werden. Diese mobilen und unveränderlichen Elemente lassen sich dementsprechend auch wunderbar als Mittel einsetzen, um andere von seinen Einschätzungen zu überzeugen. Wie viel überzeugender ist es doch, anstatt nur über ein zum Kauf angebotenes Schloss in einem Maklerbüro zu sprechen, wenn man es maßstabsgetreu anhand eines Bauplanes oder noch besser mittels einer virtuellen Führung am Computer zeigen kann?

Überzeugungskraft

Etwas ganz Ähnliches – wenngleich auf sehr viel trivialerer Ebene – geschieht in dem hier ausgemalten Familienszenario. Der Mann verwendet ja ab der zweiten Stufe des Szenarios mobile Elemente, um die anderen, die nicht vor Ort sind, zu erreichen und von seinen Bedürfnissen zu überzeugen. Durch Pagermeldungen, Anrufe, »WhatsApp«-Nachrichten werden die Bedürfnisse des Mannes in mobile, unveränderliche Elemente überführt und so an die anderen Familienmitglieder übermittelbar. Unveränderlich, mobile Elemente sind nach Latour vor allem dann besonders überzeugend, wenn sie *visuell* oder noch besser *multimedial* operieren, das heißt, wenn beispielsweise sprachliche Appelle mit bildlichen Elementen gekoppelt werden. Genau das geschieht, als der Vater seinen Sohn in sein Netzwerk einbinden will. Er ruft ihn nicht nur an, sondern versendet in bestimmter Weise bearbeitete Bilder, um die Wahrscheinlichkeit der erfolgreichen Kontaktaufnahme zu erhöhen.

Transformation

5. *Netzwerke werden transformiert durch Mediatoren.*
Der Begriff Medium oder Medien spielt, wie bereits erwähnt, in der Akteur-Netzwerk-Theorie keine Rolle. Stattdessen wird die Differenz zwischen *Mediatoren* und *Zwischengliedern* wichtig. Das Wort Zwischenglied bezeichnet bei Latour einen neutralen Vermittler, also einen Vermittler, der Informationen von A nach B vermittelt ohne (entscheidenden) Einfluss auf diese Informationen zu nehmen bzw. ohne die Gesamtsituation des Netzwerkes zu verändern. Ein Mediator hingegen hat bei der Vermittlung (entscheidenden) Einfluss auf das Vermittelte bzw. auf die Gesamtsituation des Netzwerkes. Diese Art der Vermittlung beinhaltet immer eine *Transformation bzw. Übersetzung* des Übermittelten. Bezogen auf das Beispiel könnte man dementsprechend formulieren: Sowohl die verbale Artikulation des Wunsches als auch der Einsatz des Pagers, des Handys wie des elektronischen Adapters lassen sich als Mediatoren verstehen, da sie nicht nur eine Information einfach weitergeben, sondern die Situation innerhalb des Netzwerkes verändern. Im ersten Fall wird die Ehefrau dazu gebracht, sich im Sinne des Mannes zu verhalten. In den anderen Fällen werden sukzessive die anderen Familienmitglieder in das Netzwerk des Mannes integriert – und zwar auf je unterschiedliche, die Eigenschaften des Netzwerkes verändernde Weise: Im Fall des Handyanrufes geht es um Drohungen, beim Verschicken der »WhatsApp«-Nachrichten um Überzeugungsarbeit, im Fall des elektronischen Adapters um Zwang und Schmerzen. Die Mediatoren haben also aufgrund ihrer *spezifischen Beschaffenheit* die Gesamtsituation verändert. Der Wunsch des Mannes wurde in all diesen Fällen nicht einfach neutral übermittelt. Je nach Instrument, das zur Übermittlung gewählt wurde, wurden unterschiedliche Ergebnisse erzielt. Neutrale Vermittlung läge indes vor, wenn beispielsweise der Mann die Pagernachricht gegen eine SMS-Nachricht via Handy ersetzt hätte. Hierbei wäre die Gesamtsituation nicht verändert, die Information dieselbe geblieben. Das Handy wäre in diesem Fall ein Zwischenglied und kein Mediator. Es wäre ein Unterschied eingeführt (ein Pager statt eines Handys), der keinen wichtigen Unterschied macht.
Dies lässt sich zu einem sehr umfassenden und allgemeinen Medienbegriff der ANT umformulieren: Medien wären – obwohl Latour diesen

Begriff selbst kaum verwendet – in diesem Kontext zu bestimmen als Mediatoren, die in einem Netzwerk Transformation hervorbringen. Mediatoren können indes nicht nur Handys oder technische Artefakte sein, sondern prinzipiell *alle möglichen* Elemente. Egal ob materiell oder immateriell, egal ob Mensch, Ding oder Technik, wenn sie etwa eine Situation so übersetzen bzw. transformieren, dass diese ein Unterschied zur Ausgangsituation macht, genau dann sind es Medien. Mediatoren können in Form von im weitesten Sinne semiotischen Kulturtechniken auftreten (Rechnen, Diagramm, Zentralperspektive, Schrift, SMS, Fotografie) oder auch als technische Artefakte (Auto, Anhänger, Druckerpresse, Handy), als Dinge (Meeresbucht oder Muschel), aber auch in Form menschlicher Akteure (Verkehrspolizisten, Autofahrer, Diener, Männer, die den Wunsch hegen, dass man sich bei ihnen meldet) oder auch Tiere, die verzweifelt ein Stück Wurst oder ihr Herrchen suchen. Ein weites Feld also. Dennoch ist die ANT gerade mit dieser Perspektive strukturell anschlussfähig an eine der wenigen konsensfähigen Überzeugungen innerhalb der Medientheorie, nämlich an den Glauben an die *transformatorische* Kraft medialer Prozesse (→ vgl. Kap. 1).

Definition

Medien

Die Begriffe Medium und Medien spielen in der Akteur-Netzwerk-Theorie keine Rolle. Stattdessen wird die Differenz zwischen *Mediatoren* und *Zwischenglieder* wichtig. Das Wort Zwischenglied meint bei Latour die Bezeichnung für einen *neutralen* Vermittler, der Informationen von A nach B ohne Einfluss auf das Übermittelte überträgt. Ein Mediator hingegen hat bei der Vermittlung (entscheidenden) Einfluss auf das Vermittelte bzw. auf den Kontext, in dem die Vermittlung stattfindet. Der Einsatz eines Mediators beinhaltet immer eine Transformation bzw. Übersetzung des Übermittelten bzw. des Kontextes, in dem die Übermittlung stattfindet. Auf Grundlage dieses allgemeinen Verständnisses medialer Vorgänge lassen sich mindestens drei unterschiedliche Perspektiven auf mediale Prozesse in Latours Schriften unterscheiden. Diese Beschreibungen betreffen unterschiedliche Facetten und Reichweiten des allgemeinen Medienbegriffs, sind dabei aber nur bedingt kombinierbar.

1. *Materialistisches Medienverständnis*
   Mediale Artefakte – wie Hotelschlüsselanhänger, Ampeln oder Handys – *stabilisieren gesellschaftliche Zusammenhänge* in besonderer Weise. Legen sie doch stärker und automatisierter als Werte, Normen fest, wie zu handeln ist. Eine Ampel legt unerbittlicher fest, wann man anhalten muss als die Bitte, man möge doch an der Kreuzung erst einmal schauen, bevor man

fährt. Damit ist die Koordination des Verkehrs nicht nur einfacher, sondern sehr viel stabiler geregelt, als wenn man immer wieder über Sinn und Zweck des Anhaltens diskutieren müsste. Ein Handy stabilisiert die Verbindung von Menschen, die nicht unmittelbar vor Ort sind, sehr viel schneller und zielsicherer, als wenn man Informationen nur auf Rufweite übermitteln könnte.

2. *Semiotisches Medienverständnis*
   Mobile unveränderliche Elemente sind besondere Zeichenelemente, die von einem Ort A an beliebige viele Orte B übermittelt werden können – und zwar unverändert. Beispiele dafür wären Texte, technische Zeichnungen, Fotografien oder Filme. Diese Elemente sind auf materielle Grundlagen angewiesen (Papier, Fotoapparat, Zelluloid, Handy), aber von diesen technischen Artefakten zu unterscheiden. Ihre primäre Funktion besteht darin, Sachverhalte und Dinge an beliebigen Orten wahrnehmbar zu machen.
3. *Praxeologisches Medienverständnis*
   Als Medien werden hier die Dinge verstanden, die innerhalb einer gegebenen Situation durch ihre Einführung einen (entscheidenden) Unterschied machen, also *transformatorisch* wirken. Das können technische Artefakte wie Handys oder Hotelschlüsselanhänger sein, aber auch Menschen, Zeichensysteme oder Muscheln. Nicht die Materialität ist also entscheidend, sondern die transformatorische Potenz in einem bestimmten Kontext. Medien haben so gesehen keine spezifische materielle Existenz. Sie sind keine Dinge, die manchmal Informationen übermitteln (etwa ein Handy, das man ein- oder ausschalten, mit dem man telefonieren kann oder auch nicht). Stattdessen gilt: Medien sind bestimmt einzig im und durch ihre Tätigkeit als Mittel des Transformierens bzw. Übersetzens. Medien sind so definiert durch ihre *Tätigkeit* als Übersetzer innerhalb einer spezifischen Situation. Etwas kann in einer bestimmten Situation ein Medium sein, in einer anderen nicht. *Praxeologisch* ist solch ein Medienverständnis insofern, als es hier um eine mediale *Tätigkeit* innerhalb bestimmter Kontexte geht. Es wird also nicht gefragt, was etwas an und für sich ist, sondern welche *Vollzugs*weise etwas in welchen Situationen zu einem Medium macht.

---

6. *Alle Akteure haben prinzipiell erst einmal eine symmetrische Ausgangslage.*

Symmetrie-Postulat

Das Symmetrie-Postulat der ANT lautet knapp formuliert: Menschen, Tiere, Werkzeuge, Technik, Dinge sind prinzipiell erst einmal als gleichwertige Akteure zu behandeln! Das heißt: Neben menschlichen gibt es dann eben auch nicht-menschliche Akteure, die wie Menschen auch, Einfluss auf Situationen und Netzwerkverbindungen haben können. Oder genauer formuliert: Auch nicht-menschliche Akteure können Handlungsmacht besitzen. Bezogen auf das obige Beispiel heißt das: Nicht nur Männer, Frauen oder Kinder haben potenziell Handlungsmacht, sondern auch der Hund – insofern er sich lange dem Willen seines Herrchens entzieht. Oder – und noch weiter wichtiger hier: der Pager, das Handy, der elektronische Adapter. Insbesondere der elektronische Adapter hat in dem Beispiel den Status eines extrem handlungsmächtigen Akteurs inne, der die anderen Akteure recht martialisch dazu bringen kann, sich seinem Handlungsprogramm gemäß zu verhalten.

Einfluss nicht-menschlicher Akteure

So provokativ sich gerade dieses Postulat auch auf den ersten Blick ausnehmen mag, hält es doch genau besehen, einen nicht völlig abwegigen Gedanken bereit: Das Vorhandensein von nicht-menschlichen Akteuren, wie etwa einem Handy oder einem elektronischen Adapter, kann das Verhalten der Menschen bzw. soziale Zusammenhänge verändern, weil es Einfluss auf deren Wahrnehmung, Kommunikationsverhalten und Handlungen haben kann.

7. *Handlungsmacht wird Akteuren von Akteuren zugeschrieben.*
Menschliche und nicht-menschliche Akteure können also Handlungsmacht haben. Diese Handlungsmacht ist jedoch *kein feststehendes Merkmal*, das menschlichen oder nicht-menschlichen Wesen innewohnt. Vielmehr wird dies den Akteuren von anderen Akteuren *zugeschrieben* bzw. eingeräumt. Auch wenn technische Artefakte die Akteure auf bestimmte Handlungsprogramme unerbittlicher festlegen können als Normen und Werte, bleibt es dennoch letztlich den Akteuren überlassen, ob sie auf den Anruf des Vaters bzw. Ehemanns tatsächlich antworten. Und selbst im Fall des elektronischen Adapters gilt: Auch wenn die Handlung, nämlich nach einem Stromimpuls das gemeinsame Familienhaus aufsuchen zu müssen, nicht auf einer Entscheidung der Akteure beruht, ist dennoch erstens die Möglichkeit gegeben, andere Entscheidungen zu treffen, um sich dagegen zu wehren (Entfernung des Adapters). Zweitens ist auch bei Nicht-Entfernung des Adapters die Bedeutung des Stromimpulses variabel. Zunächst bedeutet er: Kehre schleunigst zu deinem Ehemann, Vater bzw. Herrchen zurück! Nach dem Tod des Hausherren bedeutet der Stromschlag für die Ehefrau zumindest etwas völlig anders, nämlich eine Erinnerung an ihren abgrundtiefen Hass gegenüber ihrem verstorbenen Ehemann. Wieder allgemeiner formuliert: Die Handlungsmächte der einzelnen Akteure sind *variabel* und werden den Akteuren *situationsspezifisch* von den anderen Akteuren zugewiesen. Ohne solche Zuweisungen keine Handlungsmacht.
8. *Ein Akteur in einem Netzwerk ist immer schon selbst ein Netzwerk aus Akteuren.*
Die *Identität* von Akteuren wird in Latours Ansatz innerhalb von Netzwerken generiert, stabilisiert und verändert. Das Handy erhält seine Auf-

gabe erst in einem bestimmten Zusammenhang, die Frau definiert sich als Ehefrau nur in einem bestimmten Zusammenhang. Außerhalb von Netzwerken sind Akteure identitätslos und insofern inexistent. Ein Mann ohne Eigenschaften ist nichts, nicht einmal ein Mann; ein Akteur ohne Eigenschaften ist kein Akteur. Da in den Netzwerken nicht nur unterschiedliche menschliche Akteure zu finden sind, sondern diese mit nicht-menschlichen Akteuren zusammentreffen (Tiere, Handys, mobile und unveränderliche Elemente) und sie erst innerhalb dieses Netzwerkes Identität erhalten, lässt sich auch formulieren: Die Identität jedes einzelnen Akteurs ist ein Hybrid aus den unterschiedlichen Bestandteilen, also den anderen Akteuren und Mediatoren eines Netzwerkes.

hybride Identität

Aus Sicht der ANT kann man noch einen Schritt weitergehen: Nicht nur sind alle Akteure ein Hybrid, weil sie erst Identität innerhalb eines Netzwerkes erhalten. Die Akteure selbst sind genau besehen nichts anders als netzwerkartige Assoziationen. Das Handy ist ja nicht einfach ein technisches Artefakt, das innerhalb eines bestimmten Netzwerkes eine bestimmte Aufgabe erhält. Es ist selbst darüber hinaus *immer schon* auch noch in andere Netzwerke verstrickt: Das Handy war nie nur ein rein technologisches Artefakt, mit dem man telefonieren kann, sondern beinhaltet immer schon ein komplexes Netzwerk an Erfindungen, Rohstoffen, Schürfungsrechten, Mobilfunkgesetzen, bestimmten Nutzungspraktiken. Jeder Akteur ist also immer schon selbst Ausdruck und Produkt komplexer netzwerkartiger Assoziationen aus unterschiedlichen Seinssphären, bevor er in einer spezifischen Situation Teil eines (neuen) Netzwerkes wird.

9. *Beschreibe sorgfältig und kleinteilig: Betreibe Mikroanalyse!*
Latour zieht daraus aber nicht die Konsequenz, dass man unendlich viele Netzwerke und Akteure unendlich lang untersuchen müsste, bevor man etwas darüber aussagen kann. Indes führen diese unendlichen Netzwerk-Akteur-Verstrickungen doch zumindest zur Forderung nach einer *strikten Mikroanalyse.* Kleinteilig, ja spezifisch sollen die Akteur-Netzverbindungen verfolgt werden. Latour schreibt diesbezüglich: »Alle Akteur-Netzwerke, und seien sie global vernetzt, müssen anhand ihrer lokalen Verknüpfungen und Verkörperungen untersucht werden.« (Laotur 2007, 63) Nicht *die* Gesellschaft soll aus einer umfassenden Makroperspektive erklärt werden, nicht *die* Funktionslogik *der* Medien in *der* Mediengesellschaft, nicht *das* globale Internet. Stattdessen sollen kleinteilig, möglichst präzise lokale Netzwerke beschrieben werden. Die Gesellschaft, die Medien, das Internet, die generelle Funktionsweise von Netzwerken gibt es nicht. Es gibt nur lokale Verknüpfungen und Transformationen von Netzwerken und Verlagerung von Handlungsmächten. Diese müssen beschrieben werden. Deswegen betont Latour auch so häufig, dass er

nicht eigentlich selbst Theorie betreiben will, worunter er übergreifende Aussagen über die Funktionsweise der Gesellschaft oder das Wesen der Medien versteht. Anstatt generalisierende und damit immer auch reduktionistische Bedingungen zu postulieren, die den Rahmen setzen für die Interpretation einer konkreten Situation, soll man von der konkreten Situation ausgehen und ›nur‹ den jeweiligen Akteuren folgen und ihre jeweiligen Zuschreibungen möglichst präzise beschreiben. Die Akteure selbst betreiben nach Latour Theorie und die Aufgabe des Forschers besteht nicht darin, diese Theorien zu vermehren, sondern in Mikroanalysen diesen Theorien vielmehr zu folgen. In seiner »Einführung in die Akteur-Netzwerk-Theorie« schreibt Latour demgemäß: »Die Hauptlehre der ANT lautet, dass die Akteure selbst alles machen, einschließlich ihres eigenen Rahmens, ihrer eigenen Theorie, ihrer eigenen Kontexte, ihrer eigenen Metaphysiken, sogar ihrer eigenen Ontologien. Daher lautet die einzuschlagende Richtung: mehr Beschreibungen.« (ebd., 76)

»Folge den Akteuren!«

Kritik

- Problem der Symmetrie: Die ANT will die Bedeutung von Dingen und Technologien für gesellschaftliche Prozesse herausstreichen. Dafür wählt sie den Weg menschliche und nicht-menschliche Akteure gleichwertig (›symmetrisch‹) zu behandeln. Auch nicht-menschlichen Akteuren wird so die Fähigkeit zugeschrieben, *handeln* zu können. Dabei wird aber eine wichtige Differenz zumindest verwischt. Dinge und Technologien können zumindest nicht im gleichen Sinne handeln wie Menschen, sie kennen nicht im gleichen Sinne Ziele und Absichten. Bei der Bemühung, die Wirkmächtigkeit der Dinge und der Technik aufzuwerten, werden Dinge und Technik zu sehr vermenschlicht und dabei der Handlungsbegriff ins Beliebige ausgeweitet. Alles kann nun *in gleicher Weise* handeln. Die Handlungsarten und -mächte von Menschen, Tieren, Dingen und Technologien müssten zumindest präzisiert und differenziert werden, um für die konkrete Arbeit am Material hilfreich zu sein. Solch eine Präzisierung unterlässt Latour. Das macht seinen Ansatz nicht gerade überzeugender.
- Problem des Beschreibens-statt-Erklärens: Latour fordert Mikroanalysen, in denen der Forscher möglichst präzise nachzeichnet, was die Akteure tun, sagen, wie sie handeln, um somit die jeweiligen Netzwerkprozesse bestimmen zu können. Jedoch hat diese Art der Beschreibung – und mag sie auch noch so präzise sein – *keinerlei Erklärungswert* über den Einzelfall hinaus. Ja, Latour selbst formuliert immer wieder: Erklärungen verallgemeinern und vereinfachen die komplexen netzwerkartigen Assoziationen dieser Welt unangemessen. Er will verallgemeinernde Erklärung

durch kleinteilige Beschreibungen ersetzen. Nur fragt sich, ob das dann überhaupt noch Wissenschaft ist. Hat Wissenschaft nicht immer damit zu tun, Phänomene zu erklären oder doch ein Verständnis für Phänomene möglich zu machen jenseits des Einzelfalls? Insbesondere gilt das für Theorie, die ja einen allgemeinen und universellen Rahmen zur Erklärung bzw. zum Verständnis von Sachverhalten bereitstellen soll. So gesehen wäre die Akteur-Netzwerk-Theorie eigentlich nur eine Akteur-Netzwerk-*Grafie*, auf deren Grundlage Hunderttausende von Notizbüchern zu füllen wären, ohne jedoch recht zu wissen, wo das hinführen soll – außer zur einigermaßen trivialen Einsicht, dass jeder (Akteur-Netzwerk-)Fall anders liegt.

- Problem der Selbstanwendung: Sollten die Prämissen der ANT wahr sein – Merkmale von Akteuren werden erst in einem Netzwerk ausgebildet und permanent modifiziert, jeder Akteur versucht seine Handlungsmacht zu erweitern –, dann muss das auch für die Aussagen der ANT selbst gelten. Auch deren Aussagen sind dann gültig nur in einem bestimmten Netzwerk (und in einem andern nicht), auch deren Aussagen haben dann das primäre Ziel Handlungsmacht zu gewinnen (sind also keinesfalls neutral). Damit hat die ANT ein schwerwiegendes Problem der Selbstanwendung: Sie beansprucht, universelle Regeln und Normen gesellschaftlicher Prozesse zu beschreiben; jedoch ist solch ein universeller Zugriff nach dem Verständnis der ANT eben gerade nicht möglich. Hier verstrickt sich die ANT in einen Selbstwiderspruch (der bis dato nicht gelöst ist).
- Problem der Medien: Als Medien fungieren alle Elemente, die ein Netzwerk verändern. Dieser Medienbegriff hat das Problem, dass die Anzahl möglicher Medien nahezu ins Unendliche steigt. Nicht nur Kommunikationsmedien wie Handys sind dann eben Medien, sondern auch Verkehrsampeln, Polizisten, Handbücher, Muscheln oder auch ein Verkehrsstau. Das ist insofern problematisch, als der Medienbegriff dadurch diffus wird. Der Medienbegriff ist so auf alles und jeden anwendbar. Dabei geraten Differenzen von Technik, Praktiken, Symbolsysteme und ihre unterschiedlichen Operationsweisen – entgegen den Spezifitätsbeteuerungen der ANT-Forscher! – aus dem Blick. Zudem behauptet Latour daneben auch, dass technische Artefakte sowie mobile und unveränderliche Elemente Eigenschaften zukommen, die sie zur Stabilisierung von gesellschaftlichen Prozessen bzw. als Überzeugungsmittel *besonders* geeignet machen. Solch eine Aussage widerspricht aber erstens dem Prinzip der Symmetrie – nämlich, dass alle Akteure prinzipiell dieselbe Möglichkeit der Handlungsmacht zukommt und die jeweilige Handlungsmacht sich

einzig in der Zuschreibung andere Akteure im Netzwerk entscheidet. Zweitens kollidiert solch ein Medienverständnis mit dem praxeologischen Medienbegriff. Entweder bestimmen sich Medien einzig durch ihre Rolle in der Praxis oder aber durch ihre Materialität bzw. spezifische Codierungsformen. Beides zugleich kann nicht zutreffen oder müsste doch zumindest konzeptionell ineinandergefügt werden, was Latour aber nicht leistet. Stattdessen lässt er – wie Luhmann sagen würde – die beiden Medienbegriffe nebeneinander herlaufen.

Akteur-Netzwerk-Theorie als Akteur-Medien-Theorie

Was nun die ANT trotz aller problematischen Aspekte so interessant für die Medienwissenschaft macht, sind mindestens drei Dinge:

technische Artefakte

Erstens wird den *technischen Artefakten* eine *besondere* Rolle in Netzwerkbildungen zugesprochen. Sie verdichten und stabilisieren unerbittlicher als Normen, Werte oder menschliche Handlungen gesellschaftlicher Prozesse. Medientechnologische Apparaturen, wie Druckerpressen, Handys oder Computer werden damit automatisch zu herausragenden Faktoren für die Gesellschaftsanalyse. Diese Perspektive dürfte vor allem bei medienmaterialistischen Positionen Anklang finden (→ vgl. Kap. 4.1).

materielle Mittler

Zweitens fokussiert das Konzept der mobilen und unveränderlichen Elemente immer auch technische Faktoren. Ohne materielle Mittler keine Vermittlung mobiler und unveränderlicher Elemente. Mehr aber noch dürfte dieses Konzept indes interessant sein für mediensemiotische Ansätze (→ vgl. Kap. 6.1). Denn bei den mobilen, unveränderlichen Elementen geht es augenscheinlich primär um Zeichenprozesse – und zwar um ganz besondere Zeichenprozesse, die in der Vermischung unterschiedlicher Zeichensysteme Sachverhalte von A nach B übermitteln können und dabei die Funktion erfüllen, Aussagen und Einschätzungen Glaubwürdigkeit zu verleihen. Mediensemiotisch interessant ist das nicht zuletzt deshalb, weil es dann nicht mehr darum geht – im Gegensatz etwa zur Simulationstheorie (→ vgl. Kap. 6.1) – die Karte gegen das Territorium auszuspielen oder daran zu leiden, dass heute unser Verhältnis zur Welt nur noch durch mediale Vorgaben bestimmt wird und die ›reale‹ Realität längst verschwunden ist. Vielmehr wird aus Sicht der ANT relevant, wie Welt und Weltvorstellungen vermittelt werden können und welche Einstellungen sich warum durchgesetzt haben. Es geht so also nicht um die Auflösung der Welt in Zeichen, sondern um eine spezifische Lesbarmachung der Welt an anderen Orten, zum Zwecke der Überzeugung durch bestimmte Zeichen.

Prozesse und Vermischungen

Drittens – und wahrscheinlich der wichtigste Grund, warum die ANT in der Medientheorie so große Resonanz erzielt hat – findet eine Umstellung auf *Prozessbeschreibungen* statt. Es wird nicht mehr von stabilen und klar zu unterscheidenden Phänomenen gesprochen: die Medien, das Handy, der Fernseher im Gegensatz zum Kino. Anstelle dessen geht es um *Prozesse* und *Vermischungen*. Es gibt nicht mehr *das* Handy, das dann im nächsten Schritt irgendwie Einfluss hat auf *die* Menschen, die es benutzen. Die Rolle, der Einfluss, die Eigenschaften des Handys werden stattdessen erst in je spezifischen Netzwerken immer wieder neu bestimmt und modifiziert. Das bedeutet auch: Das Handy ist in unterschiedlichen Situationen ein je anderes und immer schon selbst durchdrungen von Interessen anderer Akteure, materiellen Faktoren, rechtlichen Bestimmungen, eingelassen in bestimmte Praktiken. Das ›reine‹ Handy, das auf die Gesellschaft Einfluss hat, aber auch umgekehrt: die Gesellschaft, die das Handy in einer bestimmten Weise funktionalisiert, sind Illusionen, die mit tatsächlichen gesellschaftlichen Prozessen nichts zu tun haben. Und genau für solch komplexe, dynamische und hybride Situationen stellt die ANT ein Beschreibungsvokabular bereit. Im Grunde genommen ist das eine *prozesslogisch dynamisierte* Umformulierung des medienwissenschaftlichen Basisaxioms vom Medium, das die Botschaft ist (→ vgl. Kap. 1 und 2.2). Aus dieser Perspektive wäre die Medienwissenschaft der Zukunft eine Wissenschaft von der permanenten Vernetzungs- und Transformation der Welt.

Weiterführende Literatur

André Belliger/David J. Krieger (Hg.): ANThology. Ein einführendes Handbuch zur Akteur-Netzwerk-Theorie (Bielefeld 2006).
Sammlung maßgeblicher und vorrangig grundsätzlicher Texte der ANT. In diesem Texten wird die Vielfältigkeit der ANT deutlich – sowohl hinsichtlich der Gegenstände (von Muscheln, Tätowierungen über Übersee-Expeditionen des 15. und 16. Jahrhunderts bis zu automatischen Türschließern, Laboratorien, Elektrofahrzeugen und Computern geht die thematische Bandbreite) als auch hinsichtlich der theoretischen Grundlegung (semiotisch, ökonomisch, ethnologisch). Zudem zeigt sich hier, dass es im Kontext der ANT auch Forscher gibt, die nicht Bruno Latour heißen, und dennoch Interessantes zu sagen haben.

Bruno Latour: Eine neue Soziologie für eine neue Gesellschaft. Einführung in die Akteur-Netzwerk-Theorie (Frankfurt am Main 2007).
Eine grundsätzliche Darstellung und ausführliche Herleitung der zentralen Begriffe der ANT, geschrieben von ihrem maßgeblichen Akteur, mit dem

Impetus und Verve, eine völlig neuartige Soziologie zu begründen; für Medieninteressierte dürfen vor allem die Ausführungen zu »Mittler versus Zwischenglieder« von Interesse sein (S. 66–75).

Ingo Schulz-Schaeffer: Akteur-Netzwerk-Theorie. Zur Koevolution von Gesellschaft, Natur und Technik, in: Johannes Weyer (Hg.): Soziale Netzwerke. Konzepte und Methoden der sozialwissenschaftlichen Netzwerkforschung, München u. a. 2000, S. 187–209, online: http://www.ssoar.info/ssoar/handle/document/12215 (02.10.2015).
Sehr kenntnisreiche, präzise und kritische Rekonstruktion der ANT aus Sicht eines Techniksoziologen.

Tristan Thielmann/Erhard Schüttpelz (Hg.): Akteur-Medien-Theorie (Bielefeld 2013).
Enthält viele ambitionierte Versuche, die Forschungen der ANT in die (deutschsprachige) Medienwissenschaft zu integrieren.

Avatar (Regie: James Cameron, USA 2008).
Auf dem Mond Pandora im Alpha-Centauri-System lebt eine humanoide Spezies namens Na'vi. Der Konzern »Resources Development Administration« möchte auf diesem Planeten den begehrten Rohstoff Unobtanium abbauen und zur Erde transportieren. Dabei gerät der Konzern in Konflikt mit den Ureinwohnern, die sich gegen den Raubbau zur Wehr setzen. Mithilfe eines künstlich hergestellten Na'vi-Körpers, einem sogenannten Avatar, der sich durch Gedankenübertragung steuern lässt, soll ein ehemaliger US-Marine namens Jake Sully zu den Ureinwohnern Kontakt herstellen und sie davon überzeugen, ihren Widerstand gegen den Abbau des Rohstoffs aufzugeben. Stattdessen wird aber Sully im Laufe seiner Mission davon überzeugt, dass die Lebensweise der Na'vi, die sehr viel attraktivere ist. Er kämpft schließlich auf ihrer Seite gegen die Kolonialisten von der Erde. Im Zuge der Auseinandersetzung wird der Konzern von den Ureinwohnern mithilfe der Tiere und Pflanzen des Planeten in die Flucht geschlagen. Sully wird in Form seines Avatars zu einem echten Mitglied der Ureinwohner verwandelt. Das Interessante an diesem Filmplot ist, dass die Lebenswelt des Mondes Pandora als komplexes Netzwerk beschrieben wird, in dem die Bäume des Mondes durch synaptische Nervenbahnen miteinander verbunden sind. Der Mond hat insofern eine Art Bewusstsein ausgebildet, mit dem sich die Na'vi temporär verbinden können und Wandlungsprozesse vollzogen werden.

Latour hat in einem Vortrag einmal selbst geäußert hat, dass ihm James Cameron, der Regisseurs und Drehbuchschreiber dieses Films, eigentlich Tantiemen zahlen müsste. Ganz unrecht hat er nicht. Was wir auf dem

Mond Pandora beobachten, ist tatsächlich eine popularisierte und hippiesk gewendete Form einiger Grundaxiome der ANT: Es gibt keinen prinzipiellen Unterschied zwischen humanoiden und nicht-humanoiden Akteuren. Diese unterschiedlichen Akteure finden sich immer wieder neu in netzwerkartigen Assoziationen zusammen, um Handlungsmacht auszuüben (beispielsweise um Kolonialisten in die Flucht zu treiben) und Transformationen zu erwirken (ein technischer Avatar wird zu einem echten humanoiden Wesen).

7.3 | Systemtheorie / Akteur-Netzwerk-Theorie

Zusammenfassung

Systemtheorie vs. Akteur-Netzwerk-Theorie

Die Systemtheorie will die Gesellschaft *im Gesamten* funktionalistisch *erklärbar* machen; die ANT hingegen will zeigen, dass Gesellschaft aus heterogenen Netzwerken besteht, die immer nur *lokal* in ihrem Verlauf zu *beschreiben* sind und sich *ständig verändern*.

Geht es der Systemtheorie um *Funktionen* einzelner Systeme bzw. der Medien, so interessiert sich die ANT besonders für *Transformationen* und *Veränderungen*, die sich ereignen, wenn neue Akteure in ein System eingeführt werden.

In der Systemtheorie besteht Gesellschaft *einzig aus Kommunikation*, alles andere – Menschen, Medientechnik, Industrie usw. – ist nur Umwelt der Gesellschaft. Fundamental entgegengesetzt versteht die ANT Gesellschaft: Gesellschaft ist kein Ding, dass sich von anderen Dingen in der Welt abgrenzen lässt, sondern das *Ergebnis heterogener Netzwerkbildungen*. Teile dieses Netzwerkes können menschliche als auch nicht-menschliche Akteure (Tiere, Technik, Institutionen oder auch Kommunikation) sein.

Die Systemtheorie will eine *konstruktivistische* Gesellschaftstheorie entwerfen. Das heißt Luhmann geht davon aus, dass jeder Blick auf die Welt, beobachterrelativ ist und dass die Welt, die beobachtet wird, in und durch die Beobachtung eigentlich erst konstruiert wird. Das gilt dann eben auch für die Systemtheorie selbst. Die ANT hingegen bevorzugt eine *deskriptive Netzwerkanalyse*. Latour geht davon aus, dass nicht er die Welt durch seine Beobachtungen konstruiert, sondern dass die Akteure, die er beobachtet, die Welt je unterschiedlicher konstruieren. Es gilt, diese unterschiedlichen Konstruktionen möglichst genau zu *re*konstruieren.

Eine medienwissenschaftliche Systemtheorie ist primär eine *global ausgerichtete Wissenschaft medialer Problemlösungen und Problemerzeugung.* Eine medienwissenschaftliche ANT ist indes primär eine *lokal orientierte Wissenschaft medialer Vernetzung und Transformation.*

Diplomatie

Systemtheorie und Akteur-Netzwerk-Theorie

Beispiel Ukraine-Konflikt

Im Zusammenhang mit dem Abschuss eines Passagierflugzeugs über der Ukraine während des bürgerkriegsähnlichen Konflikts zwischen Separatisten und staatlichem Militär am 17. Juli 2015 wurde die Frage diskutiert, wer für diesen Absturz verantwortlich zeichne: die Separatisten oder die russische Regierung, die die pro-russischen Separatisten unterstützt, oder gar der ukrainische Staat selbst. Internationalen Berichterstattern wurde von den Separatisten der Zugang zur Absturzstelle verweigert. Derweil wurden Satellitenbilder der Absturzstelle publik, die zu einigen Spekulationen über den Hergang des Absturzes anregten. Im konkreten Fall geht es um ein Bild, dass u.a. in der Sendung »ZDF heute in 100 Sekunden« zwei Tage nach der Katastrophe für ungefähr 3 Sekunden zu sehen war. »ZDF heute in 100 Sekunden« ist eine Sendung, die für das Internet konzipiert wurde, in der Online-Mediathek des ZDF abrufbar und zudem bequem über die ZDF-App per Smartphone zugänglich ist. Auf dem Bild ist eine Satellitenaufnahme zu erkennen, in die zusätzlich ein Kartenausschnitt eingeblendet wird zur besseren Orientierung (siehe Abb. 45). Außerdem wird das Satellitenbild lesbar durch die schriftliche Identifikation einzelner Elemente im Bild. Zusätzlich ist eine orangene Banderole am unteren Rand des Bildes eingefügt mit der Aufschrift: »Beobachter wollen Zugang«. Die Bildeinblendung wird von einem Kommentar begleitet. Darin ist die Rede davon, dass

Abb. 45

Mobile, unveränderliche Elemente machen die Kommunikation wahrscheinlicher.

Experten der Zugang zur Unglücksstelle immer noch untersagt und die Lage demgemäß immer noch sehr unübersichtlich sei.

Mit Luhmann könnte man zunächst davon sprechen, dass hier durch Verbreitungsmedien (Smartphone samt ZDF-App) das Problem der Erreichbarkeit gelöst ist: Viele Menschen erhalten durch dieses Verbreitungsmedium Nachricht von einem für die meisten weit entfernten Ereignis. Mit Latour könnte man dies flankierend beschreiben: Smartphone samt ZDF-App verstetigen als technische Artefakte gesellschaftliche Zusammenhänge besser als bloße Aufrufe. Habe ich einmal die ZDF-App auf mein Smartphone heruntergeladen, ist die Wahrscheinlichkeit, dass ich mir dort immer wieder die Nachrichten anschaue, sehr viel größer, als wenn ich mich an eine Aufforderung eines Moderators erinnere oder ein Kollege mir rät, ich solle mich doch mal wieder mit der politischen Welt da draußen und nicht nur mit Medientheorie beschäftigen. Durch die Installation der App wird die Verbindung von Nachrichtensender und mir – dem Empfänger – *technisch automatisiert* und dadurch jenseits moralischer Appelle stabilisiert.

Indes wird durch die Nachrichtenübermittlung das Problem des Verstehens im Sinne Luhmanns verstärkt: Das wird in der Berichterstattung selbst ja reflektiert. Man weiß nicht, was genau geschehen ist, wer was getan hat. Und da unabhängige Beobachter nicht vor Ort sein dürfen, wird das Problem erst einmal nicht gelöst werden. Anderseits wird dieses Problem genau durch das Medium Sprache verständlicher gemacht. Natürlich kann man das bezweifeln, also die Kommunikationsofferte des ZDF ablehnen – vielleicht weil man viele andere, auch gegenläufige Ansichten gehört hat. Durch Erreichbarkeit bzw. Steigerung der Wahrscheinlichkeit, dass jemand, der der deutschen Sprache mächtig ist, versteht, um was es geht, wird der Erfolg der Kommunikation unwahrscheinlicher. Im Sinne Latours könnte man nun aber argumentieren, dass gerade der Erfolg dieser speziellen Kommunikationsofferte wahrscheinlicher wird, weil sie sich einer spezifischen Form unveränderlicher und mobiler Elemente bedient. Es wird nicht nur über etwas gesprochen, sondern die komplexe Lage, über die gesprochen wird, ist auch zu sehen. Dementsprechend wird durch die Verbindung von Bild, Schrift und Sprache die Glaubwürdigkeit erhöht, über das, was jenseits unseres direkten Zugriffs geschieht, angemessen zu berichten. Insofern versucht das ZDF hier auch ein Handlungsprogramm gegenüber vielen anderen Gegenprogrammen durchzusetzen – also ein Netzwerk herzustellen, in dem die Akteure dem folgen, was das ZDF zu sagen hat (und nicht etwa »Russia Today« oder der »ARD«).

Funktionslogik der Massenmedien

Weiterhin ist dieser Fall auch ein gutes Beispiel für die Funktionslogik der Massenmedien im Sinne Luhmanns, speziell deren Irritationsfunktion.

Sollen wir doch durch diese Nachricht nicht beruhigt werden. Ganz im Gegenteil: Es wird darüber berichtet, dass niemand genau weiß, was dort in der Ostukraine eigentlich wirklich passiert ist (und passieren wird). Das soll uns irritieren, wachhalten, in Spannung versetzen, um darüber spekulieren, was denn nun tatsächlich geschehen ist bzw. geschehen wird: Wenn nun gar das Passagierflugzeug von der ukrainischen Regierung selbst abgeschossen wurde, um es den Separatisten in die Schuhe zu schieben, damit die NATO ihnen endlich mehr Waffen liefern? Wenn es nun doch der Vorbote einer russischen Invasion ist, die den dritten Weltkrieg einläuten wird? Das sind Fragen, die in diesem Kontext nahegelegt werden und die einen durchaus wachhalten können.

System Massenmedien als Akteur

Mit dem Vokabular der ANT könnte man nun das System Massenmedien im Gesamten als Akteur begreifen, der nach seinen Interessen ein Handlungsprogramm durchsetzen will: Sei irritiert und schalte mich deshalb immer wieder ein! Da ich aber durch die ANT weiß, dass dieser Akteur selbst wieder aus vielen Netzwerken besteht, kann ich mich davon ausgehend weiter fragen, mit welchen Netzwerken der Akteur System Massenmedien durchzogen ist. So komme ich etwa zum Auftrag des öffentlich-rechtlichen Rundfunks, den rechtlichen Problemen digitaler Sendeangebote, der Funktionslogik von Presse- und Bildagenturen, der Freigabe von Bildern durch das US-amerikanische Militär, der Operationsweise von Spionagesatelliten, den Interessen des Politikressorts des ZDF in Mainz und vielem mehr.

An dieser Stelle lassen sich Systemtheorie und ANT als komplementäre Projekte verstehen – also als gegensätzliche, aber sich gegenseitig ergänzende Unternehmungen. Zielt die Systemtheorie doch auf die universale Frage, welche Funktion das System Massenmedien für die Aufrechterhaltung gesellschaftlicher Prozesse spielt. So fragt hingegen die ANT, wie es dazu kommen kann, dass ein System Massenmedien als maßgeblicher Akteur akzeptiert wird, wie das System selbst permanent sein Handlungsprogramm gegen andere Handlungsprogramme verteidigt und vor allem: was das System im Innersten zusammenhält. Und hier kommen die komplexen, von widerstrebenden Tendenzen durchzogenen und von heterogenen Akteuren bevölkerten Netzwerke vom Vorschein, die die Vorstellung eines reinen Systems Massenmedien zweifelhaft werden lässt. Komplementär ist das Verhältnis von Systemtheorie und ANT in diesem Fall insofern, als die Systemtheorie imstande ist, Erklärungen für die Funktionsweise des Systems Massenmedien und dessen Stabilität zu liefern – die ANT hingegen liefert Beschreibungen, wie sich dieses System überhaupt aus heterogenen Akteuren netzwerkartig zusammensetzt, neu justiert, umorganisiert und dementsprechend: wie prekär und fragil das System eigentlich ist.

8 | Plädoyer für eine dialektische Medienwissenschaft

$A = ([A = A] \wedge [A = \neg A])$

Trotz der permanenten Suche nach Anschauungsmaterial mit Blick auf das Handy sollte hier keinesfalls der Eindruck entstehen, dass das Handy von zentralem Interesse in der Medienwissenschaft sei. (Tatsächlich stellt das Handy im Gegenteil eher einen recht marginalen Forschungsgegenstand in der Medienwissenschaft dar und wird sehr viel mehr aus kommunikationswissenschaftlicher und soziologischer Sicht untersucht.) Zwar müsste das Handy ohne Zweifel die Medienwissenschaftler eigentlich noch sehr viel stärker faszinieren. Wichtiger ist mir aber in diesem Kontext, dass an dem Beispiel der Mobilkommunikation klar wird: Die Medienwissenschaft selbst ist mobil – und soll es auch bleiben. Für diese Sichtweise soll abschließend noch ein wenig ausführlicher Werbung gemacht werden.

mobile Medienwissenschaft

Mobil ist die Medienwissenschaft, weil sie – das sollte in den vorangegangenen Kapiteln deutlich geworden sein – von vielfältigen, mitunter konträren Ansätzen, Medienbestimmungen und Interessen durchzogen ist. Das kann man kritisieren und eine eindeutige Gegenstandsbestimmung mit klarer Zielrichtung einfordern. Oder aber man versteht die widerstreitenden Ansätze als produktive Herausforderung und Chance, Probleme mit ›den Medien‹ auf sehr unterschiedliche Weise zu lösen oder doch zumindest auf unterschiedliche Weise beschreibbar und beobachtbar machen zu können. In letzterem Fall ist medienwissenschaftliches Denken der Maxime des Perspektivenwechsels verpflichtet – also *per se* mobil. So verstanden beginnt medienwissenschaftliches Denken eigentlich erst da, wo mehr als nur ein medienwissenschaftlicher Ansatz relevant wird. Unverkennbar ist die vorliegende Einführung dieser Sicht der Dinge zugeneigt. In diesem Abschlusskapitel soll als Resümee dargelegt werden, was diese Form mobiler Medienwissenschaft genau auszeichnet oder fordernder formuliert: Was eine (zukünftige) Wissenschaft der Medien sein sollte, will sie zu Recht den Namen Medienwissenschaft tragen.

permanenter Perspektivenwechsel

In der vorliegenden Einführung wurde die Perspektivenvielfalt medienwissenschaftlicher Ansätze in eine antagonistische Strukturlogik überführt und damit deren Vielfalt absichtlich forciert. Führen doch die einzelnen Kapitel je zwei Ansätze an, die sich gegenübergestellt wurden – und zwar so, dass sie sich widersprechen oder zumindest aus schlecht zu kombinierenden Grundlagen bestehen, anders gelagerte Begriffsbestimmungen vornehmen bzw. sehr unterschiedlichen Interessen folgen. In dieser antagonistischen Anordnung sollten nicht nur die jeweiligen Thesen durch Kontrastierung klare Konturen annehmen. Darüber hinaus wurde damit die Absicht verfolgt, zu zeigen, wie Ansätze durch Kontrast in *Bewegung versetzt* werden können, also mobil zu machen sind. Anders formuliert: Medienwissenschaftliche Forschung wurde hier stillschweigend in Form einer *dialektischen* Strukturlogik gefasst. Das lässt sich normativer und als Appell formulieren: *Betreibt Medienwissenschaft dialektisch!*

antagonistische Struktur

Definition

Dialektik

- Von *griechisch* »dia« (auseinander), »legein« (sagen, sprechen, erklären), »dialektos« (Unterredung, Erklärung durch Auseinanderlegen).
- In Antike und Mittelalter bedeutet Dialektik allgemein die Kunst des Beweisens und Argumentierens; speziell bei Platon ist es ein Wissen, das sich durch widersprechende Meinungen ergibt.
- Bei Hegel ist Dialektik zum einen eine bestimmte *Methode* des Denkens, nämlich die Annäherung an das Absolute durch die spekulative Vermittlung sich widersprechender Bestimmungen. Zum andern wird Dialektik *ontologisch* interpretiert: Das Sein selbst ist von widersprüchlichen Phänomenen durchzogen – und zwar so, dass gerade der Widerspruch zwischen den Phänomenen die Verlaufsform der Seinsgeschichte bestimmt. Dies vermittelt sich dem menschlichen Bewusstsein durch widersprechende Bestimmungen. Die Methode des Denkens und der Prozess des Seins bilden dabei letztlich strukturlogisch eine Einheit.
- Bei Karl Marx wird die Dialektik Hegels sozial gewendet: Sie soll das Entwicklungsgesetz der menschlichen Geschichte beschreiben. Die unterschiedlichen Gesellschaftsstufen lösen sich durch Revolutionen als Negationen ab. Dialektik wird zum Bewegungsprinzip der Geschichte schlechthin erklärt, womit denn auch die grundlegende These des historischen Materialismus formuliert ist (→ vgl. auch Kap. 4.1, insbesondere die »Definition: Materialismus«).

Merkmale dialektischen Denkens

Mit und nach Hegel lässt sich Dialektik durch mindestens fünf Merkmale genauer kennzeichnen:

Denken in Widersprüchen

1. Dialektisches Denken ist ein *prozessuales Denken in Widersprüchen*, hat also eine antagonistische Verlaufsform. Statt einer logischen Struktur des Entweder-oder folgt man der Maxime Sowohl-als-auch. Oder genauer eigentlich: Das Denkprinzip des Einerseits-Anderseits wird auf Dauer gestellt. Man kommt zu keinem endgültigen Ergebnis mehr – alles hat (mindestens) zwei Seiten.

qualitative Umschläge

2. Noch genauer formuliert: Die Widersprüchlichkeiten kommen nicht nur nicht zu einem endgültigen Ergebnis, sondern kennen, wie der Kunstphilosoph Daniel Martin Feige schreibt, »qualitative Umschläge.« (Feige 2015,185). Daraus resultiert: »Im Übergang von einer Unterscheidung in einem logischen Register zu einer Unterscheidung in einem anderen und neuen bleiben die Gegenstände nicht die, die sie vormals waren.« (ebd.) Dementsprechend ist dialektisches Denken auch nicht einfach ein Abwägen von *pro* und *contra*, das dann nach gründlicher Abwägung der Vor- und Nachteile – wie in einem schulischen Erörterungsaufsatz – zu einem salomonischen Fazit als Synthese von These und Antithese führt. Vielmehr soll der begriffliche Modus permanent gewechselt werden, also letztlich unterschiedlicher, möglichst inkompatibel Theorieansätze zur Anwendung gebracht werden.

Einheit von Einheit und Differenz

3. Dabei geht es immer um *alles* – und zwar in Form der (eigentlich logisch unmöglichen) *Einheit von Einheit und Differenz*. Es wird so gesehen über einen Gegenstand (etwa Medien) eine einheitliche, also universale Aussage getroffen, beispielsweise: ›Alle Medien machen unwahrscheinliche Kommunikation wahrscheinlich.‹ Darauf folgt im Gegenzug die Suche nach der Antithese dazu, etwa: ›(Manche) Medien machen Kommunikation aber noch unwahrscheinlicher.‹ Daraus wird dann aber eben nicht der Schluss gezogen, dass die erste Aussage einfach falsch ist. Vielmehr wird versucht, daraus wieder eine allgemeingültige Aussage zu formen, also zur Einheit zurückzukehren, etwa mit einer Behauptung wie: ›Alle Medien machen Kommunikation auf einer Ebene wahrscheinlich, auf einer anderen unwahrscheinlich.‹ Daran anschließend gilt es wieder die Antithese zu finden, etwa: ›Manche Medien, insbesondere symbolisch generalisierte Medien (→ vgl. Kap. 7.1), machen hingegen Kommunikation auf allen Ebenen wahrscheinlicher.‹ usw. Mit einem schlichten synthetischen Abwägen von Vor- und Nachteilen ist es also nicht getan, will man wirklich dialektisch denken.

   Erkenntnistheoretischer formuliert: Weil eine Sache nicht in all ihren Facetten beobachtet und beschrieben werden kann, ist jede verallgemeinernde Aussage über die Identität einer Sache mit dem Makel behaftet, nicht alles über die Identität der Sache sagen zu können. Man weist einer Sache eine Identität zu, ohne wissen zu können, ob das überhaupt zutrifft bzw. obwohl man weiß, dass die Identität einer Sache damit nicht vollständig getroffen sein kann. Die Sache ist immer auch anders als beschrieben bzw. lässt sich anders beschreiben. Das heißt aber nicht, dass keine verallgemeinernden Aussagen über eine Sache getroffen werden sollten. Denn nur solche Überlegungen führen zur Erkenntnis, die über einen konkreten, singulären Fall hinausweisen, also Verallgemeinerungen vornehmen. Verallgemeinernde Bestimmungen sind notwendig, damit überhaupt Erkenntnis stattfinden kann. Sie sind aber gleichzeitig immer auch unvollständig, ja im Grunde unmöglich, da sie nie wirklich und abschließend universal sein können – also genau das nicht einlösen, was sie eigentlich zu sein beanspruchen. Das ist ein Widerspruch, der den Dialektiker aber nicht dazu verleitet, das Denken einzustellen. Vielmehr wird der Widerspruch produktiv gewendet: Jede verallgemeinernde Aussage muss mit anderen Aspekten konfrontiert werden, die dabei unbedacht und möglichst im Widerspruch dazu stehen. Eine dialektische Denkbewegung oszilliert also zwischen Synthese (verallgemeinernde Aussagen) und Antithese (das, was der verallgemeinernden Aussage widerspricht), um so die Einheit von Einheit und Differenz zumindest *als Verlaufsform* zu realisieren.

Synthese und Antithese

4. Ein Dialektiker in der Nachfolge Hegels verschiebt das Problem – dass die Dinge nicht vollständig erkannt werden können – von der Erkenntnistheorie in die Ontologie. Geht doch ein ›echter‹ Dialektiker davon aus, dass eine Sache immer sie selbst und zudem etwas anderes ist. Die Sachen selbst sind es, die zu sich im Widerspruch stehen. Die Gegenstände bleiben also so verstanden nicht einfach durch widersprüchliche Beschreibungen »nicht die, die sie vormals waren« (Feige 2015, 185). Viel radikaler bedeutet das: Die Gegenstände waren niemals (nur) das, was sie (auch) waren. Die Welt ist an und für sich voller Widersprüche. Diese Widersprüche sollen in der dialektischen Denkbewegung ›aufgehoben‹ werden. ›Aufgehoben‹ meint bei Hegel nicht nur, dass der Versuch unternommen werden soll, diese Widersprüche in einer alles umfassenden Synthese zu überwinden, sondern immer auch umgekehrt: die Widersprüchlichkeiten zu bewahren, ja zu forcieren. Das stellt eine ungeheure – manche sagen auch etwas abfälliger – irrationale formallogische Provokation dar. Widerspricht solche eine Vorstellung doch dem fundamentalen Prinzip des (ausgeschlossenen) Widerspruchs. Dieses Prinzip besagt in seiner ontologischen Variante: Es ist nicht möglich, dass eine Sache sowohl eine Eigenschaft hat als auch dessen Gegenteil. Ein Handy kann vielleicht schwarz-weiß gestreift sein, aber nicht gleichzei-

formallogische Provokation

tig vollständig weiß und vollständig schwarz. Entweder es hat eine bestimmte Eigenschaft oder es hat sie nicht. Aber genau das bestreitet ein Dialektiker in gewisser Weise – vielleicht nicht unbedingt in Bezug auf schwarze oder weiße Handys, aber beispielsweise bezüglich der Funktion der Medien. Nach dem Satz des (ausgeschlossenen) Widerspruchs gilt: Medien machen Kommunikation entweder wahrscheinlicher oder eben nicht – beides zugleich ist logisch nicht möglich. Der Dialektiker aber behauptet trotzig: Medien machen Kommunikation wahrscheinlicher, aber auch unwahrscheinlicher – möglicherweise, manchmal, in bestimmten Situation, in Zukunft. Oder weniger konfrontativ formuliert: Der Dialektiker untersucht, ob Medien Kommunikation nicht nur wahrscheinlicher, sondern eben auch unwahrscheinlicher machen könnten. Dass Medien anscheinend tatsächlich beides zugleich tun (→ vgl. Kap. 7.1) liegt aus Sicht des Dialektikers weniger am Betrachter – dieser hat den Widerspruch nur durch seine dialektische Methode herausgefordert und somit sichtbar gemacht. Es liegt vielmehr an der Widersprüchlichkeit der (Medien-)Welt selbst.

Satz vom Widerspruch

5. Damit ist im Übrigen auch ein wunderbares Beispiel für das vierte Merkmal dialektischen Denkens gefunden: Es ist durch und durch *spekulativ*. Das bedeutet, dass das Denken ausgerichtet sein soll mit allen Mitteln, mit jeder noch so seltsam erscheinenden Hypothese, wilden Einfällen und kühnsten Operationen den Widerspruch zur Ausgangsaussage zu suchen. Spekulatives Denken ist so gesehen eine auf *Permanenz gestellte Einübung in ein möglichst tollkühnes Denken von und in Widersprüchen*. Spekulatives Denken bedeutet dabei aber nicht, dass einfach irgendetwas behauptet wird, weil ja immer auch das Gegenteil zutrifft. Es bedeutet vielmehr, eine bestimmte, vordergründig abwegige Behauptung präzise, kohärent und nachvollziehbar zu entfalten und danach das genaue Gegenteil zu suchen und argumentativ starkzumachen. Spekulatives Denken bedeutet also, kühne Mutmaßungen anzustellen, die über das bisher als sicher Geglaubte bzw. über reine Datensammlung hinausgehen. Spekulatives Denken ist in diesem Sinne *meta*physisches Möglichkeitsdenken: Es geht über das Vorhandene hinaus, um zu erklären, was die Welt im Innersten zusammenhalten *könnte*. Es bedeutet indes nicht, einfach Blödsinn zu erzählen (oder doch zumindest nicht nur Blödsinn und wenn, dann immer für einen guten Zweck).

Dialektik als Spekulation

Kritik

- Die Dialektik widerspricht dem Satz vom (ausgeschlossenen) Widerspruch, der formal ausgedrückt folgendermaßen aussieht: $\neg(A \wedge \neg A)$. Das heißt: Es ist nicht der Fall ($\neg$), dass die Aussage A zutrifft und ($\wedge$) dass die Aussage A nicht ($\neg$) zutrifft. Wird dieses Axiom nicht eingehalten, dann – so zumindest behaupten noch heute viele Wissenschaftstheoretiker – ist keine wissenschaftliche, ja eigentlich überhaupt keine argumentative Auseinandersetzung mehr möglich. Dann lässt sich nämlich einfach alles behaupten. Das Handy ist vollständig blau und gleichzeitig vollständig rot. Medien existieren und existieren nicht. Hegel ist sowohl Dialektiker als auch nicht usw. Über was sollte man dann noch sinnvoll sprechen können?

- Karl Popper wendet dieses Argument wissenschaftstheoretisch: Er geht von der einfachen Annahme aus, dass jede Kritik sich auf die Methode stützen muss, Widersprüche aufzuzeigen zu können: Widersprüche in Theorien oder zwischen einer Theorie und Tatsachen. Ist diese Möglichkeit nicht gegeben, kann keine Kritik geübt werden. Macht man demgegenüber wie Hegel den Widerspruch zur Grundlage seiner Theorie, wird jegliche Kritik daran gegenstandslos. Sobald ich die Theorie angreife – also Widersprüche dieser Theorie aufzeigen will – scheint sich ihre Gültigkeit permanent zu bestätigen. Gilt doch in der Dialektik: Alle Theorien, alle Tatsachen sind in sich widersprüchlich. Decke ich einen Widerspruch in der Argumentation der Dialektik auf, dann erwidert der Dialektiker einfach: ›Genau, die Dialektik behauptet ja, dass alles widersprüchlich ist, auch sie selbst.‹ Die Dialektik wird so zu einem Konstrukt, das *selbst prinzipiell nicht widerlegt* werden kann: Egal ob ich ihr zustimme, sie kritisiere, ihr einen Widerspruch nachweise, wird sie in allen möglichen Fällen bestätigt. So eine *Immunisierungs*strategie sollte man dann aber nicht Theorie oder Wissenschaft nennen, sondern wahlweise Dogmatik, Verschwörungstheorie oder religiösen Fanatismus.
- Hegels Dialektik zielt letztlich auf die Erkenntnis des Absoluten; genauso wie Marx' dialektische Gesellschaftstheorie auf die absolute Erkenntnis der geschichtlichen Entwicklungsprozesse zielt. Selbst wenn man zugestehen würde, dass die Dialektik eine angemessene Methode zur Erkenntnisgewinnung oder zur Kritik ist (was sie – wie oben gesehen – nur schwerlich sein kann), so ist dieser idealistische Glaube an die absolute Wahrheit einfach naiv. Wir sind historische Wesen; Vernunft und Erkenntnis ist immer historisch und relativ; genau das sollte uns doch eigentlich die Dialektik lehren. Hegels (und Marx') Absolutheitsanspruch muss beseitigt werden. Was von der Dialektik bleibt, ist im besten Fall eine gedankliche Gymnastikübung zur Auflockerung festgefahrener Ansichten. Das war's dann aber auch schon.

Dialektik der Medien und der Medienwissenschaft

Die Dialektik scheint mir aus mindestens drei Gründen besonders für die Medien wie auch für die Medienwissenschaft brauchbar zu sein:

1. Das medienwissenschaftliche Forschungsfeld lässt sich in seiner Verlaufsform dialektisch verstehen. So hat beispielsweise Rainer Leschke in seiner »Einführung in die Medientheorie« die Entwicklung unterschiedliche Theorietypen als eine in Widersprüchen aus Einheit und Differenz voranschreitende Entwicklungslogik beschrieben. Die jeweiligen Theoriemodelle seien als ein fortlaufender Prozess »dialektischer Differenzierung und Einheitsbildung auf dem Niveau eines jeweils vergrößerten Objektbereichs« zu verstehen, wobei die einzelnen Theorien »strukturell inkompatibel« bleiben (Leschke 2002, 28).

   Mediengeschichte

   Auch die historische Entwicklung der Medien selbst wurde bereits sehr häufig als dialektischer Prozess beschrieben, insbesondere zwischen den Polen Abstraktion und Konkretion. Dies findet man bereits bei Marshall McLuhan, der die Mediengeschichte genau in diesem Sinne entlang von sich ablösenden Leitmedien antithetisch verlaufen lässt (→ vgl. Kap. 4.1). Auch jüngere Beispiele lassen sich finden – etwa auf populärwissenschaftlicher Ebene in Jochen Hörischs Buch »Der Sinn und die Sinne. Eine Geschichte der Medien« aus dem Jahr 2002. Dort wird der Vorschlag gemacht, die Geschichte der Medien angefangen beim *Big Bang* (!) entlang der Pole Sinn und Sinnlichkeit dialektisch zu entfalten.
2. Wichtiger aber als solche Anwendungen auf historischer Ebene ist mir hier: Dialektisch lässt sich das medienwissenschaftliche Forschungsfeld ordnen im Sinne permanenter Formulierung von Einheitsansprüchen, die in den einzelnen Theorien manifest werden – *und* denen andere Theorien als Gegenentwürfe entgegengesetzt werden können. Diese Gegenentwürfe stellen aber als Theorien selbst wiederum Einheitsansprüche, denen wiederum andere (bzw. modifizierte) Theorien als Antithesen gegenübergestellt werden können usw. Dabei handelt es sich also um eine prinzipiell unendliche Reihe von sich widersprechenden Entwürfen und Gegenentwürfen mit dem (unerreichbaren) Ziel, alles in eine Einheit zu bringen, alles erklären zu können. Genau diese Struktur sollte durch die antagonistische Anordnung der Theorien, der Plausibilisierung durch Beispiele, mitsamt dem Umschlag in die Kritik sowie dem Willen zur Kooperation zwischen vermeintlich oder tatsächlich Widersprüchlichem in dieser Einführung abgebildet werden.

   Weit entfernt von den heroischen Zielen Hegels – der mit seiner Methode das Absolute finden wollte – handelt es sich hierbei sehr viel schlichter um die Einübung dialektischer Gedankenbewegungen. Ziel dieses Vorgehens ist das Einüben in den Perspektivenwechsel. Oder wie der Pragmatist

Richard Rorty generell jeglichem philosophischen Denken rät: Es sollen unterschiedliche »Vokabulare gegeneinander« ausgespielt werden, um so durch »Herstellung überraschender Gestaltwechsel« einen Gegenstand vielfältig, in seinen problematischen wie widersprüchlichen Aspekten und im besten Fall in neuem Licht erscheinen zu lassen (Rorty 1992, 135). Dieses Vorgehen verspricht erstens einen Gegenstand möglichst vielfältig in den Blick zu bekommen, zweitens in neuartiger Weise und zudem drittens die jeweiligen Zugriffsweisen auf den Gegenstand kritisch betrachten zu können, weil sie immer auch mit gegensätzlichen Zugriffen abgeglichen werden. So verstanden ist die Medienwissenschaft auch durchaus für Erkenntnisse jenseits ihres eigentlichen Gegenstandes (den Medien) zuständig. Ihre Funktion besteht insofern nicht nur in der Aufdeckung medialer Verhältnisse, sondern in der Einübung eines vielfältigen, innovativen und kritischen Blicks auf die Welt – auch jenseits der Medienwelt (vorausgesetzt es gibt eine solche überhaupt, was wiederum viele Medientheorien – wie in dieser Einführung dargelegt – bestreiten).

3. Warum aber gerade die Medienwissenschaft sich dafür besonders eignet – und nicht etwa die Soziologie, Wirtschaftswissenschaft oder die Astrophysik – findet seinen Grund nur zum Teil in der extremen Vielfältigkeit und Widersprüchlichkeit der vielen Ansätze. (Welches wissenschaftliche Forschungsfeld ist schließlich nicht vielfältig und von widersprüchlichen Tendenzen durchzogen?) Was indes vielleicht die besondere Verbundenheit der Medienwissenschaft mit der Dialektik ausmacht, hat mit ihrem *speziellen Gegenstand* zu tun, nämlich den Medien. Denn viele Medientheorien arbeiten sich bei der Bestimmung ihres zentralen Gegenstandes – den Medien – auffällig an Widersprüchen ab oder müssen sich zumindest die Kritik gefallen lassen, (selbst-)widersprüchlich zu sein.

Widersprüchlichkeit der Medien

Intermedialität (→ vgl. Kap. 4.2) und Medientheorie der Medien (→ vgl. Kap. 3.2) haben beispielsweise das Problem, die Existenz von Medien vorrausetzen zu müssen – obwohl sie gleichzeitig behaupten, Medien sind genau das, was entweder erst in Medienverhältnissen bestimmt wird oder erst dadurch Kontur gewinnt, wie Medien über sich selbst nachdenken. Die Existenz von Medien wird also vorausgesetzt und *gleichzeitig* – im Widerspruch dazu – als Ergebnis eines Reflexionsaktes begriffen. Die Kritische Theorie wie die Cultural Studies (→ vgl. Kap. 5.3) sind sich wiederum unschlüssig, welche Rolle Medien nun eigentlich haben. Einerseits sollen sie Mittel zum Zweck sein – etwa dem Zweck ökonomischer Gewinnmaximierung oder kreativer Aneignung durch die Nutzer – andererseits aber sind Medien eigenständige Akteure, die die Menschen im Falle der Kritischen Theorie immer stärker manipulieren und im Fall der Cultural Studies immer stärkere Freiheitsgrade ermöglichen. Beide Perspektiven widersprechen sich. Entweder sind Medien Mittel zum Zweck oder aber sie haben ihren Zweck in sich selbst; entweder tun wir etwas mit ihnen oder aber sie tun etwas mit uns. Beides geht nur schwer zusammen.

Problem der Selbstanwendung

Sehr viel härter noch trifft es den Medienmaterialismus (→ vgl. Kap. 4.1). Er hat ein eklatantes Problem der Selbstanwendung. Wie sollte seine These, nämlich dass die Medientechnik bestimmt, wie wir die Welt erkennen können, einen allgemeinen Wahrheitsanspruch haben können? Denn die Aussage selbst müsste ja dann bereits von der Medientechnik präformiert sein, wäre also nicht wahrheitsfähig. Ein ganz ähnlich gelagerter Selbstwiderspruch lässt sich auch bei der ANT (→ vgl. Kap. 7.2) ausmachen, in gewisser Weise – wenngleich (selbst-)reflexiv gewendet – in der Systemtheorie (→ vgl. Kap. 7.1), in der der Dispositivtheorie (→ vgl. Kap. 3.1), Teilen der Medienphänomenologie (→ vgl. Kap. 6.2) und in der Mediensemiotik (→ vgl. Kap. 6.1).

Dialektik als Problemlösung

Gerade für das hier virulente Problem des Selbstwiderspruchs bietet die Dialektik einen Ausweg oder doch zumindest eine produktive Art, damit umzugehen. Diese doch recht misslichen Probleme der (Selbst-) Widersprüchlichkeit lassen sich nämlich lösen bzw. entdramatisieren, wenn die *Widersprüche vom Erkenntnissubjekt in die Dinge selbst verlagert* werden – genauer *in die Medien*. Im Sinne der Dialektik sind dann nicht einfach die Gedanken über eine Sache widersprüchlich, sondern die Sache selbst ist es. Oder wer es konstruktivistischer formuliert haben möchte: Bei der Beobachtung und der Beschreibung der Welt können wir Gegenstände unterscheiden, die einigermaßen problemlos zu sein scheinen und solche, denen heterogene, komplexe oder eben widersprüchliche Merkmale zugeschrieben werden.

Schaut man sich die vielen unterschiedlichen Medienbestimmungen an, die in dieser Einführung vorgestellt wurden, so lässt sich doch trotz aller Heterogenität feststellen, dass die Medien in den allermeisten Fällen – zumindest implizit – als ein *in sich selbst widersprüchliches Phänomen* charakterisiert werden. Ja, lässt man die unterschiedlichen Medientheorien noch einmal Revue passieren, so scheinen gerade eine Reihe von Widersprüchen das zu beschreiben, was die Medien im Innersten zusammenhält. Um nur die wichtigsten Gegensatzpaare dieser Reihe noch einmal zu nennen:

- *Medien verbinden und trennen.*
  Medien werden als Phänomene gefasst, die räumliche und zeitliche Distanzen überwinden, also *verbinden*. Gleichzeitig aber sollen Medien auch umgekehrt die *Trennung* von Kommunikationspartner bewusstmachen. Zwar kann ich auf einem Handyfoto meine Mutter sehen, aber tatsächlich anwesend ist sie nicht. Ja, durch die Anwesenheit via Handyfoto ist ihre tatsächliche Abwesenheit umso deutlicher.

- *Medien sind Mittler und Milieus.*
Medien vermitteln auch weit auseinanderliegende Räume und/oder Zeiten und machen es so möglich, Informationen von A nach B zu übermitteln. Gleichzeitig werden Medien aber auch als Milieus verstanden, durch die hindurch Informationen übermittelt werden, in denen Sender und Empfänger agieren, sich Institutionen und Konventionen der Übermittelung gebildet haben. Dementsprechend vermittelt das Medium weniger eine Information. Die Information, wird vielmehr durch das Milieu, in dem sie sich befinden, geprägt und verändert. Damit scheint gleichzeitig zu gelten: Medien ermöglichen die Vermittlung von Informationen von A nach B. Ebenso gilt aber: Informationen werden durch Medien so stark geprägt, dass ihr Informationswert nur noch darin zu bestehen scheint, ihre Prägung durch das mediale Milieu zu übermitteln.
- *Medien sind nicht wahrnehmbar und wahrnehmbar.*
Medien werden häufig als Phänomene begriffen, die wahrnehmbar machen, selbst aber nicht wahrnehmbar sind. Indes sind sie aber doch gleichzeitig auch wahrnehmbar – sei es indirekt in Formen, die durch sie in Erscheinung treten können (etwa das Display des Handys) oder als Technologien der Datenverarbeitung (beispielsweise das Handynetz) oder im Zusammenhang mit bestimmten Praktiken (etwa in der Herstellung von Artselfies).
- *Medien ermöglichen und beschränken.*
Medien eröffnen Handlungs- und Spielräume, die es ohne Medien nicht gäbe (Telefonieren über weite Entfernungen, virtuelle Welten des Computerspiels). Insofern sind Medien Ermöglichungsbedingungen. Anderseits beschränken Medien Handlungs- und Spielräume (der Handvertrag limitiert mein Datenvolumen, mit dem Handy kann ich [noch nicht] Gerüche übertragen, das Dispositiv des Handys überwacht mich ständig, so dass ich bestimmte Handlungen unterlasse).
- *Alles ist medial und etwas gibt es jenseits der Medien.*
Einerseits soll gelten, dass Medien die Welt so stark verändert haben, dass es einen medienfreien Zugriff auf die Welt nicht mehr gibt. (Egal ob ich mein Handy gerade benutze oder nicht, es beeinflusst mein Verhalten oder doch zumindest das meiner Mitmenschen, die nur mitleidig mit dem Kopf schütteln, falls man mitteilen sollte, man besitze kein Handy.) Anderseits wird vorausgesetzt, dass es neben und jenseits der Medien noch etwas geben muss, denn sonst gäbe es für ein Medium nichts mehr zu vermitteln. Wer sollte wen anrufen, wenn es nur noch Medien gäbe? Zudem gilt: Wenn alles ein Medium ist, dann gilt auch die Umkehrung: Nichts ist ein Medium. Denn es gibt dann keine Differenz mehr zu Phänomenen, die nicht Medien sind. Der Begriff hat dann keine sinnvolle Bedeutung mehr, weil er keine Unterscheidung mehr ermöglicht.

- *Es gibt Medien und es gibt keine Medien.*
  Medienwissenschaftler müssen wohl oder übel davon ausgehen, dass es Medien gibt. Ansonsten hätten sie keinen Gegenstand. Anderseits kann man mit guten Gründen behaupten, dass es keine Medien gibt – zumindest in dem Sinne, dass Medien nichts Stabiles sind, sich permanent verändern, sehr unterschiedliche Funktionen und Bestimmungen erhalten und spätestens seit der Digitalisierung Einzelmedien kaum (mehr) voneinander zu unterscheiden sind. Medien sind hochgradig fluide und kaum greifbar. Medien existieren so verstanden zumindest nicht wie ein Stuhl oder eine Idee. Sie sind permanenten Wandlungen und Neuvernetzungen ausgesetzt. Also: Es gibt Medien und es gibt sie nicht.
- *Es existiert eine Medialität der Medien und es gibt nur einzelne Medien bzw. spezielle Medienkonstellationen.*
  Die allermeisten medienwissenschaftlichen Ansätze gehen davon aus, dass Medien beim Vermitteln, Speichern, Verarbeiten und Wahrnehmbarmachen mit dem Vermittelten, Gespeicherten, Verarbeiteten, wahrnehmbar Gemachten etwas tun bzw. auf diese einen wie auch immer gearteten Einfluss haben – also nicht neutral bleiben. Sollte das zutreffen, geht es in der Medienwissenschaft immer auch darum, was diese Medialität der Medien generell ausmachen könnte. Gleichzeitig gibt es eine Vielzahl an Medien, die zudem historische Entwicklungen durchlaufen. Hier lässt sich behaupten, dass das, was die Medialität der Medien ausmacht, immer nur im Einzelfall zu bestimmen ist und somit Medialität wandelbar ist. Es gibt – wenn überhaupt – so gesehen nur Medialität*en einzelner* Medien bzw. Medienkonstellationen.
  Abgebildet werden diese gegensätzlichen Tendenzen durch die Aufteilung in Theorie, Geschichtsschreibung und Analyse. Ist Theorie als Theorie immer schon auf Universalität ausgerichtet, sind Geschichtsschreibung und Analyse am Wandelbaren und/oder Konkreten interessiert. Hier müssen unweigerlich Spannungen auftreten, was den Gegenstand der Medienwissenschaft ausmacht – geht es doch um Medialität an uns für sich und ebenso um je spezifische und unterschiedliche Medialitäten.

Die mediale Dialektik des Mediums Dialektik

Dies lässt sich im Übrigen auf die Dialektik anwenden. Man könnte ja die Dialektik selbst ganz allgemein als Medium der Vernunft bestimmen, das durch seine spezielle Struktur die Vernunft wahrnehmbar macht. Durch seine spezielle Struktur (seine Medialität) hat die Dialektik dabei Einfluss auf die Vernunft. Man könnte aber auch behaupten: Die Dialektik hat selbst bestimmte historische und medientechnologische Grundlagen – und sagt insofern weniger etwas über die Vernunft oder über die vermeintliche allgemeine Medialität der Dialektik als vielmehr über eine bestimmte medientechnologische Konstellation zu einer bestimmten Zeit aus. So hat sich (medien-)historisch gesehen, die Dialektik im Sinne Hegels erst an der Wende des 18. zum 19. Jahrhundert im Deutschen Idealismus entwickelt. Zuvor galt sie einfach als Form argumentativer Auseinandersetzung mit einem Gegenstand. Im 18. Jahrhundert hat sich das gedruckte Wort zumindest in Mitteleuropa in einem zuvor nicht gekannten Maße durchgesetzt und wurde an den Universitäten – noch vor der Vorlesung, in Konkurrenz zur Vorlesung bzw. als etwas, an dem sich die Vorlesungen permanent abzuarbeiten hatte – der zentrale Referenzpunkt wissenschaftlicher und studentischer Auseinandersetzung. Unmengen an Texten zirkulierten an den Universitäten – insbesondere an den philosophischen Fakultäten. Die Mitglieder dieser Fakultäten produzierten immer mehr Daten, was wiederum zu noch mehr Texten führte usw. Mit diesem Steigerungsprinzip entwickelte sich aber zwangsläufig ein Problem, für das die Dialektik im Sinne Hegels erfunden wurde. Sie ist ein Ordnungsprinzip, das die Menge an Texten nicht reduziert, sondern im Gegenteil sogar vermehrt. Aber durch die Setzung eines dialektischen Lektüre- und Weltprinzips macht sie immerhin die nahezu unübersichtliche Vielfalt der Papiere bearbeitbar. Die (Text-)Welt ist in sich selbst widersprüchlich, führt aber doch mithilfe dialektischer Dechiffrierung zur Erkenntnis des Absoluten. Diese Vorstellung ist – obgleich sie einen benennbaren Erfinder hat – so gesehen nicht das Resultat eines genialen Denkens, sondern eine direkte Folge medientechnologischer Umstände und einer Unmenge an wissenschaftlichen Texten, die durch die Etablierung der Druckpresse und durch die Institutionalisierung der Universitäten in Umlauf gebracht wurde. Das Medium Dialektik führt somit also nicht nur nicht zur reinen Vernunft, sondern bereits die Vorstellung, dass dies der Fall sein könnte, ist ein Effekt historischer und medientechnologischer Lagen. Beide Vorstellungen – die Idee einer allgemeinen Medialität der Dialektik sowie die Rückführung der Dialektik auf eine spezifische medientechnologische Grundlage – haben einiges für sich und müssen, wie könnte es anders sein, selbst wieder dialektisch bearbeitet werden.

Sieg des gedruckten Wortes

Zusammenfassung

Der Gegenstand Medien ist besonders geeignet, spekulativ-dialektisch über ihn nachzudenken, weil Medien – wenn man den medienwissenschaftlichen Beschreibungen Glauben schenken will – selbst in ihrem Wesen durch und durch widersprüchlich sind. Dementsprechend lässt sich auch noch einmal das Ausgangsmotto der vorliegenden Einführung anders formulieren: *Think different* bedeutet so gesehen nicht nur einfach: Denk anders oder denke Medien anders! Darüber hinaus soll damit gemeint sein: Denke Medien und Medienwissenschaft in Gegensätzen! Oder präziser formuliert: Denke die Einheit der Medien als Vielheit und Einheit der Medien oder mache zumindest deren widersprüchliche Bestimmungen mithilfe medienwissenschaftlicher Ansätze produktiv, um so permanent anders zu denken!

Diese dialektische Maxime muss freilich – so viel Selbstreflexivität ist nach der ausführlichen Lektüre medienwissenschaftlicher Theorien und dem Verweis auf Hegels »Phänomenologie des Geistes« schlicht unumgänglich – ebenfalls für den Leser vorliegender Einführung gelten: *Think different!*

Weiterführende Literatur

G. W.F. Hegel: Einleitung zur Phänomenologie des Geistes [1807]. Kommentar von Andreas Graeser (Stuttgart 1988).
Was will uns Hegel eigentlich sagen? Wer nach Anwendungen spekulativen Denkens in dialektischer Form sucht, der wird hier fündig. Hegel versucht in seiner »Einleitung« zu seinem voluminösen Werk »Phänomenologie des Geiest« auf knapp 13 Seiten klar zu machen, warum das »wahre Eine« als Einheit in der Vielheit zu verstehen ist und damit als Einheit von Einheit und Vielheit. Um das zu verstehen, ist der ausführliche Kommentar (159 Seiten!) zu Hegels Einleitungstext (knapp 13 Seiten) sehr hilfreich.

Die Einleitung ist indes so spekulativ, dass sie auch gleich Medientheorien behandelt, die es zum Zeitpunkt ihres Erscheinens noch gar nicht gibt. Einerseits sei nämlich das Erkennen eben kein »passives Medium«, durch das vermeintlich »das Licht der Wahrheit an uns gelangt« (Hegel 1988, 7). Medien lassen Phänomene, die durch sie zur Erscheinung kommen, nicht unverändert. Diese Einsicht Hegels dürfte den meisten Medienwissenschaftlern gefallen. Gleichzeitig – schließlich ist Hegel Dialektiker – kritisiert er aber eine Folgerung, die daraus gezogen werden könnte (und auch von vielen Medientheoretikern gezogen wurde) – nämlich, dass deshalb die Erkenntnis der Wahrheit unmöglich sein soll. Hegel schlägt eine skeptische Betrachtung dieses (Medien-)Skeptizismus vor, bezichtigt die Vertreter einer solchen Position gar als Denker, die »Furcht vor der Wahrheit« (ebd., 8) hätten. Das wiederum dürfte den Medienwissenschaftler weniger freuen – es sei denn, er ist Dialektiker.

Herbert Schnädelbach: G. W.F. Hegel zur Einführung (Hamburg [4]2011).
Der Philosoph und Philosophie-Historiker Schnädelbach führt in diesem kleinen Bändchen sehr kenntnisreich und verständlich in die recht komplizierten Satz- und Gedankenungetüme Hegels ein. Schnädelbach macht dabei – und das ist für Einführungsliteratur absolut ungewöhnlich – deutlich, warum uns Hegel heute nichts mehr (Entscheidendes) zu sagen hat, besuche dieser doch noch vergeblich durch alle Widersprüche hindurch das Absolute. Der letzte Satz der Einführung lautet dementsprechend ernüchternd: »Hegels System ist ein intellektueller Traum, aus dem die Philosophie erwachen musste, als sie erwachsen wurde.« (Schnädelbach 2011, 166.)

Slavoj Žižek: Weniger als nichts. Hegel und der Schatten des dialektischen Materialismus (Frankfurt am Main 2014).
In diesem knapp 1.400-Seiten-Wälzer, in dem Žižek, ein Feuerwerk an Ideen, Spekulationen und verwegenen Interpretationen zu nahezu allem, was man sich vorstellen kann, veranstaltet, wird der Verfasser nicht müde zu erklären, dass alles vor Hegel nur als »Vorbereitung dieser Explosion« betrachtet werden kann – und alles, was danach geschah als dessen »Folge und Nachwirkung« (Žižek 2014, 21). So verstanden hat eigentlich nur Hegel (und vielleicht noch die, die in seinem Namen sprechen) zu unserer heutigen Lage etwas (Entscheidendes) zu sagen.

Zitierte Literatur

Barthes, Roland (1989): Die helle Kammer. Bemerkungen zur Photographie [1980], Frankfurt am Main.
Barthes, Roland (1990): Die Fotografie als Botschaft [1961], in: ders.: Der entgegenkommende und der stumpfe Sinn, Frankfurt am Main, S. 28–46.
Baudrillard, Jean (1978): Die Präzession der Simulakra, in: ders.: Agonie des Realen, Berlin, S. 7–69.
Derrida, Jacques (1983): Grammatologie [1967], Frankfurt am Main.
Hegel, G. W.F. (1988): Einleitung zur Phänomenologie des Geistes [1807]. Kommentar von Andreas Graeser, Stuttgart.
Feige, Daniel Martin (2015): Computerspiele. Eine Ästhetik, Berlin.
Flusser, Vilém (1993): Für eine Phänomenologie des Fernsehens [1974], in: ders.: Lob der Oberflächlichkeit. Für eine Phänomenologie der Medien, Köln, S. 103–123.
Horkheimer, Max/Adorno, Theodor W. (1988): Dialektik der Aufklärung. Philosophische Fragmente [1947], Frankfurt am Main.
Husserl, Edmund (1984): Logische Untersuchungen. Zweiter Band. Zweiter Teil: Untersuchungen zur Phänomenologie und Theorie der Erkenntnis [1901] (Husserliana XIX/1), The Hague u.a.
Kittler, Friedrich (1986): Grammophon, Film, Typewriter, Berlin.
Latour, Bruno (2007): Eine neue Soziologie für eine neue Gesellschaft. Einführung in die Akteur-Netzwerk-Theorie, Frankfurt am Main.
Latour, Bruno (2014): Existenzweisen. Eine Anthropologie der Modernen, Berlin.
Leschke, Rainer (2003): Einführung in die Medientheorie, München.
Luhmann, Niklas (1984): Soziale Systeme, Frankfurt am Main.
Luhmann, Niklas (1996): Die Realität der Massenmedien, Opladen (2. Auflage).
Luhmann, Niklas (2001a): Was ist Kommunikation? [1988], in: ders.: Aufsätze und Reden, Stuttgart, S. 94–110.
Luhmann, Niklas (2001b): Die Unwahrscheinlichkeit der Kommunikation [1981], in: ders.: Aufsätze und Reden, Stuttgart, S. 76–94.

McLuhan, Marshall (1995): Magische Kanäle. Understanding Media [1968], Dresden/Basel (engl. Original: Understanding Media. The Extensions of Man [1964]).
Platon (1983): Der Staat [ca. 380 v. Chr.], Stuttgart.
Rajewsky, Irina O. (2002): Intermedialität, Tübingen.
Rorty, Richard (1992): Kontingenz, Ironie und Solidarität, Frankfurt am Main.
Schnädelbach, Herbert (2011): G. W.F. Hegel zur Einführung, Hamburg (4. Auflage).
Weaver, Warren (2002): Ein aktueller Beitrag zur mathematischen Theorie der Kommunikation [1949], in: Günter Helmes (Hg.): Texte zur Medientheorie, Stuttgart, S. 196–198.
Wellmer, Albrecht: Über Negativität und Autonomie der Kunst. Die Aktualität von Adornos Ästhetik und blinde Flecken seiner Musikphilosophie, in: Axel Honneth (Hg.): Dialektik der Freiheit. Frankfurter Adorno-Konferenz 2003, Frankfurt am Main 2005, S. 237–278.
Wiesing, Lambert (2005): Was sind Medien? in: ders.: Artifizielle Präsenz. Studien zur Philosophie des Bildes, Frankfurt am Main, S. 149–162.
Winkler, Hartmut (2008): Basiswissen Medien, Frankfurt am Main.
Žižek, Slavoj (2014): Weniger als nichts. Hegel und der Schatten des dialektischen Materialismus, Berlin.

Bildnachweis

Abb. 1: eigene Darstellung.

Abb. 2: Still aus der Fernsehserie »Celebrity Deathmatch« (MTV 1999).

Abb. 3: Giovanni di Paolo [1465–1470]: Die Prozession des heiligen Gregors zur Engelsburg, online: http://artothek.akibase.com/media/thu/000019000/19758.jpg [22.11.2015].

Abb. 4a: Raffael: Die Verklärung Christi [1516/20], online: https://commons.wikimedia.org/wiki/File:Transfiguration_Raphael.jpg [22.11.2015].

Abb. 4b: Gemälde von Raffael (Madonna di Foligno, Verklärung Christi, Marienkrönung) in der vatikanischen Pinakothek in Rom, online: http://mikesseite.blogspot.de/2013/02/it03-vatikanstadt.html [22.11.2015].

Abb. 4c: eigene Darstellung.

Abb. 5: eigene Darstellung.

Abb. 6: Presidio Modelo, online: https://commons.wikimedia.org/wiki/File%3APresidio-modelo2.JPG [22.11.2015].

Abb. 7: René Magritte: Versuch des Unmöglichen [1928], entnommen aus: Peter Müller (Hg.): Welt – Bilder – Welten. Beiträge zum Dialog zwischen Kunst und Theologie, Karlsruhe 2003, S. 129.

Abb. 8: Still aus »The Sopranos«, Staffel 6, Episode 21.

Abb. 9: Still aus der Sonderberichterstattung am 11. September 2001 auf »n-tv«, online: https://www.youtube.com/watch?v=VS6rYotBWsM&index= 21&list=PLTLjuSPLnK5RgUeYNtEhbYDv4cNkKrIkk [22.11.2015].

Abb. 10: iPhone, online: http://thesweetsetup.com/rene-ritchies-sweet-iphone-setup/ [22.11.2015].

Abb. 11: eigene Darstellung.

Abb. 12: The Roboroach, online: https://backyardbrains.com/products/roboroach [22.11.2015].

Abb. 13: eigene Darstellung.

Abb. 14: C. E. Shannon: A Mathematical Theory of Communication, in: The Bell System Technical Journal, Volume 3, July 1948, 1948, S. 379–423, hier: S. 381, online: http://www3.alcatel-lucent.com/bstj/vol27-1948/articles/bstj27-3-379.pdf [27.07.2015].

Abb. 15: Once a day, this app sends you a notification at a random time. You then have one minute to take a picture of your surroundings — and then something cool happens, online: http://www.businessinsider.com/oneminute-app-only-gives-you-60-seconds-to-take-a-picture-of-your-surroundings-2015-2?IR=T [22.11.2015].

Abb. 16: Lumia 532 Dual Sim Smartphone, online: https://www.otto.de/p/lumia-532-dual-sim-smartphone-10-2-cm-4-zoll-display-windows-phone-8-1-5-0-megapixel-470999582/#variationId=471048111 [22.11.2015].

Abb. 17: eigene Darstellung.

Abb. 18: eigene Darstellung.

Abb. 19: eigene Darstellung.

Abb. 20a-f: Stills aus »The Good Wife« (Folge: »The Last Call«, Season 5, Episode 16, CBS 2014).

Abb. 21: BlackBerry Passport Review: Don't Believe The Haters, online: http://www.knowyourmobile.com/mobile-phones/blackberry-passport/22747/blackberry-passport-review-dont-believe-haters-bb103-blackberry-priv [22.11.2015].

Abb. 22: Wireless LAN Apple Bonjour Deployment Guide, online: http://www.cisco.com/c/en/us/support/docs/wireless/aironet-1100-series-access-point/113443-cuwn-apple-bonjour-dg-00.html [22.11.2015].

Abb. 23: Android apps, online: http://www.fonearena.com/blog/95102/wink-it-emoticon-and-image-prediction-keyboard-for-android-launched.html [22.11.2015].
Abb. 24a: »It's time for iPhone trivia!«, online: http://www.dw.com/en/its-time-for-iphone-trivia/g-19006868 [27.07.2016].
Abb. 24b: entnommen aus: »Apple Keynote: iPhone 6 & Apple Watch«, online: https://www.youtube.com/watch?v=OD9ZQ9WylRM [27.07.2016].
Abb. 24c: entnommen aus: »Galaxy O: Samsung soll noch eine neue Smartphone-Serie starten« [13.08.2015], online: http://winfuture.de/news,88499.html [27.07.2016].
Abb. 25a: marcoltht: Abandon all hope, ye who enter here, online: http://marcoltht.tumblr.com/image/53354173392 [27.07.2016]
Abb. 25b: Diego Fusaro: Obama: ›yes, we can‹. Putin: ›no, you can't‹, online: https://twitter.com/diegofusaro/status/583555561926582272 [27.07.2016].
Abb. 25c: »YES, WE CAN TWITTER«, online: https://www.flickr.com/photos/comicbase/2531094926 [27.07.2016].
Abb. 26: eigene Darstellung.
Abb. 27: Mona Lisa Beyonce: online: https://www.tumblr.com/search/mona%20lisa%20beyonce [22.11.2015].
Abb. 28: DIS (Hg.): #artselfie, Paris 2014, online: http://www.sleek-mag.com/special-features/2014/10/dis-art-selfie-book-review/ [22.11.2015].
Abb. 29: TV Spielfilm: Fernsehprogramm, 26. Feburar 2014.
Abb. 30a: »Bert is Evil! Bert & Osama bin Laden«, online: http://bertisevil.tv/pages/bert038.htm [22.11.2015].
Abb. 30b: »Bert is Evil! Ernie dumped by Bert? It is going to be Bert and Bin?«, online: http://bertisevil.tv/img/osamabinladen/bertandbin.htm [28.07.2016].
Abb. 30c: »Osama Bin Laden Bert«, online: http://classified-blog.com/photogms/osama-bin-laden-bert [28.07.2016].
Abb. 31a: entnommen aus »»Echte Frauen haben keinen Bart««: Die peinliche Anti-Wurst-Werbung der FPÖ-Jugend« [10.07.2014], in: MEEDIA, online: http://meedia.de/2014/07/10/echte-frauen-haben-keinen-bart-die-peinlich-kalkuliert-plakatwerbung-der-fpoe-jugend/ [27.07.2016]
Abb. 31b: Online-Petition auf Facebook gegen Conchita Wursts Teilnahme am »European Song Contest«, online: https://www.facebook.com/NEIN-zu-Conchita-Wurst-beim-Song-Contest-723559711002948/ [22.11.2015].
Abb. 31c: entnommen aus: Europawahl 2014: Conchita Wurst als Werbegesicht missbraucht – von rechtsextremer Partei [23.05.2014], in: WEB.DE, online: http://web.de/magazine/politik/wahlen/europawahl/europawahl-2014-conchita-wurst-werbegesicht-missbraucht-rechtsextremer-partei-18958136 [27.07.2016].
Abb. 32: eigene Darstellung.
Abb. 33: eigene Darstellung.
Abb. 34: Stills aus der »Vodafone«-Werbung: Alles hören, wie es wirklich ist (2015), online: https://www.youtube.com/watch?v=WHXsO0hS4Vk [22.11.2015].
Abb. 35: Still aus »The Matrix« (Australien/USA 1999).
Abb. 36: eigene Darstellung.
Abb. 37: Navigon MobileNavigator (Android), online: http://reviews.productwiki.com/navigon-mobilenavigator-android/ [22.11.2015].
Abb. 38: eigene Darstellung.
Abb. 39: eigene Darstellung.
Abb. 40: Evolution Handy Smartphone, online: www.androidpit.de [22.11.2015].
Abb. 41: Peter Crowther: The Evolution of the Smartphone, in: business life (July/August 2014), S. 19–24, hier: S. 20–21.
Abb. 42: eigene Darstellung.
Abb. 43: eigene Darstellung.
Abb. 44: eigene Darstellung.
Abb. 45: Still aus »ZDF heute in 100 Sekunden« [17.07.2015].

Personen- und Sachindex

Auf den fett markierten Seiten werden Begriffe definiert.

utb.